财税法译丛

熊 伟 主编

税收协定与发展中国家

〔奥地利〕维罗尼卡·道尔 著

熊伟 毛杰 译

商务印书馆
The Commercial Press
创于1897

2018年·北京

By

Veronika Daurer

TAX TREATIES AND DEVELOPING COUNTRIES

This is a translation of Tax Treaties and Developing Countries, by Veronika Daurer, published and sold by The Commercial Press, by permission of Kluwer Law International BV, The Netherlands, the owner of all rights to publish and sell same.

本书根据 Kluwer Law International BV, The Netherlands 2014 年版译出

总　　序

译书是个苦差事,翻译法律书籍更是苦上加苦。不同国家有不同的法制传统,有的属于大陆法系,有的属于英美法系,同一个法系内部也是异彩纷呈。要想将不同背景的法学论著翻译成中文,使之准确对应中国法的名字术语,的确不是一件容易的事情,词不达意在所难免。因此,对于语言能力强的人来说,直接阅读论著原文,深入特定国度的具体场景,当然是最为理想的选择。

然而,对于中国财税法学来说,这个目标还显得比较遥远。目前学科还处在成长阶段,年龄较长的学者很少用外语,中青年学者出国交流学习的机会多,其中不乏外语能力很强的人,但大部分人还只是掌握英语,阅读一般的外文读物没有问题,能熟练查阅专业文献的并不多见。在财税实务部门中,这方面的人才更加欠缺。总体来说,我们对境外财税法的研究并不全面和深入。

另一方面,随着推进建立现代财政制度,近年来我国财税改革的实践如火如荼。不管是中央与地方的财政分权,还是预算管理制度的强化;不管是地方债的规制,还是政府与社会资本合作;不管是税收法定原则的落实,还是税收征收程序的完善,结合国情的制度创新都是核心内容,迫切需要财税法学界提供理论支持,包括有关外国学说和制度的借鉴。

尽管财税法发展离不开本土经验的总结,但这个领域总体来说是舶来品。基于市场经济的愿景,各国在观念、制度、规则和应用等方面有共通之处。外国学者的成果,不管是基础理论提炼方面的,还是历史梳理及制度比较的,抑或是规则阐释及应用方面的,只要考据翔实、言之成理,对提升我国立法、执法、司法以及研究的水平,应该都会有所裨益。

二十年来,我国财税法学经历了"摇旗呐喊"、"跑马圈地",现在需要进入"精耕细作"的阶段。译介外国的论文著作、法律文本,有的放矢地学习国外先进的治学方法和法治经验,方便财税法学者从事比较研究,方便政策制定者了解国际动态,这是学科精耕细作的必然要求,民法学、行政法学、宪法学、刑法学都经历了这个过程,新兴的财税法学也不可逾越。

鉴于此,笔者不揣冒昧,积极从各个方面争取资源,策划组织"财税法译丛",并得益于金莹莹编辑的帮助,成功在商务印书馆立项。作为总主编,我深知此事之艰难,除了需要不时亲自示范,直接参与翻译工作,更为重要的是,要认真筛选待译文献,物色合适的翻译人员,为译稿质量最终把关,为出版筹集足够经费,等等。但兹事体大,不敢犹豫,只有迎难而上。

这套丛书的顺利出版,要感谢商务印书馆的支持,感谢中国财税法学研究会会长、北京大学刘剑文教授的鼓励。约克大学 Osgoode Hall 法学院的李金艳教授、不列颠哥伦比亚大学法学院的崔威教授、悉尼大学商学院的 Antony Ting 教授、香港中文大学法学院的许炎教授、南开大学法学院杨广平教授积极推荐优秀著作,国内不少中青年学者和实务专家纷纷表示愿意加入翻译团队,这份热情让我感动,借此机会一并表示感谢。

译丛的选题覆盖财政法和税法,既可以是理论性的思想探索,也可以是制度方面的比较研究,还可以是行政或司法案例的分析整理,作者的国别不限,书稿的语言不限,只要是优秀的作品,版权方面不存在争议,都可以列入选稿范围。恳请各位师友不吝荐稿,并帮助联系作者和出版社,也欢迎有志之士加入翻译团队。如有慷慨者愿意资助出版,更是功德无限。

随着财税法译丛项目的推进,一本又一本优质图书将被引入国内,与学术研究者、政策制定者、法律执行者见面,成为中外思想交流的又一平台,成为推动我国财税法学进步的新动力。这一幕情景虽然需要付出非常努力,却无比令人向往,值得我和学界同仁一起去实现。笔者相信,所有投身于这项事业的人,其收获的快乐将远超预期。

此为序,与诸君共勉!

熊　伟

2017 年 9 月 8 日

译 者 序

在大多数国家,税收协定都是其国际税收规则的重要组成部分。目前,世界上有2000多个关于所得税、财产税的税收协定。税收协定的首要目的是通过消除双重征税等税收障碍,促进跨国贸易和投资。近年来,全球一体化呈加速趋势,国际间经济要素流动的频率和数量都是空前的,税收协定的重要作用受到了更多的关注。实务中的体现是,新的税收协定的数量不断增加,原有协定也不断得以修订;在理论层面,则是对税收协定目的、作用、内容的研究不断深入。

绝大多数税收协定都是以税收协定范本为基础缔结而成,这使得税收协定呈现出基本相同的框架体系,缔约方只需就不同于范本规定的事项达成一致即可,大大便利了税收协定的达成。目前,税收协定范本主要是指经合组织的协定范本和联合国的协定范本。经合组织继承了20世纪20年代国际联盟所开始的所得税税收协定范本的制定工作,并在1963年首次发布范本草案,此后不断地进行修订更新。经合组织的财政事务委员会集中了各成员国资深税务专家,为协定范本的完善提供充足的智力支持。虽然经合组织范本内容丰富且与时俱进,但其根基则是,假定协定缔结于两个经济发展水平相同的(发达)国家之间。在此前提下,由于经济要素流动呈双向均衡局面,税收协定的抑制来源地国征税权与维护居民国征税权的做法,基本上能够实现跨境税源的公平分配。但是,当发展中国家逐渐成为国际大家庭的多数成员时,其对外缔结的税收协定,特别是与发达国家缔结的税收协定,必须考虑这些国家间非对称的资金流动,从发达国家流入发展中国家的投资要比后者流向前者的投资多得多,联合国范本应运而生。该范本更多地考虑发展中国家的情况,将征税权更多地分配给来源地国。

本书题为《税收协定与发展中国家》,点出了本书所研究的重点。整体而言,目前学界对于联合国协定范本,以及发展中国家如何利用税收协定范本缔结税收协定,从而实现本国的发展目标等内容,缺乏系统和深入的研究,本书正好填补了这一空白。从研究内容上看,首先,本书除了对协定具有的消除双重征税、分配征税权、防范避税和偷逃税等功能进行探讨,对于协定是否能够促进投资活动也进行了详细分析。营造税收确定性氛围,吸引外来投资,是发展中国家缔结税收协定的另一个现实目标。其次,在概述联合国协定范本历史发展的基础上,通过对联合国范本逐条详细解读,重点展现该范本的基本特点——与经合组织范本的差异,而这些差异正是联合国范本维护发展中国家利益的重要体现。再次,本书分析联合国范本的现实影响,选择了一组作为发展中国家代表的非洲国家,考察这些国家各自协定谈判中是否真正使用及在多大程度上使用了联合国范本,发现联合国范本对于发展中国家的重要性程度,以及联合国范本中的哪些条款为目标国税收协定所采用,哪些条款没有被采用。

　　本书的研究方法也有独到之处。首先,它将经济理论融入法学研究中。国际税法的研究离不开法学方法和经济学方法,本书作者在不少地方,特别是探讨税收协定避免双重征税的功能部分,就税收对资本等要素配置的经济效率作了分析。其次,理论研究与实证研究相结合。本书所采用的实证方法让读者眼前一亮。作者选取了一组具有代表性的国家,对这些国家对外缔结税收协定情况进行了详细和具体的分析,包括这些国家税收协定所采用的范本情况、每个条款的具体内容、与两个协定范本相同或者差异之处,以及这些协定所包含的与两个协定范本都不同的地方,令人信服地揭示了联合国范本对于发展中国家的影响和作用。再次,纵向(历史分析)比较与横向比较方法兼顾。作者在介绍两个协定范本及样本国家税收协定条款历史沿革方面着墨较多,旨在说明这些法律规则背后的历史成因;同时,作者对于经合组织范本与联合国范本以及样本国家协定的具体条款进行横向比较,分析异同,揭示其中的立法目的和原因,为本书最终的结论和建议提供了支撑。

　　整体而言,本书填补了对联合国范本以及发展中国家采用范本缔结协定研究的空白,具有较高的学术价值,让我们重新认识了联合国范本的重要地位和现实价值,唤醒和激励我们加强对联合国范本的研究,不断完善之,运用之。本书还对联合国范本及其注释提出了修改建议,并就本书中分析过的国家税收政策提出了相关建议。因此,本书对本领域的税收实务者、学者和政策制定者都具有相当的价值。

本书的翻译过程基本上一气呵成,但由于日常工作繁忙,译稿的修订却多有中断,耽误了出版进度。本书的顺利翻译和出版,得益于来自多方面的支持。商务印书馆的金莹莹编辑字斟句酌地审校稿件,严把质量关;广东省地税局科研所梁若莲副所长为本书翻译和校订提供了诸多有价值的参考意见;武汉大学法学院项焱教授为本书翻译牵线搭桥,间接催生了"财税法译丛"。我们在此一并表示感谢!

尽管我们尽了最大努力,但由于能力所致,书稿翻译仍难免存在错漏,敬请读者及方家指正!

熊伟　毛杰

2017 年 10 月 15 日

目　　录

前　言

　　这本书是以我在奥地利研究院和维也纳经济大学国际税法研究院担任研究和教学助理期间的博士论文为基础的。我要感谢我的导师名誉博士迈克尔·朗（Michael Lang）教授；非常感谢他在我身为学生时激发了我对税收协议及国际税法的兴趣。在我论文写作的若干阶段，他对我提供支持、给予宝贵意见并指导我。我还要感谢担任我第二导师的法学硕士伊娃·爱博哈汀格（Eva Eberhartinger）教授。

　　在研究院期间，很多人曾帮助过我并对我的研究产生了影响。还有其他教授，比如约瑟夫·舒赫（Josef Schuch）教授、克劳斯·斯大林格（Clause Staringer）教授、阿尔佛雷德·斯托克（Alfred Storck）教授、帕斯夸里·皮斯通（Pasquale Pistone）教授，以及杰弗里·欧文斯（Jeffrey Owens）教授，他们教导我如何进行学术工作并帮助我参加各种项目、会议以及其他丰富我博士项目的各种活动。皮斯通教授和欧文斯教授向我展示了税收协定及发展中国家研究是极为时新的课题，并在我的研究目标方面给了我很大的鼓励。还有我研究院的同事们，他们对我探讨各种争议性问题提供了很大帮助。我要感谢他们的技术投入，以及在我需要的时候作为朋友在我的身边。特别感谢卡斯帕（Kasper Dziurdz）博士阅读了我的部分论文并提供了有用意见。

　　论文的相当大部分是我在国外研究期间所写的。在奥地利联邦科学与研究部的玛丽埃塔·布劳·格兰特（Marietta Blau Grant）的支持下，我能够在瑞典的乌普萨拉大学待了五个月。我要感谢波蒂尔·维曼（Bertil Wiman）教授，马修斯·达尔伯格（Mattias Dahlberg）教授以及他们的研究团队对我的款待，并提供了我希望得到的所有支持。此外，我还想向莫纳什大学（澳大利亚墨尔本）的瑞克·克瑞文（Rick Krever）教授及其团队表示感谢，我在该大学进行了两个月的研究。在此期间，我的论文有了很大进展，而且克瑞文教授进一步鼓励我进行深入研究。亚瑞夫·布劳恩（Yariv Brauner）教授花时间阅读我的论文并提供了宝贵的意见，我也要致以诚挚的感谢。

　　最后我想要感谢我的家人及朋友，他们一直都在支持我，帮助我进行研究，并且向我展示了生活中除了税法还有其他东西。谢谢你，安娜（Anna），谢谢你激发了我对发展中国家的兴趣并与我分享你的专业意见。感谢我亲爱的父母最初把我带入了税法，并且一直陪在我身边。这本书是献给你们的。

2013 年 7 月，维也纳

维罗尼卡·道尔（Veronika Daurer）

表 格 清 单

图 表 清 单

缩写词列表

ACP　非洲、加勒比和太平洋国家 African, Caribbean, and Pacific Group of States

AOA OECD　授权方法 Authorized OECD Approach

APTB　亚太税收期刊 Asia-Pacific Tax Bulletin（Periodical）

Art.　条 Article

ATAF　非洲税收征管论坛 African Tax Administration Forum

ATPC　非洲贸易政策中心 African Trade Policy Center

BAO　奥地利税法通则 Bundesabgabenordnung（Austrian general tax code）

BEL　比利时 Belgium

BRICS　金砖国家（巴西、俄罗斯、印度、中国和南非）的英文首字母缩略语 Acronym for Brazil, Russia, India, China and South Africa

BTR　《不列颠税收评论》（英国期刊）British Tax Review（UK periodical）

Bull. For Int'l Tax　《国际税收期刊》Bulletin for International Taxation

BUR　布隆迪 Burundi

CCCTB　公共的合并公司税基 Common Consolidated Corporate Tax Base

CEN　资本输出中性 Capital Export Neutrality

CFC　受控外国公司 Controlled Foreign Company

Chap.　章 Chapter

CIN　资本输入中性 Capital Import Neutrality

COMESA　东南非洲共同市场 Common Market for Eastern and Southern Africa

CON　资本所有权中性 Capital Ownership Neutrality

CS　缔约国 Contracting State

d.　日 day

DBA　德国避免双重课税条约 Doppelbesteuerungsabkommen（German for double taxation conventions）

Doc.　文件 Document

Double Tax. Conv.　防范双重课税条约 Double Taxation Conventions

DR Congo　刚果共和国 Democratic Republic of the Congo

DStZ　《德国税报》Deutsche Steuerzeitung（German periodical）

DTA　防范双重课税协议 Double Taxation Agreement

DTAA　避免双重税收协议 Double Tax Avoidance Agreement

DTC(s)　避免双重课税协议 Double Taxation Convention(s)

e. g.　举例 example given

EAC　东非共同体 East African Community

ECOSOC　联合国经社理事会（UN）Economic and Social Council

ed(s).　编者 editor(s)

Einl.　引言(德语) Einleitung（German for introduction）

Et al.　和其他 et alii（and others）

Et seq.　以及下列等 et sequens（and the following）

etc.　等 et cetera（and so forth）

ETH　埃塞俄比亚 Ethiopia

EU　欧洲联盟 European Union

EVI　经济脆弱指数 Economic vulnerability index

FATCA　（美国)外国账户税收遵从法案（US'）Foreign Account Tax Compliance Act

FDI　外国直接投资 Foreign Direct Investment

FN　脚注 footnote

FRA　法国 France

GAAR　一般反滥用条款 General Anti-abuse Rule

GNI　国民总收入 Gross National Income

GNP　国民生产总值 Gross National Product

Gvnmt. 政府 Government

HAI 人力资产指数 Human Assets Index

HDI 人类发展指数 Human Development Index

i. a. 在其他事物之外 inter alia（amongst others）

i. e. 那是 id est（that is）

IBFD 国际财政文献局 International Bureau for Fiscal Documentation

Ibid. 同处 Ibidem（in the same place）

IFA 国际财政协会 International Fiscal Association

IGAD 政府间发展管理局 Intergovernmental Authority of Development

IMF 国际货币基金组织 International Monetary Fund

Int'l Law Journal 国际法杂志 International Law Journal

Int'l Lawyer 国际法律师 International Lawyer

Int'l Tax and Pub. Fin. 《国际税收与公共财政》（期刊） International Tax and Public Finance（periodical）

Int'l Tax J. 国际税收杂志 International Tax Journal

Introd. 引言 Introduction

IOC 印度洋委员会 Indian Ocean Commission

IStR 国际税法（德国期刊） Internationales Steuerrecht（German periodical）

ITA 所得税法 Income Tax Act

J. Dev. Stud. 发展研究杂志 Journal for/of Development Studies

KEN 肯尼亚 Kenya

LDC(s) 最不发达国家 Least Developed Country（Countries）

LIC 低收入国家 Low Income Country

LOB 利益限制 Limitation on Benefits

LoN 国际联盟 League of Nations

m. no. 旁注数 Marginal number

MAD 马达加斯加 Madagascar

MAL 马拉维 Malawi

MAP 相互协商程序 Mutual Agreement Procedure

MAY 马来西亚 Malaysia

MFN 最惠国 Most-Favoured-Nation

Mio. 百万 Millions

MNE 跨国企业 Multinational Enterprise

mo. 月 month

MOZ 莫桑比克 Mozambique

Mr 先生 Mister

Nat'l Tax J. 全国税收杂志 National Tax Journal

N. Y. U. J. Int'l L. & Pol. 《纽约大学国际法与政策杂志》New York University Journal for International Law and Policy

No. 第 number

NYU Law Rev. 《纽约大学法学评论》(美国期刊) New York University Law Review (US American periodical)

ODA 政府发展援助 Official Development Assistance

OECD Comm. 经合组织(对协定范本)的评释 OECD Commentary

OECD 经济合作与发展组织 Organization for Economic Co-operation and Development

OEEC 欧洲经济合作组织 Organization for European Economic Co-operation

p. 页 page

Para. 段 Paragraph

PE 常设机构 permanent establishment

POR 葡萄牙 Portugal

pp. 页(复数) pages

prop'y 财产 property

Prot. 议定书 Protocol

PwC 普华永道国际会计师事务所 Pricewaterhouse Coopers

Queen's L. J. 女王法律杂志 Queen's Law Journal

regist'n　登记 registration

RIW/AWD　国际法（德国期刊）Recht der internationalen Wirschaft/Außenwirtschaftsdienst（German periodical）

RWA　卢旺达 Rwanda

S4TP　南南共享的促进发展的成功税收实践 South-South Sharing of Successful Tax Practices for Development

SADC　南部非洲发展共同体 Southern African Development Community

SAS　斯堪的纳维亚航空公司 Scandinavian Airlines

Sept.　九月 September

SWI　国际税收与经济（奥地利期刊）Steuer und Wirtschaft International（Austrian periodical）

TAN　坦桑尼亚 Tanzania

TLR　税收法律评论 Tax Law Review

U. B. C. L. Rev.　《不列颠哥伦比亚大学法律评论》（美国期刊）University of British Columbia Law Review（US American periodical）

UGA　乌干达 Uganda

UK　英国 United Kingdom

UN Comm.　联合国（协定范本）评释 UN Commentary

UN DESA　联合国经济和社会事务部 United Nations Department of Economic and Social Affairs

UN　联合国 United Nations

UNCTADstat　联合国贸易与发展会议统计数据库 Statistical database of the United Nations Conference on Trade and Development

UNDP　联合国开发计划署 United Nations Development Program

UNIDO　联合国产业发展组织 United Nations Industrial Development Organization

UN-OHRLLS　联合国最不发达国家、内陆国家和小岛国发展中国家高级事务代表 United Nations-High Representative for the Least Developed Countries, Landlocked Developing Countries and Small Island Developing States

US 美国 United States

USD 美元 US Dollar

VCLT 维也纳条约法公约 Vienna Convention on the Law of Treaties

Vol. 卷 volume

vs. 比 versus

y. 年 year

ZAM 赞比亚 Zambia

ZIM 津巴布韦 Zimbabwe

第一章 导 论

第一节 背 景

今天的我们生活在一个全球化世界中,各种商业活动和交易不再受到 [1] 国界的限制。这些活动产生的所得可能在一个以上国家中被课税。这正是 20 世纪以来不少国家对外缔结大量税收协定的原因,这些协定旨在限制缔约方的课税权,从而消除纳税人的双重课税问题。税收协定最早主要在发达国家之间以及宗主国与其殖民地之间缔结。但随着殖民体系的瓦解以及新国家和新经济体的崛起,发展中国家也开始缔结税收协定——不仅是发展中国家之间,更多的是与发达国家,因为发展中国家希望通过缔结税收协定来吸引外国投资者。但现在我们并不清楚税收协定对于发展中国家是否有益,以及协定在国家发展过程中到底发挥多大作用。

每个税收协定都是由两个缔约方单独谈判达成的,但现在世界上有效的协定都比较相似,这主要归功于有关国际组织为使全球税收协定内容一致而拟定协定范本所付出的巨大努力。这些协定范本构成了双边协定谈判的基础,缔约方只须就不同于范本规定的事项达成一致即可,这大大便利了税收协定的谈签。[①] 目前通行的协定范本是经济合作与发展组织的协定范本(经合组织范本)。[②] 该范本最早发布于 1963 年,此后经过多次更新。该 [2] 范本主要供经合组织成员国缔结协定时使用,因此范本内容反映了这些国

---

① 朗(Lang):《避免双重课税协定法介绍》(*Introduction to the Law of Double Taxation Convention*),2010 年,第 27 页。

② 最新版本见 2010 年版经合组织《所得及资本税收协定范本:压缩版》(*OECD Model Tax Convention on Income and on Capital:Condensed Version*)。

家的需求,体现了他们的利益。有鉴于税收协定对非经合组织国家的重要性日益上升,其他国际组织也开始发布更适合非经合组织国家或发展中国家使用的协定范本,其中最为重要的是联合国协定范本(联合国范本)。[③]联合国范本最早发布于 1980 年,此后分别在 2001 年和 2011 年两度更新。

联合国范本在很大程度上以经合组织范本为基础,两个范本结构相同并采用相同的专有术语。但联合国范本与经合组织范本还是存在不少差异,联合国范本更考虑发展中国家的情况,最主要的是其将课税权更多地分配给来源地国,而经合组织范本则以居民国课税权为导向。发达国家与发展中国家之间缔结税收协定必须考虑这些国家间非对称的(non-reciprocal)所得流动情况,从发达国家流入发展中国家的投资要比后者流向前者的投资多得多,而发达国家之间的收入流动则相对比较平衡。鉴于此,联合国范本的规则更体现了发达国家与发展中国家的这种特殊情况,比如其中的"常设机构"的概念外延更为广泛,预提税税率更高。税收文献中关于对联合国范本以及其与经合组织范本差异的探讨汗牛充栋,[④]但国际税法研究者对于 2011 年更新版的联合国范本的详细研究却还未开始。

自发布以来,联合国范本已被用来作为不少税收协定谈签的基础,尽管联合国范本只是由专家起草的蓝本,对联合国成员国没有约束力,[⑤]但许多国家经常采用该范本中那些有利于来源地国的条款。[⑥] 协定谈判和缔结的长期实践表明,联合国范本的使用国及其缔约目标国尽管经常被统称为发

---

③　最新版本见 2011 年版联合国《关于发达国家与发展中国家间避免双重课税的协定范本》。

④　See:Ritter, Steuerbeziehungen mit der Dritten Welt, *DStZ/A* 1979,419 et seq.;Ashiabor, The Taxation of Foreign Investments in Developing Countries under the Treaty Regime:The African Experience, 22 *Int'l Tax Journal* 1996,69 et seq.;Wijnen/Magenta, The UN Model in Practice, *Bull. for Int'l Tax.* 1997,574 et seq.;Kosters, The UN Model Tax Convention and its recent develops, *Asia-Pacific Tax Bulletin* (*APTB*)2004,4 et seq.;Bayer, Das neue Update zum UN-Musterabkommen, *SWI* 2011,539 et seq.;Yaffar/Lennard, An Introduction to the Updated UN Model(2011), *Bull. for Int'l Tax.* 2012,590 et seq.

⑤　See Krabbe, UN-Musterabkommen 2000, *IStR* 2000,618(618).

⑥　维内恩(Wijnen)、马真塔(Magenta)在 20 世纪 90 年代为联合国所做的一项研究表明,联合国范本已经对很多国家的税收协定体系起到了重要的作用(包括经合组织成员国)。参见维内恩和马真塔,《国际税收期刊》(*Bull. for Int'l Tax*)1997 年,第 574 页及之后诸页。

展中国家,但却是一个十分异质性的国家群体。⑦ 这种异质性还体现在起草联合国范本专家组的构成上。⑧ 在这个国家群体的一端是那些在当今全球经济中发挥重要作用的新兴工业化国家和过渡经济体,即金砖国家(BRICS);⑨而另一端则是那些最贫穷的国家,即世界银行所称的低收入国家(LICs)和联合国所称的最不发达国家(LDCs)。⑩ 在这两端之间则是那些处于经济发展大潮的中低收入和中高收入经济体。这些不同的国家群体所具有的经济实力和政治影响力不同,希望在税收协定谈判中获取的利益也不同。然而,税收文献在涉及发展中国家和联合国范本时仍总将这些国家一视同仁地加以探讨,而且金砖国家已成为发展中国家的代表而备受关注,最不发达世界却少有被关注。当前,共有 48 个国家被联合国确定为最不发达国家,其中 33 个在非洲,14 个在亚洲,1 个在拉丁美洲/加勒比地区。⑪ 世界银行确定了 36 个低收入国家,其中 25 个在非洲,8 个在亚洲,1 个在加勒比地区。⑫ 由此可见,世界上最大的贫穷国家群体在非洲大陆,相应地,非洲国家是我们分析最不发达国家和低收入国家税收协定政策的合

---

⑦　See also Pistone/Goodspeed, Rethinking tax jurisdictions and relief from international double taxation with regard to developing countries, in Zagler(ed.), International Tax Coordination(2010)p.13(pp.22 et seq.).

⑧　联合国范本的起草过程及相关人员的情况详见于本书第三章第二节"三"。

⑨　BRICS 是关于巴西、俄罗斯、印度、中国及南非组成的新兴经济体的缩略语,该经济体以其快速的经济增长及全球政治影响著称。参阅史密斯(Smith):"BRIC 变为 BRICS:地缘政治棋盘之变化"(BRIC Becomes BRICS:Changes on the Geopolitical Chessboard),载《外国政策期刊》(Foreign Policy Journal),2011 年 1 月 21 日,www.foreignpolicyjournal.com/2011/01/21/bric-becomes-brics-changes-on-the-geopolitical-chessboard/,最后访问时间:2013 年 7 月。巴西、中国、印度和南非(以及印度尼西亚)是经合组织的"强势参与国"(enhanced engagement countries)或"重要伙伴国",经合组织非成员国与经合组织之间这种十分紧密的关系包括了在税收领域及其他方面的合作,详见经合组织:《成员与伙伴》(Members and Partners),www.oecd.org/about/membersandpartners/,最后访问时间:2013 年 7 月;经合组织:《经合组织与主要伙伴的关系》(The OECD's Relations with its Key Partners)(2012),www.oecd.org/general/50452501.pdf,最后访问时间:2013 年 7 月。

⑩　低收入国家及最不发达国家的概念见于本书第三章第四节。

⑪　参阅联合国代表办公室(UN-OHRLLS):《最不发达国家:关于 LDCs》,www.unohrlls.org/en/ldc/25/,最后访问时间:2013 年 7 月。

⑫　参阅世界银行:"国家与贷款国家集团"(Country and lending groups),http://data.worldbank.org/about/country-classifications/country-and-lending-groups,最后访问时间:2013 年 7 月。

适样本,尤其是他们可以成为分析联合国范本对这类国家协定谈判重要性的代表。

第二节　本书目的

本书具有双重目的。第一,希望整体研究税收协定对发展中国家的重要性。本书将指出税收协定具有的各项功能,以及这些功能对发展中国家的影响。第二,研究旨在为发展中国家利益服务的联合国范本是否被作为样本的非洲国家经常使用,从而揭示联合国范本对于这些代表世界最贫穷样本国家的协定实践具有多大的重要性。这些分析也将成为今后进一步修改联合国范本及其评注的基础。

第三节　本书结构

本书第二章为全文设定了一个框架,该章主要探究税收协定对于发展中国家的重要性,[13]讨论税收协定所具有的各种功能,包括消除双重课税、分配课税权、防范避税和偷逃税,以及促进投资活动。首先,阐述国际双重课税问题以及消除这种问题的工具,探讨单边措施和双边协定以及双边协定替代工具的优缺点。其次,讨论课税权的分配问题,特别阐释来源地课税权和居民课税权的合理性依据,以及对发展中国家而言应更优先考虑哪一种课税权。再次,分析税收协定具有的防范避税和偷逃税的功能,这方面包括信息交换问题、避税港问题,以及转让定价概念。最后,探讨税收协定对于投资的促进。学术界已经有了关于税收协定与外国直接投资(FDI)增长

---

[13]　鉴于在文献中"发展中国家"这一术语用于表达所有类型的发展中国家,本章对上文所提到的国家组群不作区分,而只有在第三章第四节以及第四章对上文提到的概念作进一步区分。

之间关系的许多研究,本书将在探讨发展中国家的语境中对这些研究加以论述和总结。

在探讨联合国范本对于最不发达国家和低收入国家税收协定谈判影响之前,本书第三章将探讨联合国范本的内容和规定。该章首先概述税收协定的历史和协定范本的发展情况,这一概述从国际联盟(LON)在这方面的工作开始,然后转到经合组织和联合国的相关工作,直到这一领域的最新发展。其中还将展现联合国范本起草过程以及该范本的基本特点——与经合组织范本的差异。其次,将对联合国范本逐条加以详细解读,重点聚焦与经合组织范本的差异,而这些差异正是联合国范本维护发展中国家利益的重要体现。逐条分析联合国范本的条款旨在揭示其立法目的和法律后果,其中与发达国家和发展中国家关系有关的主要问题是来源地税的征收、常设机构概念的广泛外延,以及强化发展中国家课税权的其他规定。本书所分析的是2011年更新后的联合国范本,因此除了与经合组织范本的差异外,本书还将探讨新的联合国范本与之前两个版本在内容上的变化。该章末尾还将列出联合国范本的使用国,并尝试对"发展中国家"这一概念加以概括。

第四章分析联合国范本的现实影响,以及发展中国家在各自协定谈判中是否真正使用了该范本。如上所述,非洲的最不发达国家和低收入国家是发展中国家的重要组成部分,为了能够对所有协定加以详细分析,本书选择了非洲国家的一个子集从而能够缩小样本容量,所分析的样本国(target group of countries)(按首字母顺序排列)如下:布隆迪、埃塞俄比亚、肯尼亚、马达加斯加、马拉维、莫桑比克、卢旺达、坦桑尼亚、乌干达、赞比亚和津巴布韦。所有这些国家都与发达国家缔结税收协定,同时也与其他发展中国家缔结税收协定。因此,对这些国家税收协定网络的分析可以帮助我们深入了解这一特殊发展中国家群体税收协定的特点。该章也研究这些税收协定采用了哪个协定范本,是否实际采用了税收协定,以及是否存在其他协定范本中没有包含,但为这些协定实际反复使用的条款,这些分析研究将形成样本国协定条款的详细记录。该章还将明晰样本国税收协定政策的模式,从而查明这些被分析的国家是否遵循类似的方式。进一步而言，该章还考察这些国家在多大程度上采用联合国范本作为其税收协定的基础，从而发现联合国范本对于这些样本国的重要性程度，以及联合国范本中的哪些条款为样本国税收协定所采用，哪些条款没有被采用。

第五章整合了前四章的研究结果，探究对这些样本国税收协定的分析如何有助于改进联合国范本及其评注。样本国协定较少采用的范本条款应当被修改和改进，在联合国范本和经合组织范本中没有，但为税收协定所实际采用的附加条款（additional provisions），应当被考虑加入联合国范本及其评注。本文还附上了关于调整或者补充相关条款措辞的建议。

第六章作为全文的最后部分，是对全文研究成果的概括和总结。该部分展望了今后需要加以进一步探讨的问题。

第二章　税收协定对发展中国家的重要性

第一节　引　言

　　国家间已经在全世界范围内建立广泛的税收协定网络,本书研究即始于这种观察。税收协定,亦称为避免双重课税公约或避免双重课税协定,[①]是两个缔约国根据国际法而达成的一项协定,其协商、适用与解释都依据《维也纳条约法公约》(VCLT)。[②] 为了缔结一项税收协定,协商过程是必不可少的,通常由代表国的财政部代表带领参与。在多数国家,这些代表缔结条约的权力还需要经过议会的批准。通常,达成一项让双方满意的协定,需要经过几个回合的协商。[③] 在协商过程中,缔约双方会拟定协定内容,为使其对双方产生约束力,还需经过批准。通常情况下,该批准经由双方签名和交换文件完成。从该批准时刻起,此项协定作为国际法下的条约开始生效。[④] 接下来,该税收协定必须履行缔约国国内立法程序,以使其成为该国

---

　　① 这些术语可以相互替代使用,其间没有重要区别,尽管"税收协定"更加口语化。参阅贝克(Baker):《双边税收协定(Double Taxation Conventions):专题介绍(Introductory Topics)》,2001 年 6 月,C.03。

　　② 参阅沃格尔(Vogel),载于沃格尔和莱纳编(Vogel/Lehner):《避免双重课税协定》(*Doppel-besteuerungsabkommen*),2008 年,引言旁注第 45 及其后。

　　③ 参阅贝克:《双边税收协定:专题介绍》,2001 年,C.01。

　　④ 参阅沃格尔,载于沃格尔和莱纳编:《避免双重课税协定》,2008 年,引言旁注第 56 及其后。

国内法的一部分,而此种纳入国内法的程序视各国情况不同而不同。[⑤] 从协商、签署到协定实际生效,往往需要几个月甚至几年的时间。该条约所含内容是否优于国内法也由各国自行决定。[⑥] 履行将税收协定纳入国内法的程序后,协定便具有了双重属性:它既是政府间关于限制税收管辖权的协议,同时也构成缔约国国内法的一部分。[⑦]

第一项税收协定在 19 世纪末期就已缔结,因为各国发现,相较于它们已经使用过的单边方法,缔结条约是一种更有效的消除国际双重课税的方式。[⑧] 细看一项税收协定的条款可以发现,税收协定的功能远超过了它们原本避免双重课税的目的。大多数税收协定并没有解决如何避免双重避税的问题,而是"将蛋糕一分为二",将课税权在各国间分配。此外,近期对信息交换和税收行政协助的讨论也作为例证说明,税收协定已经成为打击避税的一项重要国际合作工具。最后,从经济学的角度看,税收协定的存在可以增加缔约国间的投资活动,该论点已经被反复讨论过了。也有些时候,一项税收协定的缔结并不是出于上述原因,而是一项政治声明,或者对于另外一项国际条约的补充,如自由贸易协定。

本章要讨论的主要问题是:为什么税收协定会存在? 它们有什么目的? 除了缔结税收协定,是否有其他选择? 最后,它们对于发展中国家有何特殊利益? 发展中国家是否真的需要税收协定? 接下来的章节将对税收协定的各种功能作详细介绍,并展现缔结税收协定的不同目的。因为本书的重点在于发展中国家的税收协定,所以更多笔墨将用于叙述哪项税收协定的功能会更适用于发展中国家。在功能分析后,本章会进行小结。

---

⑤　概要请参阅沃格尔,载于沃格尔和莱纳编:《避免双重课税协定》,2008 年,引言旁注第 45 及其后;贝克:《双边税收协定:专题介绍》,2001 年,F.01。

⑥　参阅朗:《引言》,2010 年,第 32 页。

⑦　参阅贝克:《双边税收协定:专题介绍》,2001 年,B.01。

⑧　参阅沃格尔,载于沃格尔和莱纳编:《避免双重课税协定》,2008 年,引言旁注第 32 及其后。但是也有若干作者主张,双重课税也可以通过只采用单边措施的方式实现(详细见下文,第二章第二节"二"部分)。

第二节　消除国际双重课税

一、法律性和经济性双重课税

国家间缔结税收协定的传统原因是避免国际双重课税。在更详细地解释该项税收协定的特定功能之前,需要说明一下双重课税的概念。世界范围内大部分国家的课税权并不受国家边界的限制。纳税人不断增强的流动性、市场的全球化和其他因素导致越来越多的情况下一个人不再只对一国负有纳税义务,而是同时对两国或三国负有纳税义务。此时,法律性国际双重课税将很有可能发生。这种情况可以被界定为两个或两个以上国家对一个纳税人相同时期的同一交易或活动产生的资本或所得征收相似甚至完全相同的税款。⑨ 有三种不同的情况会导致法律性双重课税,下文将详述。⑩

通常情况下,与一个国家有很强身份联系的人,将在该国负有无限纳税义务,即就他们世界范围内的所得课税(属人原则)。如果凭借商业活动或其他收入来源,一个人客观上与另一国建立了联系,这个国家也可以就该人的所得课税,但是,只能依据来源于本国的所得课税;在此种情况下他负有有限纳税义务(属地原则)。当一个国家对一个人的全球所得课税,而另一个国家也对其部分所得课税时,就会造成双重课税。

在一些情况下,如果一个人与几个国家都有身份联系,就会在所有这些

---

⑨　参阅布莱乐(Brähler):《国际税法》(*Internationales Steuerrecht*)(2009),第 15 页。经合组织范本评注,2010,引言,第 1 段。沃格尔:《国际税法》(*Internationales Steuerrecht*),载于《德国税报》(*DStZ*)1997,第 269 页起(第 276 页)。

⑩　参阅朗:《引言》,2010 年,第 23 页及其后;布莱乐:《国际税法》(2009),第 17 页及其后;雅各布斯(Jocobs):《国际企业税收》(*Internationale Unternehmensbesteuerung*)(2007),第 3 页;罗哈吉(Rohatgi):《国际税收基础》(*Basic International Taxation*)第一卷(Volume Ⅰ):《基本原则》(*Principles*)(2005),第 2 页及其后;关于法律性双重课税概念的深度分析和界定请参阅皮雷(Pires):《所得的法律性国际双重课税》(*International Juridical Double Taxation of Income*)(1989),第 11 页及其后。

国家负有无限纳税义务。例如,一个人不止一处住所,或者在一国有住所而在另一国有习惯性居所;公司可以在一国注册,而在另一国设立管理机构,就属于这种情况。而哪些要素引发无限纳税义务由国内法决定。这种情况的结果就是,在几个国家同时被课税的,将不限于此人的部分所得,而是包括全球所得。

最后,多重有限税收义务也可以导致双重课税。比如,一个人的所得可以被认定为既是源于一国,也是源于另一国,因为他与两国都建立了一定的联系,所以两国都可以向该人课税。

至此,法律性双重课税的现象已经明了,它是指同一个人被双重课税。但是,还有另外一种形式的双重课税,即经济性双重课税。经济性双重课税是指同一行为在两个国家被课税。不同于法律性双重课税的是,该行为是在两个独立法律主体的层面被课税。⑪ 一个典型的例子是对营业利润的课税:首先,所得会在产生利润的公司层面被课税;当利润分配后,它会在股东层面再被征一次税。

二、消除国际双重课税的方法

10   之前的例子表明,双重课税构成纳税人的经济负担,且会成为跨国商业活动的重大阻碍。⑫ 为了消除这种阻碍,各国发展出不同的方法来消除双重课税。这些措施既可以是单边的,也可以是双边或多边的。

双边或多边解决国际双重课税的方法就是缔结税收协定。⑬ 税收协定是指两个或两个以上缔约国为解决在跨国活动中涉及缔约国的双重税收而

---

⑪ 参阅沃格尔,载于沃格尔和莱纳编:《避免双重课税协定》,2008 年,引言旁注第 4;雅各布斯:《国际企业税收》(2007),第 3 页;诺伊迈尔(Neumayer):"双重税收协定会增加发展中国家的外商直接投资吗?"(Do Double Taxation Treaties Increase Foreign Direct Investment to Developing Countries?),载于《发展研究期刊》(Journal of Development Studies),2007 年,第 1501 页起(第 1504 页)。

⑫ 参阅经合组织范本评注,2010 年,引言,第 1 段;雅各布斯:《国际企业税收》,2007 年,第 4 页及其后。

⑬ 也可称为避免双重课税公约、避免双重课税协议或避免双重课税条约。

达成的国际法律协议。税收协定的特定目的也反映在了多数协定的标题
中[14],以及经合组织和联合国范本的评注中。[15] 为达到该目的,在税收协定
中,首先要决定哪种所得在哪个国家课税("课税权分配")。[16] 其次,税收
协定须包含用抵免或免税的方式消除双重课税的条款。在税收抵免方式
下,居民国需要根据协定的分配规则给予纳税人抵免在来源国缴纳的税收。
当使用免税方法时,需要将在来源国已纳税的所得从居民国的税基中排除。
值得注意的是,税收协定只是为了消除法律性双重课税,而非经济性双重
课税。[17]

　　在很长的时期内,主流观点认为,税收协定是消除双重课税不可或缺的
方法。[18] 但是单边措施,即一国依据其国内法采取的方法同样可以达到相
同效果,而采用单边措施来消除双重课税的做法甚至早于税收协定。按照
是居民国或是来源地国,国家所设计和适用的规则也是不同的。一方面,纳
税人对其母国(居民国)承担无限纳税义务,母国可以采用下列方法为其税　11
收居民提供消除双重课税的救济:或是将国外收入从本国税基中减除(免
税法),或是允许纳税人在国外已纳税款与本国应纳税额相抵免(抵免法、

---

　　[14] 一种广泛的实践是赋予税收协定类似于"A 国和 B 国之间关于所得和资本税收的避免双
重课税协定"的标题。这也是因为 1963 年和 1977 年版经合组织范本已经采用了该种标题(参阅经
合组织范本评注,2010,引言,第 16 段),而且联合国范本自 1980 年起也采用该种标题。从 1992 年
版经合组织范本和 1980 年版联合国范本开始,标题被改为"A 国和 B 国之间关于所得和资本税收
的协定"。但是,经合组织范本和联合国范本也指出,国家间可以在双边税收协定标题中表明避免
双重课税或防止逃避税的目的(参阅 2010 年版经合组织范本,注释 1;2011 年版联合国范本,注释
1)。

　　[15] 参阅经合组织范本评注,2010,第 1 条,第 7 段;联合国范本评注,2010,第 1 条,第 8 段(在
2011 版联合国范本评注中该条已不存在)。

　　[16] 详细内容见下文第二章第三节。

　　[17] 参阅朗:"双重不课税——综合报告"(Double Non-Taxation—General Report),载于国际财
政协会编辑(International Fiscal Asssociation/IFA):《双重不课税》(*Double Non-Taxation*),《国际税
法》(Cashier de droit fiscal international),第 89a 期(2004),第 73 页起(第 80 页);朗:《跨境税法之双
重课税和双重不课税》(Doppelbelastung und Doppelbefreiung im grenzüberschreitenden Steuerrecht),载
于贝克和肖恩编辑(Becker/Schon):《在欧洲系统竞争力下的税和福利国家》(Steuer-und Sozialstaat
im europäischen Systemwettbewerb)(2005),第 215 页起(第 222 页及其后)。

　　[18] 戴根(Dagan):"税收协定的神话"(The Tax Treaties Myth),载于《纽约大学国际法与政策
杂志》(*32 N. Y. U. J. Int'l L. & Pol*)(1999—2000),第 939 页。

国外税收抵免),或是允许纳税人在国外已纳税款从本国税基中扣除(扣除法)。[19] 范(Vann)(2000)提出了第四种消除双重课税的方法:属地课税。据此,居民国放弃对其税收居民外国来源所得的课税权,从而不坚持对该部分所得的税收管辖权。[20] 属地课税方法的效果与免税法类似,但事实上这种方法并不是消除双重课税的方法,因为在此情形中并不存在双重课税的前提。国与国之间所采用的单边措施差别较大,采用哪种方法最终是一项政治性的决定。

另一方面,东道国(来源地国)同样可以采取消除双重课税的单边措施。东道国税务当局可以与意在该国投资的纳税人达成专门协议,或者发布书面裁决或采取其他措施来为纳税人提供税法的确定性。[21] 东道国也可以限制对于纳税人来源于本国所得的课税权。[22] 但这可能不是发展中国家所愿意做的,因为这些国家往往是接受外来投资的东道国。因此正好相反,发展中国家总是争取获得尽可能多的课税权,特别是对于外来投资的课税权。[23] 但为了吸引外国资本而给予的税收优惠则是一个例外,这类税收优惠旨在降低投资成本,而并不是将所有课税权拱手让与实行全球课税的居民国。因此,采取税收优惠措施可以消除双重课税,但这些措施本身的意义也就失去了。总体而言,即使来源地国可以采取一些措施,但单边消除双重课税的角色主要应由居民国来承担。

对母国所采取单边措施的功能加以分析后,人们也许会认为税收协定"只不过是对多数国家已经单边采取的避免双重课税的抵免法或免税法的

---

[19]　朗:《引言》(2010),第 26 页;瑟仁伊(Thuronyi):"税收协定与发展中国家"(Tax Treaties and Developing Countries),载于朗/皮斯通/舒赫/斯特林格/佐格勒编(Lang/Pistone/Schuch/Staringer/Zagler):《从法律和经济视角看税收协定》(*Tax Treaties from a Legal and Economic Perspective*)(2010),第 441 页起(第 446 页)。

[20]　范(Vann):"所得税的国际方面"(International Aspect of Income Tax),载于瑟仁伊编:《税法的设计与起草》(*Tax Law Design and Drafting*)(2000),第 718 页起(第 757 页及其后)。

[21]　瑟仁伊:"税收协定与发展中国家",第 445 页。

[22]　同上。

[23]　在工业国家税制中,更常见的做法是不对非居民的特定所得征收来源税。例如在欧盟内部,特定的股息、利息及版税可能不用缴纳来源税。

再次确认而已"。[24] 事实上,许多税收协定都提到了国内法上消除双重课税的措施。[25] 由此产生的一个问题是,双边税收协定是否会带来额外的利益,或者在消除双重课税方面,双边税收协定是否比单边措施更为有效。从纳税人角度看,单边措施与双边协定之间并无差异,因为两者都是为了消除双重课税。[26] 事实上,大多数国家国内法包含的单边措施足以消除最常见的双重课税问题,而双边协定只用来缓解那些不太常见的双重避税问题。[27] 因此,文献中多有关于是否需要双边协定的争论。[28] 不可否认的是,单边措施可能减少实施国的税收收入,却不能保证双重课税的对方国家采取类似措施。[29] 这就与税收协定形成反差,因为税收协定要求缔约国在对等基础上("互惠原则")采取消除双重课税的措施。[30] 但税收协定的一个缺点在于,协定通过谈判才能缔结,而协定谈判需要各方投入时间、技术和精力,因

[24] 巴塞尔/巴斯/克瑞文/诺伊迈尔(Barthel/Busse/Krever/Neumayer):"避免双重课税协定与外国直接投资的关系"(The Relationship between Double Taxation Treaties and Foreign Direct Investment),载于朗/皮斯通/舒赫/斯特林格/佐格勒编:《从法律和经济视角看税收协定》(2010),第 3 页起(第 6 页);类似地参阅戴根:"税收协定的神话",载于《纽约大学国际法与政策杂志》,第 941 页;阿维·约纳(Avi-Yonah):"避免双重课税协定:引言"(Double Tax Treaties:An Introduction),载于索旺/萨克斯编(Sauvant/Sachs):《协定对于外国直接投资的影响》(The Effect of Treaties on Foreign Direct Investment)2009 年,第 99 页。

[25] 瑞典的大部分税收条约就是如此。参阅博格伦德(Berglund):"瑞典国别报告"(National Report Sweden),载于朗/皮斯通/舒赫/斯特林格编:《经合组织以及联合国公约范本对双边税收协定的影响》(The Impact of the OECD and UN Model Conventions on Bilateral Tax Treaties)2012 年,第 1056 页起(第 1076 页);博格伦德/贝克塞柳斯(Berglund/Bexelius):"瑞典国别报告"(National Report Sweden),载于国际财政协会编:《关于消除经营所得双重课税的重点实际问题》(Key practical issues to eliminate double taxation of business income),《国际税法》(Cahier de Droit Fiscal International),第 96b 卷,2011 年,第 625 页起(第 635 页)。

[26] 戴根:"税收协定的神话",载于《纽约大学国际法与政策杂志》,第 983 页。

[27] 范,"所得税的国际方面",类似地,伊森(Easson):"我们需要税收协定吗?"(Do we still need Tax Treaties?),载于《国际税收期刊》,2000 年,第 619 页起(第 622 页)。

[28] 例如瑟仁伊(《税收协定与发展中国家》,第 450 页及以下诸页)主张一种"轻"税收条约。更多内容参阅伊森,载于《国际税收期刊》,2000 年文,第 619 页;艾弗里琼斯(Avery Jones):"税收条约是否有必要?"(Are Tax Treaties Necessary),载于《税法评论》(Tax L. Rev.),1999—2000 年,第 1 页;戴根:"税收协定的神话",载于《纽约大学国际法与政策杂志》,第 939 页。

[29] 雅各布斯:《国际企业税收》,第 37 页。

[30] 伊森(《国际税收期刊》,2000 年,第 623—624 页)表达了自己的关切:特别是在缔约国间非互惠贸易往来中,由于来源国作出的让步多于居民国,所以根本无法实现真正的互惠。

此成本很高。一国也许有比税收协定更为重要的事项要做,或者没有能力进行广泛的谈判。[31] 不仅如此,税收协定的适用也会给国家带来较重的成本和人力资源负担。对于发展中国家来说更是如此,这些国家在开始协定谈判之前应当慎重考虑上述约束条件。[32] 也正是由于上述约束条件,即使是发达国家也没有全面的税收协定网络,因为与所有可能存在双重课税问题的国家缔结税收协定是不可能的。

为完整地论述这个问题,有必要根据文献中关于传统的单边和双边措施的缺陷与不足,考虑和提出一些替代措施。[33] 一个被反复提到的替代措施是缔结更多国家参与的多边税收协定,就如已经生效的安第斯条约和北欧协定(Nordic Convention)。[34] 其他的建议包括在贸易与投资条约中加入税收条款;[35]全面协调各国国内税法和起草税法范本从而统一各国税法,由此使双重课税问题不再产生。[36] 伊森提出的称为"单边协定体制"的建议则更具吸引力,[37]该体制是一个以国际税法原则为基础的适用于所有跨境情形的国内法体系。[38] 有了这一单边体制,尚未建立广泛协定网络的国家只

13

---

[31] 瑟仁伊:《税收协定与发展中国家》,第 442 页。

[32] 瑟仁伊(《税收协定与发展中国家》,第 444 页)为国家确定是否应谈签某一税收条约提供了一种三步分析法:(1)与潜在的条约伙伴之间是否存在双重课税问题,(2)与贸易、投资及其他交易是否有实质性的利害关系,以及(3)条约的谈签费用是否合理。而且,他认为还要考虑该国是否有足够的谈判及管理税收条约的能力。经过此番分析之后,瑟仁伊得出这样的结论:大部分发展中国家很可能会作出反对谈签税收条约的决定。

[33] 概述请参阅伊森,载于《国际税收公报》2000 年文,第 620 页,该文将提供进一步参考。

[34] 例如亚太地区的情况,参阅范:"一份适用于亚太地区的税收协定范本(第Ⅲ部分)"(A Model Tax Treaty for the Asian-Pacific Region(Part Ⅲ)),载于《国际税收公报》1991 年,第 151 页及其后诸页;欧洲的情况,参阅朗、舒赫(Lang/Schuch):"欧洲通往多边税收条约之路"(Europe on Its Way to a Multilateral Tax Treaty),载于《欧共体税收评论》(EC Tax Review),2000 年第 39 期;还可参阅伯恩斯(Burns):"评注"(Commntary),载于《税法评论》(TLR),1999 年,第 39 页起(第 44 页及以下诸页)。

[35] 例如艾弗里琼斯:"税收条约是否有必要?",载于《税法评论》,1999 年第 1 期,第 8 页及其后诸页。

[36] 所得税法范本详见伯恩斯,载于《税收评论》1999 年文,第 46 页及其后诸页。

[37] 伊森,载于《国际税收期刊》2000 年文,第 621 页及其后诸页。

[38] 类似地,瑟仁伊(《税收条约与发展中国家》,第 446 及以下诸页)基于经合组织及联合国范本中的相关处理方法提出了如何单边处理不同种类的非居民所得的建议。

须单边执行一套类似该体制的规则,从而可以大大节省时间。特别是,发展中国家因此可以迅速建立起有利于外国投资者的税法框架。[39] 当然,这一体制仍然需要借鉴国际上已经形成的税收标准,因此在这方面的国际合作仍是必要的。但双边协定的缺陷(即协定谈判方面的问题)则因此可以避免。文献中的探讨表明,当前采用的避免双重课税的工具并不足以取得令人满意的结果,但文献中提出的上述替代措施也未被成功地实施过。

第三节　课税权的分配:
来源地课税权与居民课税权

一、概述

每个税收协定都有课税权分配规则。这些条款旨在根据所得类型决定哪个缔约国可以行使课税权:来源地国还是居民国。居民国是纳税人成为其居民的国家,纳税人在该国有住所、惯常居所或者类似居住场所。来源地国是指纳税人所得来源地国家,换言之是所得产生的国家。课税权分配规则的终极问题总是在于:由居民国还是来源地国课税? 或者是居民国还是来源地国放弃课税权? 存在三种可能的课税权分配类型:两个缔约国中只有一个享有排他性课税权;两个缔约国中一个国家享有优先课税权,而另一个国家保有剩余(residual)课税权;以及两个缔约国中一国享有优先的但有数额限制的课税权,而另一国家保有剩余课税权。举例而言,关于政府服务所得双边协定中十分常见的是规定由来源地国(也就是支付报酬的资金提供国)享有排他性课税权。相反,关于特许权使用费所得,经合组织范本制定的协定将课税权排他性地赋予居民国。在股息与利息的情形中,协定中的分配规则一般将主要课税权赋予居民国,但来源地国对这些所得也拥有

14

---

[39]　伊森,载于《国际税收期刊》2000 年文,第 621 页及其后诸页。

一定程度的课税权。由此可见，协定中的分配规则规定来源地国或者居民国对特定种类所得排他性地拥有课税权，或者允许两个国家都对此有课税权。在后一种情形中，只能通过方法条款规定的抵免或者免税法最终消除双重课税。

有人也许会认为，分配课税权并不是税收协定一项单独的功能，而是与避免双重课税紧密联系的。诚然，如果不事先确定哪个缔约国可以获得"税收蛋糕"的比例，缔约国双方同意给予特定类型所得免税或者抵免的规定就没有意义。而且，上述例子表明，有时课税权分配规则必须结合避免双重课税方法才能适用。然而就本书而言，课税权分配规则对于发展中国家来说特别重要，因此单独加以分析。

二、课税权分配的基本原则

在 20 世纪，众多经济学家和法学家对于如何在来源地国与居民国之间最优配置课税权问题进行了大量研究，旨在找出这方面的最佳规则。最主要问题在于哪个国家对特定类型所得课税更佳：是居民国，即与纳税人存在人身关系的国家，还是来源地国，即所得产生的国家。根据国际习惯法，两个国家都有课税权，因为存在着与国家领土的真实联系——一个是人身关系，一个是客观联系。真实联系的要求表明，一国并不能对任何交易或者活动课税，而只能对那些与该国存在事实关联的交易或者活动课税。[40] 但国际习惯法并不禁止双重课税，因此并不阻止一国在另一国课税的同时也行使课税权。这也意味着最终两国中将有一个国家放弃其课税权，于是又回到了之前的问题，即由哪个国家来课税"更好"。这个问题首先应当在国内

15

---

[40] Lang, Die Einwirkungen der Doppelbesteuerungsabkommen auf das innerstaatliche Recht, *FJ* 1988, 72; Lang, 'Doppelbelastung und Doppelbefreiung im grenzüberschreitenden Steuerrecht', p. 215; Schaumburg, *Internationales Steuerrecht* (2011) pp. 20, 101, 495 et seq,; Urtz, '§ 48 BAO und die Methoden zur Vermeidung der Doppelbesteuerung', in Gassner/Lang/Lechner (eds.), *Methoden zur Vermeidung der Doppelbesteuerung* (1995) p. 359 (pp. 361, 368); Verdross/Simma, *Universelles Völkerrecht*: Theorie und Praxis (1976) pp. 573 et seq.; Vogel, *DStZ* 1997, 272; Vogel, in Vogel/Lehner (eds.), DBA. Einl. m. nos. 11 et seq.

层面加以解决,但也会对一国的税收协定政策产生影响。

每个国家的出发点是确定本国关于国际所得的国内法规则。国家立法构成了确定应课税所得的基础:是限于居民纳税人所得还是也包括非居民纳税人所得,以及是限于来源于本国的所得还是也包括外国来源所得。纵观世界各国的税制体系,我们可以发现在这方面的全球标准或者国际共识已经形成。[41] 多数国家对居民纳税人所得和非居民纳税人所得都课税,尽管对于后者只限于来源于本国的所得。这一课税体制被称为结合了属地原则的全球课税体制,兼具来源地和居民课税原则的特征。[42]

文献中不乏对全球课税体系和属地课税体系可行性的探讨。这些探讨也是从国际背景中税收一般原则的适用开始,这意味着交换理论(被称为是收益和成本的"子理论")和支付能力(ability-to-pay)原则[能力说(faculty principle)]被用来解决税收管辖权的冲突问题。[43] 作为国际税法领域对利益和能力观点的进一步深化,20 世纪 20 年代诞生了"经济联系"(economic allegiance)概念。20 世纪 60 年代,佩吉(Peggy)和理查德·马斯格雷夫(Richard Musgrave)的著作将这一探讨置于不同的语境中。这些著作提出的税收中性(或经济效率)和公平等概念在今天的探讨中仍在被使用——第一个概念更具经济意义而第二个概念更具法律本质。[44] 人们使用这两个概念对全球课税体制与属地课税体制加以"评估",这一过程中也考虑了利益理论、支付能力原则以及经济联系学说。尽管早期的研究得

---

[41] 阿维·约纳(Avi-Yonah):"国际税收的结构:简化的建议"(The Structure of International Taxation:A Proposal for Simplification),载于《得克萨斯法学评论》(*Texas L. Rev.*),1996 年,第 1301 页(第 1303 页);范:"所得税的国际方面",第 731 页。Schaumburg, Internationales Steuerrecht(2011) p. 102.

[42] 范:"所得税的国际方面",第 721 页。

[43] 量能课税及课税受益规则是税收理论中两大基本原则,这两个原则可以追溯至亚当·密斯甚至更早时期[参阅 R. 马斯格雷夫(Musgrave,R.):《财政政策的未来——重新评估》(*The Future of Fiscal Policy—A Reassessment*),1978 年版,第 57 页]。详细概述参阅 R. 马斯格雷夫:《公共财政理论》(*The Theory of Public Finance*),1959 年版,第 61 页及以下诸页。

[44] 沃格尔:"对所得的全球课税与来源课税——各种论据的回顾和重新评价(第 I 部分)"[Worldwide vs. Source taxation of income—A review and re-evaluation of arguments(part I)],载于《国际税收》(*Intertax*),1988 年,第 216 页起(第 216 页)。

出结论认为居民国应当获得课税权,但此后对该结论的批评越来越多,同时来源地国课税权也得到更多的强调。下文将对经济和法律探讨中最重要的论据和解决方法加以概述,并阐明现行国际税收政策所依据的经济和法律原则。

关于外国所得课税和国际税收的笼统探讨,最早可以追溯到两位德国作者:瓦格纳(Wagner)和萨卡斯(Schanz)。[45] 萨卡斯[46]的观点尤其值得一提:居民地和国籍都不能作为一国课税权的合理依据,因为这两个标准都没有体现纳税人从该国中获得的利益。经济联系标准才是在国家之间公平地划分课税权的唯一准确因素。[47] 根据萨氏观点,如果纳税人的居住国和所得来源地国不一致,那么就应当在两个国家之间划分税基:居民国获得其中的四分之一,来源地国获得四分之三。[48] 然而除了"经济联系"这一用语之外,萨氏理论没有对同一问题的后来研究者产生任何影响。

接下去值得一提的是由四位杰出的经济学家在 20 世纪 20 年代向国际联盟提交的一份报告(下文称作"国联报告")。[49] 这些经济学家发展了"经济联系学说",该学说成为现在国际税收原则的基石。[50] 尽管名称与萨卡斯提出的相同,但其内在概念却与这位德国作者在三十年前提出的不同。国联报告提出,在国际税收中:

㊺ 沃格尔,载于《国际税收》1988 年文,第 218 页及其后诸页。

㊻ Schanz, Die Doppelbesteuerung und der Völkerbund, *Finanzarchiv* 1923, 353 (356), referring to Schanz, Die Steuerpflicht, *Finanzarchiv* 1892, 365.

㊼ 同上。

㊽ 沃格尔,载于《国际税收》1988 年文,第 219 页。

㊾ 布鲁斯、艾瑙迪、塞利格曼、斯坦普(Bruins/Einaudi/Seligman/Stamp):《双重课税专家向经济和财政委员会下财政委员会递交的关于双重课税的报告》(*Report on Double Taxation submitted to the Financial Committee, Economic and Financial Commission Report by the Experts on Double Taxation*, Doc. E. F. S. 73. F. 19),1923 年 4 月 5 日。

㊿ 阿尔特(Ault):"公司整合、税收条约及国际税基分割:原则与实践"(Corporate Integration, Tax Treaties, and the Division of the International Tax Base),载于《税法评论》,1992 年,第 565 页起(第 567 页);阿维·约纳,载于《得克萨斯法律评论》1996 年文,第 1306 页;但格雷茨、欧希尔(Graetz/O'Hear)["美国国际税法的'本意'"(the "Original Intent" of U. S. International Taxation),载于《杜克法律期刊》(*Duke Law Journal*)1997 年,第 1021 页起(第 1078 页)]对此持不同的观点,他们认为人们高估了国联报告的重要性,并将该报告置于国联技术委员会整体工作这一个更大的图景中。

　　问题在于确定个人真正的经济利益所在。只有经过对于经济联系各个组成因素的分析,我们才能确定人应当在哪里被课税,或者如何在各个主权者之间划分课税权。[51]

　　经济联系测试旨在"对不同国家对于所得的 产生和享有所作出的各种贡献加以权衡"。[52] 经济学家认为,最为理想的是每个人按其能力只被征一次税,而且所纳税款应当按照纳税人在各个相关税收管辖区的利益进行分配。[53]

　　根据国联报告,经济联系按照三个基本因素确定:(1)财富的产生;(2)财富的拥有;以及(3)财富的处置。[54] 这三个因素进一步被深化为四个变量:来源、坐落地、可执行性(enforceability)和住所。[55] 国联报告依据这四个变量分析并对不同所得进行分类,从而决定所得与哪个税收管辖区相联系。第一个和第四个变量被认为最重要:起源或者来源,以及住所或者居所。[56] 表2.1 给出了分类的结果和基于经济联系学说的理想的课税权分配概览。归纳而言,由不动产产生的所得被归为以来源或者起源为基础的,而动产产生的所得被归为以住所或者居所为基础的。

17

---

[51]　《国联报告》(Lon Report),第20 页及其后诸页。

[52]　格雷茨、欧希尔载于《杜克法律期刊》1997 年文,第1076 页。

[53]　《国联报告》,第20 页;塔德摩尔(Tadmore):"特许权使用费(经合组织协定范本第12 条)"[Royalties(Article 12 OECD Model Convention)],载于朗、皮斯通、舒赫和斯特林格编:《来源地课税与居住地课税》(*Source versus Residence*),2008 年,第115 页起(第118 页);考夫曼(Kaufman):"公平与对国际所得的课税"(Fairness and the Taxation of International Income),载于《国际商业法律与政策期刊》(*Law & Pol. in Int'l Bus*),1998 年,第145 页起(第197 页)。

[54]　《国联报告》,第20 页及以下诸页。

[55]　考夫曼(载于《国际商业法律与政策期刊》1998 年文,第198 页)后来将这四个因素称为"可取得性、可定位性、可执行性、可消费性"(acquisition,location,enforceability,and consumption)。

[56]　阿维·约纳,载于《得克萨斯法律评论》1996 年文,第1306 页。

表 2.1　国联报告中对所得的分类⑤

财产分类	主要因素	
	来源地	居住地
Ⅰ.土地	×	
Ⅱa.矿产、石油、油井等	×	
Ⅱb.商业机构	×	
Ⅲa.农业器具、机械、牲畜	×	
Ⅲb.金钱、珠宝、家具等		×
Ⅳ.船舶	×（登记地）	
Ⅴa.抵押	×（财产所在地）	×（所得发生地）
Ⅴb.公司股份		×
Ⅴc.公司债券		×
Ⅴd.上市证券		×
Ⅴe.一般信贷		×
Ⅵ.专业所得		×

　　这套对于不同所得进行分类的体系被进一步运用到解决双重课税问题上。根据经济联系原则，国联报告的作者向他们自己提出了这样的问题："哪些政府应当放弃收入，以及应当在何种程度上放弃？"⑤他们提出了四种不同的避免双重课税的方法，并探讨了每种方法的优缺点。他们的第一个研究发现是一种理论上最佳的方法，被称为"来源的分类和分配的方法"（method of classification and assignment of sources）。⑤根据这一方法，两个国家通过协约将一些类型的所得与来源地国课税权相联系，将另一些类型所得与居民国课税权相联系。然后，居民国应当将纳税人在来源地国所缴纳的外国税款从本国所得税中扣减。这种方法的目标是根据经济联系的分

18

---

⑤　《国联报告》，第 39 页。

⑤　同上书，第 40 页。

⑤　同上书，第 42 页。

析对税收收入进行划分。[60] 相比国联报告提出的其他方法,这一方法将多数课税权赋予来源地国,被认为是最佳的方法。

为何后来国联报告推荐的是一种以居民国为中心的课税体系呢？上述"来源的分类和分配方法"被摒弃的主要理由在于,"要在所有声称能分享税收的国家之间对所得进行直接的量化分配,在经济理论上几乎是不可能的。"[61]很明显,人们最主要的顾虑在于,即使经济联系原则已经在来源地国与住所地国之间分配不同的来源所得方面迈出了第一步,但当涉及多个税收管辖区时,将不同来源的所得适当地分配给"正确"的国家仍然是不可能的。与其他学者一样,卡迈伦(Kemmeren)在其博士论文中表明,[62]分配不同来源的所得问题找到合适的解决方法并非不可能。但近 100 年前的学者们却没有那么乐观,因此,他们宁可考虑分配课税权和避免双重课税的其他方法:对流向国外的所得给予免税。按照这一方法,来源国将免除原本对非居民来源于本国的所得所征收的税款。[63] 由此,来源国将丧失任何课税权——国际税收中居民国课税权偏向就产生了。当然,需要指出的是,国联报告指出,只有当国与国之间的条件基本相等时,这种居民国偏向的课税方法才是合适的。[64] 在债权国与债务国的情形中,即两国的经济联系不平衡时,可能需要适用其他的方法。总结而言,国联报告有两大内容:一是确立了经济联系原则以及与来源地国和住所地国相关的所得分类;二是提出了居民国优先的课税权分配方法。但居民国课税权优先的提议并没有得到受国际联盟委托继续研究并起草首个税收条约范本的技术专家的采纳。[65] 事实上,这些专家既不支持完全的来源国课税原则,也不支持完全的居民国课

---

[60]　考夫曼,载于《国际商业法律与政策期刊》1998 年文,第 200 页。

[61]　《国联报告》,第 45 页。

[62]　卡迈伦:《税法条约中的来源地原则——对范本的重新思考》(*Principle of Origin in Tax Convention—A rethinking of Models*),2001 年。

[63]　《国联报告》,第 42 页。

[64]　同上书,第 48 页。

[65]　格雷茨、欧希尔,载于《杜克法律期刊》1997 年文,第 1079 页。

税原则。⑥ 只是后来第一个经合组织税收协定范本采纳了更有利于居民国课税权的规定,居民国课税权原则才最终得到确立。⑥⑦

19　　接下来探讨的是理查德·马斯格雷夫和佩吉·马斯格雷夫的研究成果。他们首次在国际税收领域提出了"效率"和"公平"这两个术语,并以此来评价现存的国际税收体系以及全球与属地课税制度。⑥⑧ 首先,对"经济效率"这一概念加以解释:"一个经济上有效率的企业所得税体系应当使投资和其他经营决定不受国际税率差异和其他税收待遇差异的影响。"⑥⑨经济效率也被称为税收中性,因此可以被定义为:"生产资源的最优配置,从税收角度看,税收制度对于私人部门的扭曲最小化"。⑦⑩ 这一定义是建立在"当产生所得的生产要素按照不受公共干预的市场机制配置"时能取得最高生产效率这一假设基础上的。⑦⑪ 尽管税法从来都不可能达到绝对的中性,但税法的制定至少应当尽可能地减少对经济的扭曲。⑦⑫

　　两位马斯格雷夫要回答的核心问题在于,究竟是资本输出中性(CEN)还是资本输入中性(CIN)能够更好地实现经济效率。资本输出中性与资本输入中性这两个概念是效率原则衍生而来的,至今仍然是国际税收政策探

　　⑥ 王(Wang):"国际所得双重课税:通过国际协议加以救济1921年至1945年"(International Double Taxation of Income:Relief Through International Agreement 1921 – 1945),载于《哈佛法律评论》,1945—1946年,第73页起(第82页)。

　　⑥⑦ 关于对税收条约范本的历史更详细的介绍,请参阅下文第三章第二节。

　　⑥⑧ 转引自沃格尔,载于沃格尔与莱纳编:《避免双重课税条约》,引言旁注第24—26。

　　⑥⑨ 布鲁尔·里奇曼(Brewer Richman,P)[此后马斯格雷夫(Musgrave)]:《对外国投资所得的课税》(Taxation of Foreign Investment Income),1963年,第5页。

　　⑦⑩ 辛德尔和阿查巴海恩(Schindel/Atchabahian):"综合报告"(General Report),载于国际财政协会编:《来源与居住:对这些原则的新解构》(Source and residence:new configuration of their principles),《国际税法》(Cahier de Droit Fiscal International),第90a卷,2005年,第21—99页(第34页)。

　　⑦⑪ 沃格尔(Vogel):"对所得的全球课税与来源地课税——对各种论据的回顾和重新评价(第二部分)"[Worldwide vs. Source taxation of income—A review and re-evaluation of arguments(part Ⅱ)],载于《国际税收》1988年,第310页起(第310页)。

　　⑦⑫ 沃格尔,载于《国际税收》1988年文,第310页。

讨中的主导概念。理查德·马斯格雷夫对这两个概念给出了以下的定义:[73]资本输出中性是指无论投资所得来源于何处,投资者缴纳相同的税款,一个国家的每位居民,无论其投资于本国还是投资国外,缴纳相同的税款。资本输入中性是指一项投资,无论其来源,在投资国市场上享受相同的待遇。按照两位马斯格雷夫的观点,资本输出中性要求母国对于其本国投资者,无论其投资于国内还是国外,都给予相同的待遇,而也只有投资输出中性才能达到经济效率的目标。由此,他们认为,居民国课税并结合税收抵免的体系应当被优先考虑。马斯格雷夫的这一观点在(经济)文献中长期占据主要地位。[74]

资本输出中性与资本输入中性这两个概念颇受诟病,沃格尔的批评最为尖锐,他认为,一个国家在两种不同类型的中性概念中选择其一,并以此为基础所构建的税收体系在整体上从来都不是中性的——其中一种中性总是会被违反。[75]尽管一个特定的税收体系在国内市场上体现为中性,但在全球市场上仍会带来扭曲。[76]因此,应当寻找一个关于国家间中性的概念。[77]按照塔尔(Ture)的观点,国家间中性表明,"任何一个国家都不得试 20

---

[73]　R. 马斯格雷夫:"外国税收抵免的标准"(*Criteria for Foreign Tax Credit*),境外税收及运作论坛(*Taxation and Operations Abroad*,*Symposium*),1960 年,第 83 页,转引自沃格尔,载于《国际税收》1988 年文,第 311 页。布鲁斯·里奇曼(此后马斯格雷夫):《对外国投资所得的课税》,1963 年,第 8 页;格雷兹(Grartz):"戴维德·R. 替林斯特讲座:对国际所得的课税——空缺的原则、过时的概念以及令人不满的政策"(The David R. Tillinghast Lecture:Taxation International Income—Inadequate Principles,Outdated Concepts,and Unsatisfactory Policies),载于《税法评论》2001 年,第 261 页起(第 270 页);辛德尔和阿查巴海恩:"综合报告",第 35 页。

[74]　进一步可以参考平脱(Pinto):"来源为基础的排他性课税还是居住基础上排他性课税——一个新的简化的世界税收秩序是否可能?"(Exclusive Source or Residence-Based Taxation—Is a New and Simpler World Tax Order Possible?),载于《国际税收期刊》,2007 年,第 277 页起(第 286 页);沃格尔,载于《国际税收》1988 年文,第 311 页。

[75]　沃格尔,载于《国际税收》1988 年文,第 313 页;沃格尔,载于《国际税法》1997 年文,第 273 页;沃格尔,"欧洲共同体应当采取何种方法来避免双重课税?"(Which Method Should the European Community Adopt for the Avoidance of Double Taxation?),载于《国际税收期刊》,2002 年,第 4 页起(第 5 页)。

[76]　沃格尔,载于《国际税收》1988 年文,第 310 页。

[77]　同上文,第 313 页。

图利用自身的财税权力来改变另一个国家内的相对价格,正如它在不课税时,也不会影响价格一样。"[78]因此人们必须考虑,实现经济效率可以是指在全球市场,或也可以是指在国内市场。马斯格雷夫主张,只有资本输出中性才能实现全球经济效率,但这一主张颇受质疑,人们认为马氏的主张只是为了支持现存的美国全球课税体系,因此是有偏见的。[79] 而沃格尔的主张建立在经济学少数派观点之上,认为只有来源国课税体系才是与全球经济效率相符的。[80] 十年之前,出现了第三种中性:资本所有权中性(CON)。[81] 根据德赛(Desai)和海因斯(Hines)的观点,评价税收体系合理性的标准已经不是资本输出中性和资本输入中性等过时的原则了,而是资本所有权中性。如果税收体系不扭曲资本性资产的所有权,资本所有权中性就得以实现。因此,"当一项投资的生产率因资本所有权而不同时",全球经济效率就会得到提升。[82] 他们由此得出结论认为,居民国对于居民的外国来源所得免税,才能实现资本所有权中性。[83]

两位马斯格雷夫关于来源课税与居民课税探讨的第二个方面是从公平角度出发的。[84] 税收体系的公平性包含两个组成部分:个体之间的公平和国家之间的公平。个体之间的公平一般是以支付能力方法为基础的,该方法要求每个人根据其经济能力或者支付能力公平负担税收,这意味着,对处于相同境遇的人相同地课税,而对处于不同境遇的人应不同地课税。[85] 根

---

[78] 塔尔(Ture),"对外国来源所得课税"(Taxing Foreign Source Income),载于赫夫鲍尔等编(Hufbauer et al):《美国对投资境外企业的课税》(U. S. Taxation of American Business Abroad),1975年,第39页,转引自沃格尔载于《国际税收》1988年文,第313页。

[79] 沃格尔,载于《国际税收期刊》2002年文,第5页。

[80] 沃格尔,载于《德国税报》1997年文,第273页。然而沃格尔认为,这种提法缺乏进一步解释,也没有对此观点所隐含的经济概念加以深入分析。

[81] 德赛和海因斯:"对国际税收改革的评价"(Evaluating International Tax Reform),载于《国家税收期刊》(Nat'l Tax J),2003年,第56期,第487页。

[82] 德赛和海因斯,载于《国家税收期刊》2003年文,第487页。

[83] 德赛和海因斯,载于《国家税收期刊》2003年文,第494页及其后诸页。

[84] 马斯格雷夫:《财政政策的未来》(Future of Fiscal Policy),1978年,第59页及其后诸页。

[85] 马斯格雷夫:《财政政策的未来》,第59页。

据能力来课税只能在以居民国为基础的课税体系中得以体现，[86]因为只有居民国才可能收集完整信息和采取各种必要措施，为合理确定税基来考虑纳税人个体的情况。个体间的公平同样能以受益规则为基础，该规则要求每个人根据其从国家获得的帮助产生所得的利益成比例地向该国缴纳税收。[87]

当然，受益规则更多地成为国家间公平这一概念的基础。在这一语境中，受益规则要求每个在某一国家获得所得的人因为享受了该国提供的利益而应当向该国缴纳税款。[88]因此，如果一个非居民在一国获得所得，那么该国应当有可能对该所得课税，因为该国为这笔所得的产生提供了制度支持(framework)。因此，国家间公平是指"在国际交易所涉的国家间公平分配税基"，[89]或者"在具有课税权的国家之间分配税基"。[90]甚至有这样的观点，即"来源地国对于产生于其境内所得课税的要求，可以与早已获得国际承认的一国对于其境内自然资源享有主权要求相类比"。[91]

佩吉·马斯格雷夫最早提出"国家间公平"这一用语并且加入了这第二方面的公平，[92]她得出的结论似乎与人们惯常理解的国家间公平的含义相反。在全面研究了国家间公平这一用语后，她认为"来源地国课税权优

---

[86]　辛德尔和阿查巴海恩："综合报告"，第31页；考夫曼，载于《国际商业法律与政策期刊》1998年文，第153页。

[87]　辛德尔和阿查巴海恩："综合报告"，第33页；平脱，载于《国际税收期刊》2007年文，第288页。

[88]　沃格尔，载于《国际税收》1988年文，第394页；沃格尔，载于《德国税报》1997年文，第273页；格雷兹，载于《税法评论》(TLR)，2001年文，第298页。

[89]　辛德尔和阿查巴海恩："综合报告"，第33页。

[90]　考夫曼，载于《国际商业法律与政策期刊》1998年文，第154页。

[91]　格雷兹，载于《税法评论》2001年文，第298页。

[92]　详细探讨参阅布鲁尔·里奇曼：《对外国投资所得的课税》，1963年，第15页及其后诸页。关于马斯格雷夫对于国家间公平讨论所做贡献的完美概述，可以参阅布鲁克斯(brooks)："国家间公平：一个重要但不受重视的国际税收政策目标之发展"(Inter-Nation Equity：The Development of an Important but Underappreciated International Tax Policy Objective)，载海德、克瑞文编(Head/Krever)：《21世纪税收改革——纪念理查德·马斯格雷夫专辑》(Tax Reform in the 21st Century，A Volume in memory of Richard Musgreve)，2009年版，第471页及其后诸页。

先的税制与国家间公平的标准是不相符的"。[93] 就她而言,国家间公平仅仅与来源地国究竟能够对其境内产生的所得获得多大课税数额有关,而与国家间课税权的公平分配无关。[94] 她认为居民国享有对纳税人全球所得的课税权,这一点是无可争议的。[95] 值得强调的是,无须赘述,在佩吉·马斯格雷夫的著作中,居民国为基础的课税体系最能够实现公平。[96] 佩吉·马斯格雷夫的理论为一个广泛接受的观点提供了体系框架,该观点认为纳税人的居住国或者母国应当首先对纳税人来源于国内和外国的所得课税,而来源地国可以对其境内产生的所得课税。[97]

此后,在国际税收研究中运用受益理论的作者得出了与佩吉·马斯格雷夫不同的结论。沃格尔认为,产生所得的国家对所得实现的贡献远大于居民国,因为来源地国为所得的实现提供了公共服务和自然资源,没有这些服务和资源,所得无法产生。[98] 格雷兹认为,受益理论实际是与全球效率的观点相左的,因为后者意味着只有资本提供者的居住国可以课税,而为投资者提供利益的来源地国却被剥夺了原本依据受益理论可以征收的税款。[99] 考夫曼在分析了国际税收中的公平问题后也得出结论认为,佩吉·马斯格雷夫所提出的公平概念并不能为我们所认知的当今国际税收体系提供正当性基础。"较之于受益理论,来源地国课税与国际法中单纯课税的法律权力的关系更为紧密。"[100] 在她看来,公平只存在于"国家间按照与国际正义相符的观念来分配课税权"的情形。[101] 考夫曼进而对受益理论与经济联系原

---

[93] 布鲁尔·里奇曼:《对外国投资所得的课税》,1963 年,第 24 页。

[94] 考夫曼,载于《国际商业法律与政策期刊》1998 年文,第 194 页。

[95] 同上。

[96] 参阅沃格尔,载于《国际税收期刊》2002 年文,第 5 页。理查德·马斯格雷夫也似乎认为,只有当全球课税或者居民国课税体系得到适用时,(个体间)公平才能够达到(马斯格雷夫:《未来财政政策》1978 年版,第 70 页及以下诸页)。

[97] 考夫曼,载于《国际商业法律与政策期刊》1998 年文,第 154 页。

[98] 沃格尔,载于《德国税报》1997 年文,第 273 页。

[99] 格雷兹,载于《税法评论》2001 年文,第 299 页。

[100] 考夫曼,载于《国际商业法律与政策期刊》1998 年文,第 202 页。

[101] 同上。

则加以比较,认为后者可以被视为与受益理论类似的理论。[102] 在她看来,两个原则都统驭着国家间的公平,而国际联盟的专家并没有考虑国家间公平这一概念。然而,国家间公平在国际税收领域内规范意义上的含义及影响仍有待将来更深入地探讨。[103]

基于国际联盟的工作和两位马斯格雷夫的著作,居民国课税权已经扎根于国际税收原则中。许多税收协定反映了这一课税权的主导性,特别是那些包含抵免法的协定。但作为该课税权主导地位的基础原则却受到许多学者的批评和反思。甚至可以说,法律和经济理论研究得出的结论是来源国课税更能满足所有的标准(效率、公平和经济联系)。居民国课税权通过资本输出中性促进经济效率,并基于支付能力原则维护个体间公平。而来源国课税权获得了公平观念中受益理论、国家间公平和经济联系原则的支撑。因此,两种课税权体制都可以获得不同的理论和经济或法律概念的支持。最终,将由一国自主作出关于在国际税收中哪一种课税体制应当获得优先地位的政策决定。

三、发展中国家的问题

如前所述,居民国课税权主导了国家税收以及税收协定。[104] 在经济发展水平相当、双边贸易和资本流动对等的国家之间的税收协定中,这种居民国课税权是合理的,因为任何国家都有相同的概率成为居民国和来源地国,因而放弃来源地国课税权可以通过对方国家放弃相同的课税权而获得补偿。但在非对等的情形中,比如发达国家与发展中国家之间,居民国课税权

---

  [102] 考夫曼,载于《国际商业法律与政策期刊》1998年文,第198页。

  [103] 沃格尔,载于《国际税收》1988年文,第393页;考夫曼,载于《国际商业法律与政策期刊》1998年文,第203页。

  [104] 在2000年进行的一项十分具有阐释性的研究中,戴根得出结论认为,税收协定是以主要偏向于居民国的方式来分配课税权的(戴根,发表于《纽约大学国际法与政策杂志》2000年文,第939页)。还可参阅卡迈伦:"全球化经济体中的所得来源:问题的概览以及采用来源地为基础方法的要求"(Source of Income in Globalizing Economies: Overview of the Issues and a Plea for an Origin-Based Approach),载于《国际税收期刊》2006年,第430页起(第445页及其后诸页);辛德尔和阿查巴海恩:"综合报告",第93页;格雷茨和欧希尔,载于《杜克法律期刊》1997年文,第1102页。

的主导地位造成发展中国家税收收入的流失,因为发展中国家往往是来源地国而不是居民国,根据协定放弃来源地课税权,却不能得到任何补偿。而且,支持资本出口(中性)的税制"歧视在低税国家特别是发展中国家的投资,因此可以被准确地称为'财税帝国主义'"。[105] 但是许多发达国家在与发展中国家谈签税收协定时仍加入了偏向于居民国的课税权分配规则,而发展中国家原本更偏向来源地课税权的规则。正如阿维·约纳指出的:

> 税收协定的通常目的是通过将对消极所得的课税权从来源地国转移到居民国,并限制来源地国对于归属于常设机构积极所得的课税权,来贯彻支撑国际税收体制的共识。[106]

因此在实践中,许多发达国家与发展中国家之间的税收协定体现的是发达国家所要求的架构,这些协定"规定了居民国能够获得更大份额的税收蛋糕"。[107]格雷兹认为,这种在国际所得税收政策中依赖全球经济效率,从而导致现今居民国课税权主导地位盛行的局面,存在着三个主要问题:[108]"第一,它追求的是全球经济效率而不是国家福利;第二,经济效率的观点过于狭隘;第三,把经济效率奉为圭臬而忽视其他重要的价值",而公平和相对简便的遵从等其他重要价值是评价税收政策时应当考虑的。在涉及发展中国家的税收政策时,上述第一和第三点具有特殊意义,在此条件下,上述三点相互联系。在全球化的世界中,弱势经济体应当得到关注和照顾,为了全球经济效率,忽视弱势经济体的国家福利,使之更加落后的做法应受质疑。在此,另一个政策原则更值得推崇:国际平等,或者简而言之,国家间公平。富有的国家不应当以牺牲不发达国家利益为代价来发展自己的

---

[105] 沃格尔,载于《国际税收期刊》2002 年文,第 5 页。

[106] 阿维·约纳和克劳辛(Avi-Yonah/Clausing):"营业利润(经合组织协定范本第 7 条)"[Business Profits(Article 7 OECD Model Convention)],载于朗、皮斯通、舒赫和斯特林格编:《来源地与居住地》(*Source versus Residence*),2008 年,第 11 页起(第 13 页)。

[107] 戴根,载于《纽约大学国际法与政策杂志》2000 年文,第 982 页。

[108] 格雷兹,载于《税法评论》2001 年文,第 277 页;以及同上注,第 294 页。

经济,这是一种道德义务。如沃格尔指出的,[109]这一观点可能不具有经济意 24
义,但在终极意义上是"国际公平的要求"——允许国家对产生于其境内的
所得排他地课税,这是一种平等标准,应当在国际税收政策中得到遵循和
体现。

　　进而言之,一方面,发达国家意识到通过官方发展援助(ODA)帮助发
展中国家的必要性;但另一方面,又与发展中国家缔结剥夺后者对外国投资
者课税权的税收协定,这被认为是不道德的。[110]南非财政部长特雷弗·曼
纽尔(Trevor Manuel)曾经说过:"支持逐步增加的发展援助,但同时对于跨
国公司以及其他实体侵蚀发展中国家税基的行为视而不见,这两者是自相
矛盾的。"[111]问题在于,是否应当由税法或者税收协定来分配跨境所得,从
而在全球范围内确保为每个个体提供最低水平的资源。[112]两位马斯格雷夫
早已提出建议,"鉴于国家间资源禀赋分配和人均收入的高度不平等,以及
缺乏足够的方法来应对这一问题,通过课税增加或减少国家收入的适当模
式可以对此起到一定的调节作用。"[113]毋庸讳言,上述建议可能饱受争议,因

---

　　[109]　沃格尔,载于《国际税收期刊》2002年文,第8页。

　　[110]　布鲁克斯:"来自低收入国家的特许权使用费支付的税收协定待遇:加拿大与澳大利亚政
策的比较"(Tax Treaty Treatment of Royalty Payments from Low-Income Countries:A Comparison of Cana-
da and Australia's Policies),载于《税务研究电子杂志》(*eJournal of Tax Research*),2007年,第169页
起(第171页);皮斯通:"与发展中国家的税收协定:对新分配规则的诉求和一种综合法律和经济
的方法"(Tax Treaties with Developing Countries:A Plea for New Allocation Rules and a Combined Legal
and Economic Approach),载于朗、皮斯通、舒赫、斯特林格和佐格勒编:《从法律和经济视角看税收
协定》(*Tax Treaties from a Legal and Economic Perspective*),2010年版,第413页起(第424页)。

　　[111]　参阅税收正义网(Tax Justice Network):《援助、税收与财政发展》(*Aid,tax and finance for
development*),www. taxjustice. net/cms/front_content. php? idcat = 104(最后访问时间:2013年7月)。
曼纽尔在2008年开普敦举办的经合组织税收征管论坛上的发言可以在下列网址找到:www. taxjus-
tice. net/cms/upload/pdf/Trevor_Manuel_0801. pdf(最后访问时间:2013年7月)。

　　[112]　参阅格雷茨,载于《税法评论》2001年文,第300页。戴根鉴于税收竞争和税收协调的互
动关系,探讨了国际分配正义问题[戴根:"仅为协调"(Just Harmonization),载于《不列颠哥伦比亚
大学法律评论》(*University of British Columbia Law Review*),2010年,第331页]。

　　[113]　理查德·马斯格雷夫和佩吉·马斯格雷夫:"国家间公平"(Inter-nation Equity),载于伯德
和海德编(Bird/Head):《现代财政问题》(*Modern Fiscal Issues*),第63、68页,转引自考夫曼,载于
《国际商业法律与政策期刊》1998年文,第191页及其后诸页。关于国家间再分配的概念,也可以
参阅马斯格雷夫:《财政政策的未来》,第52页及其后诸页。

为许多人认为一个国家对另一个国家的人民并不承担责任,前者不负有采取行动来对跨境所得进行再分配的义务。然而,我们也注意到,许多发达国家决定开展某些形式的发展援助项目,藉此将公共收入转移给发展中国家。从发达国家角度看,资金是通过税收收入方式直接归属于发展中国家,还是先进入发达国家的"腰包",然后通过发展援助的形式"绕道",间接流向发展中国家,这并没有多大差别。[114]

25　　　正如国内税法能够借助诸如累进税率或者社会转移支付实现在个人之间的收入再分配,[115]国际税法规则也可以被用来实现所得从发达国家向发展中国家的转移。当然,这种分配体制的前提是存在从发达国家向发展中国家的资本流动,同时来源地国能够实际地对由此产生的所得课税从而获得税收收入。换言之,如果没有或者很少有从发达国家向发展中国家的直接投资,税收协定中的课税权分配规则就不是官方发展援助的合适替代物。我们可以看到,在非洲大陆上最贫穷的国家中,有些国家拥有数量惊人的自然资源,比如石油和钻石;有些国家人口众多,消费市场广阔。但也有些国家地处内陆,资源匮乏,人口稀少,疾病蔓延,这些情况使这些国家市场丧失了对跨国公司的吸引力。对非洲的投资主要集中于采掘业,缺乏资源的国家颇受冷落。[116]官方发展援助在许多情况下给予了那些没有获得外国投资的地区。[117]

---

[114]　但值得考虑的是,官方发展援助能够更为精确地授予特定国家或者实现特定目标,而影响投资流动则相对困难。一国政府在没有太多本国公司愿意投资于"目标国"的情况下,可以通过援助支付的方式来支持该"目标国",在这种情形中,援助支付是不能被从对发展中国家投资所得产生的附加税收收入所同等替代的。

[115]　支持这种再分配的概念是"分配正义"或者"社会正义"。

[116]　根据 2011 非洲经济展望,非洲前五位接受外国直接投资的国家是尼日利亚、南非、摩洛哥、安哥拉和刚果共和国,一共吸引了当年 48% 的外国投资。参阅:非洲经济展望(African Economic Outlook):《经济展望:资金流量和税收收入——投资流向》(*Economic Outlook：Financial Flows&Tax Receipts-Investment flows*),www. africaneconomicoutlook. org/en/outlook/financial _ flows/investment-flows,最后访问时间:2013 年 7 月。

[117]　Nuscheler,Lern-und Arbeitsbuch Entwicklungspolitik(2012),pp. 366 et seq.

　　从理论上说,本沙隆[118]提出的"关系性分配义务"(relational-distributive duties)概念[119]可以作为税收协定分配功能的合理性基础。根据本沙隆的理论,全球化和国际贸易把人们置于一个共同的经济体系中,其中发达国家的人们从"发展中国家的不利因素和其人民较弱的谈判能力中获益"。[120] 事实上,发展中国家从国际贸易中的获益少于发达国家,而且发展中国家在全球贸易政策和规则制定中缺乏影响力和话语权。[121] 按照本沙隆的观点,与不公平市场交易相结合的这种相互关系产生了道义上的、包括再分配的义务,特别是,发达国家从这种不公平关系中获益,应当对发展中国家给予补偿。[122] 但是私人无法矫正这种国际间不公平的关系,主要是由于地理上的距离,简而言之,私人无法企及那些其存在关系义务的所有个人。因此,这种义务只能由管理贸易的政治组织,即国家来完成。[123] 本沙隆随后详细阐释了通过国际税收体系来履行关系性分配义务的益处,并指出现状是缺乏对于任何分配正义论据的思考。[124] 税收协定中的课税权分配规则是跨境财富分配的合适工具,但也需要经过很多修正才能实现这一目标。[125]

　　通过对税收协定中课税权分配规则的反思,缔约国之间发展水平差异

26

---

[118]　本沙隆(Benshalom):"我们门口的新的贫穷国家:全球正义对于国际贸易和税法的影响"(The New Poor at our Gates:Global Justice Implications for International Trade and Tax Law),载于《纽约大学法学评论》(NYU Law Rev.),2010年第85卷,第1页。关于全球正义文献的概览,参阅凯尼(Caney):"评论文:国际分配正义"(Review Article:International Distributive Justice),载于《政治研究》(Political Studies),2001年,第974页及其后诸页。

[119]　本段中阐述的思想和随后得出的结论可以参阅笔者的论文:欧文斯、朗(Owens/Lang):《税收条约在促进发展及保护税基中的角色》(The role of tax treaties in facilitating development and protecting the tax base),BNA 2013年报告。

[120]　本沙隆,载于《纽约大学法学评论》2010年文,第37页。

[121]　尽管贸易交易是自愿的,也往往使得交易各方都受益,但如果一方获得远比其他方更多的利益,则是不公平的。当发展中国家提供了廉价的劳动力,或者以极低的对价出售稀缺的自然资源,而这些价格补偿只能使提供方或者销售方维持基本生存,就是不公平的贸易。参阅本沙隆,载于《纽约大学法学评论》2010年文,第45页及其后诸页。

[122]　本沙隆,载于《纽约大学法学评论》2010年文,第38页、第43页及其后诸页。

[123]　同上注,第56页及其后诸页。

[124]　同上注,第67页及其后诸页。

[125]　同上注,第81页及其后诸页。

可以被缩小。正如上文所论述的,已经有不少学者提出了关于新的课税权分配规则的建议,尽管他们的建议更多的是一般意义上的,主要针对国际税收体系的效率和平等问题,但也有在发展战略和发展援助项目背景下专门关于发展中国家的研究。[126] 这些研究者思路与本沙隆的分析类似,都是给予发展中国家更多的来源地课税权,从而实现税收收入从富裕国家到贫穷国家的转移,因此是对发展援助的一种替代措施。[127] 正如《2010 年非洲经济展望》提出的,这种替代措施十分重要:

> 非洲国家以及他们的伙伴国家所面临的挑战是,结束这些国家过分依赖援助的恶性循环,这些援助使政府责任从公民转移给捐助者。应当通过调动公共资源开启一种使援助本身变成多余的良性循环。[128]

在税收协定中加入来源地课税权有利于这种公共资源的调动,因为这种课税权能够确保发展中国家对于其境内产生的所得实际进行课税。

27　　　上述论证中所缺失的,也如皮斯通指出的,如果没有税收协定及其包含的偏向经合组织的课税权分配规则,发展中国家将成为自身财政命运的主宰。[129] 这些国家可以按照自己认为合理的水平来征收来源地税,多数工业

---

[126]　布鲁克斯,载于《税收研究电子杂志》2007 年文,第 169 页;皮斯通:"与发展中国家的税收协定",第 413 页;皮斯通和古斯皮德(Pistone/Goodspeed):"对税收管辖权以及发展中国家双重课税救济的再思考"(Rethinking tax jurisdictions and relief from international double taxation with regard to developing countries),载于佐格勒编(Zagler):《国际税收协调》(International Tax Coordination),2010 年,第 13 页起(第 13 页)。

[127]　布鲁克斯建议来源地国对特许权使用费的支付征收更重的税。她关注特许权使用费这一类特定所得的原因在于,她认为这类所得是表明发达国家与发展中国家之间课税权不公平分配的最佳案例。在"国际税收良好治理"的标题下,皮斯通提出了更为激进的解决方案,要求整体上在发达国家与发展中国家签订的税收协定中加入新的课税权分配规则。该规则要求课税权应当被独占性地授予与所得来源最为紧密的国家,在很多情况下,不是居民国而是来源地国,即发展中国家。

[128]　非洲经济展望(African Economic Outlook):《公共资源动员与援助(2010)》[Public Resource Mobilisation & Aid(2010)],www. africaneconomicoutlook. org/en/in-depth/public-resource-mobilisation-and-aid-2010/(最后访问时间:2013 年 7 月)。

[129]　皮斯通:"与发展中国家的税收协定",第 439 页。

化国家所采用的外国税收抵免制度和其他单边措施将相应地被用来避免双重课税。但是下一章将说明,其他原因会使得一个国家可能愿意缔结税收协定,此时发展中国家就必须考虑课税权分配的问题。

皮斯通和布鲁克斯为支持更多的来源地课税权,强调发展中国家的税收主权。但凯恩(Kane)的观点正好相反,[130]根据她的理论,最佳的办法是发达国家与发展中国家缔结税收协定,将课税权全部授予居民国,即发达国家。凯恩认为,给予发达国家更多的财税收入,能够更有效地将这些收入以纯资本转移的形式返还给发展中国家。原因在于发达国家的课税更有效,税收的获取更容易。凯恩的观点可以被认为是一种税收收入分享的意见,收入分享的机制也早已被引入若干国际条约,[131]但这与支持调动公共资源和结束援助依赖的目标背道而驰。

向发展中国家转移更多的税收收入有助于这些国家筹集足够的资金来资助自己的国民,在税收协定中赋予发展中国家更多的课税权是实现这一目标的第一步。肯尼亚税务局所发起的一项活动中的口号:"缴纳您的税,您的国家就变得更加自由",生动地体现了发展中国家获得足够税收收入的重要性。[132] 当然,课税首先是个行政和组织层面的问题,与执行有效的国内税法体系相关。许多发展中国家在执行本国税法时存在问题,对本国居民应课税款大量流失。而缔结一项使课税更为困难的税收协定,可能使发展中国家原本困难重重的处境雪上加霜。

当发展中国家面临不利局面,所得被重新分配给投资者居民国时,那些

---

[130]　凯恩:"自力更生与贫困陷阱:税收协定作为发展融资的一种新工具"(Bootstraps, Poverty Traps and Poverty Pits: Tax Treaties as Novel Tools for Development Finance),载于《耶鲁管制期刊》(*Yale Journal on Regulation*),即将出版。

[131]　参阅例如《欧洲储蓄指令》(European Savings Directive)和部分双边税收协定(如奥地利和瑞士避免双重课税协定中关于受雇所得产生的税收收入的分享规定)。

[132]　参阅税收正义网:《援助、税收与财政发展》,www. taxjustice. net/cms/front_content. php? id-cat = 104 (最后访问时间:2013 年 7 月)。肯尼亚税务总局局长在活动上的讲话可以在肯尼亚税务局网站上找到,题为:《肯尼亚税务局总代表发言》(*Speeches: Remarks by Commissioner General of Kenya Revenue Authority*), www. revenue. go. ke/speeches/cgspeechnationaldisasterfund081004. htm (最后访问时间:2013 年 7 月)。

28 关于税收协定不能被用来重新分配跨境所得从而为发展中国家利益服务的观点是值得质疑的。在作出国际税收政策决定时更加重视国家间平等的标准,意味着现行的不利于发展中国家的国际税收体制可以被逆转。但同时也应当考虑,来源地国过重的税负可能阻碍投资。一个经常被提及的观点认为,过多的来源地国税收将阻碍外国直接投资,而征收较少的来源地税能够吸引更多的外国投资,有利于扩张税基。但是何为过重的来源地税收?[133]发展中国家的税率在很多情况下并没有发达国家那么高。在税收抵免体制下,居民国将抵免所有来源地税。投资一个国家总会遇到税收负担问题,纳税申报以及申请来源地国税收返还是投资的一部分。按照经合组织范本规定 5% 预提税率的税收协定与预提税率为 15% 的税收协定,在对纳税人税负方面并无二致,但后者却把更多的税收收入留给了来源地国。

第四节　防范逃税和避税

一、防范逃税和避税的目标

避免双重课税协定经常被认为仅是一种消除双重课税的工具,因此能够为单边措施所轻易替代。避免双重课税明显构成了税收协定的主要目标,[134]但并不是税收协定的唯一功能。[135] 税收协定另一个同等重要的目标是

---

[133]　德·格德德和迪金森(De Geode&Dickinson):"联合国范本(2011)的专门问题——背景与内容"[The UN Model(2011)Special Issue—The Context and Contents],载于《国际税收期刊》,2012 年,第 587 页起(第 588 页)中也强调了在"从经济发展角度看,发展中国家通过例如较高的预提税水平获得大量短期税收,与较低的预提税水平从而获得长期税收两者之间艰难抉择"这一问题上,需要更多的研究。

[134]　参阅上文第二章第二节。根据经合组织评注(引言部分第 3 段),经合组织范本的主要目的是提供"同类双重课税问题的一般解决方法"。

[135]　关于税收协定的目的和宗旨,参阅贝克:《双边税收协定:专题介绍》,2001 年,B.06 及其后诸部分;伊森,载于《国际税收期刊》2000 年文,第 622 页;罗哈吉:《基础国际税收》第 I 卷,2005 年版,第 22 页及以下诸页。

防范逃税和避税,各种双边税收协定的名称已经体现了这一点。尽管在经合组织和联合国协定范本的名称中没有明确包含这一目标,但许多国家的税收协定政策中仍然包含防范偷税与避税的内容。经合组织和联合国协定范本名称的脚注提到,缔约国在缔结双边税收协定时得自由决定是否加入防范逃税与避税的这一目标。根据经合组织协定范本第一条的评注,除了避免双重课税外,"税收协定的一个目的是防范逃税与避税"。[136] 与之相反,联合国协定范本中适用范围条款的评注没有明确将防范逃税与避税作为目标,但信息交换条款的评注规定了这一目标。[137]

有些作者认为,防范逃避税是比避免双重课税更为重要的功能,[138]特别是因为在许多情况下,单边措施同样可以起到避免双重课税的作用。[139] 税收协定包含了若干有助于防范避税的条款:特别反滥用条款、征收协助条款和转让定价条款。

二、特别反滥用条款

第一组规则是特别反滥用(anti-abuse)条款,这些条款旨在防范不恰当地使用税收协定。缔结税收协定所加大的风险在于,纳税人可以利用"人

---

[136] 参阅 2010 年版经合组织评注第 1 条第 7 段。

[137] 参阅 2011 年版联合国评注第 26 条 4.2 及以下诸段落。

[138] 伊森,载于《国际税收期刊》2000 年文,第 623 页;考林(Collins):"关于英国与发展中国家避免双重课税协定的发展和主要特征的简要调查"(Brief survey of the development and main features of the United Kingdom's double taxation agreements with developing countries),载于国际财政协会编:《工业化国家与发展中国家的避免双重课税协定:经合组织范本与联合国范本的比较》(*Double taxation treaties between industrial and developing countries,the OECD and UN Models—A comparison*),国际财政协会大会研讨论文系列第 15 卷(IFA Congress Seminar Series Vol. 15),1992 年,第 27 页起(第 36 页)。

[139] 戴维斯(Davis):"税收协定与外国直接投资:潜力与绩效"(Tax Treaties and Foreign Direct Investment:Potential Versus Performance),载于《国际税收与公共财政》(*Int'l Tax and Pub. Fin*)2004 年第 11 卷,第 775 页起(第 784 页);巴塞尔、巴斯、克瑞文和诺伊迈尔:"避免双重课税协定与外国直接投资的关系"(The Relationship between Double Taxation Treaties and Foreign Direct Investment),载于朗、皮斯通、舒赫、斯特林格和佐格勒编:《税收协定:法律与经济之间的桥梁》(*Tax Treaties:Building Bridges between Law and Economics*),2010 年版,第 3 页起(第 4 页)。

为设立的法律结构",获得国内法以及税收协定所给予的优惠待遇。⑭ 这类反滥用条款的例子是受益所有人条款或者限制受益(LOB)条款。⑭ 受益所有人条款的作用在于,只有消极所得(股息、利息和特许权使用费)的受益所有人才能享受来源地国依据协定给予的税收减免优惠。限制受益条款的规定更为全面,只有通过一系列测试的纳税人才能适用税收协定,简而言之,该条款旨在防范那些没有实质经营活动的公司获得税收协定利益。⑭

还有不少其他的特别反滥用条款,联合国范本和经合组织范本的评注详细规定了缔约国适用这些条款来防范税收协定滥用的各种可能性。⑭ 这些条款经常作为国内法上防范协定滥用规则的补充,各国的规定有所不同。反滥用条款是被直接融入税收协定而加以执行,还是作为国内法上的规定来防止避税安排,取决于一国的税收协定政策。⑭

在许多国家,滥用协定的结构和虚假交易会被否定(disregarded)或者会被重新定性,税务当局将依据案件的"真实"情况进行课税。⑭ 但是何为虚假交易,没有国际共识,各国观点存在差异。因此,尝试对"逃税"和"避税"等用语加以定义并不容易。就滥用税收协定而言,经合组织协定范本评注指出:

> (a)指南的原则是:当纳税人从事特定交易或者安排的主要目的是为获取更为有利的税收地位,而在这些情形中获取更为有利的税收

---

⑭　参阅 2010 年版经合组织评注第 1 条第 9 段。

⑭　同样,联合国范本第 11、12 条中"特殊关系"条款以及第 17 条第 2 款中的"明星公司规则"(star-companies rule)也是具体的反滥用规则。参阅贝克、廖(Baker/Liao):"税收条约的不当适用:对第 1 条及修订后第 13 条第 5 款的新评注"(The New Commentary on Art. 1 and the Amended Art. 13(5)),载于《国际税收期刊》2012 年,第 598 页起(第 600 页)。

⑭　详见普罗金斯基(Prokisch),载于沃格尔与莱纳编:《避免双重课税条约》,第 1 条,旁注121 及其后各注。

⑭　参阅 2010 年版经合组织范本评注第 1 条第 7 段及以下诸段落;2011 年版联合国范本评注第 1 条第 8 段及以下诸段落。

⑭　关于防范税收协定不当适用的各种方法的概览,请参阅 2011 年版联合国范本评注第 1 条第 10 段及以下诸段落。

⑭　朗:《引言》,2010 年,第 59 页。

待遇是与协定相关条款的目的和宗旨相左时,就不应当给予纳税人避免双重课税协定所包含的税收利益。[146]

尽管各国国内法中反滥用条款的具体规定有很大差异,但均遵循上述原则。[147]

值得强调的是,第一组条款旨在防范不当地适用税收协定,并在适用税收协定时维持国内法上反滥用规则的法律效力。这些条款适用于纳税人获取税收协定利益之时。只有存在税收协定,这些反滥用条款才能被用来确保协定不被以违反协定谈判目的的方式适用,确保防范逃税与避税。因此,特别反滥用条款不是缔结税收协定的原因,而是缔结税收协定的后果。

然而国家一旦缔结了税收协定,就必须设立机制防止税收协定被不当适用,激进的税收筹划(aggressive tax planning)和滥用税收协定是国际税收领域的主要问题。[148] 众多双边税收协定具有的多样性以及协定之间的差异性使得纳税人寻求适用对其最有利的那个税收协定。由此,全球经营的公司以及全球活动的个人,主要被称为"高净财富个人",[149]都试图筹划其经营活动和所得流入,从而承担最低的税负。把所得安排在避税天堂或者适用很少或没有预提税的税收协定,经常是这种避税安排的组成部分。一个突出的例子是毛里求斯与印度的税收协定,该协定包含的税收优惠对于投资于印度的外国投资者(多数来自经合组织国家)具有很大的吸引力。[150] 而且,毛里求斯与非洲和亚洲国家之间建立了包含优惠待遇的税收协定网络,因此它是外国投资者投资于南亚和非洲国家的颇具吸引力的通道和"合适

---

[146]　2010 年版经合组织范本评注第 1 条第 9.5 段。

[147]　尤其是,一般反滥用条款(GAAR)还是专门反滥用条款应得到优先适用,是一个主要的争议问题。

[148]　下文第二章第四节"四"部分有更详细的论述。

[149]　参阅经合组织:《与高净值个人在税收遵从上之衔接》(OECD, *Engaging with high net worth individuals on tax compliance*),www.oecd.org/ctp/ta/hnwi,最后访问时间:2013 年 7 月。

[150]　巴伊斯特罗基(Baistrocchi):"新兴世界中税收协定的使用和解释:理论与影响"(The Use and Interpretation of Tax Treaties in the Emerging World:Theory and Implications),载于《不列颠税收评论》(*British Tax Review*),2008 年,第 352 页起(第 361 页)。

31   的导管"。⑮

三、国际税收征管合作

第二组与反避税相关的条款更具实质效果:税收协定经常包含超越协定本身、允许缔约国主管税务当局就税收事项进行国际合作的条款。基于经合组织范本第 26 条和联合国范本第 27 条,这些条款主要涉及税务当局之间的信息交换和税款征收互助。一国的税务当局不能在外国领土上行使税收主权,因此这些条款十分必要。⑮ 在全球化的过程中,跨境税源流动日益普遍,关于税收评定信息的收集以及所评定税款的征收容易受到阻碍,跨境逃避税安排更是难以被追查。两个国家间缔结的税收协定能够为缔约国相互协助来完成税收征管任务以及打击国际逃避税提供法律基础。

关于税收信息交换,经合组织范本与联合国范本的规定存在一个显著差异。不同于经合组织范本的对应条款,联合国范本第 26 条包含一个附注,指出税收信息交换旨在防止税收欺诈和避税,并阐明了税收信息交换对于打击国际避税的重要性。⑮ 联合国范本评注指出,这一附注是关于"第 26 条文本中信息交换规定的目的,旨在为缔约国正确解释该条款提供指引"。⑮ 而经合组织范本评注只是提到税收信息交换可能涉及改进税收征管与纳税遵从的信息,比如逃避税安排等。⑮

在过去几年里,国际税收领域的讨论越来越集中在信息交换和国际征管合作上。这最初始于经合组织致力于打击有害税收竞争和消除避税天堂

---

⑮   巴伊斯特罗基(Baistrocchi):"新兴世界中税收协定的使用和解释:理论与影响"(The Use and Interpretation of Tax Treaties in the Emerging World:Theory and Implications),载于《不列颠税收评论》(*British Tax Review*),2008 年,第 362 页。

⑮   See Vogel, *DStZ* 1997,271;Hendricks, *Internationale Informationshilfe im Steuerverfahren*(2004) pp. 52 et seq.;Lohr, *Der internationale Auskunftsverkehr im Steuerverfahren*(1993) p. 5;Schilcher, *Die Grenzen der Mitwirkungspflichten im Lichte des Gemeinschaftsrechts*(2010) p. 22.

⑮   参阅 2001 年版联合国范本评注第 26 条第 27 段。

⑮   更多详情,参阅 2011 年版联合国范本评注第 26 条第 4.2 段;详见下文第三章第三节"九"部分。

⑮   参阅 2010 年版经合组织范本评注第 26 条第 5.1 段。

负面影响的工作。^⑮避税天堂的主要问题在于,这些国家或者地区试图以较低或者零税率来吸引外国投资,同时根据其严格的银行保密法,缺乏与外界的信息交换。^⑮避税天堂还被非居民纳税人用来逃避对其居民国所应负担的税收。因此,经合组织通过国家间达成更为广泛的情报交换条款引入新的国际合作标准,从而对避税天堂施加压力促使其开放边界。^⑯为促进这一动议,名为"透明度与税收信息交换的全球论坛"应运而生,目前该论坛已经拥有一百多个成员国,所有这些国家都承诺执行透明度和信息交换的新标准。

　　经合组织认为,"在这个日益无国界化的世界里,税收信息交换是打击不遵从税法行为的重要工具。"^⑯经合组织信息交换新标准包括三个组成部分:信息的可获得性、获取信息的权力和信息交换。因此,为了开展有效的信息交换,"信息必须是可获得的,税务当局必须拥有获得信息的权力,同时必须建立信息交换的基础"。^⑯根据在其税收协定和国内法中确定的税收信息交换的标准,经合组织公布了一份将各国划分为黑名单、灰名单以及白名单的清单。^⑯要想进入白名单,这些国家必须已经签署至少十二份包

32

---

⑮　这方面的第一个里程碑是经合组织在1998年出版的《有害税收竞争:一个正在出现的全球性问题》(Harmful Tax Competition. An Emerging Global Issue),www. oecd. org/dataoecd/25/26/44430243. pdf,最后访问时间:2013年7月。

⑮　参阅经合组织1998年的报告:《有害税收竞争:一个正在出现的全球性问题》,第21页。

⑱　综述参阅考夫勒和腾普尔(Kofler/Tumpel):"税收信息交换协议"(Tax Information Exchange Agreements),载于朗、舒赫和佐格勒编(Lang/Schuch/Staringer):Internationale Amtshilfe in Steuersachen 2011年,第181页起(第181页及其后诸页)。

⑲　参阅经合组织税收政策与管理中心(OECD Centre for Tax Policy and Administration):《信息交换》(Exchange of Information),www. oecd. org/department/0,3355,en_2649_33767_1_1_1_1_1,00. html,最后访问时间2013年7月。

⑯　"税收透明度和信息交换全球论坛:议题范围"(Global Forum on Transparency and Exchange of Information for Tax Purposes, Terms of Reference),2010年,第3页,可访问 www. eoi-tax. org;重要的论述参阅:法尔考(Falcão):"与发展中国家交换信息:漫议全球论坛与发展中经济体在情报交换方面的互动"(Exchanging Information with the Developing World: A Digression on the Global Forum Exchange of Information's Interaction with Developing Economies),载于《国际税收》2011年,第603页起(第606页及其后诸页)。

⑯　最新的清单可以参阅:《经合组织进展报告》(OECD Progress Report),www. oecd. org/dataoecd/50/0/43606256. pdf,最后访问时间:2013年7月。

含有经合组织信息交换新标准的税收协定,这些标准依据其国内法得到了有效执行,同时该国还愿意进一步签署税收协定。[162]

由此,税收协定在打击国际逃避税方面日益重要,因为它们是开展税收信息交换的法律文件。而且在过去的若干年里,各国签署了为数不少的被称为《税收信息交换协议》(TIEAs)的法律文件,《税收信息交换协议》是专门针对信息交换问题的国际法律文件。缔约国通过缔结这类协议,可以在无需缔结全面税收协定的情况下,满足经合组织提出的信息交换的新标准。特别是诸如泽西(Jersey)、根西(Guernsey)等避税天堂已经签署了不少《税收信息交换协议》,以达到国际认可的经合组织标准。经合组织的努力已经产生了关于信息交换和打击银行保密的新局面,尽管这一过程还未完全结束。进一步的国际合作将是执行自动信息交换机制,经合组织致力于推行该机制,因为其比应对方请求而发送的专项信息机制更为有效。[163] 在2012年7月,经合组织发布了一份关于自动信息交换的报告。[164] 经合组织也对美国发布的《关于双边执行美国外国税收账户遵从法》(FATCA)的范本表示欢迎,该范本中包含了税收信息自动交换的条款。[165] 这些都预示着将来税收信息交换将更多的是自动信息交换。

如果发展中国家还不够"透明",那么全球财税透明化的新时代意味着

---

[162] 考夫勒和腾普尔:"税收信息交换协议",第187页。

[163] 经合组织秘书长古利亚(Gurria)报告:《应对离岸避税——G20与经合组织继续取得进展》(*Tackling Offshore Tax Evasion—The G20/OECD Continues to Make Progress*),2012年6月,www.royalgazette.com/assets/pdf/RG120127622.pdf,最后访问时间:2013年7月。

[164] 经合组织:《自动信息交换——是什么,怎么做,利益,未完之事》(*Automatic Exchange of Information—What it is, how it works, benefits, what remains to be done*),2012年,www.oecd.org/ctp/exchangeofinformation/automaticexchangeofinformationreport.htm,最后访问时间:2013年7月。

[165] 经合组织税收政策与行政中心(OECD Centre for Tax Policy and Administration):《税收:经合组织欢迎在多边努力下提升国际税收遵从与透明度》(*OECD welcomes multilateral efforts to improve international tax compliance and transparency*),www.oecd.org/ctp/taxoecdwelcomesmultilateraleffortstoimproveinternationaltaxcomplianceandtransparency.htm(最后访问时间:2013年7月);美国财政部(U.S Department of Treasure):《财政部发布实施外国账户税收遵从法案,促进离岸税收遵从与减轻负担的政府间协议范本》(*Treasure Releases Model Intergovernmental Agreement for Implementing the Foreign Account Tax Compliance Act to Improve Offshore Tax Compliance and Reduce Burden*),www.treasury.gov/press-center/press-releases/pages/tg1653.aspx,最后访问时间:2013年7月。

这些国家应当变得更加"透明",同时这些国家也应当融入到国际税收信息交换的潮流中。在许多情况下,发展中国家所面临的挑战在于由于其行政架构尚未健全,行政资源稀缺,其税务当局不能处理较多的税收信息请求。[164] 这将导致当发达国家需要从发展中国家获取信息,从而对其居民纳税人就投资并来源于发展中国家的所得进行税收核定时,发展中国家却因为缺乏必要的基础设施和审计体系,无法提供这些信息,因为提供信息将给这些国家带来巨大成本。[165]

联合国协定范本评注强调了这一信息提供能力缺乏的问题。为解决这一问题,范本建议各国在税收协定第 26(6)条末增加相关措辞:"因提供信息而带来的超常成本将由信息要求方承担。"[166]据此,在信息交换之前,主管税务当局应当相互沟通来确定提供信息的成本是否特别超常,这不仅需要考量成本的绝对数额,更要看这一成本对于被要求提供信息的税务当局全部预算的比例关系。[167] 作为对这一规定的补充,信息请求方主管税务当局也可以被允许在被请求的缔约国境内进行调查。这至少可以减少被请求缔约国的人力成本,但也容易引发有关维护主权的顾虑,发展中国家也可能因为没有参与调查而无法学习到相关经验。[168] 将来,联合国专家组应考虑自动信息交换问题,以及发展中国家如何开展自动信息交换。因为自动信息交换涉及海量信息,这将对发展中国家的税收行政管理带来更多的问题。

一些经济学家提出建议,制定一个将信息提供成本考虑在内的新的税收协定范本,这一范本把更多的课税权分配给发展中国家,以弥补其因向发

34

---

[164]　如法尔考,载于《国际税收》2011 年文,第 608 页。

[165]　帕奥里尼、皮斯通、普利那和佐格勒(Paolini/Pistone/Pulina/Zagler)编:《与发展中国家的税收协定以及课税权的分配》(*Tax treaties and the allocation of taxing rights with developing countries*,CORE-DP,2011/42),第 6 页,www. uclouvain. be/en-357992. html,最后访问时间:2013 年 7 月。

[166]　参阅 2011 年版联合国范本评注第 26 条第 29.4 段。

[167]　参阅 2011 年版联合国范本评注第 26 条第 29.3 段。

[168]　法尔考,载于《国际税收》2011 年文,第 610 页。

达国家提供信息而产生的额外成本。[171] 这一"税收收入分享"建议旨在激励发展中国家开展信息交换。信息被视为一种可以交换的商品,税收收入分享相应地被认为是对发展中国家搜集、分享信息的额外奖金或者回报。[172] 这些学者进一步认为,与发展中国家缔结协定从而为税收信息交换奠定法律基础,符合发达国家的最高利益。因此,税收协定的课税权分配规则应当使发展中国家有能力执行所有维持有效税收信息交换的体系和程序,[173]这些国家甚至可能因为成为"成功的信息搜集者"而获得额外的税收收入。发展中国家与发达国家缔结税收协定时,强调税收信息交换与课税权分配之间的关系具有重要意义,因为这会使发展中国家处于更为强势的谈判地位。不可否认,发展中国家的税收谈判代表应当明白这一点。当然,在考虑诸如国家间公平等问题时,已经要求授予来源国更多的课税权。[174] 但重要的是,发展中国家应当能够补偿其获取和交换税收信息产生的额外成本,特别是在国家间税收信息流动不对称的情况下更应如此。因此,上述联合国范本评注所提出的建议 * 是合理的。而额外税收收入的激励机制则存在一个问题,即缔约国可能将搜集信息从而获得收入作为一项商业活动,由此税收信息交换将不再是建立在互惠基础之上,而建立一个更加透明的全球税收体系的美好愿望也将沦为政府"生财的机器",这是人们所不愿看到的。

对于发展中国家缺乏税务管理资源的问题,经合组织的解决之道是发起名为"无国界税务检查员"的能力建设(capacity-building)项目。该项目培训发展中国家税务官员,使他们具备处理逃避税问题的技能和知识。[175] 35 "全球论坛"在发展中国家也有了试点案例:在肯尼亚加入"全球论坛"之

---

[171] 帕奥里尼、皮斯通、普利那和佐格勒编:《与发展中国家的税收协定以及课税权的分配》。

[172] "税收收入分享"这一用语含义多样:除本文的含义外,该用语适用于另一个场合,即当两个缔约国认为课税权的分配导致税收收入份额分享的不公平,从而协议由一方对另一方收入的损失加以补偿。

[173] 帕奥里尼、皮斯通、普利那和佐格勒:《与发展中国家的税收协定以及课税权的分配》,第7页。

[174] 参阅上文第二章第三节。

* 额外成本由信息请求方承担。——译者注

[175] 经合组织秘书长古利亚:《应对离岸避税》,第5页。

后,论坛秘书处以及国际货币基金组织(IMF)为其提供技术援助,帮助其与十余个国家(多数为"前"避税天堂)缔结《税收信息交换协议》。其他区域组织,如非洲税收征管论坛(ATAF)和南部非洲发展共同体(SADC)等,也为其成员缔结《税收信息交换协议》提供支持。在 2010 年,欧盟委员会提出建议,欧盟应当在发展中国家缔结《税收信息交换协议》和税收协定等方面为后者提供技术援助,帮助这些国家打击逃避税和其他有害税收行为。[176] 所有这些重要的措施有助于帮助发展中国家形成业务水平高超并能充分融入国际间税收信息交换体系的税务征管机构。当然,税收信息交换的每个环节都可能需要额外的资源,这些额外成本也应当得到补偿。

关于税收信息交换和避税天堂争论的另一方面,是部分非洲国家似乎在考虑建立自己的离岸金融中心或者避税天堂。[177] 为特定行业提供专门税收优惠能吸引外国直接投资,这对于发展中国家似乎颇具吸引力。这些国家可能认为,如果没有税收优惠,就没有企业愿意来投资,因此,它们宁可少课税或者不课税,以便吸引外国直接投资,创造更多就业机会。这至少比完全没有外国直接投资强。这一趋势显现于避税天堂的有害税收竞争对发展中国家公共财政带来灾难性影响之时,因为资本逃离发展中国家而流向避税天堂是一个严重的问题。这方面的一个案例涉及泽西和肯尼亚。2011 年,泽西宣布将与肯尼亚就"由肯尼亚前内阁部长和泽西岛国家电力公司前总裁涉嫌持有的某银行账户上行贿所得的一千万美元中泽西应得的部分"进行谈判。[178] 乐施会(Oxfam)最近进行的一项研究表明,发展中

---

[176] 根据欧盟委员会的建议,欧盟应当支持发展中国家的另一个领域是转让定价,这一问题将在下文中进行探讨。参阅欧盟委员会《欧盟委员会向欧洲议会、欧洲理事会以及欧洲经济社会委员会的通讯,税收与发展:与发展中国家合作,共促税收善治》[*Communication from the Commission to the European Parliament, the Council and the European Economic and Social Committee, Tax and Development: Cooperating with Developing Countries on Promoting Good Governance in Tax Matters*, COM(2010) 163],第 11 页。

[177] 非洲(AFRICA):"建立离岸避税天堂的趋势初露端倪"(Emerging Trend Towards Establishing Offshore Tax Havens, Inter Press Service 17/08/2011), http://ipsnews.net/news.asp? idnews = 56885,最后访问时间:2013 年 7 月。

[178] 同上。

国家因为流向避税天堂的离岸资产而每年损失高达 1240 亿欧元的税收收入。[⑲]基督徒互援会(Christian Aid)的一项研究发现,因为不当的贸易(转让)定价和资本向欧盟和美国的流动,新兴和发展中国家每年损失 1600 亿美元的税收收入。[⑳]这些研究是由发展援助组织开展的,得出的数字结论可能有偏颇,但确实表明避税天堂及资本向避税天堂的转移对发展中国家具有负面影响。应对这一问题的唯一办法是开展与这些避税天堂的信息交换。

避税天堂的增多带来了另一个不利影响:它导致"恶性竞争"(race to the bottom)。这是一种恶性循环,每个国家都争相提供更为优惠的税收待遇以期在与其他国家的竞争中胜出,造成税收优惠政策收益的螺旋式下降,最终没有国家从中受益。恶性竞争是国际税收竞争的结果,在全球都可以观察到,但对发展中国家特别有害,因为这些国家的国民生产总值(GNP)已经很低,税收收入的损失和收益的转移对其公共预算的影响更为严重。[㉑]

最后,另一个引人注目的发展是 2009 年联合国专家委员会通过的《联合国关于在打击逃税方面国际合作的行为准则》,[㉒]目前该文件正由联合国

⑲ 乐施会(Oxfam):"打击避税天堂可以为消除贫困每年提供 1200 亿欧元的支持"(Tax haven crackdown could deliver $120bn a year to fight poverty,Press release 13/03/2009),www. oxfam. org/en/pressroom/pressrelease/2009-03-13/tax-haven-could-deliver-120bn-year-fight-poverty(最后访问时间:2013 年 7 月);税收正义网博客(Tax Justice Network Blog):乐施会发布新的避税天堂的数据(*Oxfam produces new tax haven data*),http://taxjustice. blogspot. co. at/2009/03/oxfam-produces-new-tax-haven-data. html(最后访问时间:2013 年 7 月)。

⑳ 基督徒互援会(Christian Aid):"虚假的利润:劫穷济富的税收"(False Profits:Robbing the poor to keep the rich tax-free),2009 年,www. christianaid. org. uk/Images/false-profits. pdf(最后访问时间:2013 年 7 月)。

㉑ 卡钦尼克(Kuschnik):"避税天堂对于作为非避税天堂的非洲国家的财政影响"(Fiscal Impacts of Tax Havens on Non-Haven African Countries),载于《国际税收》2008 年,第 168 页起(第 170 页)。

㉒ 联合国:《税收国际合作专家委员会第五次会议报告》(*Report on the fifth session of the Committee of Experts on International Cooperation in Tax Matters*),2009 年,第 57 段。

经济与社会理事会审议。[183] 这一"软法"[184]将可能成为各国开展有效信息交换的承诺,其内容包括适当的保密规则、可靠信息不受国内法限制,以及可获得性等方面。[185] 由此,它"将对各国政府不纵容国际逃税和激进的避税安排施加道德压力"。[186] 当然,该行为准则的实际效果以及它与经合组织及全球论坛之间的关系如何,仍须拭目以待。

四、转让定价规则

另一组值得提及的是规范关联公司之间,以及企业与其常设机构(PE)之间转让定价的规则。转让定价的基本原则是所谓的独立交易原则(Arm's length Principle)。根据这一原则,关联实体间的定价水平只能与非关联实体间的定价水平相当。关联方之间关于货物、服务及无形资产使用的转让定价有别于由市场供求所决定的价格,如果转让定价不符合独立交易原则,税务当局就有权进行调整。税务当局这一调整权的法律依据来自于国内法以及两国之间国际税收协定的有关条款。[187] 不可否认的是,经合组织和联合国范本"关联企业"条款规定的转让定价规则并不被认为是防范避税和偷税的主要条款。[188] 但基于下列考虑,在此对这些条款加以探讨。

转让定价本身并非违法,它是出于会计、管理及税收目的而确定公司集团中每个公司经济状况的必要手段。只有无视独立交易原则或者"错误的定价"才导致避税甚至偷税。但问题在于,为关联交易确定独立交易价格

[187] 联合国:《税收国际合作专家委员会第六次会议报告》(*Report on the sixth session of the Committee of Experts on International Cooperation in Tax Matters*,E/2010/45),2010 年,第 64 段。

[184] 麦金太尔(McIntyre):"联合国关于在打击逃税方面国际合作的行为准则"(United Nations Code of Conduct for Cooperation in Combating International Tax Evasion),韦恩州立大学法学院法律研究论文系列 2008 年第 12 号(Wayne State University Law School Legal Studies Research Paper Series,No. 08 - 12),第 1 页。

[185] 联合国:《税收国际合作专家委员会第五次会议报告》,2009 年,第 52 段。

[186] 麦金太尔:"联合国关于在打击逃税方面国际合作的行为准则",第 4 页。

[187] 参阅下文第三章第二节的详述。

[188] 但是戴维斯(载于《国际税收与公共财政》2004 年文,第 787 页)和沃格尔(载于《德国税报》1997 年文,第 275 页)列出了在打击逃税和避税背景下的转让定价规则。

并非如听起来那么容易,而且本身也不是一门精确的科学。事实上,存在确定独立交易价格的多种方法,适用不同的方法可能产生不同的结果。跨国企业(MNEs)因此经常被指责操纵集团内价格,将所得转移至低税地,从而达到逃避高税地税收的目的。跨国企业的这种行为被称为"激进的税收筹划"。目前没有对激进的税收筹划这一用语给予充分和准确的定义。包括转让定价安排在内的税收筹划一般是可以接受的,但如果滥用税收筹划,纳税人就可能被认为构成避税或者偷税。反滥用条款旨在遏制对税法的滥用,但各国对于"滥用"这一个概念并没有形成共识,该概念的解释因国家不同而有所差别,因此很难确定不能被逾越的红线。[189] 尽管这是所有国家都面临的一个问题,但正如上文提到的基督徒互援会的研究,这个问题对发展中国家财政预算的影响更大。因此,发展中国家需要建立起一套行之有效的规则,来应对和处理在全球范围运作的跨国集团税务问题。

激进的税收筹划问题直到最近才被提上经合组织和欧盟的议事日程。2012 年年末,欧盟委员会发布了一项建议。该建议首先尝试——但并没有真正成功地——界定"激进的税收筹划"这一用语,试图将这个十分模糊的概念转化为清晰和准确的词汇。[190] 其次,该建议提出了解决这一问题的办法,即优化完善(streamline)各国国内的反避税规则,并在税收协定中引入"课税"(subject-to-tax)条款。[191] 经合组织 2013 年年初也有所动作,它发布了旨在解决所谓的"税基侵蚀和利润转移"(BEPS)[192]的报告和后续行动计

---

[189] 同样,在税收筹划和偷逃税之间存在的灰色地带对纳税人而言也是一个问题,因为这会带来不安全感和法律的不确定性。这甚至可能走向反面的极端,即投资者可能对于到那些税务当局可根据反滥用法律原则而否定任何税收筹划可能性的国家进行投资望而却步。

[190] 欧盟委员会:《委员会 2012 年 12 月 6 日关于激进税收筹划的建议》(Commission Recommendation of 6 December 2012 on aggressive tax planning),2012 年,8806 号最终文件。

[191] 关于该建议的详细分析,请参阅:Lang, "Aggressive Steuerplanung"—eine Analyse der Empfehlung der Europäischen Kommission, *SWI* 2013,62(62 et seq.)。

[192] 经合组织:《应对税基侵蚀与利润转移》(*Addressing Base Erosion and Profit Shifting*),2013 年;经合组织:《税基侵蚀与利润转移行动计划》(*Action Plan on Base Erosion and Profit Shifting*),2013 年。

划。[193] 较之欧盟,经合组织是一个更具国际性的组织,对国际税法体系具有举足轻重的影响力,因此其采取的这些行动很可能是朝着打击激进税收筹划方向迈出的重要一步。"税基侵蚀和利润转移"报告的动议是由二十国集团(G20)提出的。二十国集团不仅包含了经合组织国家,还吸纳了新兴经济体。这些国家都意识到,应当采取行动来应对激进税收筹划给国家预算和主权带来的负面影响,[194]特别是,跨国企业能够安排其全球活动,将利润转移到低税地,从而侵蚀其他国家的税基。对此,经合组织采取了相当全面和综合的措施,不仅建议引入新的反避税规则,修改转让定价规则,改变税收协定中的其他概念,而且承认国际税收体系存在不协调之处,由此产生了漏洞,需要加以修补。

经合组织所要采取的措施可能给国际税收规则带来重大改变,从而对联合国协定范本的工作以及发展中国家的协定实践产生影响。经合组织似乎意识到了这一问题,至少其强调联合国参与到其税收工作中来,并且能够分享关于发展中国家对于"税基侵蚀和利润转移"相关措施特别关切的有益观点。[195] 因此,现在联合国有机会影响应对"税基侵蚀和利润转移"的行动,例如对税收协定概念和课税权分配规则的重新思考。行动计划之一是"应对数字经济带来的税收挑战",[196]该行动计划可能会改变经营所得的税收待遇和经合组织范本中关于经营所得的课税权分配规则。因此,该项行动计划可能对于经合组织范本,进而是国际税收规则产生深远影响。经合组织的其他行动计划还涉及解决双重不课税的避税问题,改进转让定价规则和人为规避常设机构规则,所有这些行动计划都将影响经合组织协定范本及其评注。但是,联合国及发展中国家的代表对于如此重要的规则变革是否具有真正的发言权,还须拭目以待。

---

[193] 欧文斯(Owens):"对跨国企业课税:一种难以把握的平衡"(Taxation of Multinational Enterprises:An Elusive Balance),载于《国际税收期刊》2013 年,网上出版,2013 年 7 月 3 日。

[194] 参阅经合组织:《应对税基侵蚀与利润转移》,第 5 页。

[195] 参阅经合组织:《税基侵蚀与利润转移行动计划》,第 25 页及其后诸页。

[196] 同上注,第 14 页及其后诸页。

39   面对跨国企业激进的税收筹划,尽管独立交易原则有时显得力不从心,[197]但国际组织或者国家联盟的上述行动没有动摇独立交易原则作为国际公认标准的地位。独立交易原则确实颇受批评,被认为是过时的和有缺陷的。其中最主要的批评是,由于不存在非关联方的可比交易,几乎不可能为关联交易确定符合独立交易原则的价格,[198]而无形资产转让定价的确定更是特别困难。[199] 就发展中国家而言,其税务当局面临的一个特别的困难在于无法搜集到确定正确价格的必要数据。[200] 解决上述独立交易原则适用问题的一个替代方法是实行"单一课税",按照一个能够反映跨国企业在不同国家"真实"经济活动的公式,将其全球利润分配并归属于相关的每个国家。[201] 单一课税在美国国内州与州之间利润分配的实践被证明是成功的,[202]欧盟委员会在"共同的合并公司税税基"指令的建议中也提出采用利润分配法。[203] 如果跨国企业能够向所有存在积极经营活动的国家报告其利润,

---

[197]   萨迪克(Sadiq):"单一税——全球共识分配法的情形"(Unitary Taxation—The Case for Global Formulary Apportionment),载于《国际税收期刊》,2001 年,第 275 页起(第 276 页)。

[198]   参阅萨迪克,载于《国际税收期刊》2001 年文,第 277 页。另一个削弱独立交易原则合理性的观点指出,跨国企业通过构建跨国关联关系实现成本节约,这种效果必然反映在转让定价中。换言之,跨国企业的建立和存在的经济合理性就在于不按照市场价格进行交易,从而节约成本,这就使得整个独立交易原则的概念归于荒谬(同上注,第 278 页)。

[199]   萨迪克,载于《国际税收期刊》2001 年文,第 277 页。

[200]   法尔考(Falcão):"为国际税收提供发展中国家的视角:联合国提议制定转让定价手册"(Contributing a Developing Country's Perspective to International Taxation:United Nations Tender for Development of a Transfer Pricing Manual),载于《国际税收》2010 年,第 502 页起(第 503 页)。

[201]   税收正义网(Tax Justice Network):"转让定价"(Transfer Pricing),www.taxjustice.net/cms/front_content.php? idcat=139(最后访问时间:2013 年 7 月);萨迪克,载于《国际税收期刊》2001 年文,第 275 页及其后诸页;佐尔特(Zolt):"现行国家间税收分配方法的替代"(Alternatives to the Existing Allocation of Tax Revenue among Countries),载于《国际税收期刊》2002 年,第 257 页;《经合组织转让定价指南》(OECD Transfer Pricing Guidelines)2010 年,第 1.16 段及其后诸段;阿维·约纳和克劳辛:"营业利润(经合组织协定范本第 7 条)",第 17 页。

[202]   佐尔特,载于《国际税收期刊》2002 年文,第 259 页;萨迪克,载于《国际税收期刊》2001 年文,第 284 页。

[203]   跨国企业的税基将根据一个基于销售、雇员和资产三个因素相同权重的公式分配给每个成员企业所在国(组成跨国公司一部分的各个公司)[参阅对共同公司税基(CCCTB)理事会指令的建议,SEC(2001)315,SEC(2001)316,第 86 条]。在美国税法体系中,分配因素为财产、销售和工资(参阅萨迪克,载于《国际税收期刊》2001 年文,第 285 页)。

这种国别报告制度将有助于单一课税的实践。[204] 通过这种方式,税务当局能更容易地实施利润分配体系,更为重要的是提升了透明度,能有力地支持其他打击偷逃税的行动。

　　然而,公式分配法没有获得广泛的认可和发展,因此,在国际税收层面引入单一课税制度还为时尚早。而反对公式分配法的力量似乎也比支持力量更为成功。[205] 经合组织 2010 年版转让定价指南指出,经合组织成员国将继续坚持"独立交易原则应适用于对联属企业转让定价的评定上",因为适用该原则"一般能够使跨国企业集团各成员企业都取得较为合理的,从而为各税务当局接受的利润水平"。[206] 经合组织协定范本第 7 条刚作修订,以及独立交易原则适用于同一企业不同组成部分的利润分配等事实表明,国际税法界更倾向于独立交易原则,而不是公式分配法。[207] 发展中国家因此需要想办法处理好与当前国际税收转让定价体系的关系。

　　为此,联合国专家委员会于 2009 年专门下设转让定价委员会,该委员会于 2013 年发布了转让定价手册(草案)[208],该手册旨在使发展中国家熟悉转让定价,熟悉经合组织转让定价指南的现行标准和原则。[209] 该手册解释

40

---

　　[204]　财政整合与经济发展工作组(Task Force on Financial Integrity and Economic Development):《国别报告——无论在何地,跨国公司都应承担责任》(*Country-by-Country Reporting-Holding Mutinational Corporations to Account wherever they are*),2009 年,www. financialtaskforce. org/wp-content/uploads/2009/06/Final_CbyC_Report_Published. pdf(最后访问时间:2013 年 7 月)。

　　[205]　关于单一课税的优点和缺点的详细论述,请参阅萨迪克,载于《国际税收期刊》2001 年文,第 285 页。《经合组织转让定价指南》(Transfer Pricing Guideline)2010 年版详细探讨了单一课税的不足之处。

　　[206]　参阅《经合组织转让定价指南》2010 年版,第 1. 14 段。

　　[207]　朗:《引言》,2010 年,第 91 页;详细的如努埃尔(Nouel):"经合组织税收协定范本新的第 7 条:是终点了吗?"(The New Art. 7 of the OECD Model Tax Convention:The End of the Road?),载于《国际税收期刊》,2011 年,第 5 页起(第 7 页)。

　　[208]　联合国:《发展中国家转让定价实践手册》(Practical Manual on Transfer Pricing for Developing Countries),2013 年,以下简称《联合国转让定价手册》。

　　[209]　法尔考,载于《国际税收》2010 年文,第 503 页;萨鲁德和瓦拉道(Sollund/Valadão):"对第 9 条的评论——联合国转让定价手册的变化、意义以及正在进行的工作"(The Commentary on Art. 9—The Changes and their Significance and the Ongoing Work on the UN Transfer Pricing Manual),载于《国际税收期刊》,2012 年,第 608 页起(第 610 页及其后诸页)。

了转让定价的法律和经济背景,提出了确定转让定价的各种方法,阐述了转让定价的文档资料要求。最重要的是,联合国手册接受了独立交易原则作为转让定价的基本原则,而不考虑诸如公式分配法等其他可能的方法。值得指出的是,《联合国转让定价手册》第十章详细介绍了巴西、中国、印度和南非的转让定价体系,似乎旨在使这些国家能够借助守则这一平台,展示各自国家关于转让定价的方法,使这些国家在转让定价探讨中具有话语权。但笔者认为,这至多只是最强大的发展中国家或者新兴经济体的一系列国别报告,并没有包含其他弱小发展中国家的观点。

《联合国转让定价手册》的发布表明,联合国转让定价方面的工作主要是基于能力建设和知识传播,包括外国专家的援助。这些活动都离不开资金支持,这可能成为一个死结,因为专家委员会和联合国都没有足够的资金支持它们已经必须开展的工作。[210] 外包或者与其他机构的合作可能是克服这个困难的一条途径。设立"成功税收发展实践南南分享"(S4TP)网站是朝这个方向迈出的第一步,[211] 借助这个平台,可以鼓励发展中国家税务当局交流税收政策和管理事项。该网站由联合国的两个部门(联合国开发计划署南南合作特别工作组和联合国经济和社会事务部资助发展办公室)和两个非政府组织("全球财政新规"和"税收正义网")来负责运行。

对于发展中国家而言,另一种替代甚或是附加的方法是,建立一种简化的独立交易定价体系,据此,部分纳税人可以通过税务当局事先确定的简单加成率或者利润率来确定转让定价。[212] 纳税人和税务当局无须为寻找合适的可比样本而进行大量的经济研究和功能分析,因此可以节约许多资源。巴西是引入这种简化体系的国家之一,尽管其适用的方法还未被证明完全符合经合组织转让定价指南,但却值得关注,因为这体现了发展中国家如何

---

[210] 详见第三章第二节。

[211] "成功税收发展实践南南分享"(South-South Sharing of Successful Tax Practices for Development),www. s4tp. org(最后访问时间:2013 年 7 月)。

[212] 德斯特(Durst):"让转让定价规则为发展中国家服务"(Making Transfer Pricing Work for Developing Countries),载于《税收分析师》(Tax Analysts),2010 年,第 851 页起(第 851 页及其后诸页)。

应对转让定价挑战。㉑ 简易的独立交易定价体系类似于安全港概念。㉒ 有研究表明,安全港规则可能损害而不是有益于经济体,墨西哥和美国是这方面的例证。在那里,由于存在转让定价安排,一种特定的交易因此"销声匿迹",墨西哥经济因此受害。㉓ 而且,如果预先设定的利润率过高,有可能给跨国企业带来经济困难和过度双重课税。当然,这些案例有助于我们吸取过去的错误教训,从而设计出更加适当的方法。

　　在此方面,欧盟委员会最近出版的一份报告也值得关注。㉔ 作为欧盟税收和发展政策议程的组成部分,欧盟委员会发布了由普华永道(PwC)会计师事务所提交的关于欧盟如何帮助发展中国家执行转让定价规则的报告。㉕ 这份报告首先指出了发展中国家执行转让定价规则所面临的主要挑战,它们是:税务当局对转让定价缺乏经验和基本了解;因缺乏可比样本而无法确定转让定价;㉖因为缺乏文档资料要求而无法获取纳税人信息或者缺乏处理这些信息的能力。㉗ 报告提出了一个根据各国具体情况对发展中国家进行分类的整体框架,因为每个国家情况不同,执行转让定价规则的起点水平也各异。报告强调,重要的是发展中国家应当最终将各自的转让定价规则提升到国际共同标准水平上;只有协调一致的全球规则才能够避免双重课税和应对双重不课税。㉘ 执行国际标准意味着,从长远看,发展中国

42

　　㉑　法尔考,载于《国际税收》2010 年文,第 505 页。

　　㉒　德斯特,载于《税收分析师》2010 年文,第 853 页。

　　㉓　法尔考,载于《国际税收》2010 年文,第 505 页。

　　㉔　参阅:联合国专家委员会(UN Committee of Experts):《关于转让定价会议的报告》(*Report on meeting of transfer pricing issues*, E/C. 18/2011/5),第 23 段。

　　㉕　欧盟委员会:《转让定价与发展中国家——最终报告》(Transfer pricing and developing coun-tries—Final report),可参阅 http://ec. europa. eu/taxation_customs/resources/documents/common/pub-lications/studies/transfer_pricing_dev_countries. pdf (最后访问时间:2013 年 7 月)。该报告是上文提及建议(第二章第四节"三"部分)的一个结果,根据该建议,欧盟应当支持发展中国家落实转让定价规则。

　　㉖　可比样本难以找到的原因在于,在任何给定的行业中公司数量很少,而且也没有数据库可供使用从而帮助提取数据来证明关联方之间转让定价安排的合理性。(参阅欧盟委员会:《转让定价报告》,第 1 页)

　　㉗　参阅欧盟委员会:《转让定价报告》,第 1 页。

　　㉘　同上书,第 41 页。

家应当遵从经合组织确立的原则,特别是独立交易原则和经合组织指南中的转让定价方法。报告进一步强调,从引入转让定价规则的成本收益角度看,这些改革所增加的税收将超过改革成本。[21]

第五节 对投资的影响:促进外国直接投资

一、促进投资和商业

税收协定的另一个目标是促进投资和商业。[22] 20 世纪 60 年代人们的共识是,税收协定能够促进向最贫穷国家的投资,[23]而外国投资反过来也被认为是国家发展的重要驱动因素。[24] 这一假设是联合国经济与社会理事会设立专家组起草发展中国家与发达国家税收协定范本的一个主要原因。[25]

43

税收协定可能促进投资和商业,有以下几点理由:首先,税收协定包含有限制东道国过度课税的条款。举例而言,常设机构原则要求来源国对于偶发经营活动和临时商务来访者不课税,由此创造一种良好的经营环境。[26] 税收协定中包含转让定价条款,要求关联交易双方国家应当按相同条件同

---

[21]　参阅欧盟委员会:《转让定价报告》,第 38 页。

[22]　穆腾(Mutén):"工业化国家与发展中国家间的避免双重课税协定"(Double Taxation Convention between Industrialised and Developing Countries),载于国际财政协会编:《工业化国家与发展中国家间的避免双重课税协定,经合组织范本与联合国范本之间的比较》(*Double taxation treaties between industrialized and developing countries, the OECD and UN Models—A Comparison*),国际财政协会大会研讨会系列第 15 卷(IFA Congress Seminar Series Vol. 15),1992 年,第 3 页起(第 4 页及其后诸页);也可参阅伊森,载于《国际税收期刊》2000 年文,第 623 页。

[23]　菲格罗阿(Figueroa):"综合性税收协定"(Comprehensive Tax Treaties),载于国际财政协会编:《工业化国家与发展中国家间的避免双重课税协定,经合组织范本与联合国范本之间的比较》,国际财政协会大会研讨会系列第 15 卷,1992 年,第 9 页起(第 9 页);科林斯:《英国与发展中国家之间的避免双重课税协议》,第 32 页。

[24]　第二章第五节"二"部分对此有详细论述。

[25]　关于联合国协定范本的详细内容,参阅下文(第三章第二节)。

[26]　伊森,载于《国际税收期刊》2000 年文,第 623 页;穆腾:"工业化国家与发展中国家间的避免双重课税协定",第 6 页。

时对关联交易的价格进行调整,以避免过度课税。被经常强调的还有来源国对消极所得征收较低预提税的重要性,从而减少外国投资的税负。[22] 总之,较低的实际税率是投资决定的关键因素,因为每个企业都争取最低的整体税负。可以看出,税收协定中的一些规则能够影响企业的经营活动,从而影响投资流动。

然而,上述论据仅涉及避免双重课税的问题,这一目标也可以通过一国的单边措施得以实现,[23]所以,税收协定更为重要的是它给投资者带来法律确定性。尽管税收协定不能绝对阻止一国开征新税、提高税率、改变预提税体系,或者阻止缔约国违反税收协定,但绝大多数国家在违反其所承担的国际税收协定义务时都会三思而后行。[24] 由此,税收协定及其给投资者带来的法律确定性可以增加投资活动。[25] 投资者计划一项投资时最看重的是法律的确定性、税收预测的可靠性及税收条款的可依赖性。投资者必须能充分预测实际的税收负担。[26] 税收协定中的非歧视条款防止投资者在东道国或者来源国受到歧视待遇,同样具有十分重要的意义。[27] 总之,税收协定可

　　[22]　例如阿施亚伯(Ashiabor):"在税收协定体制下发展中国家对外国投资的课税:来自非洲的经验"(The Taxation of Foreign Investments in Developing Countries under the Treaty Regime: The African Experience),载于《国际税收期刊》1996 年第 22 卷,第 69 页起(第 93 页)。

　　[23]　更为详细的论述参阅上文(第二章第二节"二")。

　　[24]　该作者认为,投资保护条约也能够取得类似的结果。

　　[25]　科林斯:《英国与发展中国家之间的避免双重课税协议》,第 32 页;里特(Ritter):"发达国家与发展中国家缔结避免双重课税协定方面的要求"(Requirements of Developed Countries from Double Tax Treaties with Developing Countries),载于国际财政协会编:《联合国税收协定范本草案》(UN Draft Model Taxation Convention),国际财政协会大会研讨会系列第 4 卷,1979 年 第 42 页起(第 46 页);伊戈尔等(Egger et al):"内生性税收协定对于外国直接投资的影响:理论与经验证据"(The Impact of Endogeneous Tax Treaties on Foreign Direct Investment:Theory and Empirical Evidence),载于索旺、萨克斯编(Sauvant/Sachs):《协定对于外国直接投资的影响》(The effect of Treaties on foreign Direct Investment),2009 年,第 513 页起(第 514 页);阿施亚伯,载于《国际税收期刊》1996 年第 22 卷文,第 96 页。但科林斯(第 32 页)也强调,税收可能并不是投资者事先决定投资某国的考虑因素,因此税收协定的法律确定性可能也是无足轻重的。

　　[26]　里特:"发达国家与发展中国家缔结避免双重课税协定方面的要求",第 46 页及其后诸页。

　　[27]　菲格罗阿:"综合性税收协定",第 10 页;里特:"发达国家与发展中国家缔结避免双重课税协定方面的要求",第 46 页及其后诸页。

以被视为一国对外来投资持友好态度和对外国投资者持开放立场的一个信
号。[233] 巴塞尔等(Barthel et al)认为,传递信号是税收协定最重要的功能,它
告诉外国投资者,该缔约的发展中国家是"全球经济'俱乐部'的一员"。[234]
从另一个角度看,税收协定对发展中国家的最重要功能在于,该缔约国具有
了"国际层面上不断提升的合法性"。[235] 除了向业界传递信号,一国缔结税
收协定也表明其无意成为避税天堂。[236] 当然,这些对于国家形象起正面作
用的因素也可能实际阻碍外国企业对该国的投资,[237]因为打击偷逃税和实
行新的透明度标准可能使有意实施激进税收筹划的企业对投资该国望而却
步,从而对外国直接投资产生负面影响。

　　这些假设和增加外国直接投资流入的预期促使许多发展中国家与发达
国家缔结税收协定。但具有讽刺意味的是,这些条约中关于课税权的分配
规则却有利于居民国,即发达国家,[238]这意味着缔结税收协定损害了发展中
国家的利益,因为发展中国家往往是来源国。如果没有税收协定,作为东道
国的发展中国家可以按照本国税法的规定对外国投资活动进行课税;但税
收协定限制东道国行使来源地课税权。戴根甚至认为,发展中国家与发达
国家间的税收协定造成了"税收收入从更贫穷的缔约国向更富裕的缔约

---

[233]　伊森,载于《国际税收期刊》2000年文,第623页;也可参阅科林斯:《英国与发展中国家之间的避免双重课税协议》,第33页。

[234]　巴塞尔、巴斯、克瑞文和诺伊迈尔(《避免双重课税协定与外国直接投资的关系》第5页)将其称为"全球经济'俱乐部'的一部分";克里斯蒂安斯["撒哈拉以南非洲投资与援助条约——案例研究"(Tax Treaties for Investment and Aid to Sub-Saharan African—A case study),载于《布鲁克林法律评论》(*Brooklyn L. Rev*),2005年,第639页起(第705页)]反对该观点,认为这种信号效应没有假设的那么重要。

[235]　戴根,载于《纽约大学国际法与政策杂志》1999年文,第990页。

[236]　穆腾:"工业化国家与发展中国家间的避免双重课税协定",第5页。

[237]　比如布朗宁根和戴维斯(Bloningen/Davies):"双边税收协定能否促进外国直接投资?"(Do Bilateral Tax Treaties Promote Foreign Direct Investment?),载于索旺、萨克斯编(Sauvant/Sachs):《税收协定对于外国直接投资的影响》(*The Effect of Treaties on Foreign Direct Investment*),2009年版,第461页起(第461页、第465页及其后诸页)。

[238]　参阅上文第二章第三节的详述。

国"的再分配。[229] 改变这种不平衡局面的唯一出路是吸引足够的外国直接投资,用对新增外国投资者的经营所得征收的税款弥补税收协定导致的税收减少。[230]

因此关键问题在于,税收协定是否真正能够促使更多的外国直接投资流入发展中国家? 换言之,缔结税收协定是否对投资活动具有正面效应? 在过去的若干年里,不同的经济学家对此问题进行了研究,[231]简要而言,实证研究没有发现确立税收协定与外国直接投资流动之间关系的明确证据。[232] 上文提到,税收协定包含的各种条款可能影响投资活动,[233]这就使 45 探讨税收协定与外国直接投资之间关系的研究变得更加复杂。已经完成的研究得出的结论是不一致的,大致可以分为两大组:第一组研究是探讨双边税收协定变化与双边外国直接投资数据之间的关系,第二组研究是分析东道国或者来源地国缔结的税收协定数量与该国外国直接投资流入数量之间的关系。[234] 第一组研究得出结论,税收协定对外国直接投资不产生影响;但第二组研究得出了相反的结论,即税收协定对外国直接投资产生影响。[235] 作为第一组研究的代表,布朗宁根和戴维斯的研究成果值得一提,[236]他们使用了经合组织国家 1983 年至 1992 年间外国直接投资的流量和存量数据,发现税收协定,特别是近期(在观察期内)缔结的税收协定对

---

[229]　戴根,载于《纽约大学国际法与政策杂志》1999 年文,第 939 页;诺伊迈尔:"双重税收协定会增加发展中国家的外商直接投资吗?",载于《发展研究期刊》2007 年第 43 卷,第 1501 页起(第 1505 页)。

[230]　巴塞尔、巴斯、克瑞文和诺伊迈尔:《避免双重课税协定与外国直接投资的关系》,第 3 页。

[231]　最近,部分研究成果与关于双边投资协定对于外国直接投资影响的研究成果一起汇集成书,索旺、萨克斯编:《协定对于外国直接投资的影响》2009 年版。巴塞尔、巴斯、克瑞文和诺伊迈尔的《双重课税条约与外国直接投资的关系》第 7 页及其后诸页则对该问题进行了综述;亦可参阅戴维斯,载于《国际税收与公共财政》2004 年文,第 782 页及其后诸页;布劳纳(Brauner):"税收在发展议程中现实意义的研究框架"(A Framework for an Informed Study of the Realistic Role of Tax in a Development Agenda),载于《不列颠哥伦比亚大学法律评论》2010 年,第 275 页起(第 317 页)。

[232]　戴维斯,载于《国际税收与公共财政》2004 年第 11 卷文,第 776 页、第 795 页。

[233]　戴维斯,载于《国际税收与公共财政》2004 年第 11 卷文,第 795 页。

[234]　巴塞尔、巴斯、克瑞文和诺伊迈尔:《避免双重课税协定与外国直接投资的关系》,第 7 页。

[235]　同上。

[236]　布朗宁根和戴维斯:"双边税收协定能否促进外国直接投资?",第 461 页。

外国直接投资没有影响,或者甚至只具有负面影响。[247] 类似地,艾格等人分析了经合组织国家 1985 年至 2000 年间对外投资的数据,得出了税收协定对于外国直接投资具有负面效果的结论。[248] 在上述第二组研究中,诺伊迈尔(Neumayer)完成的工作十分出色,他发现与美国缔结税收协定的发展中国家吸引到了更多的来自于美国的外国直接投资。[249] 但是这一研究所发现的税收协定与外国直接投资正相关关系的结论仅存在于中等收入发展中国家。[250] 值得注意的是,诺伊迈尔的研究只关注流入发展中国家的外国直接投资,而不是一般意义上的外国直接投资。这一研究结果包含了一种假设,即对于发展中国家的投资决定和对于工业化国家的投资决定具有不同的动因。[251]

　　巴塞尔、巴斯、克瑞文和诺伊迈尔(他们的研究属于上述第二组)最近

46 的一项研究也揭示了税收协定与外国直接投资之间的正相关关系。[252] 该研究表明,税收协定的效果与投资条约或者区域条约的效果十分接近,它使投资增加了 24.6%。尽管研究者对于研究结果提出了不少附带条件(provisos),但他们认为税收协定的正面效应是如此显著以至于必须得到确认。[253] 但这些研究者并不认为该研究结果是对问题的终极回答,因为可能存在其

---

[247]　布朗宁根和戴维斯:"双边税收协定能否促进外国直接投资?",第 479 页;还可参阅戴维斯,载于《国际税收与公共财政》2004 年文,第 783 页。在早期的研究中,作者们只使用美国境内外双边外国直接投资的数据,并且得到了相同的结论。参阅布朗宁根和戴维斯:"双边税收条约对美国外国直接投资活动的影响"(The effects of bilateral tax treaties on U.S FDI activity),《国家经济研究局工作论文系列》(National Bureau of Economic Research Working Paper Series)第 7929 号,2000 年;布朗宁根和戴维斯:"双边税收条约对美国外国直接投资活动的影响",原稿,2001 年。上述两篇文章被布朗宁根和戴维斯一文所引用,载于索旺、萨克斯编:《税收协定对于外国直接投资的影响》,第481 页。

[248]　艾格等(Egger et al):"内生性税收协定对于外国直接投资的影响:理论与经验证据",第513 页。

[249]　诺伊迈尔,载于《发展研究期刊》2007 年文,第 1501 页。

[250]　同上注,第 1515 页。

[251]　同上注,第 1506 页。

[252]　巴塞尔、巴斯、克瑞文和诺伊迈尔:《避免双重课税协定与外国直接投资的关系》,第 3 页及其后诸页。

[253]　同上注,第 13 页。

他内生(endogenous)因素,主要是政治性因素,对研究结果会产生影响。另外,研究涉及的两个变量之间不是因果关系,而可能存在另一个原因以相同方式对这两个变量产生影响。[24]

克里斯蒂安斯(Christians)的研究采用了略有不同的非统计方法,她立足于案例法对假设的美国与加纳之间税收协定的效果进行分析,来探索外国直接投资流动与税收协定之间的关系。[25]她得出的研究结论是:税收协定并不有效,特别是不能证明税收协定是有效激励外国直接投资的适当手段,因此也不能为发展中国家提供帮助。克里斯蒂安斯得出这一结论的理由包括:税收协定只限于所得税,因税收竞争和偷逃税导致税负的降低,最不发达国家(LDCs)协定税率与国内法税率没有差异,税收协定与外国直接投资其他决定因素之间关系不显著,以及税收协定信号功能的无效性。[26]

探讨外国直接投资的另一个重点在于,税收协定因包含税收饶让条款而确保税收优惠的有效性。[27]许多发展中国家采用税收优惠来吸引外国直接投资,为了不因协定中的抵免法而削弱税收优惠的有效性,这些国家往往坚持要求在协定中加入税收饶让条款。缺少税收饶让条款不利于吸引外国直接投资,或者将减损税收优惠对于吸引外国直接投资的正面效应。税收饶让条款可以被简单地视为允许发展中国家通过其国内法贯彻其经济政策。[28]然而,税收饶让和税收优惠却饱受批评。首先,税收优惠一般并不是

---

[24]　巴塞尔、巴斯、克瑞文和诺伊迈尔:《避免双重课税协定与外国直接投资的关系》,第16页;布朗宁根和戴维斯也持类似观点(《双边税收协定能否促进外国直接投资?》第478页)。

[25]　克里斯蒂安斯,载于《布鲁克林法律评论》2005年第71卷文,第639页。

[26]　同上注,第678页及其后诸页。

[27]　根据税收饶让条款,居民国对于来源地国因给予的税收优惠而少征的税款同样给予税收抵免(详见下文第三章第三节"七"部分和第五章第七节)。

[28]　多内莱斯(Dornelles):"关于联合国协定范本草案方面的发展中国家对于税收协定的需求"(The Tax Treaty Needs of Developing Countries with Special Reference to the UN Draft Model),载于国际财政协会编:《联合国税收协定范本》(*UN Draft Model Taxation Convention*),国际财政协会大会研讨会系列论文第4卷,1979年,第27页。

吸引外国直接投资流入的最佳办法，[29]税收优惠的最大缺陷在于扭曲市场机制，效率低下，因此税收在外国直接投资决定中并不是一个主要的考虑因素；因为放弃了应征的税收收入，税收优惠成本高昂，同时税收优惠也可能引发腐败。[260]其次，对于发展中国家坚持采用税收优惠，存在对是否真正需要税收饶让才能确保税收优惠发挥作用的质疑。[261]然而，仍有不少发展中国家坚持要求在税收协定中加入税收饶让条款，以维护决策的自主权。

简要概括上述讨论，最初的假设是，税收协定对于外国直接投资流入发展中国家具有正面效应。研究者试图通过实证研究证明这一假设，但却无法得出明确的结论。瑟仁伊因此感叹，"税收协定的益处和效果……远非清晰。"[262]当然，尽管这些研究无法证明税收协定的正面效应，但也无法证明税收协定的负面效应，因此，税收协定仍然应当是决定外国直接投资的因素之一。[263]对具体国家的投资决定往往需要考虑许多因素，其中很可能包括税收协定及该国的国内税制。最近的一项研究表明，在投资者投资非洲所考虑的东道国二十六个区位因素（location factors）中，东道国是否缔结税收

㉙　布鲁克斯（Brooks）："税收饶让——低收入国家吸引外国投资所需的一种激励还是一种不必要的财政牺牲？"（Tax Sparing—A Needed Incentive for Foreign Investment in Low-Income Countries or an Unnecessary Revenue Sacrifice?），载于《皇后法律期刊》（Queen's L. J），2009 年，第 505 页起（第 531 页），介绍了"反对税收激励案"；布劳纳，载于《不列颠哥伦比亚大学法律评论》2010 年文，第 275 页及其后诸页，呼吁对税收激励政策进行微调；伊森："外来直接投资的税收激励政策第 Ⅰ 部分：近期趋势与逆势"（Tax Incentives for Foreign Investment Part Ⅰ：Recent Trends and Countertrends），载于《国际税收期刊》，2001 年，第 266 页起（第 266 页及其后诸页）。

㉖⓪　布劳纳，载于《不列颠哥伦比亚大学法律评论》2010 年文，第 303 页及其后诸页。

㉖①　布劳纳，载于《不列颠哥伦比亚大学法律评论》2010 年文，第 314 页。

㉖②　瑟仁伊：《税收协定与发展中国家》，第 442 页。

㉖③　类似地参阅：拜恩（Byrne）："拉丁美洲的税收协定：问题与范本"（Tax Treaties in Latin America：Issues and Models），载于坦兹、白瑞克斯和比耶拉（Tanzi/Barreix/Villela）编：《税收与拉丁美洲的一体化》（Taxation and Latin American Integration），2008 年，第 231 页起（第 231 页及其后诸页）；考特（Court）："对联合国范本在发达国家与发展中国家税收协定上运用的若干思考"（Some Reflections on the Experience of the UN Model in Tax Treaties between Developed and Developing Countries），载于国际财政协会编：《工业化国家与发展中国家间的避免双重课税协定，经合组织范本与联合国范本之间——比较视野》，国际财政协会大会研讨会系列第 15 卷，1992 年，第 15 页起（第 18 页）。

协定位列第十八,比是否存在双边贸易协定这一因素排名高出一位。[264]

二、税收协定、外国直接投资和发展的关系

关于税收协定对于外国直接投资流动影响的讨论应当被置于发展援助战略的背景中。下列逻辑解释了这两个领域之间的关系:[265]税收协定带来更多的外国直接投资,外国直接投资的增加支持经济增长,经济增长导致经济发展。经济发展不是发展的唯一因素,但发挥着十分重要的作用,因为经济发展能够对社会其他领域产生外溢(spill-over)效应。因此可以认为,发达国家应当与发展中国家缔结税收协定从而促进后者的发展。[266]

许多研究发展中国家税法的学者明确认为,促进外国直接投资流入有助于东道国的发展。这一观点与过去十年中关于外国直接投资对于发展重 48 要性的讨论是一致的。第一个里程碑是 2000 年联合国在其千年宣言中提到了外国直接投资,联合国决心"采取专门的措施来消除贫困和促进非洲的可持续发展,包括……增加外国直接投资的流入"。[267] 2002 年蒙特雷(Monterrey)共识进一步声明:"国际私人资本流入,特别是外国直接投资,与国际经济稳定一起,是国家和国际发展努力的重要补充。"[268]因此,应当消除任何对外国直接投资的障碍,进一步促进投资。为达到共识确定的发展目标,除了人力资源开发和公司治理等因素,蒙特雷共识还提到了避免双重课税。[269] 美国在其对发展中国家的援助中采取了类似的方式,通过消除贸

---

[264]　联合国工业发展组织(United Nations Industrial Development Organization(UNIDO)):《对在非洲的外国投资者的调查:2005 年》(*Africa Foreign Investor Survey* 2005),2007 年,第 113 页。

[265]　基于布劳纳:"发展中国家中税收激励措施的未来"(The Future of Tax Incentives in Developing Countries),载于布劳纳和斯图尔特编(Brauner/Stewart):《税、法和发展》(*Tax, law and development*),即将发表。

[266]　进一步参阅布鲁克斯,载于《税收研究电子杂志》2007 年文,第 171 页。

[267]　联合国大会通过的决议(United Nations Resolution adopted by the General Assembly,55/2):《联合国千年宣言》(United Nations Millennium Declaration,8/09/2000,A/RES/55/2),第 28 段。

[268]　联合国:《为发展提供融资国际会议的蒙特雷共识》(Monterrey Consensus of the International Conference on Financing for Development),2002 年 3 月 18 日至 22 日(A/CONF. 198/11),第 20 段。

[269]　同上注,第 21 段。

易壁垒,促进对发展中国家的贸易和投资,有助于这些国家"摆脱贫困"。[270]
最早确立欧盟与非洲国家伙伴关系的"科托努协定"(Cotonou Agreement)
在 2000 年签署,[271]其基础是一个行动计划,除其他因素外,也包含了"使非
洲融入世界经济和贸易"的目标。[272]实现该目标要求发展私人经济部门,从
而改善非洲投资环境的形象。[273]

尽管上述联合国、美国以及欧盟的政策宣言都认为外国直接投资与
发展之间存在正相关的联系,但研究文献中对此关系的观点却并不一
致。[274]首先,在外国直接投资与经济增长的关系上存在分歧,尽管外国直接
投资会带来利益和产生成本,但它只是经济增长的必要条件而非充分条件,
理论探讨和实证研究无法得出关于外国直接投资效果的确定性结论。[275]其
次,仅有经济增长也不能确保国家的发展或者福利的增加。分析外国直接
投资对国内生产总值(GDP,经济增长的一个指标)的影响,与分析外国直
接投资与人类发展指数(HDI,一国的人类发展或者福利指标)排名的关系,
两者所得出的结果可能是不同的。[276]这是因为,既然外国直接投资增加的
是对一国的总投资,经济增长就只是在宏观经济层面影响福利的一个因素,

49

---

[270] 克里斯蒂安斯,载于《布鲁克林法律评论》2005 年第 71 卷文,第 645 页。

[271] 2000/483/EC,以非洲、加勒比与太平洋国家为一方,欧洲共同体及其成员国为另一方于
2000 年 6 月 23 日在科托努签订的伙伴协议(O. J. L 317,15/12/2000,3)。

[272] 参阅欧盟:《欧盟立法及欧非合伙概要》(Summaries of EU legislation,EU-Africa Partnership),
http://europa. eu/legislation_summaries/development/african_caribbean_pacific_states/r12106_en. htm
(最后访问时间:2013 年 7 月)。

[273] 参阅欧盟理事会:《非—欧战略伙伴》(The Africa-EU strategic partnership),16344/07(Presse
291),旁注 40—42。

[274] 对此的综述可以参阅:亚当斯(Adams):"外国直接投资是否有助于非洲的增长?"(Can
foreign direct investment(FDI)help to promote growth in Africa?),载于《非洲商业管理期刊》(African
Journal of Business Management)2009 年第 3 卷,第 178 页起(第 179 页及其后诸页);哥候和苏马雷
(Gohou/Soumaré):"外国直接投资是否减少了非洲的贫困以及是否存在地区差异?"(Does Foreign
Direct Investment Reduce Poverty in Africa and are there Regional Differences?),载于《世界发展》
(World Development)2012 年第 40 卷,第 75 页起(第 77 页);努舍勒(Nuscheler):《发展政策》(En-
twicklungspolitik),2012 年,第 365 页及其后诸页。

[275] 亚当斯载于《非洲商业管理期刊》2009 年文,第 180 页。

[276] 关于人类发展指数概念的解释,参阅下文第三章第四节"三"部分。

并且是间接的。外国直接投资对于福利的直接影响源于私人经济部门的外溢效应,比如本地采购、就业创造、技术和专门知识(know-how)的转让。[27]因此,外国直接投资目标国的环境和条件对于外国直接投资能否成功促进该国发展意义重大,这一目标的实现在很大程度上取决于外溢效应能否在目标国得到内化。[28] 在这种情况下,努能坎普强调了当今发展政策所面临的挑战:

> 问题的关键在于创造一种环境,其中外国直接投资不仅能够给跨国公司带来利润,而且能够通过为促进实现发展目标的方式为社会提供回报,在发展问题十分紧迫的情况下,这是一个十分艰巨的任务。[29]

自从这种发展援助的新方法宣布以来,增加外国直接投资流入的一系列政策得到了实施。其中不寻常的是,就吸引外国直接投资的政策而言,撒哈拉以南(sub-Sahara)发展中国家的情况与其他发展中国家的情况有所不同。一项研究表明,在其他发展中国家能够成功吸引外国直接投资的政策,在非洲没有发挥相同的正面效应。[30] 这一情况同样反映在非洲发展中国家与美洲及亚洲发展中国家各自的外国直接投资数据上。2010 年,亚洲吸收外国直接投资数比非洲吸收外国直接投资数高出 6.5 倍,美洲吸收外国直

---

[27]　哥候和苏马雷,载于《世界发展》2012 年第 40 卷文,第 76 页及其后诸页。

[28]　影响外国直接投资利益的因素,可以参阅经合组织:《促进发展之外国直接投资——利益最大化,成本最小化》(*Foreign Direct Investment for Development—Maximising Benefits, Minimizing Costs*),2002 年,第 21 页及其后诸页。

[29]　努能坎普(Nunnenkamp):"外国直接投资在多大程度上能帮助实现国际发展目标?"(To what Extent can Foreign Direct Investment help Achieve International Development Goals?),载于《世界经济》(*World Economy*),2004 年,第 657 页起(第 674 页)。

[30]　阿西都(Asiedu):"关于外国直接投资对发展中国家作用的决定因素分析:非洲国家有差别么?"(On the Determinants of Foreign Direct Investment to Developing Countries: Is Africa Different?),载于《世界发展》(*World Development*),2002 年,第 107 页起(第 107 页及其后诸页)。

接投资数也比非洲的高出 3 倍。㉘ 不少学者对于非洲国家不尽如人意的表现及对外国投资者缺乏吸引力的原因进行了分析,㉒他们提出了一系列可能对非洲作为理想投资地具有负面影响的因素,包括政治和经济的不稳定、腐败问题、缺乏有利于投资的政策、存在贸易壁垒、缺乏基础设施、缺少合格素质的劳动力群体,以及多数非洲国家的市场不具吸引力等。㉓ 而且,外国直接投资在非洲的投资一般都集中于自然资源领域。㉔

第六节 小 结

税收协定对于发展中国家重要性的讨论可以按照协定的功能展开:避免双重课税,分配课税权,防止偷逃税和避税,促进投资。

税收协定的第一个功能是消除双重课税。当多个税务管辖区对于一个纳税人跨境经济活动产生的所得都课税时,就产生了重复课税。为避免纳税人因此承担的双重税负,国家可以在国内法中规定单边措施,也可以缔结双边或者多边协定。这些协定多数都规定一种或者两种消除双重课税的办

㉘ 关于详细数据,参阅联合国贸易和发展会议网站(http://unctadstat. untcad. org,最后访问时间:2013 年 7 月)。具体数据如下:非洲 5539. 72 亿美元,美国 17222. 78 亿美元,亚洲 36629. 85 亿美元。相比之下,大洋洲发展中经济体的外国直接投资存量较少,只有 119. 67 亿美元。

㉒ 迪帕基耶和奥萨奎(Dupasquier/Osakwe):《在非洲的外国直接投资:绩效、挑战和责任》(Foreign Direct Investment in Africa:Performance,Challenges and Responsibilities),非洲贸易政策中心正在进行的工作第 21 项(ATPC Work in Progress No. 21),非洲贸易政策中心:非洲委员会(African Trade Policy Center:Economic Commission for Africa),第 13 页及其后诸页;阿卜杜拉伊(Abdulai):“吸引外国直接投资或撒哈拉沙漠以南非洲的增长和发展:政策选择和战略性替代措施”(Attracting Foreign Direct Investment or Growth and Development in Sub-Saharan Africa: Policy Options and Strategic Alternatives),载于《非洲发展》(Africa Development)2007 年第 27 卷,第 1 页起(第 12 页及其后诸页);经合组织,《促进发展之外国直接投资》,2002 年,第 8 页。

㉓ 另一个问题在于,对非洲的外国直接投资不是均匀分布在所有国家,而是集中在特定地区和行业(主要是资源行业)(参阅:阿卜杜拉伊,载于《非洲发展》2007 年文,第 11 页;哥候和苏马雷,载于《世界发展》2012 年第 40 卷文,第 75 页),因此需要根据非洲的不同地区来分析外国直接投资的不同影响。

㉔ 同上。

法:抵免法和免税法。抵免法要求居民国对居民纳税人的海外纳税给予抵免,而免税法则要求居民国对于居民纳税人的海外所得给予免税待遇。从避免双重课税的角度看,税收协定并不是绝对不可或缺的,一国的单边措施同样可以取得相同的结果。更为重要的是,执行单边措施更加容易,比双边措施更节省成本。因此,发展中国家应当考虑的重点是,启谈内容广泛、花费巨大的协定网络是否真正可取,或是单边立法能否取得同样满意的结果。

其次,税收协定包含的课税权分配规则将课税权在缔约国之间进行分配。学术文献中关于这种分配权如何确定,居民国与来源地国哪个应当享有优先课税权等的探讨可谓汗牛充栋。人们可以借助效率(中性)理念和公平理念来回答这个问题。一直到最近,以资本输出中性和资本输入中性为形式的中性原则成为学术探讨的主流。有观点认为,资本输出中性最具效率,而只有将课税权配置为居民国的税收体系才能实现资本输出中性。但对发展中国家而言,应更多地考虑公平因素,特别是国家间的公平。这意味着课税权的分配应当以这样的方式进行:对于产生所得的纳税人提供利益的国家应当对该所得享有课税权。来源地国对于纳税人产生所得的贡献更大,因此来源地国在多数情况下应比居民国享有优先课税权。进一步而言,税收协定可以成为将所得从一缔约国向另一缔约国重新分配的工具,从而可以成为发展援助的一种新方式。通过税收协定将更多的课税权配置给发展中国家,有助于实现公共资源向发展中国家转移这一目标。

51

税收协定的第三项功能,即防范偷逃税和避税,主要是通过协定包含的税收信息交换和国际税款征收互助来实现的。国家主权原则使得各国难以在他国领土上进行税收征管,税收信息交换就成为打击避税不可或缺的工具。资本从发展中国家外流至避税天堂,以及跨国企业进行的激进税收筹划,都使得发展中国家的公共财政收入"千疮百孔"。税收协定和《税收信息交换协议》构成了税收信息交换和转让定价机制的法律依据。由于缺乏建立有效税收征管的资源,发展中国家面临的一个主要挑战在于,如何实际有效地执行上述税收协定和《税收信息交换协议》等国际法律文件。发展中国家面临的另一个问题是有害税收竞争以及由此带来的国家间恶性竞争的后果。为了能够吸引更多的外国投资,发展中国家倾向于为外国投资者提供税收优惠。为了能够在与其他国家的竞争中胜出,发展中国家提供的税收优惠力度不断增大,不断抬升的竞争压力带来不断增加的税收优惠,最终将造成国家一无所获,而外国投资者成为唯一赢家的局面。执行税收信息交换机制和国家作出对公平税收竞争的承诺能够有效地防范这种恶性竞争。

最后,税收协定的第四种功能是促进投资和商业,这一功能与前面三种功能是相互联系的。许多经济学研究聚焦税收协定对于外国直接投资的影响,但结论并不相同,这意味着法律文献中普遍存在的税收协定对于投资活动存在正面影响的观点,并不能得到统计学研究的证明。当然,尽管没有充足的证据,但税收协定对外国投资者至少具有信号的作用,它表明缔约国愿意按照国际税法规则行事。就发展理论来说,经济研究文献倾向于支持外国直接投资有助于国家发展的观点,但也指出,每个发展中国家都是异质性的,对于外国直接投资的"反应"可能不同,因为只有当国家的环境良好,外国直接投资才能够产生正面的外溢效应。就税收协定的争论来说,这意味着税收协定的缔结确实有助于经济增长和福利的增加,但税收协定的效益——正如外国直接投资本身——取决于缔约国的环境和条件。

第二章的探讨强调了税收协定具有的各种功能,体现了税收协定对于发展中国家的重要性。但最终是由发展中国家来决定缔结税收协定是否必要和有益。当然,这种决定需要在认真考虑税收协定的所有功能及每种功能的正面和负面效应后才能作出。一旦发展中国家决定缔结税收协定,接下来的问题便是:税收协定的文本内容应当是何种样子?下一章将讨论这个问题,并将介绍专门为发展中国家量身定制的联合国范本。

第三章 联合国协定范本：
为发展中国家设计的范本

第一节 引 言

第二章探讨了国家缔结税收协定的若干原因，其中之一是分配课税
权。但对于发达国家与发展中国家之间所缔结税收协定中课税权分配的
不公平性，人们多有顾虑，这正是联合国范本的用武之地。该范本是发达
国家与发展中国家缔结协定的模板，并意在成为服务于高收入、工业化和
发达国家利益，并且强调居民国课税权的经合组织范本的替代物。相应
地，联合国范本中包含了针对性解决发展中国家顾虑的条款，特别是规定
授予来源地国更多的课税权，因为发展中国家经常是来源地国。第一版
联合国范本发布于三十年前，此后全球经济和国际商业关系都发生了巨大
变化，与经合组织范本一样，联合国范本也必须与时俱进。联合国范本起草
工作组的最新成果是在 2012 年年初发布了范本的第二版（下文简称 2011
年版联合国范本）。

本章将对联合国范本、其体系和条款进行详细讨论。特别将强调联合
国范本中与经合组织范本有差异的条款，从而表明联合国专家委员会和临
时专家组是如何努力使范本更符合发展中国家利益的。如果可能，本章还
将提供两个范本之间差异的原因。但在展开这些探讨之前，本章首先将简
要介绍税收协定及税收协定范本的历史，其次还将介绍联合国范本起草工
作的组织情况和负责人情况。

第二节 何为一般意义上的税收协定范本及联合国税收协定范本

一、先驱：国际联盟的工作

54　　税收协定是双边的国际法律协议，这意味着它们是由有权加入任何条款的缔约国之间相互谈判并缔结的。尽管税收协定是充满个性（individualistic）的法律渊源，它们却十分类似。这是因为在过去的一个世纪中，国际组织一直在努力使它们统一化（harmonization）。现今存在两个主要的税收协定范本，供进行税收协定谈判的国家使用：经合组织范本和联合国范本。[①] 在谈判中，双方认为有必要的话，可以对范本进行调整，但范本的整体结构和原则得到了保留。为了能够了解这两份常见的协定范本，此处对于协定范本出现的历史进行简要的介绍。[②]

　　第一次世界大战之后，随着各国所得税率的提高和国际经济活动的增加，国际双重课税问题第一次变得十分突出。国际联盟的财政委员会因此要求四位杰出的经济学家对该问题加以调研。1923 年，这些经济学家提交

---

　　① 有些国家也起草了它们自己的协定范本，供各自在对外缔结税收协定中使用，比如美国和比利时（参见朗：《引言》，2010 年版，第 29 页）。

　　② 历史概述主要基于下列文献：UN Comm. 2001，Introd. Paras. 20 et seq；Brooks，*ejournal of Tax Research* 2007，172 et seq. ；Debatin，*Hanbuch der Vereinten Nationen für Verhandlungen über Doppelbesteuerungsabkommen zwischen Industriestaaten und Entwicklungsländern*，*Der Betrieb* 1980，Annex 15/80，1（5 et seq. ）；Krabbe，UN-Musterabkommen 2000，*ISTR* 2000，618（618 et seq）；Lennard，The Purpose and Current Status of the United Nations Tax Work，*APTB* 2008，23（23 et seq. ）；McIntyre. *Developing Countries and International Cooperation on Income Tax Matters：An Historical Review*（2005），www. michielse. com/files/mcintyre_intl_cooperation. pdf（last accessed July 2013）；Pires，*International Juridical Double Taxation*（1989）pp. 93 et seq. ；Richman Brewer，*Taxation of Foreign Investment Income*（1963）pp. 37 et seq. ；Surrey，*United Nations Model Convention for Tax Treaties between Developed and Developing Countries. A description and analysis*（1980）pp. 1 et seq. ；Wang，*Harvard L. Rev.* 1945 – 46，81 et seq.

了一份报告,③对许多国际双重课税问题作了预期。该报告提出了根据经济联系原则(economic allegiance principle)在两个国家间分配课税权的建议,这意味着与纳税人存在"经济联系"的国家将拥有课税权。④ 当然,这也会导致课税权分配的不平等,为此应当加入一种收入分享机制。⑤ 一方面,该报告被认为是如今居民国课税原则的最初出处;另一方面,该报告强调了由此课税权分配可能带来的不平等,并提出了一种适当的解决机制。

在该份报告出版的前一年,来自欧洲七个国家的政府官员组成了一个 55 技术专家组。⑥ 在国际联盟的支持下,该技术专家组致力于协调世界上的各种税收协定,创建一种优化的国际税收政策。由此,在 20 世纪 20 年代,该专家组起草了一系列税收协定范本,同时,在 1929 年,成立了一个常设财政委员会来跟踪关注全球税收协定的发展情况。⑦ 与上述经济学家的主张相反,技术专家组并不支持居民国优先课税权。⑧ 事实上技术专家组既不完全赞同来源地国原则也不完全赞同居民国原则。⑨ 技术专家组于 1925 年发布的报告区分了两类税收:适用来源地国课税原则的分类税(schedular tax)与适用居民国课税原则的对人税(personal tax)。然而,尽管承认了来源地国课税原则,但该报告整体上还是偏向于居民国课税原则。⑩ 此后,该技术专家组于 1927 年发布的报告所包含的协定范本保留了这两类税收及对应的原则,但由协定谈判国来决定每类税收中具体包含哪些税。

接下来,各国政府被邀请对报告发表意见。在 1928 年 10 月,出席日内瓦"避免双重课税世界大会"的二十七国代表,对该报告和各国政府提交的意见进行了讨论。技术专家组报告的问题在于,它是以对人税和非对人税

---

③ 国际联盟报告的详细论述参阅上述第二章第三节"二"部分。

④ 经济联系原则以及国际联盟报告的详细论述参阅上述第二章第三节"二"部分。

⑤ 参阅《国联报告》,第 48 页;布鲁克斯,载于《税收研究电子杂志》2007 年文,第 173 页。

⑥ 这七国分别为比利时、捷克斯洛伐克、法国、意大利、荷兰、瑞士和英国,在举行了一些会议之后,该委员会扩容。

⑦ 伦纳德,载于《亚太税收期刊》2008 年文,第 23 页。

⑧ 格雷茨、欧希尔,载于《杜克法律期刊》1997 年文,第 1079 页。

⑨ 王,载于《哈佛法律评论》1945—1946 年文,第 82 页。

⑩ 同上注,第 84 页。

(personal and impersonal taxes)的区分为基础的,这种区分税制在法国、意大利和荷兰普遍实行,但在与会的其他国家中鲜有存在。⑪因此报告所含的协定范本草案并不适合于多数国家。大会因此采纳了另外两份不以上述分类为基础的范本草案(No.1b 和 No.1c),并与原草案(No.1a)一起于 1928 年发布。⑫按照后两份范本草案,所得主要由居民国课税,但对部分所得(包括源于不动产、工业企业经营和工资薪金的所得),来源地国享有排他性课税权。在该次大会之后,国际联盟财政委员会重点研究跨国开展经济活动的企业经营所得的课税权分配问题,并在 1935 年发布了"经营所得税收分配协定草案"。⑬简言之,如今为人们所熟知的常设机构概念就是在这份草案中首先被提出的。

56 在 20 世纪 30 年代后期,按照双边税收协定谈判实践成果来更新税收协定范本的需要日益紧迫,⑭但在这一工作完成之前,第二次世界大战就在欧洲大陆爆发了。在 1940 年和 1943 年,两次地区性税收大会在欧洲之外的墨西哥召开。与会的主要是拉美国家,⑮美国和加拿大、欧洲国家因陷于战火而没有参加。在第二次墨西哥会议上,会议代表就一份协定范本("墨西哥范本")达成一致,该范本主要是整合了上述 1928 年和 1935 年的范本草案。墨西哥范本授予来源地国几乎排他性的课税权。⑯原因很明显,与会的主要是拉丁美洲国家,而这些国家普遍实行属地课税原则。墨西哥范本可以被视为"发展中国家制订能够反映它们特殊情况的协定范本的首次

---

⑪　卡罗尔(Carroll):"国际税法——对境外美国投资者和企业的益处(第一部分)"[International Tax Law—Benefits for American Investors and Enterprises Abroad(Part Ⅰ)],载于《国际律师》(*Int'l Lawyer*)1967—1968 年,第 692 页起(第 699 页)。

⑫　Debatin,*Der Betrieb* 1980,5.

⑬　卡罗尔,载于《国际律师》1967—1968 年文,第 705 页及其后诸页。

⑭　卡罗尔,载于《国际律师》1967—1968 年文,第 707 页。

⑮　如阿根廷、玻利维亚、智利、哥伦比亚、古巴、厄瓜多尔、乌拉圭、危地马拉、墨西哥、秘鲁和委内瑞拉(参阅卡罗尔,载于《国际律师》1967—1968 年文,第 708 页)。

⑯　概述参阅王,载于《哈佛法律评论》1945—1946 年文,第 96 页及其后诸页。

尝试",[17]或者说是联合国范本的先驱。[18]

可以想象,高收入国家对墨西哥会议的结果持质疑的态度。因此,在
1946 年,国际联盟财政委员会全体在伦敦召开了一系列会议。这些会议所
达成的协定范本("伦敦范本"),虽然在文本用语上较多地借鉴了墨西哥范
本[19],但在规定内容上偏向于居民国。[20] 在 1946 年最后一次会议之后,国际
联盟被联合国所取代。联合国作为继任者并没有立即开展国际税收合作方
面的工作,相反这方面工作在 20 世纪 50 年代中断了。因此,直到 1963 年
经合组织范本发布,伦敦范本作为税收协定谈判的唯一正式依据的情形延
续了将近二十年。[21]

二、经合组织协定范本及其替代方案

在 20 世纪 50 年代中期,另一个国际间组织——欧洲经济合作组织
(OEEC)着手恢复税收协定工作。欧洲经济合作组织后来发展成为经合组
织,并为税收协定工作专门成立了常设财政委员会。[22] 该委员会回顾了国
际联盟这方面的工作,这意味着它研究了伦敦范本和墨西哥范本。然而,经
合组织于 1963 年发布的第一版协定范本与伦敦范本十分相近。[23] 这可能　57
是由于该委员会不仅回顾了国际联盟的工作,更可能考察了欧洲经济合作
组织或经合组织成员国的税收协定实践,并分析了当时存在的双边协定网

---

⑰　联合国:《发达国家与发展中国家双边税收协定谈判手册》[Manual for the Negotiation of Bi-
lateral Tax Treaties between Developed and Developing Countries,ST/ESA/PAD/SER. E/37(2003)],第
I 部分第 58 段。

⑱　伦纳德,载于《亚太税收期刊》2008 年文,第 23 页。

⑲　Debatin,*Der Betrieb* 1980,5.

⑳　关于墨西哥范本与伦敦范本和经合组织范本的详细比较,参阅卡罗尔,载于《国际律师》
1967—1968 年文,第 709 页及其后诸页;Van den Tempel,*Beseitigung der Doppelbesteuerung* (1967) 28
et seq.

㉑　参阅卡罗尔,载于《国际律师》1967—1968 年文,第 708 页。当然,经合组织在 1958 年至
1963 年之间发布了四份中间报告,已经包含了 1963 年协定范本中的许多条款(参阅 2010 年版经合
组织范本引言部分第 6 段)。

㉒　Debatin,*Der Betrieb* 1980,6;Vogel,*DStZ* 1997,278;Lennard,*APTB* 2008,23.

㉓　伦纳德,载于《亚太税收期刊》2008 年文,第 23 页。

络。几乎所有的双边税收协定网络都不包含墨西哥范本的原则。自从1963 年发布范本以来,经合组织多次修订范本,最近修订的版本在 2010 年发布。

经合组织范本自始便是以居民国课税原则为基础:所有的课税权分配规则基本上都赋予居民国优先(primary)课税权,并对来源国拥有管辖权及极少数地拥有排他性课税权的情况作出详细规定。与此同时,居民国也负有采用抵免法或者免税法来避免双重课税的义务。总体而言,来源地国享有课税权的情况并不多,这是经合组织范本起草者政治决定的结果。而如果更多地借鉴墨西哥范本,来源地国将获得更多的课税权。这种决定背后的原因在于,经合组织范本是为经合组织国家服务的,这些国家具有相似的工业化程度和外贸水平,所得和投资流动比较平衡。居民国课税制度下投资者无须顾虑来源地国家的税制情况,居民国依靠自身掌握的信息就可以对纳税人课税,从而遵循了量能课税的原则(ability-to-pay principle)。[24] 在这样平衡的格局中,来源地国或者不放弃课税权,或者虽放弃课税权但同时作为居民国也获得了课税权作为补偿,因此,经合组织范本很好地满足了成员国之间谈签税收协定的需要。

当发展中国家也开始谈签税收协定时,它们需要不同于经合组织范本条款的另一套规则作为基础。发展中国家在多数情况下是来源地国,它们并不愿意按经合组织范本规定的那样大幅度地放弃课税权。由此,联合国经社理事会启动了一项有关发展中国家与发达国家之间缔结税收协定所应遵循原则的研究。这项工作持续了将近二十年,直到 1980 年联合国范本的发布。[25]

当联合国专家努力研究协定范本之时,在拉丁美洲,由玻利维亚、智利、哥伦比亚、厄瓜多尔、秘鲁及此后加入的委内瑞拉缔结了安第斯条约(An-

---

[24]　详见上文第二章第三节"二"部分。

[25]　参阅下文详述。

dean Pact)。㉖ 这些拉美国家特别担心联合国的协定范本起草工作不能产生令发展中国家满意的结果。于是在 1971 年,这些国家发布了它们自己的协定范本——"安第斯范本"㉗。与该"范本"一起发布的是一份成员国之间的多边公约,以处理成员国与安第斯地区外国家之间协定谈签方面的关系。安第斯范本(及其公约)十分强调来源地国的课税权。公约的用语或多或少是相同的:几乎每一类所得都只能由来源地国家课税,由此确立了一个概念,即,只有所得来源地国家才能对该所得课税。㉘ 在该范本起草之时,拉丁美洲国家普遍奉行属地课税原则,而现在多数拉美国家转向了属人课税原则。由此,安第斯范本中所确立原则在双边协定谈签中的重要性日渐消弭。㉙ 事实上,由于没有发达国家愿意按照安第斯范本那样将课税权排他地赋予来源地国,安第斯国家所缔结的几乎所有的协定所遵循的都是经合组织范本,而不是安第斯范本。㉚ 用现在的眼光看,安第斯范本没有达到使来源地国处于更为有利地位的目标。

三、联合国协定范本的起草

联合国范本第一版发布于 1980 年,该版范本是专家组(发达国家与发展中国家间税收协定临时专家组)早自 20 世纪 60 年代开始的旨在为发展中国家起草协定范本工作的结晶。自 1943 年墨西哥范本之后,专门关于发

㉖　安第斯共同体(Andean Community)的现有成员国为玻利维亚、哥伦比亚、厄瓜多尔和秘鲁[参阅安第斯共同体:《我们是安第斯共同体》(*Somos Comunidad Andina*),www. comunidadandina. org/Quienes. aspx,最后访问时间:2013 年 7 月]。

㉗　关于该范本的详细分析,参阅:Jacobs, *Unternehmensbesteuerung* (2007) p. 70。另参见:巴伊斯特罗基(Baistrocchi),载于《不列颠税收评论》(*BTR*)2008 年文,第 372 页;对此的深度分析参阅:阿查巴海恩(Atchabahian):"安第斯子区域以及其避免或者缓和国际双重课税的办法"(The Andean Subregion and its Approach to Avoidance or Alleviation of International Double Taxation),载于《国际财政协会期刊》(*IFA-Bulletin*),1974 年,第 308 页起(第 314 页及其后诸页)。

㉘　参阅阿查巴海恩,载于《国际财政协会期刊》1974 年文,第 315 页和第 325 页及其后诸页。

㉙　穆腾和鲁迪克(Mutén/Lüdicke):"欧洲税法,何去何从——纪念克劳斯·沃格尔的演讲"(European Tax Law,quo vadis? —Lecture in Honour of Klaus Vogel),载于《国际税收期刊》,2008 年,第 1 页起(第 5 页)。

㉚　巴伊斯特罗基,载于《不列颠税收评论》2008 年文,第 372 页。

展中国家税收协定范本的起草工作就陷于停滞。临时专家组由联合国秘书长根据经社理事会的决议于 1967 年设立。㉛ 经社理事会的这一决议则是对下列观点的回应,即"用双边或者多边协议来取代单边避免双重课税措施,将对所有政府和联合国所有成员国都有益",对发展中国家而言,十分重要的是"寻找更为合适的协定模式",而不是遵循"传统的税收条约"。㉜鉴于经合组织于 1963 年成功发布了协定范本,发展中国家愈发感到研究经合组织范本替代范本的必要性,从而确保"在其境内所得产生的十分宝贵的税收收入不致流失"。㉝ 经合组织也承认,其协定范本并不适合作为发展中国家缔结税收协定的基础,因为发达国家与发展中国家之间的所得流动是不平衡的,导致"税收收入的牺牲是单边的"。㉞

上文提及的经社理事会决议则更包含了下列充满信心地表示:

> 发达国家与发展中国家之间的税收协定能够促进有利于后者的投资流动,特别是当税收协定能够规定来源地国对外国投资提供优惠税收待遇时更是如此,这些优惠既包含直接的税收减免,也包括投资母国给予的确保投资者获得任何税收优惠全部利益的措施。㉟

在八次会议中,临时专家组讨论了发达国家与发展中国家间税收协定中的所有重要事项,最后完成协定范本草案及其评注。㊱ 尽管临时专家组

㉛　联合国经济及社会理事会第 1273 号决议(Economic and Social Council resolution 1273),1967 年 8 月 4 日,见联合国:《临时专家组第一次报告》,附件 1(United Nations, *First report of the Ad Hoc Group of Experts*, Annex Ⅰ)。

㉜　同上。

㉝　布鲁克斯,载于《税收研究电子杂志》2007 年文,第 175 页。

㉞　经合组织:《发展中国家私人投资财政激励报告》(Report on Fiscal Incentives for Private Investment in Developing Countries),1965 年,第 163 段及其后诸段,转引自范德布鲁根(Van De Bruggen):"联合国新版税收协定初步概况"(A preliminary look at the new UN Model Tax Convention),载于《不列颠税收评论》,2002 年,第 119 页起(第 119 页)。

㉟　联合国经社理事会第 1273 号决议,1967 年 8 月 4 日。

㊱　所有会议内容都记录在临时专家组的报告和联合国秘书长的报告中。还可参阅萨里(Surrey):《联合国协定范本》(*United Nations Model Convention*),1980 年版,第 77 页。

的成员由联合国成员国政府指派，发展中国家与发达国家各有 10 位，[37]但他们仅是专家而非官方代表。因此，联合国范本仅是专家的建议，是"双边税收协定谈判应考虑事项的蓝本"，[38]而不具有法律约束力；最为重要的是，该范本不构成联合国向其成员国的正式建议，这与经合组织范本不同。[39]

在完成 1980 年版协定范本之后，联合国经社理事会还通过了另一项决议，该决议阐明了通过国际合作打击偷税与避税的重要性。[40] 临时专家组受托起草国际税收合作的建议，该工作任务也赋予了专家组更为宽泛的头衔："税收事项国际合作临时专家组"。专家组成员也从 20 人增加至 25 人。[41] 具体而言，经社理事会赋予专家组下列职能：[42]

——拟定打击逃避税国际合作的指南。

——继续审查发达国家与发展中国家避免双重课税协定范本，考量协定范本适用于国家间双边协定缔结的实践经验。

——研究提高税收征管效率的可能性，拟定合适的政策和方法建议。 60

——研究减少各国税法潜在冲突的可能性，拟定合适的政策和方法建议。

临时专家组在两年一次的会议期间持续开展的工作最终形成了 2001 年新版联合国范本。与此同时，联合国范本开始受到不少国家的欢迎，范本条款在许多税收协定中得到采纳。即便联合国范本实质上只是专家建议，其影响力还不能与经合组织范本相比肩，但联合国范本已经明显地成为发达国家与发展中国家之间税收协定谈判和构建税收协定网络的有益基础。国际财政文献局（IBFD）应临时专家组请求所进行的一项研究表明，1980 年至 1997 年间发展中国家缔结的多数税收协定确实包含了来源于联合国

---

[37]　布鲁克斯，载于《皇后法律杂志》2009 年文，第 526 页。

[38]　萨里：《联合国协定范本》，1980 年版，第 77 页。

[39]　Krabbe，IStR 2000，618.

[40]　联合国：《国际税收合作临时专家组第一次会议报告》（Report of the Ad Hoc Group of Experts on International Cooperation in Tax Matters on the work of its First Meeting，UN Doc ST/ESA/128），1983 年，第 1 页。

[41]　同上。

[42]　联合国经济及社会理事会（ECOSOC）决议，1980 年 4 月 28 日第 13 项及 1982 年 7 月 27 日第 45 项。

范本的条款。[43]

 在 2005 年,临时专家组被国际税收合作专家委员会所替代。[44] 尽管在联合国体系内的机构法律地位没有发生根本变化,但"委员会的报告流程、授权和组织结构、工作范式和政治地位"发生了改变。[45] 委员会仍然由受联合国秘书长任命、任期四年的 25 位人员组成,其中 12 位(48%)来自于经合组织国家,另外的 13 位来自于非经合组织国家。由此委员会的人员构成与联合国成员国构成并不相同:经合组织 34 个成员国仅占联合国 193 个成员国的 18%,其他非经合组织成员国占了联合国成员国的 82%。[46] 现任委员会于 2013 年年中开始履行职责,[47]另有八个下属委员会和一个工作组来支持委员会的整体工作。[48] 委员会每年召开一次会议,[49]会议议程事先分发给参会人员。在为期五天的会议上,参会人员对议程每一事项发表意见,会议对此形成决定。由于委员会既有来自于发达国家的专家,也有来自于发展中国家的代表,达成共识常常并不容易。而且由于开会的频率不高,新的观点难以产生,共识难以达成,这些都导致委员会工作无法产生令人满意的结果。[50]

61

---

 [43] 维内恩、马真塔(Wijnen/Magenta):"联合国范本实践"(The UN Model in Practice),载于《国际税收期刊》1997 年,第 574—585 页。该项研究也表明,联合国范本对经合组织工业化国家间的税收协定也具有不可忽略的影响。

 [44] 伦纳德,载于《亚太税收期刊》2008 年文,第 24 页。

 [45] 联合国:《第一次国际税收合作专家委员会报告》,E/2005/45,2005 年,第 3 页;以及伦纳德,载于《亚太税收期刊》2008 年文,第 24 页。

 [46] 斯潘塞(Spencer):"经合组织与联合国在国际税收事务上的差异"(Guest blog on rifts between the OECD and United Nations on international tax),http://taxjustice. blogspot. com/2012/03/guest-blog-on-rifts-between-oecd-and. html(最后访问时间:2013 年 7 月)。

 [47] 联合国经济及社会理事会:"国际税收合作专家委员会任命 25 名成员"(Appoinment of 25 members to the Committee of Experts on International Cooperation in Tax Matters,E/2013/9/Add. 10)。

 [48] 国际税收合作专家委员会:"小组委员会与工作小组"(Committee of Experts on International Cooperation in Tax Matters,Current Subcommittees and Working Groups),www. un. org/esa/ffd/tax/sub-comm_wg. htm(最后访问时间:2013 年 7 月)。

 [49] 下一届专家委员会定于 2013 年 10 月 21—25 日召开。

 [50] 维内恩:"迈向一个新的联合国协定范本"(Towards a New UN Model?),载于《国际税收期刊》1998 年,第 135 页起(第 142 页)。

　　值得强调的是，由于没有专职人员，多年来联合国内的税收合作工作只能由"志愿者"（即委员会）承担。因此，相比于经合组织的税收工作，联合国的税收工作进展缓慢也就不足为怪了。[51] 但几年前，联合国发展办公室资助设立了一个国际税收合作团队，该团队由三个人组成，负责人为迈克尔·伦纳德（Michael Lennard），该团队的职责是支持专家委员会的工作。目前，专家委员会不仅获得了必要的人力资源支持，其会议的频率也从两年一次变为一年一次。另外，下属各个委员会的会议更为频繁，以此来补充和支持委员会的工作。委员会组织方面的这些改进令人对今后其更有效率和富有成果的工作充满期待。

　　毫无疑问，联合国的税收工作应当进一步加强，为此也必须投入更多的资源。[52] 但对于是否将委员会转变为一个政府间组织，发达国家与发展中国家之间长期存在分歧。[53] 一方面，发展中国家希望"建立一个具有真正普遍性和包容性的政府间国际税收合作机构"，以确保每个国家在讨论中都有"完全的法律地位"和"平等的发言权"。[54] 另一方面，发达国家更关注于"改进现有架构的有效性，提高现有资源的使用效率"。[55] 2012 年 7 月的经社理事会实体性会议（substantive session）对此问题进行了进一步的讨论，决定在 2013 年举行会议来探讨可能的选择方案，并考虑为改进税收国际合作所必需的制度安排。[56] 看起来在该问题上的共识难以达成。

---

[51]　范德布鲁根，载于《不列颠税收评论》2002 年文，第 133 页。

[52]　伦纳德，载于《亚太税收期刊》2008 年文，第 24 页；雅伐尔（Yaffer）和伦纳德，载于《国际税收期刊》2012 年文，第 591 页。

[53]　联合国经济及社会理事会国际税收合作特别会议概要（Executive summary of the ECOSOC Special Meeting on International Tax Cooperation）（纽约，2012 年 3 月 15 日），www. un. org/esa/ffd/tax/2012ICTM/ExecutiveSummary. pdf（最后访问时间：2013 年 7 月）。

[54]　同上注，第 3 页。

[55]　同上。

[56]　联合国经济及社会理事会决议，2012/33，国际税收合作专家委员会（UN Doc E/RES/2012/33）。

四、联合国协定范本的基本特征及其演变

62 　　了解联合国协定范本工作的背景十分重要:该项工作是联合国资助发展行动计划框架的组成部分。[57] 2002 年的蒙特雷共识包含了为发展提供资助的若干战略("主导性行动方案"),[58]其中有三项行动方案对国际税收合作最具意义:调动国内财政资源、吸引外国直接投资和解决全局性问题。[59]要平衡前两个目标是困难的,一方面,联合国范本应当有助于调动资源,这意味着应当承认发展中国家的基本财税体制,尊重其"财政的自主空间",这些国家拥有对其认为合适的交易和情形课税的权力。另一方面,联合国范本应当促进外国直接投资,企业不应当因过高或者过广的课税而被迫改变或者撤走投资。这两方面构成了联合国协定范本的背景,但要找到这两方面的平衡点并不容易。该背景中的全局性问题在于发展中国家如何参与规则的制订过程,[60]发展中国家在国际税收共同体中应当发出自己的声音(国际论坛中的"发言权和参与权")。发展中国家参与探讨的经合组织税基侵蚀与利润转移(BEPS)行动计划的落实将是下一个考验,[61]这些行动计划可能最终会给国际税收体系带来深刻变化,但这些变化究竟是什么,发展中国家是否真正对此有发言权,仍然有待观察。

　　联合国范本大体上以经合组织范本为基础,两者具有相同的结构,使用相同的专门术语,只有在维护发展中国家利益方面,两个范本的规定才不同。同时,联合国范本对许多段落的评注都直接援引经合组织范本的相关评注,这也说明了联合国范本的出处。尽管联合国范本第一版的起草者牢记维护发展中国家利益的立法宗旨,但理论文献批评该版范本与经合组织

---

[57]　参阅 2011 年版联合国协定范本评注引言部分第 6 页及以下诸页;伦纳德,载于《亚太税收期刊》2008 年文,第 24 页;雅伐尔和伦纳德,载于《国际税收期刊》2012 年文,第 591 页。

[58]　参阅联合国:《蒙特雷共识》(Monterrey Consensus),2002 年。

[59]　这些陈述反映了迈克尔·伦纳德 2011 年 11 月 3 日在维也纳经济与管理大学奥地利和国际税法研究所的研讨会上讲演的观点。

[60]　雅伐尔和伦纳德,载于《国际税收期刊》2012 年文,第 592 页。

[61]　参阅上文第二章第四节"四"部分。

范本差别不大，只是对经合组织范本的另一种评注。[62] 经合组织范本的基 63
本原则在联合国范本中也没有受到挑战，[63]因此，该版联合国范本没能满足
发展中国家的要求，也没有达到联合国经社理事会提出的寻求替代发达国
家间税收协定的协定范本的目标，[64]这无疑"清楚地体现了工业化国家的强
势地位"。[65] 从反面角度看，该范本更受诟病，批评者认为税收对于投资决
定并没有太大的影响，因此，发展中国家根本不需要税收协定以及协定
范本。[66]

2001 年更新后的联合国范本仍然表现出与经合组织范本趋同的特
点。[67] 更有甚者，该版联合国范本中存在损害发展中国家利益的变化。[68] 但
对 2011 年更新后的联合国范本，则难以作出评价：一方面，该版范本起草者
决定在某些重要问题上不再追随经合组织范本的规定（如营业利润）；另一
方面，该版范本仍然包含了经合组织范本的许多规定，也吸纳了经合组织范
本评注的许多变化。这一切表明，联合国范本以及专家委员会似乎正在从

---

[62]　进一步研究参阅布鲁克斯，载于《税务研究电子杂志》2007 年文，第 175 页；多内莱斯（Dor-
nelles）："避免双重课税协定对于发展中国家的重要性"（The Relevance of Double Taxation Treaties for
Developing Countries），载于《国际税收期刊》，1989 年，第 383 页起（第 383 页）；多内莱斯："发展中
国家的税收协定需求"，第 30 页；库雷希（Qureshi）："发展中国家对税收协定的需求"（Tax Treaty
Needs of Developing Countries），载国际财政协会编：《联合国税收协定范本草案》（UN Draft Model
Taxation Convention），国际财政协会大会研讨会系列第 4 卷，1979 年，第 31 页起（第 33 页）。

[63]　皮乔托（Picciotto）："国际商业税收：对商业管制国际化的研究"（International Business Tax-
ation: A Study in the Internationalization of Business Regulation），1992 年版，第 56 页，转引自戴根，载
于《纽约大学国际法与政策杂志》2000 年，第 992 页；另外参阅阿施亚伯，载于《国际税收期刊》1996
年第 22 卷文，第 75 页及其后诸页。

[64]　菲格罗阿（Figueroa）："综合性税收协定"（Comprehensive Tax Treaties），第 12 页。

[65]　菲格罗阿："综合性税收协定"，第 12 页；阿查巴海恩，载于《国际财税协会期刊》1974 年
文，第 316 页。

[66]　考特（Court）："对联合国范本在发达国家与发展中国家税收协定上运用的若干思考"
（Some Reflections on the Experience of the UN Model），第 16 页及其后诸页。

[67]　克拉贝（Krabbe），载于《国际税法》2000 年文，第 620 页；范德布鲁根，载于《不列颠税收评
论》2002 年文，第 119 页（可以进一步参阅脚注 4）；科斯塔斯（Kosters），载于《亚太税收期刊》2004
年文，第 7 页。巴伊斯特罗基（载于《不列颠税收评论》2008 年文，第 383 页）用闭锁效应（lock-in
effect）来解释这一现象：在网络化市场上，一项晚近引入的更好的标准并不能胜过较差的但早先已
经引入的标准。

[68]　范德布鲁根，载于《不列颠税收评论》2002 年文，第 133 页。

经合组织范本的桎梏中解脱出来,今后几年将见证他们的工作是否成功。

然而,比较最新版本联合国范本与经合组织范本,很容易看出两者在强调来源地国课税权方面的差别。有人认为,联合国范本是以居民国课税权为基础的经合组织范本与以来源地国课税权为基础的安第斯范本的折中产物。[69] 例如,联合国范本中常设机构的概念比经合组织中的更为广泛,常设机构所在国获得了更多的课税权。又如,来源地国对消极所得(股息、利息和特许权使用费)的课税权没有像经合组织范本中那样受到严格限制,同时来源地国还拥有对股份转让资本利得的附加课税权。这些只是联合国范本"服务于"发展中国家利益这一主要特征的部分例证,下文将对范本的具体规定以及与经合组织范本的差异进行详细分析,其中围绕两个主要问题:现行联合国范本与2008年和2010年版经合组织范本的差异,以及联合国范本多年来的变化。

64 除协定范本和评注外,联合国还发布了发达国家与发展中国家之间税收协定谈判的手册。[70] 该手册旨在培训税务官员和协定谈判者,帮助他们熟悉协定的目的和谈判过程、国际税收的基本概念以及偷避税问题。[71] 在2011年联合国范本更新后,手册也正在进行相应的修订。

第三节 联合国协定范本条款的具体规定

一、联合国税收协定的标题和范围

(一)协定的标题

2001年版和2011年版联合国范本建议税收协定的标题为"(国家A)与(国家B)之间关于所得与资本税收的协定",对应的脚注指出,采用范本

---

69 巴伊斯特罗基,载于《不列颠税收评论》2008年文,第373页。

70 联合国:《发达国家与发展中国家双边税收协定谈判手册》,2003年。

71 同上注,第 iii 页。

的缔约方可以改变标题并可以附加参考标题"避免双重课税，或者避免双重课税和防止偷税"。[72] 加入这一附加评论的原因在于税收协定的标题中包含这两个目标已经成为普遍的实践。1980 年版联合国范本的标题有所不同："（国家 A）与（国家 B）关于所得（和资本）税收方面避免双重课税的协定"。避免双重课税是该标题不可分离的组成部分，但防止偷税这一目标却没有被提及。因此，问题在于联合国范本的标题为何发生变化。一个原因可能是 1992 年版经合组织范本的标题也发生了相同的变化：因为范本不仅解决双重课税问题，还涉及诸如非歧视和防范偷税等其他问题，因此需要一个更为广泛的标题。[73] 联合范本标题的扩展极可能是基于相同的原因。

（二）人的范围

根据联合国范本第 1 条，协定适用于居民，只有为一缔约国或者同时为双方缔约国居民的人才能享受协定利益。范本第 4 条进一步给出了"居民"的定义，该定义与经合组织范本的定义没有太大差异，后者提出按照缔约国确定居所和无限纳税义务的国内法和标准来界定"居民"，这些标准列举在第 4（1）条，而 2001 版联合国范本还加入了成立地（place of incorporation）这一标准。[74] 范本第 4（2）条和第 4（3）条是关于解决双重居民身份的加比规则（tie-breaker rules），即一个人根据缔约国双方法律被认为同时构成双方居民的情况。尽管第 4（1）条规定的标准是国内法，但加比规则却应当适用自主性解释，因为该规则中的用语都是纯协定的概念。

65

追随 1995 年经合组织范本的修订，2001 年版联合国范本第 4（1）条第 2 句规定"居民"还"包括国家和任何行政区（political subdivision）"，这扩展了人的范围。同时，该条款还加入了第 3 句，协定适用于那些仅因为有所得（或资本）来源而在缔约国可被课税的人。1977 年更新的经合组织范本已经加入了该句规定，然而 1980 年版联合国范本没有加入该句话，因为当时

---

[72] 2001 年及 2011 年版联合国范本标题脚注 1。

[73] 参见 1992 年版经合组织范本评注引言部分第 16 段。

[74] 联合国范本关于第 4 条的评释，但没有解释与经合组织范本采用不同做法的原因。

认为对于实行属地课税的发展中国家而言,该句规定容易产生误解,它可能被解释为这些国家的纳税人并不被税收协定所涵盖。[75] 随着以属地课税为基础的税收体系数量不断减少,这一观点丧失了实际意义,因此 2001 年版联合国范本加入了这句规定。

2011 年更新后的联合国范本第 1—4 条没有发生变化,但对第 1 条的评注却根据当前经合组织关于协定滥用及打击协定滥用方法的讨论进行了修改,[76]加入了实际案例及反滥用条款的可能措辞,特别强调了协定滥用对发展中国家的影响和对这些国家而言可行的应对办法。[77]

居民必须是"人",只有人才能享受协定利益。联合国范本和经合组织范本第 3(1)条 a 项给出了"人"的定义,包含个人、公司和其他实体。该条款 b 项规定,"公司"是指任何法人团体或者任何在税收上视同法人团体的实体。在联合国范本和经合组织范本中,这一定义从未改变。

(三)税种的范围

仿效经合组织范本的规定,联合国范本第 2 条规定,协定适用于对所得和财产征收的各种税种。1980 年版联合国范本规定,由协定谈判方决定是否在协定中加入对资本的税收。但该保留规定在 2001 年版联合国范本中被删除了。无论有无该项保留,缔约国总是有权自主决定是否在其税收协定中加入对资本的各项税收。如果一国传统上没有任何对资本的税收,就可能坚持在其对外税收协定中不加入这些税种。但由于人们无法预计是否在协定缔结后某个时点引入资本相关的税收,在税收协定第 2 条列举这些税收仍然是明智的,这可以避免今后为包含这些新税种而重开谈判。

联合国范本第 2(2)条定义了"税种"一词。该条同时还有一段规定,包含了为协定所涵盖的所有税种的清单。同时,税收协定也适用于协定签

---

[75] Debatin, *Der Betrieb* 1980 ,8.

[76] 参阅 2005 年专家委员会第一次会议的决定[联合国:《第一次国际税收合作专家委员会报告》,E/2005/45 ,2005 年,第 37 段];为此设立的小组委员会后来也被称为打击不适当使用税收协定委员会。详见贝克、廖,载于《国际税收期刊》2012 年文,第 598 页及其后诸页。

[77] 联合国:《国际税收合作专家委员会第二次会议报告》,E/2006/45 ,2006 年,第 19 段。参阅上文第二章第四节"二"部分。

订日之后增加的或者替代第2(2)条原列举税种的新税种[范本第2(4)条]。根据联合国范本第2(4)条，缔约国税务当局应将各自国内税法上的重大变动情况通知对方。[78]

二、营业利润和其他独立活动

(一)营业利润

根据范本第7(1)条，企业的营业利润仅由该企业的居民国课税，但如果企业是在来源地国经营，那么来源地国在一定程度上也可对利润课税，但：

> 仅限于可归属于下述方面的利润部分：(a)常设机构；(b)在另一缔约国国内出售与通过常设机构出售的相同或相似的货物或商品；或(c)在该另一缔约国开展的与通过常设机构开展的相同或相似的其他业务活动。

由此，与经合组织范本相同，联合国范本对营业利润的课税遵循常设机构原则(参阅联合国范本该条款a项)。联合国范本第7(1)条a项和b项包含的附加规定被称为"有限引力规则"(limited force of attraction rule)：这些规定允许常设机构所在国对于不直接归属于常设机构但与常设机构活动类似的活动所产生的利润课税。[79]企业销售类似产品，或是进行类似的经营活动，由此产生的利润都归属于常设机构。

c项规定涵盖范围十分广泛，不仅包括提供服务等经营活动，事实上还

---

[78]　1980年版联合国范本要求每年年末缔约国对于任何变化都应当通知缔约对方，而不仅限于重大变化，这与经合组织范本规定相一致。而2000年版经合组织范本将"每年年末"和"重大"等用语删去，这一变化在2001年版联合国范本中得到了体现。

[79]　伦纳德："与经合组织税收协定范本相比较的联合国税收协定范本——现在的差异点以及最近的发展"(The UN Model Tax Convention as Compared with the OECD Model Tax Convention—Current Points of Difference and Recent Developments)，载于《亚太税收期刊》2009年，第4页起(第4页)。

包含企业进行的任何与其经营相关的活动。当然,必须注意的是,要发挥联合国范本第7(1)条c项的实际效果,常设机构所在国必须有关于利用范本该条款课税的相应国内立法。如果国内法不允许对那些"传统上"不归属于常设机构的所得课税,那么范本的"有限引力规则"不会给缔约国带来额外的课税权。"有限引力规则"的优点在于,能够防范企业通过直接销售来规避另一缔约国对常设机构的课税。[80] 然而,该规则的接受程度存在问题,一方面,该规则可能会对纳税人带来不确定性,阻碍投资活动;但另一方面,该规则缓和了常设机构利润归属方面的问题。[81]

"营业利润"一语在联合国范本中没有定义,[82]但范本第7(3)条包含了关于费用扣除的若干限制。经合组织范本首先规定"为常设机构经营目的而发生的"费用可以扣除——包括行政和管理费用,无论这些费用产生自何处。[83] 而联合国范本的对应条款进一步规定,常设机构因使用无形资产,获得特定服务或管理,或者金融企业获得资金而分别支付给总部的费用不得扣除,反之亦然。因此,可以防范常设机构的税基因支付过多的总部费用而被侵蚀。在经合组织范本第7条的评注中也有类似规定,[84]但临时专家组认为直接在联合国范本第7条中加入这一规定更为合适。[85] 联合国范本的这一附加规定与经合组织范本的规定基本遵循相同的目标,但联合国范

---

[80] Debatin, *Der Betrieb* 1980, 11.

[81] 联合国:《临时专家组第二次会议报告》,1970 年版,第 75 段;以及伦纳德,载于《亚太税收期刊》2009 年第 4 期文;Debatin, *Der Betrieb* 1980, 11。

[82] 因此,根据黑默雷茨(Hemmelrath)的观点(载于沃格尔与莱纳编:《避免双重课税条约》,第 7 条,旁注第 21),国内法中可以适用并决定利润的概念,特别是如何计算利润。而朗[Einkünfteermittlung im Internationalen Steuerrecht, in Hey(ed.), Einkünfteermittlung(2011) pp. 353 – 368(p. 354)]的观点相反,"所得"一语应当根据协定规定加以解释。

[83] 对该条款存在多种不同解释,因为初一看,该条款似乎与规定独立交易原则的第7(2)条相矛盾。有观点认为,经合组织范本(至 2008 年)第7(3)条只允许常设机构与其总部之间实际支付成本的扣除。然而与第7(2)条结合来看,本条款只是规定无论产生何处,有关费用可以扣除。参阅 2011 年版联合国评注第 7 条第 151 段。详见:Plansky, *Die Gewinnzurechnung zu Betriebsstätten im Recht der Doppelbesteuerungsabkommen*(2010) pp. 137 et seq.

[84] 这一规则仅出现于第一次评注之前,之后经合组织范本又对此进行了修改以采纳经合组织所授权的规则(参阅下文)。

[85] Debatin, *Der Betrieb* 1980, 11.

本的规定禁止因使用权利、服务和资本的费用支付扣除,而经合组织范本允许这些费用在某些情况下可被扣除。⑧ 临时专家组探讨这一问题时认为：

> 部分发展中国家认为在文本中加入所有必要的定义和解释是有益的,特别是对那些没有参与范本制定的发展中国家而言更有帮助。有些成员国也认为,范本关于禁止部分费用扣除的条款应当规定在双边税收协定中,从而使纳税人明确自身承担的税收义务。⑧

通过这段陈述我们可以得出结论,联合国范本第7(3)条所增加的上述两句规定只是对已经构成经合组织范本对应条款所包含原则的澄清,因此并没有在实质上偏离经合组织范本。

按照旧版经合组织范本(2010年更新之前),通过常设机构购买货物并不能产生归属于该常设机构的利润。⑧ 但联合国范本没有该条限制规定,而是加入一个注释,规定由双边谈判对此加以确定。由此,购买货物产生的利润是否归属于常设机构取决于缔约国,特别是缔约国国内法上是否对购买货物活动课税。⑧ 发展中国家提出的将购买货物所产生的利润归于常设机构的理由在于,发展中国家是自然资源和原材料的重要供应者,这些自然资源和原材料在发展中国家加工后出口,因此这些国家应当获得由此产生的利润中的合理份额。⑨ 另外,从经济角度看,购买活动与企业其他经营活动同等重要,而在利润归属中却唯独排除购买活动,并不具有合理性。⑨ 因此,联合国范本的规定更好地体现了经济现实。

2010年更新的经合组织范本在营业利润方面采用了新的办法:根据"经合组织认可的方法"(Authorized OECD Approach),在确定利润时,常设

---

⑧　黑默雷茨,载于沃格尔和莱纳编:《避免双重课税条约》,第7条,旁注第130。

⑧　联合国:《临时专家组第二次会议报告》,1970年版,第79段。

⑧　参阅经合组织范本第7(2)条(2010年更新之前)。

⑧　Debatin, *Der Betrieb* 1980,11.

⑨　联合国:《临时专家组第二次会议报告》,1970年版,第92段。

⑨　黑默雷茨,载于沃格尔和莱纳编:《避免双重课税条约》,第7条,旁注第153。

机构应当被视为独立实体。但专家委员会决定联合国范本不采纳经合组织的这一新办法,而是仍然保留原第 7 条的规定,提及参考 2008 年版经合组织范本及所要求的调整,⑫同时加入了对联合国范本第 7(1)条的新评注。联合国范本不采纳"经合组织认可的方法"的原因可能在于,该方法在确定常设机构税收时需要适用转让定价规则,但发展中国家适用转让定价规则困难较大,而且正如发展中国家在转让定价指南的探讨中表明的那样,这是一个敏感的话题。由此,不难理解专家委员会不愿意把转让定价的矛盾转移至常设机构利润的确定上,这会给发展中国家税务当局带来更为复杂的问题。值得强调的是,这是联合国范本与经合组织范本的一个主要差异,会给在两个不同税制下开展经营活动的纳税人带来实质性问题。

　　避免对营业利润双重课税主要有两种方法。如果企业在另一国没有常设机构,只有居民国可以对该企业的所有所得课税,相应的课税权划分规则是规定这些所得在其他国家免税,只在居民国课税。但如果企业有常设机构,课税权划分规则只是规定常设机构所在国也可以对企业所得课税,但对于如何避免双重课税没有规定。由此,这取决于居民国如何消除双重课税的方法规定,缔约国可以选择抵免法或者免税法。对此,各国选择的方法不尽相同,美国和英国倾向于抵免法,而欧洲大陆国家偏爱免税法。⑬ 在许多政策探讨中,选择这种或者那种方法的原因归结于支持资本输入中性(CIN)还是资本输出中性(CEN)。⑭

(二)常设机构

　　联合国范本和经合组织范本共同的第 5 条给出了"常设机构"(PE)的定义。该用语的意义在于确立经营活动与来源地国之间的实质联系,从而使后者获得课税权,它构成了区分只是与一国发生交易和在一国内进行交

---

⑫　联合国:《专家委员会第六次会议报告》,2010 年版,第 46 段。

⑬　下文的分析表明,样本国条约中的抵免方法适用于样本国为居民国的情形(参阅第四章第三节"八"部分)。

⑭　详细分析,请参阅上文第二章第三节。

易的界线。⑮ 常设机构基于这样的理念,即企业应当与来源地国存在一定的物理联系,或者在来源地国内存在由企业控制的物理位置,如分支机构或者工厂。⑯ 该位置或者物理存在(沃格尔认为满足其中之一就可成立常设机构)⑰必须由企业所控制,并具有一定程度的持续性,而不是临时的。⑱ 联合国范本和经合组织范本均支持上述基本理念,都采用常设机构的概念来分配对营业利润的课税权。但相比经合组织范本,联合国范本中常设机构的构成包含更多的情形,该定义外延更为广泛。

联合国范本常设机构规定的第一个特点在于,该范本第5(3)条 a 项关于"建筑工地或建设项目"税收待遇的规定。根据该款项,持续时间在六个月以上的建筑工地或者建设项目构成常设机构,而经合组织范本规定的构成常设机构的持续时间标准为十二月以上。除与经合组织范本均规定了"建筑与安装(installation)项目"外,联合国范本还包括"装配项目"(assembly project)。牛津词典把"安装"定义为"安装大件设备用于使用"的行为,将"装配"定义为"将机器或者其他项目的部件组合在一起的行为"。⑲ 由此,尽管每一项装配都构成安装——只要装配的部件都是在使用中,但并不是每一项安装都自动涵盖将部件组合在一起的情形。从这个意义上说,联合国范本加入"装配项目"的规定并不具有规范意义上的重要性。而且,1963 年版经合组织范本所使用的"建筑或者装配项目"一词为后来版本范本中的"建筑或者安装项目"所替代,因此,联合国范本中加入"装配项目"　70

---

⑮　贝克:《避免双重课税条约》(*Double Tax. Conv*),修订第三版,2002 年 9 月,5B.01。

⑯　关于"常设机构"的详细解释,请参阅:贝克:《避免双重课税条约》,修改第三版,5B.06 及其后诸页;戈尔(Görl),载于沃格尔和莱纳编:《避免双重课税条约》,第 5 条,旁注第 11 及其后各注。

⑰　沃格尔:《克劳斯·沃格尔避免双重课税协定》(*Klaus Vogel on Double taxation conventions*),1996 年,第 5 条以及旁注第 23;戈尔,载于沃格尔和莱纳编:《避免双重课税条约》,第 5 条,旁注第 11。

⑱　朗:《引言》,2010 年,第 88 页。

⑲　Oxford Dictionaries, "*assembly*", Oxford University Press(2010), http://oxforddictionaries.com/definition/English/assembly(last accessed July 2013); *ibid.*, "*installation*", Oxford University Press (2010), http://oxforddictionaries.com/definition/English/installation(last accessed July 2013)。

一语并不构成对经合组织范本的重大偏离,而只是起到解释的作用。⑩ 与建设主体工程不同,安装或者装配往往是销售货物的附属活动。与经合组织范本不同,联合国范本规定,与建筑工地和建设项目相关的"监理活动"也构成常设机构,这意味着不仅进行建筑活动的企业,而且对建筑活动进行监理的企业也可能构成常设机构;监理活动构成常设机构的时限起点也为六个月。

联合国范本第 5(3)条 b 项规定,企业提供服务可构成常设机构,但"只有当在缔约国内具有该性质的活动(为同一项目或者有联系项目)在任何十二个月内持续时间加总超过六个月"(下文称为服务型常设机构)时才可构成。2011 年更新的联合国范本将该期限改为 183 天。⑩ 范本加入服务型常设机构条款的原因在于,发展中国家认为服务活动特别是咨询服务活动已经成为一个重要问题;服务活动涉及金额巨大,如果缺乏相应的常设机构条款,发展中国家将因境内不存在常设机构而无法对这些活动行使来源地国课税权。⑩ 服务往往不需要物理位置,因此不构成常设机构。服务型常设机构条款的理由类似于经合组织范本和联合国范本第 17 条的理由:艺术家和运动员也会在不构成常设机构的情况下在来源地国获取大量所得,因此有必要规定与传统常设机构概念不同的来源地国课税权。⑩ 经合组织范本评注也承认,部分国家认为加入服务型常设机构条款能够使来源地国获得对大量服务活动的课税权。⑩ 当然,经合组织范本的这一评注是在 2008 年才作出的——联合国范本加入这一规则的三十年之后。经合组织范本和联合国范本的共同点是,只有在来源地国领土内提供服务,来源地国才有课税权。对此,部分国家认为,尽管提供服务者没有出现在来源地国境内,但

---

⑩ 奥地利缔结的协定中通常只使用"Montage"这一术语,该术语可解释为装置、装配和建筑。这也是不必对这些词语作过于严格区分的原因之一。

⑩ 联合国:《国际税收合作专家委员会第五次会议报告》,2009 年,E/2009/45(SUPP),第 18 段。

⑩ 萨里:《联合国协定范本》,1980 年版,第 16 页。

⑩ 伦纳德 2011 年 3 月 11 日在维也纳的讲演。

⑩ 参阅 2010 年版经合组织范本评注第 5 条 42.11 段(42.33 段含范本条款)。

相关服务的提供仍可能成立与来源地国之间的充分联系,来源地国同样具有课税权,[105]服务的支付者在来源地国居住这一事实就足够认定这种联系的存在。

联合国范本第5(3)条b项涵盖所有种类的服务,而范本第14条是涉及独立个人劳务的专门条款,据此,仅在来源地国停留就可能成立纳税义务,条件是在十二个月内,这种停留超过183天。两个条款的用语类似,人们会联想到法律后果也基本相同,但183天期限的计算却不同。[106] 而且有些国家的主流观点认为,联合国范本第14条仅适用于个人,因此,有必要对企业提供服务情形设置单独的条款,而无论企业所有者的法律地位如何。服务型常设机构条款明确表明了联合国范本的一个主要特征:服务所得与其他经营所得区别对待。[107] 经合组织范本第7条涵盖了服务,包括独立服务,因此,只有这些服务满足常设机构的要求,来源地国才有课税权。但为确保来源地国的课税权,联合国范本专门规定了一套规则。这种区别对待的趋势还在继续:专家委员会在2012年的会议上决定,在联合国范本中加入关于技术服务的专门条款,允许来源地国对为这类服务所支付的费用课税。[108]

除了联合国范本本身的变化外,在2011年,联合国范本对于第5(3)条的评注也进行了修改。[109] 对于那些采用经合组织范本关于独立劳务的税务处理方法,并在对外税收协定中删去第14条的国家,评注提供了一个替代

---

[105] 印度的观点参阅经合组织范本评注,第5条第36段。

[106] 详见下文第三章第三节"二(三)"部分。

[107] 请注意:联合国范本中除了第5条和第14条外,对于其他服务,如艺术、运动或政府服务,另有专门规定。专家委员会委托布莱恩·阿诺德(Brian Arnold)先生对于联合国范本中有关服务条款的基础原则进行评估(参阅联合国:《第六次专家委员会报告》,2010年,第68—72段)。该报告在2011年又一次被讨论,并决定将来对服务的税收待遇进一步加以关注(参阅联合国:《第七次专家委员会报告》,2011年,第95段)。

[108] 联合国:《第八次专家委员会报告》,2012年,第60段。

[109] 详见卡纳和范·德·莫维(Kana/Van der Merwe):"第五条的评注——变化以及它们的重要性"(The Commentary on Art. 5—The Changes and their Significance),载于《国际税收期刊》2012年,第603页起(第603页及其后诸页)。

常设机构的定义。这些国家需要将范本第5(3)条进行调整以实现对独立服务课税的目标。[⑩] 新的文本规定如下：

> "常设机构"一词还包括：……(b)企业通过所雇佣的员工或者其他人员提供服务，但只有当在缔约国内所开展的具有该性质的活动（相同或者相联系的项目）累计时间在相关财政年度开始或者结束的任何十二个月内超过183天；(c)个人在缔约国内提供服务，只有当该个人在缔约国内停留的累计时间在相关财政年度开始或者结束的任何十二个月内超过183天。[⑪]

联合国范本第5(4)条包含了不构成常设机构的活动的清单，该清单参照了经合组织范本的规定。但与经合组织范本不同的是，联合国范本规定，以交付货物为目的的存货保存和设施使用(a项和b项)构成常设机构。这一规定的理由在于，发展中国家认为，以交付货物为目的的设施维护有助于在来源地国的货物销售和利润的产生，其结果是与来源地国建立持续联系，来源地国对由此产生的利润享有课税权是合理的。[⑫] 联合国范本第5(4)条第f项同时规定了某些活动的组合也不能构成常设机构，这一规定是在2001年才加入的。[⑬] 有理由认为，在这一规定之前，这些活动的组合可以构成常设机构，2001年新加入的规定并不只具有澄清的作用。[⑭]

企业通过代理人开展经营活动也会产生常设机构，但这种代理人必须是"非独立的"(dependent)[如联合国范本第5(5)条规定]。"非独立性"存在于两种情形：一是代理人以企业名义缔结合同；二是代理人为以企业名

[⑩] 伦纳德："联合国税务工作的更新"(Update on the United Nations Tax Work)，载于《亚太税收期刊》2010年，第10页。

[⑪] 参阅2011年版联合国范本评注第5条第15.5及15.7段。2009年委员会已经提出该规则（参阅联合国：《第五次专家委员会报告》，2009年，第18段）。

[⑫] 伦纳德，载于《亚太税收期刊》2009年文，第6页。

[⑬] 这一规定早在1977年就出现在经合组织范本中了。

[⑭] 进一步研究参阅范·德·布鲁根，载于《不列颠税收评论》2002年文，第121—122页。

义交付货物而惯常性地维持一定数量的存货。第一种情形与经合组织范本的规定一致；第二种情形可以称为"交付代理人型常设机构"，体现了联合国范本扩展常设机构概念的另一种努力。"交付代理人"并不需要具备代理企业签订合同的权力，而只需要拥有代理企业交付货物的权力，存货的所有权可以归属于企业，或可归属于代理人。第二种情形是联合国范本第5(4)条中为交付货物而维持存货同样构成常设机构规定的自然逻辑结果。[115]反面而言，独立的代理人不构成与其交易企业的常设机构［经合组织范本第5(6)条和联合国范本第5(7)条第一句］。但联合国范本也规定，如果独立代理人的活动"全部或者几乎全部代表企业"，而且两者之间的交易不符合独立交易原则，那么该代理人在此规定意义上就不能认为是独立的。在这种情形中，尽管代理人具有独立地位，可以与一个以上企业签订合同，但其事实上只与一个企业交易。1980年版联合国范本中没有包含该独立交易的要求，2001年范本加入该规定旨在避免所有那些碰巧只与一家企业交易的代理人丧失独立性质。[116]而且，2001年范本澄清，只有当代理人与企业之间存在明示协议时才能排除这种独立性。[117]

最后，联合国范本中的常设机构条款也包含了保险企业在来源地国的活动可能构成常设机构的情形，如果该保险企业是通过范本第5(7)条意义上独立代理人之外的人来收取保费或承接来源地国国内的风险。[118]该特别规定的理由并不仅仅来自于发展中国家的诉求，其他国家对此也有所关注：保险代理人在来源地国不被课税，因为他们或是独立代理人，或虽然是非独立代理人，但无权签订合同。[119]早在1970年发布的临时专家组第二份报告

---

[115]　戈尔，载于沃格尔和莱纳编：《避免双重课税条约》，第5条，旁注第125。

[116]　范·德·布鲁根，载于《不列颠税收评论》2002年文，第124页，认为范本第9条独立交易的用语只适用于关联企业，但被用在与第9条完全不同的情形中，是有问题的，因为第5(7)条中的代理人和企业根本不存在关联关系。

[117]　范·德·布鲁根，载于《不列颠税收评论》2002年文，第124页。

[118]　联合国范本第5(6)条。

[119]　伦纳德，载于《亚太税收期刊》2009年文，第7页。

就包含了关于保险型常设机构条款的初步草案,[⑲]1977 年版经合组织范本评注也提及保险公司的问题,并提供了与联合国临时专家组规则十分相近的规则文本。[⑳]但这些 1980 年之前的版本规定都与现今的联合国范本规定不同。

(三)独立个人劳务

税收协定范本中与营业利润课税紧密相关的是独立个人劳务的税收待遇问题。独立个人劳务,或更准确地如联合国范本第 14(1)条所称的"专业服务(professional services)或者其他具有独立性质的活动",在范本第 14(2)条有其定义。[㉑]该定义包含了一份关于典型专业服务的清单,该清单的列举不是穷尽性的,而是解释性的。清单所包含服务的共同特点是提供的独立性,即提供者不是受雇于他人或者受他人指示的约束。[㉒]经合组织范本于 2000 年删去了第 14 条,认为该条是多余的,但临时专家组和此后的专家委员会决定在联合国范本(包括 2011 年更新后的范本)中保留第 14 条。当然,部分国家可能考虑追随经合组织范本的变化,不在它们对外税收协定范本中包含上述第 14 条的规定。对此,2011 年联合国范本第 5 条的评注为协定第 5(3)条提供了一项替代规定,该规定包含了独立劳务构成常设机构的内容。[㉓]

联合国范本第 14 条规定,提供独立个人劳务产生的利润只在居民国课税,但当在来源地国国内存在供劳务提供者使用并可归属利润的固定基地,或劳务提供者在来源地国停留超过 183 天(在任何十二个月中),来源地国也可以课税。与该规定不同,经合组织范本原先的第 14 条规定来源地国只

[⑲] "除了再保险,一缔约国的保险企业应当被认为在另一缔约国存在常设机构,如果其通过其雇员或者不具有第 5 段意义上的独立地位的代理人在另一缔约国的领土上收取保费或者承担那里的风险。"参阅联合国:《临时专家组第二次报告》,1970 年版,第 48 段。

[⑳] "一国的保险公司被认为在另一国存在常设机构,如果其通过设在那里的代理人收取保费——除已经构成第 5 段意义上常设机构的代理人——或者通过这样的代理人承担在另一国领土上的风险。"参阅 1977 年版经合组织范本评注第 5 条第 38 段。

[㉑] 该定义与经合组织范本的定义没有差别。

[㉒] 黑默雷茨,载于沃格尔和莱纳编:《避免双重课税条约》,第 14 条,旁注第 59。

[㉓] 参阅上文第三章第三节"二(二)"部分。

有在劳务提供者在其境内拥有固定基地时才有课税权,仅仅停留这一条件 74
是不充分的。联合国范本第 14(1)条 a 项和 b 项的用语在临时专家组第一
次会议上就已经确定。[125] 尽管部分发达国家的代表认为,如果没有固定基
地,仅是"技术的出口"并不产生来源地国课税权,因此,对于 b 项的规定持
怀疑态度。然而他们最终同意基于提供劳务者的持续存在可以赋予来源地
国课税权。[126] 这最终的规定是许多发展中国家提议的所有独立劳务均在来
源地国课税,与发达国家所支持的只有存在固定基地才能课税观点之间的
妥协。

2001 年更新之前的联合国范本还包含赋予来源地国课税权的第三种
规定:如果劳务的报酬由来源地国居民,或由位于来源地国境内的常设机构
或固定基地承担,并且报酬超过一定数额(该数额由缔约双方谈判确定)。
然而临时专家组经过长时间的探讨后决定删去这一规定,主要理由在于,
1980 年至 2001 年间缔结的税收协定中只有少数协定包含了这一规定,而
不能反映至少是部分国家协定政策的条款不应成为协定范本的组成内
容。[127] 而且,随着通货膨胀,最低限的报酬数额会变得更少,[128]这将导致赋予
"来源地国常规(standard)的课税权"。[129] 尽管后一个不利因素可以通过使
数额规定更有弹性或者通过经常性修订来加以消除,但临时专家组——大
多数但不是全体成员——决定从第 14(1)条中删去规定本项内容的
c 项。[130]

联合国范本第 14 条固定基地条款与第 7 条常设机构原则相似,这是经
合组织范本决定省略前者的原因。但联合国范本起草者不愿删去第 14 条,

---

[125] 参阅联合国:《临时专家组第一次报告》,1969 年,第 69 段及其后诸段。

[126] 同上注,第 71 段。

[127] 参阅联合国:《税收问题国际合作临时专家组第七次会议报告》(*Report of the Ad Hoc Group of Experts on International Cooperation in Tax Matters on the work of its seventh meeting*),1997 年,ST/ESA/250,第 22 段。

[128] 同上注,第 20 段。

[129] 科斯塔斯,载于《亚太税收期刊》2004 年文,第 8 页。也可参阅范·德·布鲁根,载于《不列颠税收评论》2002 年文,第 129 页。

[130] 参阅联合国:《税收问题国际合作临时专家组第七次会议报告》,1997 年,第 24 段。

原因之一是理论文献令人信服地指出,固定基地比常设机构的永久性要低,因为前者只需要处于经常可供使用(regularly available)的状态,而常设机构要求企业开展经营活动。[131] 删除第 14 条及固定基地的概念可能减少来源地国可课税的情形。而且与经合组织先前文本不同,联合国范本第 14 条还包含了"183 天规则",在不存在固定基地的情况下同样可以确保来源地国的课税权。[132] 尽管由于联合国范本第 5 条规定提供服务也可以构成常设机构,[133]通过第 14 条来确保来源地国课税权似乎并不必要,但仔细研究将发现两个条款之间不同的适用条件:第 5 条要求劳务活动必须实际提供并持续时间不少于六个月,才能构成服务型常设机构,而第 14(1)条 b 项只要求"停留"183 天,两者的计算不同,来源地国根据第 14 条获得课税权更为容易。范·德·布鲁根认为,两者规定的部分重合也给发展中国家的协定谈判带来更大的弹性,因为谈判对方可能不愿意一般性地加入服务型常设机构规定,但可能同意加入联合国范本第 14 条的规定。[134]

最近一次的专家委员会会议承认,就解释而言,现今的第 14 条规定可能带来解释上的歧义和不确定性。[135] 这些并不是新问题,因为在经合组织范本删除第 14 条的过程中大多数问题都已经得到了探讨。主要的问题是:该条款的适用范围是仅对个人还是包括公司等其他主体;范本和评注对"具有独立性质的其他活动"都没有定义;存在对于"固定基地"定义以及其与常设机构关系的分歧看法;以及关于固定基地费用扣除的问题。[136] 专家

---

[131]　范·德·布鲁根:"发展中国家和从经合组织范本中删去第 14 条"(Developing Countries and the Removal of Art. 14 from the OECD Model),载于《国际税收期刊》2001 年,第 601 页起(第 602 页)。

[132]　萨里:《联合国协定范本》,1980 年版,第 17 页。

[133]　范·德·布鲁根,载于《不列颠税收评论》2002 年文,第 129 页;载于《国际税收期刊》2001 年文,第 604 页。

[134]　范·德·布鲁根,载于《不列颠税收评论》2002 年文,第 129 页;载于《国际税收期刊》2001 年文,第 606 页。

[135]　联合国:《第六次专家委员会报告》,2010 年,第 73 段(并可参阅编号为 E/C. 18/2010/4 和 E/C. 18/2010/CRP. 8 的两份文件)。

[136]　联合国:《第六次专家委员会报告》,2010 年,第 77 段。范·德·布鲁根,载于《国际税收期刊》2001 年文,第 602 页。

委员会得出结论认为,可能不存在对于这些解释问题的一致看法,只能在评注中加入对这些问题的探讨(即对第14条评注的第11段)。[137] 但对于第14条问题的讨论并没有使专家委员会决定删除该规定,他们更倾向于对该条加以改进。[138]

(四)海运、内河运输和空运

根据联合国范本第8条,国际运输中的船舶和飞机经营活动以及内河船舶运输活动产生的利润与"常规"营业利润的税收待遇不同。联合国范本第3(1)条d项"国际运输"一词的规定与1977年经合组织范本的定义相同,该定义包含了船舶或者飞机的任何运输活动,但来源地国境内地点之间的运输除外,即企业在该缔约国境内没有实际管理机构。

联合国范本第8条为协定谈判者提供了关于分配课税权的两种选择:A选择是与经合组织的第8条相同,规定海运、内河运输和空运产生的利润只由企业实际管理机构所在地缔约国课税。该规定的主要优点在于,从事国际运输的企业无须耗费资源与其飞机或者船舶运输可能经过的每个国家的税法"打交道"。另外,海运企业也可能不仅在一国的领海内,而且在公海上经营。[139] 由实际管理机构所在国享有排他性课税权有助于解决上述这些实际问题。

B选择关于国际运输海运利润方面的规定不同于上述A选择规定的原则:该类利润"应当只由企业实际管理机构所在国课税,除非海运涉及的船舶运营活动在另一个缔约国境内绝非偶然(more than casual)"。由此,联合国范本第8(B)条不要求构成常设机构,而只简单地依据海运活动在一国境内是"非偶然"的这一条件,将课税权授予来源地国。该规定与经合组织范本的规定不同,很可能是基于这样的现实,即许多发展中国家的海港只是作

---

[137]　参阅联合国:《第六次专家委员会报告》,2010年,第77段。

[138]　卡纳和范·德·莫维,载于《国际税收期刊》2012年文,第606页。

[139]　参阅联合国:《临时专家组第一次报告》,1969年,第66段;黑默雷茨,载于沃格尔和莱纳编:《避免双重课税条约》,第8条,旁注第4。

为进口货物的通道,而不是作为本国海运企业的基地。⑭ 因此,不少发展中国家在临时专家组的会议上指出,"只要本国海运企业还未得到充分发展,就不能放弃对外国海运企业的课税,哪怕是数量极其有限的税收。"⑭

但在来源地国课税后,实际管理机构所在国仍享有剩余课税权,联合国范本第8B条(2)项进而规定了来源地国可被课税的海运利润数量。这将根据企业经营海运业务产生的总利润净额进行适当分配而定,并应从按此方法分配的利润中减除双边谈判确定的百分比。由于各国计算所得的方法存在差异,这种分配方法可以确保应课税的利润不超过实际产生的利润,⑭而减除来源地税款后也能够使实际管理地所在国——提供海运经营活动基础环境(framework)的国家,获得相应的税收收入。

(五)关联企业与转让定价

联合国范本第9条被置于税收协定课税权分配规则之中,但其本身并不是课税权分配规则。该条款的目的在于允许税务当局对于那些不能满足独立交易原则的关联交易利润进行调整,换言之,这些交易的条件不可能发生在非关联企业之间。联合国范本第9(1)条是针对关联企业的居民国而言的,而第9(2)条允许来源地国对向该关联企业进行支付的企业的利润作对应调整(corresponding adjustment)。据此,如果由一国居民投资的企业控制位于另一国的企业,前者贷款给后者,它们之间的利息支付可能不符合独立交易原则。如果利息数额低于独立企业之间贷款利息的水平,前者所在国税务当局将通过调增利息收入来调整前者的利润,而后者所在国的对应调整将减少后者的税基,以避免双重课税。对此,联合国范本仿效了经合组织范本的规定。⑭ 临时专家组认为,关联企业的国际所得分配并不是发展

77

---

⑭ 萨里:《联合国协定范本》,1980年版,第22页。

⑭ 参阅联合国:《临时专家组第一次报告》,1969年,第67段。

⑭ 参阅联合国:《临时专家组第三次报告》,1972年,第21段。临时专家组1972年会议期间详细讨论了税收分配方式,考虑的主要问题是海运业的特殊性,例如政府补贴、运营损失、加速折旧等。

⑭ 关于对应调整的第9(2)条最早是在1977年经合组织范本中被引入的。

中国家或发达国家所独有的问题,⑭因此,经合组织范本的处理原则同样可以体现在联合国范本中。

发展中国家往往是必须采取对应调整的来源地国,如果联合国范本第9(2)条能够限制对应调整的范围,从而保护来源地国的税基,显然对发展中国家更为有利。⑭上文的例子表明,一国税务当局的决定会影响另一国的税基,减少后者的税收。当然,仅简单地授予来源地国单边的拒绝权,从而限制对应调整的范围,并不是解决上述问题的合适方法,因为由此产生的经济性双重课税最终将增加纳税人的税收负担。对此,可以考虑给予来源地国对于关联企业利润初次调整上更多的决定权,从而对其他国家税务当局的决定产生影响。

联合国范本的第9(3)条是经合组织范本所没有的。该条款是在2001年加入范本的,它规定,如果存在偷税,就无须对企业利润作对应调整。该条款旨在通过压缩转让定价操纵空间来打击偷税行为。⑭ 理论文献对于该条款的新用语提出了批评,因为这些用语("欺诈、严重过失或者故意违约")在范本中没有定义,各国国内法对此的解释可能存在很大差异。⑭

税收协定所加入的联合国范本第9条的对应条款将成为缔约国国内转让定价的法律基础。⑭ 经合组织内部正进行的探讨表明,转让定价是一个存在很大争议的问题,学术界、实务界和税务当局在执行转让定价规则时面临不小的困难。发展中国家缺少数量众多、训练有素的税务官员,实施转让定价更是一个严峻的挑战。然而发展中国家又必须面对这一挑战,因为向国外投资者开放本国市场必然带来转让定价问题。鉴于此,专家委员会的一个下属委员会所起草的专门针对发展中国家的转让定价手册(联合国转 78

---

⑭　参见联合国:《临时专家组第五次报告》,1975 年,第 96 段。

⑭　范·德·布鲁根,载于《不列颠税收评论》2002 年文,第 125 页。

⑭　同上。

⑭　同上。

⑭　关于转让定价的重要性及其对发展中国家的特殊意义的探讨,可以参阅上文第二章第四节"四"部分。

让定价手册)已于 2012 年出版。[149] 该手册采纳了独立交易原则,并对结合发展中国家的特殊情况适用该原则提供了指引。[150]

三、投资所得、特许权使用费和资本利得

(一)不动产

与经合组织范本相同,联合国范本第 6 条规定了由直接使用、出租或者其他方式使用不动产产生所得的课税权分配规则,不动产所在国对此享有课税权[坐落地原则(situs principle)]。由于居民国也保留了课税权,避免双重课税取决于所采用的方法:抵免法或者免税法。第 6 条同样涵盖农业或林业以及企业不动产产生的所得[第 6(4)条],在这些情形中,第 6 条较之营业利润条款优先适用。

"不动产"的定义应根据其所在国的国内法而定,而且联合国范本和经合组织范本第 6(2)条第 2 句包括了在任何情况下都应当被认为是不动产的项目清单。该清单列举了包括不动产的附属财产,用于农业和林业的牲畜和设备,适用一般法律有关地产规定的权利,不动产的用益权,作为开采矿藏、水源和其他自然资源的报酬所获得的可变或固定付款的权利或开采它们的权利。该列举清单的解释是否应与国内法相符,或者可以进行自主性解释,尚不明确。[151] 可以明确的是,范本第 6(2)条第 2 句是为"不动产"一词提供统一理解的核心概念,[152]因为只有协定本身对解释不动产提供一定指引,才能确保缔约国不会将所有的财产认定为不动产,从而"人为地创设"来源地国课税权。船舶和飞机不构成"不动产"。

---

[149] 关于背景信息,请参阅联合国:《第六次专家委员会报告》,2010 年,第 55 段;联合国税收问题国际合作专家委员会:《发展中国家转让定价的实际问题非正式会议报告》(E/C. 8/2011/5)。另请参阅法尔考:"为国际税收提供发展中国家的视角:联合国提议制定转让定价手册",载于《国际税收》2010 年,第 502 页起(第 502—508 页)。

[150] 请参阅上文第二章第四节"四"部分。

[151] 关于进一步研究,参阅赖默尔(Reimer),载于沃格尔和莱纳编:《避免双重课税协定》,第 6 条,旁注第 75;贝克[《避免双重课税条约》(Double Tax. Conv.),修订第九版,2005 年 9 月,6B. 04]认为只应依赖国内法的定义。

[152] Reimer, Unbewegliches Vermögen und DBA, IStR 2011, 677(679).

联合国范本和经合组织范本第 6 条要求的是不动产的直接或者间接使 79
用。[153] 直接使用包括占有人为利用该财产而进行的任何活动,或者说"财产
的开发利用"(cultivation of property),比如耕种土地或者开发矿产资源。[154]
相反,间接使用并不要求占有人积极主动地活动,而是将财产交由第三人使
用从而获得所得,比如出租财产。财产的转让不构成第 6 条意义上的财产
使用,该种行为规定在联合国范本和经合组织范本第 13 条中。[155]

(二)股息、利息和特许权使用费(消极所得)

1. 引言

经合组织范本和联合国范本第 10、11 和 12 条涉及的所得经常被称为
"消极所得",投资者只是简单地提供资本而不进行经营活动就可以获得所
得,换言之,是投资者让渡资产的使用权获得的所得。[156] 这三个条款的共同
点是由居民国和来源地国分享课税权,并且来源地国的课税额被限制在一
定数额内。在国际税法和现代税收协定中,将课税权限制在一定比例内的
做法是独一无二的,其运作机理在于:来源地国享有一定限额的课税权,居
民国可以对所得总额课税,但必须对来源地国已课税款予以抵免。

临时专家组起草消极所得条款的最初讨论集中于两个相互联系的问
题:居民国内发生费用的扣除和来源地国课税的税率。[157] 国内法一般规定
对于非居民的消极所得按照总额征收预提税,即在不作费用扣除的情况下
对消极所得按照单一税率课税。根据经合组织范本,来源地国对不同类型
的消极所得的预提税率被限制在 0% 至 15%,其理由之一是补偿来源地国
税基中未作扣除的费用。对发达国家而言,较低的预提税率并不会造成税
收收入的重大损失,因为发达国家之间的经济活动较为平衡,每个国家成为

---

[153] Reimer,*IStR* 2011,681.

[154] 关于矿产资源的开发,详见赖默尔,载于沃格尔和莱纳编:《避免双重课税协定》,第 6 条,
旁注第 163 和第 102。

[155] Reimer,*IStR* 2011,681.

[156] 沃格尔,载于沃格尔和莱纳编:《避免双重课税条约》,第 10—12 条,旁注第 1。

[157] 参阅萨里:《联合国协定范本》,第 29 页;关于费用扣除的探讨,参阅下文每一项消极所得
讨论部分。

居民国或者来源地国的概率基本相同——这至少是经合组织上述规定的前提。但联合国范本的起草者难以接受如此低的预提税率,因为发达国家与发展中国家之间的投资流动是不平衡的,低预提税率将严重地削弱发展中国家的课税权。由于无法达成一致,联合国范本没有规定统一比例的预提税率,而将此交由协定缔约方谈判决定。尽管如此,范本的评注提供了确定合理的预提税率所应考虑因素的指南。[158]

2. 共同条款

所有三类消极所得条款包含了"受益所有人"(beneficial ownership)概念。该概念最早出现在 1977 年的经合组织范本中,随后引入到 1980 年联合国范本。1995 年经合组织范本更新时该概念的用语有所改变,联合国范本 2001 年的更新也采纳了这一改变。受益所有人概念要求,只有所得的受益所有人才能从预提税减免中获益,据此确保从经济角度看,只有可实际享用该所得的人才能获得协定利益,以防范协定滥用。[159]"受益所有人"概念的解释遵从自主性,[160]但其确切含义却不清楚,引发了广泛的学术探讨。[161]

三项消极所得条款的另一个共同点是所谓的"常设机构但书条款"(PE proviso),这一共同点在联合国范本和经合组织范本中均有规定。该但书条款规定,如果股息、利息和特许权使用费是支付给来源地国的常设机构或者固定基地的,范本的第 7 条或者第 14 条应优先适用,来源地国由此获得了完全的课税权。当然,所得来源,也就是产生所得的权利,必须与常设机构或者固定基地实际联系。与经合组织范本相比,联合国范本第 11(4)条和第 12(4)条与其第 7(1)条的引力规则相协调:如果利息所得和特许权使用费所得可归属于来源地国的常设机构、固定基地或者与通过第 7(1)条 c 项所规定的业务活动实际有关,则不应适用第 11 条和第 12 条的规定,而应适

---

[158] 参阅 2011 年版联合国范本评注第 10 条第 12 段、第 11 条第 11 段及第 12 条第 8 段。

[159] 沃格尔,载于沃格尔与莱纳编:《避免双重课税条约》,第 10—12 条,旁注第 12。

[160] 同上注,旁注第 15。

[161] 最近关于受益所有人概念的一项探讨,请参阅:朗、皮斯通、舒赫、斯特林格和斯托克编:《受益所有人:最近趋势》(*Beneficial Ownership:Recent Trends*),即将出版。

用第 7 条或第 14 条的规定。联合国范本第 10 条没有这种协调规定。

最后,利息条款和特许权使用费条款包含了来源规则(source rule),并规定了关联方之间费用支付所应遵循的独立交易原则。联合国范本第 11(5)条和第 12(5)条包含的来源规则规定,如果支付人是一国居民,或者支付人在该国有承担该支付的常设机构或者固定基地,则利息和特许权使用费收入来源于该国。就经合组织范本而言,由于其第 12 条没有赋予来源地国任何课税权,来源规则变得多余,因此没有规定。联合国范本第 11(6)条和第 12(6)条规定,如果支付者与受益所有人之间存在特殊关系,只有符合独立交易原则部分的支付额能享受协定条款规定的待遇,剩余部分的支付额按照国内法规定处理。联合国范本的这一规定与经合组织范本第 11(6)条和第 12(4)条相对应。

3. 股息所得

股息是指由股份或其他公司权利产生的所得。[162] 联合国范本中关于股息支付的课税权分配规则基本与经合组织范本相同。该规则区分证券(portfolio)投资与直接投资或非证券投资,两种情况适用不同的预提税率。联合国范本第 10 条第 2 段的规定与经合组织范本的不同。首先联合国范本没有规定预提税率,留由双边谈判决定。预提税的计税基础是股息支付总额,不考虑与股息所得相关的费用,比如融资成本。临时专家组决定将总额作为税基的一个理由是,上述费用通常在居民国内也不能扣除。[163] 其次,认定直接投资的参股最低标准是 10%,低于经合组织范本 25%的标准。其原因在于,发展中国家外资参与当地企业的比例被限制在 50%以内,10%已经是相当大的比例了。[164] 对非证券投资的股息所得适用较低预提税率,旨在防范集团关联交易情况下经济性双重课税的问题,因此有理由认为,这一规定将鼓励公司在来源地国设立子公司。事实上,部分发展中国家甚至

---

[162]　同见于联合国范本与经合组织范本的共同第 10(3)条。

[163]　参阅萨里:《联合国协定范本》,第 42 页。这一观点似乎过于泛泛,因为有些国家允许与股息所得相关的费用扣除。

[164]　Debatin, *Der Betrieb* 1980, 13.

认为,由低预提税率所吸引的新增外资在长期上的正面效应完全可以弥补因低预提税率而减少的税收收入。[165] 但从另一个角度看,适用低预提税率的门槛比例越低,更多的投资将被认定为直接投资,这将会减少来源地国税收收入。

4. 利息所得

"利息"包含了来自任何债权的所得。[166] 尽管联合国范本的这一定义重复了经合组织范本的规定,但 2011 年联合国范本评注中加入的新段落规定,与非传统金融安排 [如伊斯兰教金融工具(Islamic financial instruments)] 相关的支付也被认为是利息,尽管在严格意义上说这些支付并不是依据贷款合同作出的。[167] 与其他类型消极所得条款相同,联合国范本第 11 条起草时的主要问题在于预提税率的高低。一方面,发展中国家认为利息是从来源地国(即发展中国家)产生的资金中支付的;另一方面,发达国家反驳认为,向发展中国家借款人提供的资本来源于发达国家。[168] 由此,发展中国家和发达国家都有很好的理由来支持各自对利息课税的诉求。因此,联合国范本无法确定一个固定的比率,而是由缔约国根据具体情况谈判决定。这是联合国范本与经合组织范本的主要差别,后者规定来源地国课税税率不得超过 10%。

5. 特许权使用费

临时专家组探讨联合国范本第 12 条和在来源地国与居民国之间分配特许权使用费所得课税权时,存在下列相互对立的观点:[169]发展中国家认为,特许权使用费是对早已完成开发的专利等的支付,因此,任何增加的所得都应当归因于发展中国家的市场。发达国家则认为,专利开发旨在扩张

---

⑯　参阅 2011 年版联合国范本评注第 10 条第 10 段。

⑯　同见于联合国范本与经合组织范本的共同第 11(3)条。1977 年版经合组织范本与 1963 年版范本之间存在细微差别,后者关于参照国内法的规定被删除了(详细参阅第四章第三节"四"部分)。

⑯　参阅 2011 年版联合国范本评注第 11 条第 19.1—19.4 段。

⑯　Debatin,*Der Betrieb* 1980,14.

⑯　Debatin,*Der Betrieb* 1980,15.

现有市场和渗入新的市场,因此,应当给予许可人居民国对于特许权使用费所得的课税权。而且就特许权使用费而言,费用的可扣除性问题特别重要。[170] 许可人通常承担一些经常性费用(current expenses)和与专利开发相关的费用,但在就总所得课税时这些费用并不能被扣除。[171] 联合国范本评注因此建议双边谈判确定预提税率时应当考虑这一问题,并建议采取与经合组织范本不赋予来源地国对特许权使用费所得课税权不同的做法。[172] 适用于这类"工业特许权使用费"(industrial royalties)的原则被进一步扩展到电影租赁、文化或著作权使用费所得等课税问题上,[173]而对于来源地国是否免除对著作权使用费所得课税的问题还没有达成共识。[174]

晚近的学者提出了特许权使用费支付所包含的三类补偿:一是资本投资的回报,二是对于创建权利或者知识财产所花费资源的补偿,三是维护财产和承担风险的花费。[175] 对于每一类补偿,课税权可以分配给来源地国或者居民国。据此,不应像经合组织范本那样把课税权只分配给居民国,为来源地国保留课税权也十分必要。就发展中国家而言,还应特别注意发达国家与发展中国家之间在特许权使用费支付方面存在的非对等(non-reciprocal)状况,以及因居民国排他性课税而引发的税收收入严重流失问题。[176]

联合国范本对特许权的定义比经合组织范本更为广泛。首先,联合国范本第12(3)条不仅包括电影胶片,还包括用于广播或者电视的胶片或者磁带。经合组织范本评注规定,无论电影胶片在何地播放,如在电影院或是

---

[170] 详见萨里:《联合国协定范本》,第37页及其后诸页。

[171] Debatin, *Der Betrieb* 1980, 15.

[172] 参阅2011年版联合国范本评注第12条第8段。

[173] 1971年临时专家组第三次会议对于工业特许权使用费问题进行了探讨,而电影租赁和著作权特许权在1972年才列入第四次会议的议事日程。

[174] 参阅联合国:《临时专家组第四次报告》,1973年,第40页。

[175] 详细介绍和进一步参考,请参阅塔德摩尔:"特许权使用费",第122页及其后诸页。类似地,布鲁克斯(《税收研究电子杂志》2007年第180页)认为来源地国比居民国对特许权使用费支付有更大的课税权诉求。

[176] 布鲁克斯,载于《税收研究电子杂志》2007年文,第178页。

在电视上,其租赁都构成特许权。^⑰ 因此,联合国范本中广播磁带的租赁构成特许权这一项实际扩展了经合组织范本的定义。其次,联合国范本特许权使用费还包含的对使用或者有权使用工业、商业或科研设备的支付。早期的经合组织范本也曾包含相同的规定,但1992年更新后的范本第12条删去了这一规定,这些所得适用营业利润规则,来源地国只有在所得的接受者在其境内存在常设机构时才有课税权。据此,联合国范本关于特许权的扩展规定意味着来源地国,即支付发生地国获得了更多的课税权。

(三)资本利得

两个协定范本都包含对于转让特定资产课税的独立条款(联合国范本和经合组织范本第13条)。联合国范本在多数规定上与经合组织范本相同:按照坐落地原则对不动产转让所得课税;常设机构或固定基地的动产转让所得可以由来源地国课税;转让船舶、飞机或与经营此类船舶飞机业务相关的动产所得,则由企业实际管理所在国课税;转让第13条各款所述以外任何财产的所得只能由转让人居民国课税。^⑱

与经合组织范本规定不同的是联合国范本关于股份转让规定的第13(4)条和第13(5)条。首先,联合国范本规定了对处置"地产型公司"(land-rich companies)股份的来源地国课税权。2001年更新后该条款还包含合伙、信托和地产企业,这些实体的资产主要(即50%以上^⑲)由不动产组成。有趣的是,在2003年,经合组织范本第13条也引入了类似规定——经合组织范本仿效联合国范本的情况是十分少见的。经合组织范本第13(4)条规定的用语和联合国范本不同,^⑳但两个范本的这些条款都规定财产坐落地

---

⑰　参阅2010年版经合组织范本评注第12条第10段,2011年版联合国范本评注第12条第12段也持相同观点。

⑱　联合国范本第13(6)条,以及经合组织范本第13(5)条。

⑲　50%的比例标准是在2001年更新版本的过程中加入的,规定在联合国范本第13(4)条第(2)项中。

⑳　2003年以来的经合组织范本第13(4)条规定:"一缔约国居民转让股份所得收益,如果该股份50%以上的价值直接或者间接来源于坐落在另一缔约国境内的不动产,可以由另一缔约国课税。"

的缔约国可以对股份转让所得课税,由此,通过把财产注入公司或者合伙来规避坐落地国税收是无法实现的。

联合国范本第 13(5)条规定了处置"非地产型公司"大额股份(substantial shares)的课税问题。对此,被转让公司居民国也必须获得课税权。缔约国双方可以协商确定构成重大持股的程度及相应的比例。2011 年联合国范本更新时该条款内容有所变化:它要求转让方在转让前的十二个月内任何时间点直接或者间接持股达到规定比例。因此,即使大额股份转让是通过多次小额股份转让方式进行的,只要这些所转让的股份是在十二个月内任何时间点被处置的,来源地国仍拥有课税权。[181]

四、雇佣与其他非独立活动

(一)非独立个人劳务和退休金

联合国范本第 15 条复制了经合组织范本第 15 条的规定,[182]非独立个人劳务所得(经合组织范本中称为"受雇所得")只能在居民国课税,除非该劳务在来源地国内提供,则只能在来源地国课税。然而,如果在另一国境内的受雇仅是临时性的,即在十二个月内不超过 183 天,并且报酬不是由作为另一国居民的雇主支付,或不是由雇主在另一国拥有的常设机构或固定基地负担,则受雇所得也只能在居民国课税。后两个报酬支付条件确保对劳务的支付不以牺牲来源地国税收收入为代价,[183]这两个条件必须同时得到满足。由此,短期派遣人员,如果除了在来源地国进行活动外,没有其他与来源地国的联系,则无须在该国纳税。而 183 天规则必须在"有关财政年度开始或终了的"任何 12 个月期间计算。这一计算方法最先是 1992 年经合组织范本引入的,联合国范本在 2001 年予以采纳。在此之前,183 天是

---

[181]　参阅 2011 年版联合国范本评注第 13 条第 10 段;更多资料参阅雅伐尔和伦纳德,载于《国际税收期刊》2012 年文,第 595 页;贝克、廖,载于《国际税收期刊》2012 年文,第 601 页及其后诸页。

[182]　临时专家组未经任何主要探讨就采用了经合组织范本第 15 条的规定(参阅联合国:《临时专家组第一次报告》,1969 年,第 77 段)。

[183]　Debatin,*Der Betrieb* 1980,16.

在一个财政年度内计算的,这样即使在来源地国停留 184 天也可能不需要在该国纳税,如,其中的 183 天在一个财政年度,而多余的 1 天则在第二个财政年度。

联合国范本第 18 条规定了对过去就业而支付退休金及类似报酬的税收待遇,对此存在两种方式:A 选择是仿效经合组织范本的规定,对这类所得只在居民国课税。临时专家组中部分来自发达国家的专家认为,居民国对退休金所得课税更为合理(体现量能课税原则),同时退休金数额不大,发展中国家放弃的税收收入也不多。[184] 但这一理由现在看来已经过时了,因为越来越多的退休者具有跨国流动性,因此,跨境退休金支付日益普遍。为此,与经合组织范本不同,联合国范本第 18A 条规定了居民国课税的例外:作为一缔约国社会保障体系组成部分的公共计划下的支付只能在该国课税,该缔约国对于这类退休金和其他支付享有排他性课税权。据此,来源地国不仅可以对退休金所得,而且可以对其他所有社会保障的支付课税,比如生育津贴和病假工资。来源地国课税权的范围取决于该国的社会保障体系,缔约国承担的支付也只能由该国课税。所以,尽管私人支付的退休金所得仍遵循居民国课税原则,但由社会保障体系承担的数额巨大的退休金则由来源地国课税。

联合国范本第 18 条的 B 选择与 A 选择相似,但规定在私人退休金方面也不适用居民国原则,而是由支付者的居民国或支付者常设机构的所在国享有课税权。B 选择中公共退休金课税规定与 A 选择相同。B 选择赋予来源地国课税权的理由在于,退休金是受雇工资薪金的延续支付,两者的税务处理不应当不同。[185] 换言之,来源地国提供的递延的受雇报酬应当由该国课税。[186] 进一步而言,在临时专家组讨论第 18 条时,有观点认为,退休金支出在来源地国一般可以税前扣除,因此,将退休金所得的课税权留在来源

---

[184] 参阅联合国:《临时专家组第七次报告》,1978 年,第 13 页。

[185] Debatin, *Der Betrieb* 1980, 17.

[186] 参阅联合国:《临时专家组第七次报告》,1978 年,第 13 页。

地国是一致和匹配的做法。[187]

从当今眼光来看，发展中国家在本项所得课税权上的立场至少值得反思。全球化带来更大的流动性，包括退休人员的流动性。在发达国家工作一辈子之后，退休者移居到南方国家来安享晚年的情况并不少见。巴西、泰国或者多米尼加共和国等都是退休者青睐的目的地，如果采用对退休金采用居民国课税体制，这些国家将是实际受益者。但对最不发达国家而言，理由正好相反：[188]发展中国家富有的纳税人可能移居到生活水平更高的发达国家，在此情形中，来源地国课税可能对发展中国家更为有利。为了能在双边税收协定中订立合适的条款，缔约双方应当考虑"退休者流动情况"，以及流动的方向是往南方国家还是相反。

(二) 政府服务

向政府提供服务获得的所得由支付报酬的缔约国，即资金支付国［联合国范本第19(1)条 a 项］，享有排他性课税权。该规定的例外被称为"当地工资率雇员"(local wage rate employees)：[189]如果对资金提供国的服务是由另一缔约国的居民在该另一国内提供的，而且该居民是另一缔约国的国民，或者仅为了提供该项服务而成为该另一国的国民，则该另一缔约国享有排他性课税权。[190] 这一规定与经合组织范本相同。[191] 联合国范本还规定了提供政府服务而获得退休金的税收待遇［第19(2)条］，所适用的规则与第19(1)条相同，并包含同样的例外规则：如果退休金获得者是另一缔约国居民或国民，支付退休金的缔约国可不对退休金课税。当然，第19(2)条不涵盖由政府基金支付的、与先前向政府提供服务无关的退休金，该项所得的课

---

[187] 参阅联合国：《临时专家组第七次报告》，1978 年，第 13 页。

[188] Hundt, UN-Musterabkommen zur Vermeidung der Doppelbesteuerung zwischen Industriestaaten und Entwicklungsländern, *RIW/AWD* 1981,306(320).

[189] 沃格尔：《避免双重课税条约》，1998 年，第 19 条，旁注第 24。

[190] 根据 1963 年经合组织范本第 19 条，关于工资和养老金所得的课税权分配规则是相同的：缔约国双方均有课税权，并应采用方法条款(method article)来解决双重课税问题。

[191] 联合国范本临时专家组采纳了 1977 年经合组织范本第 19 条的规定，并没有进行太多的讨论(参阅联合国：《临时专家组第七次报告》，1978 年，第 14 页及其后诸页)。

税受范本第18条规范。范本第19(3)条规定,与政府经营活动相关的报酬并不依据上述资金支付国原则课税,而分别适用范本第15、16、17和18条。

(三)学生

联合国范本第20条规定,来自一缔约国的学生、企业受训人员或学徒工出于接受教育或培训的目的而停留在另一缔约国境内,其为维持生活,接受教育或者培训而获得的,来源于该另一缔约国以外的支付,不应在该另一缔约国内纳税。该规定与经合组织范本第20条内容相同。

在2001年更新之前,联合国范本第20条曾包含第二段规定,针对的是被访问国国内关于外国和本国学生平等税收待遇的问题。据此,外国学生可以享受到被访问国家给予本国学生在就业或者接受赠与方面的税收优惠,比如对最低所得的免税待遇。[192] 该段规定并不是对在被访问国内获取的所有所得的完全免税待遇,而是旨在确保被访问国对于本国学生的优惠待遇能够同样赋予外国学生。临时专家组对于删去1980年范本中该第20(2)条规定的理由没有太多讨论。[193] 最有可能的是与范本第24(4)条的非歧视待遇规定有关,但准确的原因仍不清楚。临时专家组的一位成员指出,第20(2)条与第24(4)条相矛盾,应当删去。[194] 文献中的理论探讨则认为,范本第24(1)条可能产生与第20(2)条相同的结果,使后者成为多余条款,应当被删除。[195]

(四)外交人员

税收协定的任何条款都不应影响外交使团或领事馆成员依据其他国际条约或者国际法一般规则而享有的税收特权。联合国范本第28条字面上仿效了经合组织范本的对应条款,[196]对此加以了规定。同时,联合国范本该条也没有附加评论,因此,应当按照与经合组织范本第28条相同的方式加

---

[192] 参阅联合国:《临时专家组第七次报告》,1978年,第17页。

[193] 参阅联合国:《临时专家组第七次会议报告》,1997年,第25段及其后诸段落。

[194] 同上注,第27段。

[195] 范·德·布鲁根,载于《不列颠税收评论》2002年文,第130页。

[196] 在协定范本引入税收征管协助条款之前,外交人员条款为第27条。经合组织范本2003年更新及联合国范本2011年更新后重新对该条款进行了编号。

以解释。第 28 条不是关于课税权分配的规则，而是确认其他国际条约赋予外交人员税收减免待遇的特别条款。该条款通常被认为不具有太大的规范意义，[197] 这是因为税收协定主要在于限制课税权，而无法约束国内法或其他国际条约所包含的权利。[198]

五、其他积极所得

(一)董事费

与经合组织范本第 16 条相同，联合国范本第 16(1)条规定，担任公司董事获得的所得("董事费")不仅可以在董事的居民国课税，也可以在公司的居民国课税，并由方法条款来决定消除双重课税的办法。联合国范本[第 16(2)条]还延伸适用于高级管理人员的报酬。根据联合国范本的评注，"高级管理职务"是指"除董事活动外，对公司事务的整体管理承担主要责任的有限数量的职位"。[199] 临时专家组会议对于这种扩展适用没有进行太多的讨论，[200] 这似乎表明发达国家和发展中国家对于第 16 条的范围没有太大的分歧。

(二)艺术家与运动员

经合组织范本和联合国范本(第 17 条)包含了对于艺术家和运动员所得的单独规定，两个范本的用语几乎相同，唯一的区别在于联合国范本使用了更为性别中性的"运动人员"(sportsperson)，而经合组织范本采用的是"运动员"(sportsmen)。尽管在临时专家组的一次会议上出现了对第 17 条的若干批评意见，但其最终文本的确定表明发达国家与发展中国家对该规

⑰　达克斯科布拉和塞勒(Daxkobler/Seiler)："奥地利"(Austria)，载于朗、舒赫、斯特林格(Lang/Schuch/Staringer)编：《非税收条约中的税收规则》(Tax Rules in Non-Tax Agreements)，2012 年，第 51 页起(第 61 页)。

⑱　伊格斯恰克(Engelschalk)，载于沃格尔和莱纳编：《避免双重课税条约》，第 28 条，旁注 3。

⑲　参阅联合国协定范本评注第 16 条第 4 段。

⑳　参阅联合国：《临时专家组第七次报告》，1978 年，第 10 页。

则持相近观点。⑳ 范本第 17(1)条规定,作为一缔约国居民的演艺人员(en-tertainer)或运动员在另一缔约国从事个人活动所得的收入,可由该另一国课税。因此,居民国和来源地国均有课税权,需要采用免税法或者抵免法来消除双重课税。第 17(1)条不区分演艺人员或运动员是自我雇用还是受雇于他人。赋予来源地国课税权的理由在于,演艺人员或运动员往往通过单次演出或出场就可以挣得大量收入,但因为没有固定基地或常设机构或者停留时间较短,来源地国无法课税。然而演艺人员或运动员获得的所得来源于来源地国境内的表演或出场,来源地国理应获得课税权。第 17(2)条还规定,如果演艺人员或运动员从事个人活动所得的收入不直接归于演艺人员或运动员本人,而归于他人,来源地国仍然享有课税权。对此适用的是穿透方法(a look-through approach),该方法最初针对的是逃税情形,然而目前适用于许多情形,不仅仅限于滥用案件。⑳

六、其他课税权分配规则

(一)其他所得

89 　　为确保税收协定涵盖所有所得,联合国范本第 21 条适用于"先前条款没有涉及的所得项目"。与经合组织范本相同,联合国范本第 21(1)条规定居民国对这些所得享有课税权。但与经合组织范本不同的是,联合国范本第 21(3)条规定,所得来源地国也有课税权。第 21(2)条包含了类似于消极所得的常设机构但书条款:所得对应的权利或者财产与设在来源地国的常设机构或固定基地实际有关,则分别适用第 7 条或者第 14 条规定。不动产所得仍然根据坐落地原则课税,即使该所得与常设机构或者固定基地相

---

　　⑳　参阅联合国:《临时专家组第一次报告》,1969 年,第 79 段及其后诸段落。进一步参见第二次小组会议(参见联合国:《临时专家组第二次报告》,1970 年,第 39 页)与第七次小组会议(参见联合国:《临时专家组第七次报告》,1978 年,第 11 页)期间所进行的讨论。
　　⑳　斯托克曼(Stockmann),载于沃格尔与莱纳编:《避免双重课税条约》,第 17 条,旁注第 108 及其后各注。

关。[203] 除了指向第 14 条和固定基地，经合组织范本（自 1977 年以来）第 21 （2）条的规定与联合国范本上述规定的内容相同。

（二）对资本课税

至此，所有课税权分配规则都针对不同类型的所得。联合国范本和经合组织范本还包含对资本课税的条款（第 22 条）。该条包括四段，每一段对应一类资本：不动产、构成常设机构（或固定基地）经营财产的动产、船舶飞机、其他资本项目。对于第一至第三类资本，除去经合组织范本没有提到固定基地外，联合国范本第 22 条的规定与经合组织范本规定相同。不动产和动产可以分别在坐落地、常设机构或固定基地所在国课税；船舶与飞机只由经营这类资本企业的实际管理地所在国课税。唯一的差别在于联合国范本第 22（4）条是加括号的，意味着由缔约国双方来决定是否加入这最后一段。原因在于，经合组织范本规定居民国对其他资本项目拥有课税权。如果取消最后一段，来源地国也将对这类资本拥有课税权，这显然对发展中国家有利。如果保留第四段，联合国范本建议缔约双方考虑是否将课税权赋予来源地国。[204]

七、消除双重课税的方法

课税权分配规则将课税权分配给来源地国或者居民国，但没有规定消除双重课税的方法，至少没有在所有情形中提供这种救济，因为课税权分配规则往往将课税权分配给缔约国双方。因此，有必要设立规定消除双重课税办法的单独条款。国际税法中主要有两种消除双重课税的方法：抵免法和免税法，[205]联合国范本和经合组织范本都规定了这两种方法。根据联合国范本第 23 A 条，居民国对于可能在来源地国课税的所得应当予以免税，而对于股息、利息和特许权使用费所得则采用抵免法。居民国税率的决定

90

---

[203] 这种做法仅适用于不动产位于居民国或第三国的情形，因为不动产位于来源国时应适用第 6 条。

[204] 参阅 2011 年版联合国范本评注第 22 条第 2 段。

[205] 详细参阅上文第二章第二节。

仍然依据纳税人的全球所得(累进下的免税)。联合国范本第 23B 条规定了抵免法,居民国和来源地国都可对纳税人的全部所得课税,但居民国应当对纳税人在来源地国已纳税款予以抵免,抵免数额以相关所得在居民国的应纳税额为限。两个范本都规定了这两种方法,唯一的差别在于,2000 年经合组织范本第 23A 条加入了新的段落(第 4 段),旨在消除定性上的冲突,而联合国范本没有采纳该规定。[206]

采用何种消除双重课税的办法,取决于缔约国的偏好。国家往往根据一个先决问题来作出选择,即所执行的税法体系是要体现资本输入中性(CIN)还是资本输出中性(CEN)。[207] 如果国家支持居民国国内税收平等,而不论纳税人是投资于国外还是国内(CEN),则采用抵免法。相对的,免税法确保投资于国外的纳税人能够和其他投资于该外国的纳税人适用相同的税率(CIN)。如上文所述,[208]资本输出中性只能通过居民国课税为基础的税制实现,而资本输入中性则借助来源地国课税为基础的税制得以实现。对发展中国家而言,消除双重课税的最佳方法是免税法,因为这种方法赋予来源地国完整的课税权,同时防止居民国在来源地国课税后另行课税。与此相对,抵免法赋予居民国主要的课税权,并要求其对于来源地国已课税款给予抵免。由于往往可以在来源地国课税基础上补课税款,抵免法更好地保护了居民国的税收。

另一个值得考虑的重要问题是这两种方法与税收优惠(tax incentive)之间的关系。发展中国家经常会为吸引外资而授予税收优惠,包括免税、低税率等。居民国采用免税法没有问题,但如果采用抵免法,来源地国的税收优惠就会被"吸收"(absorbed)。发展中国家担心,如果这样,税收优惠并没有使投资者得到利益,而是增加了发达国家的税收收入。消除这种影响的机制包括"税收饶让抵免"(tax sparing credit)和"匹配抵免"(matching cred-

---

[206] 参阅下文。

[207] 如第二章第三节"二"部分所述,这一问题不能仅基于中性的概念,也应考虑其他方面,比如国家间平等。

[208] 参阅第二章第三节"二"部分。

it)。[209] 尽管发展中国家在其对外缔结的部分税收协定中包含了这类条款,[210] 经合组织和联合国范本都没有采纳这类条款。经合组织 1998 年的一份报告建议其成员国不在税收协定中加入饶让抵免条款,因为这类条款易被滥用,也无法证明其有效性。[211] 当然,经合组织范本评注和大段引用了经合组织评注的联合国范本评注都提及了加入这类条款的可能性。经合组织范本评注提出三种不同方法来防止居民国"吸收"来源地国提供的税收优惠:[212]

(1)居民国授予抵免,抵免的数额等于来源地国没有放弃课税情况下的税额(传统的"税收饶让");(2)居民国授予数额超过来源地国所课税款数额的抵免("匹配抵免");(3)居民国对于外国所得予以免税。

经合组织范本评注提到了这些条款的功能,但没有给出这些条款详细

---

[209] 税收饶让抵免的理论探讨颇丰,参阅:阿施亚伯:"税收饶让:澳大利亚与东南亚贸易伙伴双边条约中的一项陈旧机制?"(Tax Sparing: A Timeworn Mechanism in Australia's Bilateral Treaties with Its Trading Partners in Southeast Asia?),载于《国际税收杂志》1998 年,第 24 期,第 91 页及其后诸页;布鲁克斯,载于《皇后法律评论》2009 年文,第 505 页;经合组织:《税收饶让:反思》(Tax Sparing:A reconsideration),1998 年;奥利弗(Oliver):"税收饶让",载于《国际税收》1998 年,第 190 页;欧文斯和芬斯比(Owens/Fensby):"是否有必要重估税收饶让?"(Is There a Need to Re-evaluate Tax Sparing?),载于《国际税收》1998 年,第 274 页;梅瑞莱斯(Meirelles):"税收协定中的税收饶让抵免:未来发展及其对欧盟法之影响"(Tax Sparing Credits in Tax Treaties: The Future and the Effect on EC Law),载于《欧洲税收》(ET)2009 年,第 263 页;关于巴西的情况参阅埃米柯(Amico):"税收协定政策的发展与实施:税收饶让条款"(Developing and Implementing Tax Treaty Policy: The Tax Sparing Clause),载于《国际税收期刊》1989 年,第 408 页;关于印度情况,参阅费舍(Vaish):"工业化国家与发展中国家的双重课税协定:印度经验"(Double tax conventions between industrialized and developing countries: India's experience),载于国际财政协会编:《工业化国家与发展中国家的双重课税条约,经合组织与联合国范本——比较视野》(Double taxation treaties between industialised and developing countries, the OECD and UN Models—A Comparison),国际财政协会大会研讨会系列第 15 卷,1992 年版,第 21 页、第 24 页及其后诸页。

[210] 关于东非国家税收饶让条款的概览,参阅下文第四章第三节"八"部分。

[211] 参见 2010 年版经合组织范本评注第 23 条第 75 段及其后诸段落;详见经合组织:《税收饶让》,1998 年版;另请参阅欧文斯和芬斯比,载于《国际税收》1998 年文,第 275 页。

[212] 参见布鲁克斯,载于《皇后法律评论》2009 年文,第 522 页;2010 年版经合组织评注第 23 条第 74 段(联合国评注 2011 年版第 23 条第 16 段也采用此说法)。

内容的例子。

为何没有关于税收饶让抵免的范本条款，特别是在联合国范本中？原因在于临时专家组以及理论文献[213]对此问题的观点分歧很大。发展中国家要求在联合国范本中加入税收饶让抵免条款，但发达国家认为这类条款无益于经济发展。[214] 1999 年临时专家组第九次会议对该问题进行了深入的讨论，但由于观点分歧，没有达成具体结论。[215] 对发展中国家代表来说，2001 年版联合国范本没有加入税收饶让条款是令人失望的，尽管许多发达国家已经接受在它们与发展中国家的税收协定中加入类似条款[216]——美国除外[217]。如

---

[213] 关于作者们是否赞成税收饶让条款之争的综述，参阅布鲁克斯，载于《皇后法律评论》2009 年文，第 513 页。

[214] 联合国评注第 23 条第 5 段与第 11 段；深入分析参阅布鲁克斯，载于《皇后法律评论》2009 年文，第 505 页。

[215] 范·德·布鲁根，载于《不列颠税收评论》2002 年文，第 131 页；联合国：《国际税收合作临时专家组第九次会议报告》(*Report of the Ad Hoc Group of Experts on International Cooperation in Tax Matters on the work of its ninth meeting*)，E/1999/84，1999 年，第 39 段。

[216] 关于不同理由，参阅范·德·布鲁根（《不列颠税收评论》2002 年文，第 131 页）；不同原因参阅经合组织：《税收饶让》，1998 年，第 19 页及其后诸页。发达国家如英国的税收饶让抵免，参阅科林斯：《英国与发展中国家双重课税协议》，第 29 页；布鲁克斯，载于《皇后法律评论》2009 年文，第 515 页；贝克：《避免双重课税协定》，23B. 14。加拿大的情况，参阅布鲁克斯，载于《皇后法律评论》2008—2009 年文，第 523 页。法国的情况，参阅考特：《联合国范本实践的一些思考》，第 17 页；韦西埃、兰雅尔（Vaissière/Raingeard de la Blétière）:"法兰西国别报告"（National Report France），载于朗、皮斯通、舒赫和斯特林格编:《经合组织与联合国公约范本对双边税收协定之影响》(*The Impact of the OECD and UN model conventions on bilatertal tax treaties*)，2012 年版，第 421 起（第 459 页）。澳大利亚的情况，参阅布鲁克斯，载于《皇后法律评论》2009 年文，第 252 页；贝恩、克莱夫、欧康纳（Bain/Krever/O'Connor):"澳大利亚国别报告"（National Report Australia），载于朗、皮斯通、舒赫和斯特林格编:《经合组织与联合国公约范本对双边税收协定之影响》，2012 年版，第 68 页起（第 100 页及其后诸页）。

[217] 关于美国对税收饶让抵免的观点，详参费恩博格（Feinberg):"发展中国家税收协定问题特定方面之美国视野"（United States' Views on Selected Aspects of Developing Country Tax Treaty Issues），载于国际财政协会编:《工业化国家与发展中国家双重课税协定，经合组织与联合国范本——比较视野》，国际财政协会大会研讨会系列第 15 卷，1992 年版，第 39 页及其后诸页；罗圣朋（Rosenbloom):"美国与发展中国家税收条约趋势"（Trends in Tax Treaties between the US and Developing Countries），载于国际财政协会编:《联合国税收协定范本草案》(*UN Draft Model Taxation Convention*)，国际财政协会大会研讨会系列第 4 卷，1979 年版，第 18—20 页。斯坦利·萨里是该派学说的鼻祖，并在 20 世纪 50 年代美国与巴基斯坦协定谈判过程中首次表达了他的观点［皮斯通："综合报告"（General Report），载于朗、皮斯通、舒赫、斯特林格编:《经合组织与联合国公约范本对双边税收协定之影响》，2012 年版，第 1 页起（第 30 页）；布鲁克斯，载于《皇后法律评论》2009 年文，第 519 页］。

今,相关探讨仍在进行,但没有迹象表明不久的将来这种探讨会画上句号。⑱

2000 年经合组织范本加入了一个新的条款,但没有为 2001 年及 2011 年版联合国范本所采纳。该条款为经合组织范本的第 23A(4)条,规定免税法"不适用于一缔约国居民获得的所得或者拥有的资本,如果另一缔约国适用本协定的条款对这些所得或者资本免税,或者对这些所得适用第 10 条或第 11 条第 2 段的规定"。该条款是在经合组织发布合作关系报告(the partnership report)之后为解决定性冲突问题而引入的。如果由于缔约国双方之间存在解释上的差异,造成来源地国根据协定条款对所得不课税,而居民国根据协定对所得予以免税,由此产生了双重不课税(double non-taxation)问题。为避免这一问题,居民国可以转而采用抵免法从而确保至少有一国课税。这一条款可以部分地解决免税法的一个主要缺陷:双重不课税。当然这种解决方法是不彻底的,因为经合组织范本第 23A(4)条只适用于因对协定条款解释不同而造成的定性冲突,适用经合组织范本第 3(2)条以及诉诸国内法而产生的解释冲突并不为第 23A(4)条所涵盖。⑲ 有关的资料和评注没有揭示为何联合国范本没有引入这一条款。

八、非歧视待遇

联合国范本和经合组织范本共同的第 24 条包含了相同的非歧视规则。根据这些规则,缔约国不得以国籍和居所等理由对纳税人在课税方面进行

---

⑱　参阅皮斯通,"综合报告",第 30 页;舒埃里、席尔瓦(Schoueri/Silva):"巴西国别报告" (National Report Brazil),载于朗、皮斯通、舒赫和斯特林格编:《经合组织与联合国公约范本对双边税收协定之影响》,2012 年,第 171 页起(第 197 页);布鲁克斯,载于《皇后法律评论》2009 年文,第 530 页及其后诸页。

⑲　See OECD Comm,2010,Art. 23A Para. 56. 3;Moshammer/Kofler/Tumpel,'Zurechnungs-und Qualifikationskonflikte im DBA-Recht-Behandlung in der österreichischen Verwaltungspraxis',in Lang/Schuch/Staringer(eds.),*Einkünftezurechnung im Internationalen Steuerrecht*(2012)p. 261(p. 268).

歧视。⑳ 该条每一段都包含了不同的非歧视规则:第一段是关于国民的,㉑第二段关于无国籍人士,第三段关于外国企业的常设机构,第四段关于向外国居民支付的可扣除性,第五段关于外资企业(foreign-owned enterprise)。根据第24(6)条,非歧视待遇条款的适用不受联合国和经合组织范本第2条的限制。因此,非歧视待遇条款不仅适用于协定所涵盖的税种,也适用于其他国内法的情形。㉒ 1992 年更新的经合组织范本把原先第24(2)条关于"国民"的定义转移规定在第3 条中,2001 年更新的联合国范本采纳了这一做法。

联合国范本完全采纳了经合组织范本的本条规定,但联合国范本评注对范本第24(5)条提供了一个替代规定,允许对外资企业进行歧视,只要来自于第三国的外资企业也受到相同的待遇。㉓ 这一替代规定是应发展中国家代表的要求而加入的。㉔ 在这些国家看来,这一规定十分必要,一方面外资企业可能带来税收遵从问题,特别是转让定价方面的问题;另一方面,发展中国家的外资企业是一个政治上敏感的问题。发达国家不愿意接受这一根本性的改变,这一改变将大大限制非歧视待遇条款的适用范围,与长期以来所确立的原则相违背。㉕ 由此,临时专家组 1977 年对此问题进行深入探讨后决定,国家应当通过双边谈判来解决外资企业可能产生的问题,1980年版联合国范本的评注重申了这一点。㉖ 而只有到了 2001 年,联合国范本评注才包含了这一替代规定。㉗

<!-- page marker: 94 -->

---

⑳　参阅朗:《引言》,2010 年,第 143 页。

㉑　这一规则还适用于不属于缔约国一方或者双方居民的侨民,所以与各自条约的第 1 条无关。然而 1963 年版经合组织范本中第24(1)条的适用则受第 1 条的限制。

㉒　参阅朗:《引言》,2010 年,第 143 页。

㉓　参阅 2011 年版联合国范本评注第 24 条第 4 段;已经包含在 2001 年版联合国范本评注中(第 24 条第 8 段)。

㉔　参阅联合国:《临时专家组第七次报告》,1978 年,第 21 页;进一步参阅 2011 年版联合国范本评注第 24 条第 4 段。

㉕　参阅联合国:《临时专家组第七次报告》,1978 年,第 21 页。

㉖　参阅 1980 年版联合国范本评注第 24 条第 5 段。

㉗　参阅 2001 年版联合国范本评注第 24 条第 8 段。

九、相互协商、信息交换和税款征收互助

（一）相互协商程序

根据联合国范本第 25（1）条和第 25（2）条，当纳税人认为对其课税不符合税收协定时，他们可以向居民国主管税务当局提出申请以启动相互协商程序（MAP）。缔约国双方主管当局必须努力寻求达成相互都能接受的解决方法，避免不符合协定规定的课税。经合组织范本规定了这些相同的规则。直到最近，联合国范本都没有要求主管当局必须达成协议，只是要求主管当局应"努力地"去达成。但 2011 年更新后的范本改变了这一规定。[28] 新范本包含了关于相互协商程序的两种替代选择。第 25 条 A 选择仍然沿用原条款的规定，但 B 选择在该条第五段加入了强制性仲裁规定。[29] 在 2008 年更新时，经合组织范本第 25（5）条引入了强制仲裁机制，联合国范本跟随了这一趋势。[30] 联合国范本的该条用语与经合组织范本的规定十分类似，但有三个主要差异：第一，联合国范本规定，启动强制仲裁之前主管当局能够进行协商的时限为三年，而经合组织范本规定的这一时限是两年；第二，联合国范本规定，只有应任何一方主管当局的要求，案件才可以被提交强制仲裁，而根据经合组织范本，纳税人也有权将案件提交仲裁；第三，联合国范本允许主管当局在六个月内达成内容不同于仲裁建议的解决协议，而经合组织范本规定仲裁决定具有法律约束力。

发展中国家代表经常批评强制仲裁机制，认为这将给发展中国家税务行政带来难以承受的负担，无论是基于程序成本的考量，还是基于税务当局

---

[28] 这是在 2010 年专家委员会第六次会议上被采纳的。参阅联合国：《第六次专家委员会报告》，2010 年，第 29 段。

[29] 详见德维莱特（Devillet）："第 25 条文本和评注——变化以及它们重要性的综述"（The Text and the Commentary on Article 25—Round-Up of the Changes and their Significance），载于《国际税收期刊》，2012 年，第 612 页起（第 614 页及其后诸页）。

[30] 参阅朗：《引言》，2010 年版，第 150 页。

缺乏有经验人员,结论都是如此。[21] 但这些批评意见取决于仲裁程序类型的选择。联合国范本规定,相互协商程序应当采用所谓的"棒球仲裁"（baseball arbitration）或者"最终要约"（last offer）方法。[22] 这意味着每个缔约国都应当提出解决方案,由独立仲裁员决定选择哪一种方案。从行政角度看,棒球仲裁方式将决定权交给了国际税收领域的独立专家,[23]因此能够促进税务行政。棒球仲裁是一个颇具吸引力的解决方法,一方面提供了主管当局和纳税人之间的争议必将解决的确定性,另一方面将解决争议的成本维持在较低水平。部分国家表达了对接受强制性仲裁的担忧,联合国范本评注为这些国家提供了自愿仲裁的替代条款。[24]

根据联合国范本和经合组织范本的第 25(3)条,缔约国主管当局可以启动协商程序来解决在解释或适用税收协定时产生的不明确事项。两个范本的第 25(4)条都提供了适用相互协商程序的指南。不同于经合组织范本,联合国范本的该款规定,缔约国主管当局应协商制定相互协商程序的方法和技术,并通过单边措施来促进相互协商程序的实施。联合国范本评注探讨了关于双边税收协定采纳相互协商程序的若干程序问题。[25] 目前,下属的争议解决委员会正在制定一份相互协商程序指南,该指南将从发展中国家的特殊需要和环境出发,考虑改进相互协商程序的各种可能性。[26]

（二）信息交换

除了消除双重课税,税收协定的另一个主要目标是防范偷税和避税,[27]

---

[21] 关于联合国范本中强制仲裁的利弊观点的详细综述,可参阅联合国国际税收合作专家委员会:《作为促进相互协商程序额外机制的仲裁》(*Arbitration as an Additional Mechanism to improve the Mutual Agreement Procedure*),E/C. 18/2010/CRP. 2,第 12—65 段。

[22] 参阅联合国国际税收合作专家委员会:《纠纷解决下属委员会报告》,第 44 段。

[23] 同上注,第 44 段与第 49 段。

[24] 参阅 2011 年版联合国范本评注第 24 条第 14 段。

[25] 参阅 2011 年版联合国范本评注第 24 条第 20 段及其后诸段。

[26] 关于该相互协商程序指南的最新草案,参阅联合国国际税收合作专家委员会:《纠纷解决照会:相互协商程序指导》(*Note on Dispute Resolution: Guide to Mutual Agreement Procedure*),E/C. 18/2011/CRP. 4。2012 年专家委员会的第八次会议上再次讨论了该指南。

[27] 参阅上文第二章第四节。

实现这一目标的一个主要工具是联合国范本第 26 条规定的信息交换。每个缔约国主管当局都不能在外国领土上行使主权,而联合国范本第 26 条能够促进缔约国之间的征管互助。1980 年版联合国范本的用语与 1977 年版经合组织范本之间存在微小差异,2001 年联合国范本更新时并没有改变。但在 2008 年更新时,联合国范本第 26 条采纳了经合组织范本的变化,[238] 96 2011 年版联合国范本对此予以保留。[239] 总体而言,联合国范本追随了经合组织范本,并在其评注里指出了适用与经合组织范本相同的原则。[240] 两者的区别在于,联合国范本新旧版本都明示指出,"特别应以防止欺诈或偷税为目的进行信息交换"。这旨在为合理解释第 26 条提供指南,并澄清评注中已经解释的内容。[241] 另一个不同点在于,联合国范本(所有版本)都提到通过协商程序来确定信息交换的适当方法、条件和技术。[242]

按照联合国范本第 26(1)条,缔约国应交换与适用协定和执行国内法可预见的有关信息(foreseeably relevant)。与经合组织范本一样,"预计相关"一词替代了"必要"(necessary),联合国范本评注认为,这种替代只是一种澄清。[243] 2011 年版联合国范本进一步规定,可交换的信息涉及"每个税种",由此该条款的适用范围不仅包括税收协定包含的税种,还包括所有其他国内税收立法规定的税种。这比早先版本的联合国范本所规定的范围更

---

[238] 参阅联合国:《修正第 26 条(信息交换)与修正(2008 年)第 26 条评注——将收录于下一版联合国发达国家与发展中国家之间的避免双重课税协定范本》[*Revised Article 26 (Exchange of information) and Revised (2008) Commentary on Article 26—for Inclusion in the Next Version of the United Nations Model Double Taxation Convention between Developed and Developing Countries*], www. un. org/esa/ ffd/tax/Article% 2026_Exchange% 20of% 20Information% 20 _revised_. pdf(最后访问时间:2013 年 7 月)。

[239] 关于变化情况之概述,参阅贝特尔(Bethel):"第 26 条和第 27 条文本和评注——变化以及它们重要性的综述"(The Text and the Commentary on Article 26 and 27—Round-Up of the Changes and their Significance),载于《国际税收期刊》,2012 年,第 618 页起(第 618 页及其后诸页)。

[240] 参阅 2011 年版联合国范本评注第 26 条第 1.2 段,也指出:"但是应当了解,(联合国范本)第 26 条在许多方面比经合组织范本对应条款的适用范围更为广泛。"

[241] 参阅 2011 年版联合国范本评注第 26 条第 4.2 段。

[242] 该规定体现在 1980 年版和 2001 年版联合国范本的第 26(1)条,以及 2011 年版范本第 26(6)条。

[243] 参阅 2011 年版联合国范本评注第 26 条第 4 段。

广,后者仅限于协定包含的税种。而且本条款的范围不受联合国范本(所有版本)第1条的限制,非居民税收信息据此也可以被交换。人们担心这一范围广泛的信息交换新规定可能给发展中国家带来过重的行政负担,因此,这些国家可以将信息交换限制在那些重要的税种。[244]

接收信息的缔约国应当对收到的任何信息保密,并只能为范本第26(2)条规定的目的使用信息。[245] 被请求国在某些情况下可以拒绝提供信息。[246] 但2011年版范本规定,国内法中的银行保密规定不能作为拒绝提供信息的理由;被请求国也不能因为本国不需要这些信息而拒绝信息交换的请求。[247] 如上所述,不同于经合组织范本第26条,联合国范本第26(6)条规定,主管当局必须通过协商程序决定信息交换的方法,比如只按照请求交换信息,或者也可以自动交换信息。但是实际交换信息无须再行缔结单独的协议,联合国范本第26条本身就构成了一个充分的法律基础。[248]

(三)税款征收互助

2003年,经合组织范本引入了关于税款课税方面提供互助的条款,尽管联合国范本最近才加入这一规定,但早在2006年就决定在范本2011年更新时对此加以修正。[249] 联合国范本第27条复制了经合组织范本第27条的规定,[250]根据这一条,缔约国"应当在税款征收方面提供互助"。与信息交换条款一样,2011版联合国范本第27条不受第1条和第2条的限制,税款征收请求相关的课税不能违反税收协定;税款征收请求必须在请求国内具有可强制执行性。被请求国应当把外国的课税请求视同本国的请求。根据范本第27(4)条,互助请求中可以包含税收保全措施的内容。最后,在某些

---

[244] 参阅2011年版联合国范本评注第26条第8.1段。

[245] 在早先版本的联合国范本中,这一规定出现在第26(1)条后半部分。

[246] 参阅2011年版联合国范本第26(3)条;1980年及2001年版联合国范本第26(2)条。

[247] 参阅2011年版联合国范本第26(4)条、第26(5)条。在2011年更新之前的版本中没有相应的规则。

[248] 参阅2011年版联合国范本第26条第29段及其后诸段。

[249] 参阅联合国:《第二次专家委员会报告》,2006年,第21—23段。

[250] 关于联合国范本第27条的详细分析,参阅贝特尔,载于《国际税收期刊》2012年文,第621页。

情形中,被请求国可以拒绝税款征收帮助的请求。对于那些希望在协定中加入有限形式的税款征收协助请求的国家,联合国范本评注提供了替代规则。㉕ 根据这一规则,协助只有在为了确定协定利益不为无权者所获取时才能提供。

第四节 联合国范本的"使用国"

一、引言

联合国范本主要供发展中国家使用。尽管联合国临时专家组工作伊始就开始使用"发展中国家"一语,但具体哪个国家群体是"发展中国家",这并不明晰。因此,本文此处将阐明该用语的含义。进一步而言,应当根据全球经济发展情况和所谓"发展中"这一国家群体组成的变化,对传统意义上的"发展中国家"这一用语进行重新思考。首先,探讨税收文献是如何使用"发展中国家"这一用语的;其次,将在"发展"这一概念的背景中及世界银行和联合国的分类框架下解释这一用语;最后,本文将尝试用另一种视角来思考这一用语及其在国际税法中的应用。

98

二、现今税收政策讨论中的"发展中国家"概念

在国际税法和国际税收政策探讨中,"发展中国家"一语往往被用来作为"发达国家"的反义词。"发达国家"一词含义基本相当于"经合组织国家"。当联合国范本起草者开始工作时,他们希望不是以经合组织主导的原则,而是以"其他国家"的需求和要求为基础来拟定税收协定范本。由此,他们所创设的"发展中国家"一语应当是非经合组织国家。当今世界存在200多个国家——取决于每个人如何计算——但只有34个国家是经合

㉕ 参阅2011年版联合国范本评注第27条第2段。

组织成员国。[52] 这意味着全世界有超过四分之三的国家属于一类——不论它们之间的相似性或差异性如何。从这一意义上说,"发展中国家"一语等同于"非经合组织国家"。

联合国范本被认为应当成为发达国家与发展中国家之间缔结税收协定的基础,范本旨在供处于不同发展阶段的国家之间缔结税收协定使用。一般认为,"通常的国际税收协定是根据两个发达国家之间的关系来设计的",[53]这些国家具有相等的发展水平,由此在发展水平不同的国家之间缔结税收协定需要一个新的范本。值得进一步强调的是,从资本由一国向另一国流动的角度看,发达国家和发展中国家之间的关系与发达国家之间的关系是不同的。[54] 发达国家之间资本流动较为平衡,但发达国家与发展中国家之间的资本流动则主要是单向的。在这种不平衡的格局中,一个国家是资本输出国,另一个国家是资本输入国。发展中国家是资本输入国,其资本流入超过资本流出;相反,发达国家是资本输出国,资本流出量大于资本流入量。考虑到联合国范本的这一方面,"发展中国家"一语又相当于"资本输入国"。从经济学角度看,这一用语有两点含义:第一点是如果一个国家出售的金融资产比购入的金融资产多,或者资本的流入比流出多,那么该国是资本输入国。[55] 这将把一国定性为资本输入国或者资本输出国——按照它与其他国家的关系。税收协定是双边的,那么第二点更为重要:如果一国金融账户记录的流入该国的外国直接投资(FDI)、贷款或者其他资本转

99

---

[52]　参阅经合组织:《成员与伙伴》(*Members and Partners*),www.oecd.org/about/membersandpartners/(最后访问时间:2013 年 7 月)。

[53]　经济及社会理事会 1967 年 8 月 4 日第 1273 号决议(参阅联合国:《临时专家组第一次报告》,1969 年附件 I)。

[54]　如果税收协定缔约国之间的资本流动是不均衡的,那么协定中课税权分配规则的适用将产生不平衡的结果。这种不平衡导致来源地国可能较居民国放弃更多的课税权。

[55]　这些交易在一国的国际收支平衡表(the balance of payment)的金融账户中有描述。关于国际收支平衡表的介绍,请参阅克鲁格曼、奥布斯特菲尔德(Krugman/Obstfed):《国际经济学——理论与政策》(*International Economics—Theory & Policy*),2009 年第 8 版,第 301 页及其后诸页(尤其是第 306 页);芬斯特拉、泰勒(Feenstra/Taylor):《国际经济学》(*International Economics*),2011 年第 2版,第 574 页及其后诸页。

移多于流出数额,那么该国相对于另一个缔约国是资本输入国。不可否认,满足第一点定义的国家多数也是资本输入国,但下面的探讨表明,情况并不总是这样的。

三、发展中国家分类的指标

发展中国家是处在发展过程中的国家,但要界定"发展"一词却并不容易。在 20 世纪,许多学者尝试找到解释世界各经济体之间在福利、工业化、生活水平等方面存在巨大差距的理论基础。[㊺] 解释欠发达原因和寻找解决问题方法的不同理论不断涌现,其中主要是出于统计和简化的需要,按照发展阶段对国家加以分类的指标被设计了出来。最著名的是世界银行和联合国开发计划署(UNDP)的指标体系,这些指标体系考虑了国家分类的各种因素。[㊻]

世界银行对世行成员国和所有人口数在 3 万以上的其他经济体(共215 个国家),按照它们的收入水平,即人均国民总收入(GNI),[㊼]分为低收入国家、中低收入国家、中高收入国家和高收入国家。[㊽] 高收入国家进一步

100

㊺　该题目的有关介绍,参阅:Novy, Entwicklung gestalten(2005), pp. 40 et seq. ; Fischer/Hödl/Parnreiter, '50 Jahre " Entwicklung ": Ein uneingelöstes Versprechen ', in Fischer/Hanak/Parnreiter (eds.) Internationale Entwicklung. Eine Einführung in Probleme, Mechanismen und Theorien(2003) p. 16 (p. 16 et seq.); Nuscheler, Entwicklungspolitik(2012) pp. 128 et seq. ; Fischer/Hödl/Parnreiter, 'Entwicklung-eine Karotte, viele Esel?', in Fischer/Hödl/Maral-Hanak/Parnreiter (eds.) Entwicklung und Unterentwicklung. Eine Einführung in Problem, Theorien und Strategien(2010) p. 13(pp. 13 – 54);Nohlen/Nuscheler, 'Was heißt Unterentwicklung?' and 'Was heißt Entwicklung?', both in Nohlen/Nuscheler (eds.) Handbuch der Dritten Welt, Vol. 1, Grundprobleme, Theorien, Strategien(1992), pp. 31 – 54 and pp. 55 – 75。

㊻　关于此概述,参阅:Todaro/Smith, Economic Development(2009), pp. 41 et seq. ; Nuscheler, Entwicklungspolitik(2012), pp. 128 et seq. ; Nohlen/Nuscheler, 'Ende der Dritten Welt?' in Nohlen/Nuscheler(eds.) Handbuch der Dritten Welt, Vol. 1, Grundprobleme, Theorien, Strategien(1992), pp. 14 – 30 (pp. 22 et seq.)。

㊼　参阅世界银行:《我们如何给国家分类》(How we classify countries), http://data. worldbank. org/about/country-classifications(最后访问时间:2013 年 7 月)。

㊽　界限标准如下:1005 美元及以下为低收入,1006—3975 美元的为中低收入,3976—12275 美元的为中高收入,12276 美元以上的为高收入(参阅世界银行:《我们如何给国家分类》)。

被分为经合组织国家与其他国家,这些国家共同组成了"发达国家"。[⑳] 其他所有国家被称为发展中国家。[㉑] 这一划分已经表明,发展中国家这一大类成员具有异质性,包括了数量众多、具有不同收入水平和地理环境的国家。

世界银行的分类体现了长期以来将发展与经济增长和工业化相提并论的理念。但欠发达并不必然只是贫穷,发展包含了更多的因素。[㉒] 由此,联合国开发计划署创设了一个不只包含收入因素的指标:人类发展指数(HDI)。该指数表现为从 0(最低发展水平)到 1(最高发展水平)的等级,通过三个指标衡量人类发展情况:寿命(人均预期寿命)、知识(识字率和受教育年数)、生活水平[购买力调整后的人均国民总收入(GNI)]。[㉓] 将该指数适用于 187 个国家,从而把这些国家分为四组:人类发展水平低的国家、人类发展水平中等的国家、人类发展水平高的国家,以及人类发展水平非常高的国家。人类发展分类是相对的,按照人类发展指数国家间分布的四分位为基础,因此不存在将一个国家归入一类的固定标准。[㉔] 在每年的人类发展报告中,联合国开发计划署都会发布一份每个国家归类的新清单。[㉕] 人类发展水平低等和中等的国家被归为发展中国家。[㉖] 而且早在 1971 年,联合国大会将另一组国家从发展中国家这一大群体中区分出来:最不发达

[⑳] 参阅托达罗和史密斯(Todaro Smith):《经济发展》(*Economic Development*),2009 年,第 41 页。

[㉑] 同上。

[㉒] Fischer/Hödl/Parnreiter, '50 Jahre "Entwicklung"', p. 23.

[㉓] 参阅联合国开发计划署:《人类发展指数》[*The Human Development Index*(*HDI*)],http://hdr. undp. org/en/statistics/hdi/(最后访问时间:2013 年 7 月);托达罗和史密斯:《经济发展》,2009 年,第 49 页及其后诸页。另见:Nuscheler, *Entwicklungspolitik*(2012)pp. 131. et seq.

[㉔] 参阅联合国开发计划署:《人类发展报告 2011》,2011 年,http://hdr. undp. org/en/reports/global/hdr2011/(最后访问时间:2013 年 7 月),第 124 页。

[㉕] 该报告可以在联合国开发计划署网站下载:《人类发展报告》,http://hdr. undp. org/en/reports(最后访问时间:2013 年 7 月)。

[㉖] Fischer/Hödl/Parnreiter, '50 Jahre "Entwicklung"', p. 25.

国家(简称为 LDCs)。[265] 这类国家包含了联合国中最贫困和最脆弱的成员国,应当获得特别的国际支持。[266] 所有最不发达国家的人类发展指数都是低水平的,非洲国家中最不发达国家归类和人类发展指数最具一致性。[267] 因此,根据联合国开发计划署的术语,发展中国家组也包含了低等和中等人类发展水平的众多国家。

101

四、不同的思考

使用联合国范本或者被认为应当使用联合国范本的国家具有异质性,这一现象具有多重含义。首先,世界银行和联合国开发计划署的指标表明,发展中国家这一大类可以进一步分为中等和低等收入国家,或者中等和低等发展水平国家,以及最不发达国家等子类。这意味着分属于不同子类的国家具有不同的发展水平和不同的脆弱程度。这涉及政府议程上不同的政策目标和优先选择,并影响一国在国际税法和税收协定谈判领域的决定。对于一些国家来说,缔结税收协定或者参加国际税收政策的讨论可能并不是最重要的事项。但从那些希望与低收入国家或者最不发达国家缔结税收协定的发达国家来看,可能应采取不同的政策目标。这是因为如上所述,[268] 税收协定可以作为发展援助的一种手段。因此,与联合国范本的做法不同,应当把非经合组织国家按照收入或发展水平分为"非常贫穷"国家和"不再那么贫穷"国家,对于前一组国家的国际税收政策应当有别于对后一组国家的政策。对前一组国家,发展援助政策应当占一席之地,而对后一组国

---

[265] Nuscheler, *Entwicklungspolitik* (2012) p.73. 更多详情参阅下文第四章第一节。注意有时最不发达国家也被简称为 LLDCs,因为严格意义上说,最不发达国家一般都是最不发达的发展中国家 [Nuscheler, *Entwicklungspolitik* (2012) p.73],但本书中还是使用 LDCs 的简称,因为这也是联合国对这类国家的简称。

[266] 参见联合国——最不发达国家、内陆发展中国家与小岛屿发展中国家高级代表(UN-OHR-LLS):《最不发达国家:关于 LDCs》(*Least Developed Countries : About LDCs*),www.unohrlls.org/en/ldc/25/(最后访问时间:2013 年 7 月)。

[267] 非洲最不发达国家中只有赤道几内亚没有被列在 2011 年人类发展报告中的低水平国家,而是属于中等发展水平国家。

[268] 参阅上文第二章第三节"三"部分。

家,这方面不再那么重要。应当考虑的是,最不发达国家这一定义的提出目的,在于为这些国家提供特别和基本的援助,这一点也应体现在对这些国家的税收政策中。

进一步从资本输入或者输出的角度看,可以发现一个变化。在过去的若干年里,部分发展中国家和地区转变成为转型经济体或者新兴工业化经济体。[21] 这组国家和地区包括亚洲"四小虎"(韩国、中国的台湾地区、中国的香港地区和新加坡)、巴西、墨西哥、智利和南非;有时还包括中国和印度。对这些经济体而言,转型经济体与发展中国家和地区的区别十分模糊。[22] 中国、巴西和印度是很好的例子,展现了工业化过程和从发展中国家向转型经济体转变对资本输入国或资本输出国界定的影响。这些国家都已经是世界经济中的主要成员,除了出口货物,这些国家已经开始积极投资全球市场,并通过外国直接投资或者购买其他金融资产等形式对外输出资本。投资流动发生了变化,中国和巴西一方面是资本的输入国,而另一方面又是资本的输出国。尽管输入的资本来自于发达国家,但中国和巴西已经投资于许多其他的发展中国家。

可以看出,根据发展状况来给国家分类并不容易,而且把一个国家只置于一个类别似乎也是不可能的。当今世界并不只有黑白之分,需要考虑大量的灰色地带。因此按照资本输入国来定义"发展中国家"应当是动态化的。总体而言,国家分类是在双边基础上完成的:当两个国家开始协定谈判时,必须首先分析各自的经济和其他关系,确定哪个国家在资本流动方面更为强大。一个国家可能在某一方面是输入资本,而在另一方面是输出资本,因此,创设一些指标来帮助国家根据谈判对方的情况决定采用何种协定政策就变得十分重要。如果国家间双边资本流动随着时间推移发生了变化,资本输入国突然之间变成了资本输出国,这时的问题就更大了。这意味着在两国间缔结协定之后,应当经常监控两国之间的关系,从而能在关系发生

---

[21] 转型经济体主要的特点包括但不限于:高经济增长率、高的劳动生产率和低工资,以及出口导向的工业化[Nuscheler, *Entwicklungspolitik* (2012) p. 79]。

[22] Nuscheler, *Entwicklungspolitik* (2012) p. 80.

变化时迅速作出反应。

最后,上述两个方面对于国家对国际税收政策制定的影响力方面存在副效应。一方面,诸如来自金砖国家(BRICS)等重要全球成员的代表,[223]尽管只是非正式的,影响了联合国范本的起草,并已经发展了它们在国际税收问题上的立场。金砖五国中的四国是经合组织的"重要伙伴国",这便于它们与经合组织在若干税收问题以及其他方面开展合作,[224]也意味着这些国家已经在经合组织范本起草过程中拥有了话语权。但另一方面,那些更小的经济体缺乏广泛的贸易网络,在范本起草过程中没有影响力。这些国家在国际税收领域缺乏话语权,也没有获得联合国专家委员会的支持,因为该委员会的代表来自于更为强大的发展中国家或发达国家。

研究文献进一步提出,发展水平和资本输入国或资本输出国地位是一国税收协定谈判力的重要因素。[225] 最不发达国家或最低收入国家可能更愿意向协定对方提供税收优惠,以换取非税收的优惠,如财政赠款。中等发展水平或中等收入国家因其快速增长的经济和日益重要的地位拥有了更强的谈判力。因此,不同类型的国家在协定谈判中处于完全不同的地位。

五、对联合国范本与经合组织范本差异的总结

在进入下一章实证分析之前,对联合国范本与经合组织范本的差异加以总结。两个范本的多数差异集中在关于营业利润和其他独立活动条款方

---

[223] BRICS 是巴西、俄罗斯、印度、中国和南非的缩写,代表了一组经济快速增长、全球影响力日益上升、处于领先地位的新兴经济体。参阅史密斯(Smith):"BRIC 变为 BRICS:地缘政治棋盘之变化"(BRIC Becomes BRICS:Changes on the Geopolitical Chessboard),载于《外国政策杂志》(*Foreign Policy Journal*),2011 年 1 月 21 日,www. foreignpolicyjournal. com/2011/01/21/bric-becomes-brics-changes-on-the-geopolitical-chessboard/,最后访问时间:2013 年 7 月。

[224] 巴西、中国、印度和南非(以及印度尼西亚)是经合组织的"强化联系国"或"重要伙伴国",这种经合组织与非成员国之间十分紧密的合作包括了后者参与经合组织税收领域的活动。详见经合组织:《成员与伙伴》(*Members and Partners*),www. oecd. org/about/membersandpartners/,最后访问时间:2013 年 7 月;经合组织,《经合组织与其重要伙伴国的关系》(*The OECD's Relations with its Key Partners*),2012 年,www. oecd. org/general/50452501. pdf,最后访问时间:2013 年 7 月。

[225] 参阅皮斯通:"与发展中国家的税收条约",第 415 页。

面。根据联合国范本,按照有限引力原则,营业利润更可能归属于来源地国常设机构。最重要的是,联合国范本中的"常设机构"定义更为广泛,企业更易与来源地国建立联系,来源地国因此更可能对营业利润课税。与经合组织范本不同,联合国范本提供了加入一个替代条款从而对海运企业在活动发生地进行课税的可能。而联合国范本独立劳务规则赋予活动发生国课税权不仅可依据固定基地,还可依据 183 天规则。

在消极所得方面,联合国范本与经合组织范本的主要差异在于前者没有对预提税税率设置任何限制,这些税率须通过双边谈判确定,这更可能导致较高的税率。联合国范本向来源地国赋予更多课税权的另一重要途径,是关于转让地产型公司股份和转让大额股份的规定。两个范本关于受雇和其他非独立活动的规定差异较小,但根据联合国范本,由公共基金支付的退休金和社会保障支出可以在来源国课税;经合组织范本没有对应的规定。最后,联合国范本中的其他所得条款将课税权赋予了来源地国,如果所得来源于那里的话。

在课税权分配规则以外,两个范本的差异很小,只有仲裁程序规则是不同的。另外联合国范本的信息交换条款提到了防范偷税和避税。总体而言,对于联合国范本的逐条分析表明,该范本并没有与经合组织范本存在重大差异。㉖ 联合国范本吸收了经合组织范本的基本原则,并且只在一些具体规则上与经合组织范本有所不同。尽管来源地国因此获得了更多的课税权,但居民国课税体制仍占据主导地位。

㉖　关于对该观点的批判者,请参阅上文第三章第二节"四"部分。

第四章 实证分析：
盘点东非最不发达国家税收协定条款

第一节 研究的样本

一、样本国家

我们已经对联合国范本、具体条款以及作为基础的原则进行了探讨，现
在的问题是，发展中国家是否真正使用了联合国范本。为此，下文将集中分析那些最贫穷和最脆弱的发展中国家。正如已经指出的，非洲是这类国家最多的大陆，应当在非洲内确定一组同质的国家，从而减少分析协定的数量。考虑这些因素，本文分析的国家包括：布隆迪、埃塞俄比亚、肯尼亚、马达加斯加、马拉维、莫桑比克、卢旺达、坦桑尼亚、乌干达、赞比亚、津巴布韦。① 具体而言，样本国家的选择是根据以下三个标准：

（1）所有样本国或是联合国定义的最不发达国家，或是世界银行定义的低收入国家（LIC）。② 最不发达国家的人均国民总收入（GNI）低于750美元；人类资产指数（HAI）低，意味着人力资源贫乏；经济脆弱指数（EVI）

---

① 值得注意的是，选择这一组国家具有典型性，其他人类发展水平低的国家和其他最不发达国家，特别是在其他大陆的协定政策可能会有所不同。

② 所有数据可以在以下网站获得：联合国高级代表办公室：《最不发达国家：关于 LDCs》，www. unohrlls. org/en/ldc/25/（最后访问时间：2013 年 7 月）；联合国经济和社会事务部（UN DE-SA）：《最不发达国家：最不发达国家情况说明书》（*Least Developed Countries: LDC Fact Sheets*），www. un. org/en/development/desa/policy/cdp/ldc/profile/（最后访问时间：2013 年 7 月）；世界银行（World Bank）：《国家与贷款人集团》（*Country and Lending Groups*），http://data. worldbank. org/about/country-classifications/country-and-lending-groups（最后访问时间：2013 年 7 月）。关于发展的概念参阅上文第三章第四节。

的测算表明这些国家经济上十分脆弱。这三个指标必须同时满足。③　世界银行的判断标准只有一个,即人均国民总收入。低收入国家是人均国民总收入为 1005 美元或者更低的国家。④　据此,联合国定义的最不发达国家都是世界银行界定的低收入国家,但不是所有的低收入国家都是最不发达国家。另外,本书分析的所有样本国家都是 2011 年《人类发展报告》确定的人类发展水平低的国家。⑤

（2）所有样本国家都位于东非。联合国给出了东非的地域界限。⑥　东非包括:布隆迪、科摩罗、吉布提、厄立特里亚、埃塞俄比亚、肯尼亚、马达加斯加、马拉维、毛里求斯、马约特、莫桑比克、留尼汪、卢旺达、塞舌尔、索马里、乌干达、坦桑尼亚、赞比亚、津巴布韦。毛里求斯、马约特、留尼汪和塞舌尔被从样本国中剔除,因为这些国家既非最不发达国家也非低收入国家,同时也不属于低人类发展水平的国家。

（3）所有样本国家自独立以来对外至少缔结一个税收协定。自独立以来没有缔结协定的东非低收入国家和最不发达国家是科摩罗、吉布提、厄立特里亚和索马里。⑦　这些国家也不在本文分析范围之内。

---

③　参阅联合国高级代表办公室:《确定最不发达国家的标准》(*The Criteria for the Identification of LDCs*),www.unohrlls.org/en/ldc/164/(最后访问时间:2013 年 7 月)。

④　参阅世界银行:《我们如何给国家分类》,http://data.worldbank.org/about/country-classifications(最后访问时间:2013 年 7 月)。

⑤　参阅联合国开发计划署:《人类发展报告》,2011 年,第 125 页及其后诸页。

⑥　联合国统计局(United Nations Statistic Division):《大地理(大陆)区域、地理子区域以及选定经济区域与其他分组的构成》[*Composition of macro geographical (continental) regions,geographical sub-regions,and selected economic and other groupings*],http://millenniumindicators.un.org/unsd/methods/m49/m49regin.htm#africa(最后访问时间:2013 年 7 月)。

⑦　但科摩罗和吉布提已经宣布他们有兴趣建设本国对外谈签税收协定的能力,特别是与本地区国家谈签税收协定。参阅非洲、加勒比和太平洋国家(ACP):《东南非共同市场开创者论坛——路线图》(*COMESA Pathfinder Forum—Roadmap*),第 10—11 页。但这些国家要具备这一能力可能还需时间。

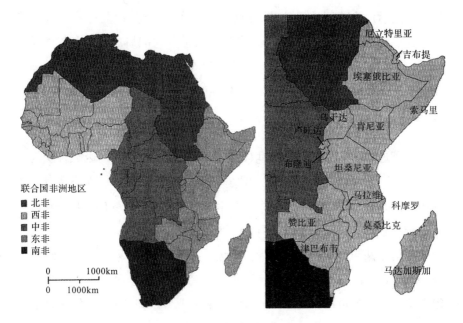

图 4.1　非洲及东非的地图⑧

二、共同的历史

　　东非被选为目标群体的首要理由是，样本国必须是一组确实属于最贫 107
穷世界的国家。为此选择非洲并不是太牵强，因为如果选择整个非洲大陆，
就会有太多的协定要分析；样本国数量不得不缩减，目的是找出一组同质性
的国家，东非国家是一个合适的选择。这是因为，其中有许多国家拥有共同
的历史背景，⑨多数国家曾是英国的殖民地。肯尼亚、坦桑尼亚、马拉维、赞
比亚、津巴布韦在独立之前，都是英国的殖民地。⑩ 坦桑尼亚是在第一次世

---

　　⑧　维基（Wikipedia）：《联合国非洲地区》（UN Subregions of Africa），http://upload. wikimedia.
org/wikipedia/commons/thumb/f/fl/Africa_map_regions. svg/2000px-Africa_map_regions. svg. png，最后
访问时间：2013 年 7 月（东非地图是由作者本人所制的非洲地图的改编版；南苏丹目前不在该地图
中）。

　　⑨　关于历史概况，参阅：Schicho，*Handbuch Afrika Vol. 3*，*Nord-und Ostafrika*（2004）；*ibid. Hand-
buch Afrika Vol. 1*，*Zentralafrika*，*Südliches Afrika und die Staaten im Indischen Ozean*（1999）.

　　⑩　Schicho，*Handbuch Afrika Vol. 3*，（2004）pp. 264，314，338，358，374.

界大战之后成为英国殖民地的,之前是德属东非的组成部分。[11] 卢旺达和布隆迪也是德属东非的组成部分,在第一次世界大战后成为比利时的殖民地。[12] 马达加斯加是德国殖民地,莫桑比克是葡萄牙殖民地。[13] 只有埃塞俄比亚是独立国家,从未直接受到欧洲列强的统治。[14]

三、区域一体化

除了近似的历史背景,所选取的国家都参加了许多共同区域性贸易安排。[15] 这表明这些国家追求相似的贸易和经济政策,而在税收协定方面采取相似的方法也可能是这种合作的结果之一。东非最重要的两项区域一体化安排是东南非共同市场(COMESA)和东非共同体(EAC)。[16]

东南非共同市场包括或至少曾经包括所有样本国家,其中的九国,布隆迪、埃塞俄比亚、肯尼亚、马达加斯加、马拉维、卢旺达、乌干达、赞比亚和津巴布韦是现任成员国。[17] 莫桑比克和坦桑尼亚曾经是成员国,但后来退出了。东南非共同市场是一个于 1994 年成立的自由贸易区,是原东非优惠贸易区的变体。[18] 目前东南非共同市场处于前途未卜的状态,不少国家退出而选择加入其他贸易集团。[19] 鉴于东南非共同市场的不佳状况,其中的部

---

[11] Schicho, *Handbuch Afrika Vol. 3*, (2004) pp. 312 et seq.

[12] Schicho, *Handbuch Afrika Vol. 1*, (1999) pp. 240 et seq. and 259 et seq.

[13] Schicho, *Handbuch Afrika Vol. 1*, (1999) pp. 60 et seq. and 78 et seq.

[14] 只有在 1935 年至 1941 年被意大利占领[Schicho, *Handbuch Afrika Vol. 3*, (2004) pp. 195]。

[15] 关于区域贸易安排的概况,参阅杨、古普塔(Yang/Gupta):《非洲区域贸易安排:过去的绩效与未来的道路》(*Regional Trade Arrangements in Africa:Past Performance and the Way Forward*),国际货币基金组织工作论文(IMF Working Paper),WP/05/36(2005),www. iadb. org/intal/intalcdi/PE/2010/06079. pdf(最后访问时间:2013 年 7 月);金布格维、帕迪基斯、杨、克尔(Kimbugwe/Perdikis/Yeung/Kerr):《区域贸易促进经济发展:新东非共同体的角色?》(*Economic Development through Regional Trade:A Role for the New East African Community?*),2012 年版,第 41 页及其后诸页。

[16] 参阅金布格维、帕迪基斯、杨、克尔:《区域贸易促进经济发展:新东非共同体的角色?》,2012 年版,第 45 页。

[17] 关于东南非共同市场,参阅《东非与南非共同市场》,www. comesa. int(最后访问时间:2013 年 7 月)。

[18] 参阅金布格维、帕迪基斯、杨、克尔:《区域贸易促进经济发展:新东非共同体的角色?》,2012 年版,第 45 页。

[19] 同上。

分国家聚合起来复兴了已在 20 世纪 70 年代因政观不同而瘫痪的东非共同体。[20] 在 1999 年,成立东非共同体的条约由最初的成员国肯尼亚、坦桑尼亚和乌干达签署;布隆迪和卢旺达于 2007 年加入。[21] 所有这五个成员国均是本书的样本国家。

其他六个样本国家参加了南部非洲区域一体化安排,目前,马达加斯加、马拉维、莫桑比克、坦桑尼亚、赞比亚和津巴布韦是南部非洲发展共同体(SADC)的成员国。[22] 南部非洲发展共同体是非洲区域整合比较成功的案例之一,其表明了"市场与生产要素之间有效联系的持续一体化"。[23] 南部非洲发展共同体的一个潜在冲突因素是南非在该区域的主导地位;较之于其他成员国,该国经济实力更为强大,更为发达。[24] 南部非洲发展共同体、东南非共同市场和东非共同体这三大贸易集团成员国的首脑正在讨论建立包含该三大贸易组织的自由贸易区议题。[25] 如果这种谈判能够成功,三位一体的自由贸易区就能成立,这意味着包含非洲大陆 54 个国家中 26 个国家的单一市场将得以建立。[26] 东非的其他经济共同体包括政府间发展管理局(IGAD)[27],埃塞俄比亚、肯尼亚和乌干达是其成员国;印度洋委员

109

---

[20]　参阅金布格维、帕迪基斯、杨、克尔:《区域贸易促进经济发展:新东非共同体的角色?》,2012 年版,第 45 页。

[21]　参阅东非共同体:《关于东非共同体》,www. eac. int/about-eac. html(最后访问时间:2013 年 7 月)。

[22]　参阅南部非洲发展共同体:《关于南部非洲发展共同体》,www. sadc. int/english/about-sadc/(最后访问时间:2013 年 7 月)。

[23]　参阅金布格维、帕迪基斯、杨、克尔:《区域贸易促进经济发展:新东非共同体的角色?》,2012 年版,第 44 页。

[24]　同上。

[25]　参阅东南非共同市场:《东南非共同市场—东非共同体—南非发展共同体三方自由贸易区》(*The Comesa-EAC-SADC Tripartite Free Trade Area*),http://programmes. comesa. int/index. php? option = com_content&view = article&id = 77&Itemid = 146(最后访问时间:2013 年 7 月)。

[26]　同上。

[27]　政府间发展管理局的成员国为七个位于非洲之角的国家,吉布提、埃塞俄比亚、肯尼亚、索马里、苏丹、厄立特里亚以及乌干达。参阅:政府间发展管理局:《关于我们》(*About Us*),http://igad. int/index. php? option = com_content&view = article&id = 93&Itemid = 124,最后访问时间:2013 年 7 月。

会(IOC)㉘,马达加斯加是其成员国之一。

第二节　样本国家的税收协定网络

一、所分析的税收协定列表

表 4.1 列出了与样本国家缔结税收协定的所有缔约伙伴国(treaty part-ners)。㉙ 样本国家后的括号里注明了该国独立的年份和殖民国名称,缔约伙伴国(或地区)之后的括号里注明了签署协定的日期和协定生效日期。马拉维、赞比亚和津巴布韦在独立之前以它们自己名义缔结的,至今仍有效的协定也在列表中。但是这些协定不能体现这些国家的协定政策,因此不是下文分析的对象。这些协定都是由这些国家的宗主国——英国起草并与缔约伙伴国缔结,且通过换文方式扩展适用其殖民地的。㉚ 在独立之后,马拉维和赞比亚决定继续适用这些协定,但有些协定(被缔约伙伴国)终止了。㉛ 肯尼亚、赞比亚和乌干达在独立时决定继承并在其领土上适用部分由英国签署的协定,这些协定现在也都已经失效了。㉜ 1959 年南非直接与

110

㉘　印度洋委员会有以下成员国:科摩罗、马达加斯加、毛里求斯、留尼汪(法国的保护国)以及塞舌尔。参阅印度洋委员会:《关于我们》(*About Us*), http://ioconline. org/about-us. html,最后访问时间:2013 年 7 月。

㉙　所有的协定文本均来自于国际财政文献局(IBFD)的税收协定数据库(www. ibfd. org)。

㉚　举例而言,英国与丹麦的协定扩展适用于尼亚萨兰和罗德西亚,即现在的马拉维、赞比亚和津巴布韦。1949 年英国与瑞典的协定通过 1958 年换文扩展适用于尼亚萨兰、罗德西亚和肯尼亚、坦噶尼喀、乌干达和桑给巴尔。通过 1963 年的换文,在尼亚萨兰和罗德西亚联邦解体后,协定继续分别适用于尼亚萨兰、南北罗德西亚。

㉛　英国与丹麦、挪威、瑞典、荷兰之间的协定通过换文扩展适用于赞比亚。但在赞比亚独立后该四国都终止了协定。马拉维和丹麦的避免双重课税条约,以及马拉维与瑞典的避免双重课税条约分别在 1993 年和 1998 年终止。

㉜　肯尼亚与瑞士(1961 年英国换文/1963 年终止)、坦桑尼亚与瑞士(1963 年英国换文/1961年终止)、乌干达与丹麦(1954 年英国/1954 年终止:1993 年)、乌干达与英国(1952 年/生效日期未知,终止 1994 年),以及津巴布韦与瑞士(1961 年英国换文/终止)避免双重课税条约。

坦噶尼喀(Tanganyika)(而不是英国)签署的协定也已经终止了,这一协定适用于坦桑尼亚和乌干达。

表 4.1 样本国的税收协定清单㉝

东非最不发达国家 (独立时间)	缔约伙伴国(或地区) (签约时间/生效时间)
布隆迪 (1962 比利时)	肯尼亚、卢旺达、坦桑尼亚、乌干达(东非共同体条约 2010/未生效)
埃塞俄比亚	中国(2009/2013)、捷克共和国(2007/2008)、埃及*(2011/未生效)、法国(2006/2008)、印度(2001/2002)、伊朗*(2005/未生效)、以色列(2004/2008)、意大利(1997/2006)、韩国*(2012/未生效)、科威特(1996/未生效)、荷兰(2012/未生效)、葡萄牙(2013/未生效)、卡塔尔*(2013/未生效)、罗马尼亚*(2003/2009)、俄罗斯(1999/未生效)、沙特阿拉伯*(2013/未生效)、塞舌尔(2012/未生效)、南非(2004/2006)、苏丹*(2008/未生效)、突尼斯(2003/2007)、土耳其(2005/2007)、英国(2011/2013)
肯尼亚㉞ (1963 英国)	布隆迪(东非共同体 2010/未生效)、加拿大(1983/1987)、丹麦(1972/1973)、法国(2007/2010)、德国(1977/1980)、印度(1985/1985)、伊朗*(2009/未生效)、意大利(2009/未生效)、毛里求斯(2012/未生效)、挪威(1972/1973)、卢旺达(东非共同体 2010/未生效)、南非(2010/未生效)、瑞典(1973/1973)、坦桑尼亚(东非共同体 1997、2010/未生效)、泰国(2006/未生效)、乌干达(东非共同体 1997、2010/未生效)、阿联酋*(2011/未生效)、英国(1973/1976)、赞比亚(1968/?,1964 生效)
马达加斯加 (1960 法国)	法国(1983/1984)、毛里求斯(1994/1995)

㉝ *号标记的协定是那些分析时不可获得的协定文本,因此下文分析不包含这些协定。

㉞ 目前,肯尼亚也与塞舌尔正就税收协定问题进行谈判[参阅国际财政文献局新闻:《肯尼亚与塞舌尔草签协定》(*Treaty between Kenya and Seychelles initialled*),2011 年 7 月 25 日];2013 年启动与韩国草签一项税收协定[参阅国际财政文献局新闻:《肯尼亚与韩国草签协定》(*Treaty between Kenya and Korea(Rep.)initialled*),2013 年 6 月 27 日]。

续表

东非最不发达国家 （独立时间）	缔约伙伴国（或地区） （签约时间/生效时间）
111 马拉维㉟ （1964 英国）	独立前签约但仍然有效：法国（英国 1963 年换文/1964）、荷兰（1969 年换文/1970）、原挪威（英国 1963 年换文/1960）、瑞士（英国 1961 年换文/1961）、英国（1955/1956） 独立后：挪威（2009/未生效）、塞舌尔*（2012/未生效）、南非（1971/1971）
莫桑比克㊱ （1975 葡萄牙）	博茨瓦纳（2009/未生效）、印度（2011/2012）、意大利（1998/2004）、澳门地区（2007/2011）、毛里求斯（1997/1999）、葡萄牙（1991/1993；协定：2008/2010）、南非（2007/2009）、阿联酋（2003/2004）、越南（2010/未生效）
卢旺达 （1962 比利时）	比利时（2007/2010）、布隆迪（东非共同体 2010/未生效）、肯尼亚（东非共同体 2010/未生效）、毛里求斯（2001/2003）㊲、南非（2002/2010）、坦桑尼亚（东非共同体 2010/未生效）、乌干达（东非共同体 2010/未生效）

㉟　目前，马拉维正与毛里求斯谈判税收协定事宜［参阅毛里求斯税务局：《双重课税协议》（*Double Taxation Agreements*）www. gov. mu/portal/sites/mra/dta. htm，最后访问时间：2013 年 7 月］。而且，马拉维与博茨瓦纳、荷兰、阿联酋以及英国的协定谈判已在计划中或已开始进行［参阅国际财政文献局新闻：《马拉维与英国之间的协定——正在谈判》（*Treaty between Malawi and United Kingdom—negotiations underway*），2013 年 6 月 13 日；国际财政文献局新闻：《马拉维与阿联酋之间的协定——谈判》（*Treaty between Malawi and United Arab Emirates—negotiations*），2013 年 5 月 21 日；国际财政文献局新闻：《博茨瓦纳与马拉维之间的协定——谈判》（*Treaty between Botswana and Malawi—negotiations*），2013 年 5 月 8 日；国际财政文献局新闻：《荷兰与马拉维之间的协定——计划谈判》（*Treaty between Netherlands and Malawi—negotiations planned*），2013 年 5 月 2 日］。与南非和葡萄牙的谈判已达成［参阅国际财政文献局新闻：《南非与马拉维之间的协定——谈判达成》（*Treaty between South Africa and Malawi—negotiations concluded*），2011 年 2 月 4 日；国际财政文献局新闻：《葡萄牙与马拉维之间的协定——谈判达成》（*Treaty between Portugal and Malawi—negotiations concluded*），2010 年 9 月 23 日］。

㊱　现已公开的是莫桑比克与韩国有就税收协定事宜开始谈判的意向［参阅国际财政文献局新闻：《莫桑比克与韩国之间的协定——有谈判意向》（*Treaty between Mozambique and Korea（Rep. ）—intentions to negotiate*），2013 年 6 月 14 日］。

㊲　卢旺达与毛里求斯之间的协定修改于 2013 年并完成草签［参阅国际财政文献局新闻：《毛里求斯与卢旺达的协定草签》（*Treaty between Mauritius and Rwanda initialled*），2013 年 2 月 19 日］。

续表

东非最不发达国家 (独立时间)	缔约伙伴国(或地区) (签约时间/生效时间)
坦桑尼亚⊗ (1961 英国)	布隆迪(东非共同体 2010/未生效)、加拿大(1995/1997)、丹麦(1976/1976)、芬兰(1976/1978)、印度(1979/1981)㊴、意大利(1973/1983)、肯尼亚(东非共同体 1997、2010/未生效)、挪威(1976/1978)、卢旺达(东非共同体 2010/未生效)、南非(2005/2007)、瑞典(1976/1976)、乌干达(东非共同体 1997、2010/未生效)、赞比亚(1968/?,1964 生效)
乌干达 (1962 英国)	比利时(2007/未生效)、布隆迪(东非共同体 2010/未生效)、中国(2012/未生效)、丹麦(2000/2001)、印度(2004/2004)、意大利(2000/1998)、肯尼亚(东非共同体 1997、2010/未生效)、毛里求斯(2003/2004)、荷兰(2004/2006)、挪威(1999/2001)、卢旺达(东非共同体 2010/未生效)、南非(1997/2001)、坦桑尼亚(东非共同体 1997、2010/未生效)、英国(1992/1993)、赞比亚(1968/?,1964 生效)
赞比亚㊵ (1964 英国)	独立前:法国(1950/英国 1963 年换文)、南非(1956/1956)㊶、瑞士(1954/英国 1961 年换文)

112

㊳ 坦桑尼亚与荷兰和英国即将开始协定谈判[参阅国际财政文献局新闻:《坦桑尼亚与英国之间的协定——正在谈判》(*Treaty between Tanzania and United Kingdom—negotiations underway*),2013 年 6 月 13 日;国际财政文献局新闻:《荷兰与坦桑尼亚之间的协定——计划谈判》(*Treaty between Netherlands and Tanzania—negotiations planned*),2013 年 5 月 2 日]。

㊴ 坦桑尼亚与印度于 2011 年签订了一份新协定,于 2012 年生效,但目前没有该协定的文本。

㊵ 赞比亚与津巴布韦已经草签了一份协定[参阅国际财政文献局新闻:《赞比亚与津巴布韦之间的协定草签》(*Treaty between Zambia and Zimbabwe initialled*),2012 年 12 月 5 日]。

㊶ 该协定由南非、罗得西亚和尼亚萨兰(即现在的马拉维、赞比亚与津巴布韦)签订。南非与马拉维于 1971 年签订的协定及与津巴布韦(当时的罗得西亚)于 1965 年签订的协定和第一次提及的协定非常相似。赞比亚与南非之间就协定修订进行的谈判已经完成[参阅国际财政文献局新闻:《南非与赞比亚之间的协定——谈判达成》(*Treaty between South Africa and Zambia—negotiations concluded*),2011 年 2 月 4 日]。

续表

东非最不发达国家 （独立时间）	缔约伙伴国（或地区） （签约时间/生效时间）
	独立后:博茨瓦纳*(2013/未生效)、加拿大(1984/1989)、中国(2010/2012)、丹麦(1973/1974)、芬兰(1978/1985)、德国(1973/1975)、印度(1981/1984)[42]、爱尔兰(1971/1973)、意大利(1972/1990;协定:1980/1990)、日本(1970/1971)、肯尼亚(1968/?,1964 生效)、毛里求斯*(2011/2012)、荷兰(1977/1982)、挪威(1971/1973)、波兰(1995/未生效)、罗马尼亚(1983/1993)、塞舌尔*(2012/2013)、瑞典(1974/1975)、坦桑尼亚(1968/?,1964 生效)、乌干达(1968/?,1964生效)、英国(1972/1973)[43]
津巴布韦[44] (1980 英国)	独立前:南非(1965/1965) 独立后:博茨瓦纳(2004/未生效)、保加利亚(1988/1990)、加拿大(1992/1994)、刚果民主共和国(2002/未生效)、法国(1993/1996)、德国(1988/1990)、科威特(2006/2008)、马来西亚(1994/1996)、毛里求斯(1992/1992)、纳米比亚*(2007/未生效)、荷兰(1989/1991)、挪威(1989/1991)、波兰(1993/1994)、塞尔维亚和黑山(1996/未生效)[45]、塞舌尔(2001/未生效)、瑞典(1989/1990)、英国(1982/1983)

二、按时间和地区维度分解的税收协定

样本国家缔结税收协定的时间是不同的,因此应考虑不同的方面。宗

---

④ 赞比亚和印度的协定修正案已经草签[参阅国际财政文献局新闻:《印度与赞比亚草签协定》(*Treaty between India and Zambia initialled*),2013 年 2 月 27 日]。

④ 赞比亚与英国现正就协定事宜再次谈判[参阅国际财政文献局新闻:《英国与赞比亚草签协定》(*Treaty between United Kingdom and Zambia initialled*),2012 年 6 月 27 日]。

④ 当时津巴布韦与南非正就税收协定事宜进行谈判[参阅国际财政文献局新闻:《南非与津巴布韦之间的协定——第三轮谈判达成》(*Treaty between South Africa and Zimbabwe—third round of negotiations concluded*),2012 年 7 月 11 日]。

④ 在塞尔维亚与黑山共和国于 2006 年解体后,塞尔维亚成为法定继承国,所以税收协定一旦生效,将会在塞尔维亚与津巴布韦两国间适用。而黑山方面已经声明将遵守塞尔维亚与黑山的税收协定,塞尔维亚与津巴布韦之间的税收协定是否适用于黑山取决于津巴布韦的确认。参阅国际财政文献局税收协定数据库:《塞尔维亚与黑山—津巴布韦所得与资本税协定》(*Serbia and Montenegro-Zimbabwe Income and Capital Tax Treaty*),注释 1。

主国代表殖民地在殖民时期缔结的税收协定与殖民结束后缔结的税收协定 113
是不同的。特别是,英国不仅积极与其殖民地缔结协定,还积极为殖民地与
其他国家缔结协定。[46] 这体现在样本国家对外的税收协定网络中。[47] 实际
情况是,宗主国与其他发达国家缔结的协定只是通过换文方式适用于其殖
民地,因此这些协定体现的只是发达国家而不是发展中国家的协定政策。
这也正是下文分析不包含这些"殖民性质"税收协定的原因。本文分析的
重点在于这些样本国家自身的协定政策,而不是宗主国的协定政策。

从另一个角度来考察时间问题也很有意义:鉴于第一版联合国范本是
在 1980 年发布的。在 1980 年之前,并没有为发展中国家量身定制的、十分
完备的协定草案可供缔结协定的谈判者使用。尽管临时专家组发布了若干
报告,但协定谈判的一贯基础并不存在。谈判者可能使用的是 1963 年或
1977 年版经合组织范本。在分析这些税收协定时,1963 年经合组织范本是
比较的对象。对于 1980 年至 2001 年之间缔结的税收协定,1980 年版联合
国范本则是分析的基础。图 4.2 是关于国家签署税收协定的时间概览——
是在联合国范本第一版发布之前(1980 年前)或是之后(1980 年后)。[48]

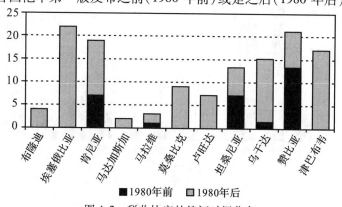

图 4.2 税收协定的签订时间分布

---

[46] 参阅阿施亚伯,载于《国际税收期刊》1996 年文,第 73 页。

[47] 马拉维是比较一国独立前后协定政策的好例子,因为马拉维大量生效协定缔结于其独立
之前。

[48] 并不是所有列在下表中的协定都已经生效(具体情况参阅上文表 4.1)。请注意在该表中
多边东非共同体(EAC)协定只计算一次,就如各自国家双边协定一样。

114   图 4.2 表明大多数协定是在 1980 年之后缔结的。只有肯尼亚、坦桑尼亚和赞比亚在 1980 年之前缔结过较多的协定。对莫桑比克和津巴布韦而言,1980 年之后缔结协定占多数的趋势是明显的,因为这两国都是在 1980 年之后独立的。而乌干达和埃塞俄比亚只是在 20 世纪 90 年代才开始缔结协定,似乎表明在这之前,这些国家并没有把这类双边协定置于重要地位。

      样本国家的税收协定可以进一步分为三类:与其他非洲国家、与经合组织成员国,以及与非上述两类国家的其他国家(非经合组织国家)。图 4.3 揭示了布隆迪、马拉维和卢旺达较多与其他非洲国家签署协定,而较少与后两类国家缔结协定。埃塞俄比亚、肯尼亚和莫桑比克与上述三类国家都缔结协定。坦桑尼亚、乌干达所缔结协定的国家较平衡地分布于非洲国家和经合组织国家,但与非经合组织国家缔约较少。赞比亚、津巴布韦与经合组织国家签署了较多协定,同时也与非洲国家和非经合组织国家签署了一些协定。

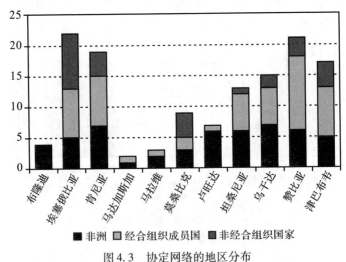

图 4.3 协定网络的地区分布

三、从贸易和捐赠国(地区)角度看协定缔约伙伴国

      税收协定有利于缔约国之间的贸易和商业。因此,首先与主要贸易伙

伴国和多数外国直接投资的来源国缔结税收协定是十分明智的。由于双边外国直接投资数据难以获取,因此表4.2通过样本国家主要的出口和进口伙伴国来展示该区域的贸易关系。⑲　而且,表4.2还列出了每个样本国的前五大捐赠国(donor countries),从而揭示发达国家参与到每个样本国家发展援助中的程度。⑳　表中用粗体来突出与样本国家存在(双边或多边)税收协定的国家。

表4.2　从贸易和捐赠角度看税收协定缔约伙伴国

样本国	出口国(2009)	进口国(2009)	前五大捐赠国 (2005—2009)
布隆迪	德国 21.6% 瑞士 14.86% 比利时 9.32% 瑞典 8.94% 巴基斯坦 5.82%	沙特阿拉伯 16.87% 比利时 11.17% **乌干达 8.62%** **肯尼亚 7.57%** 中国 5.66% 法国 5.35% 德国 4.46% 印度 4.24% **坦桑尼亚 4.21%**	美国 19.8% 比利时 19.3% 荷兰 11.7% 德国 10.0% 挪威 10.0%
埃塞俄比亚	**中国 10.87%** 德国 9.75% 沙特阿拉伯 7.39% 美国 7.21% **荷兰 6.38%** 瑞士 5.33% **苏丹 4.35%**	**中国 14.73%** **沙特阿拉伯 8.41%** **印度 7.65%** 美国 4.3%	美国 42.2% **英国 17.0%** 加拿大 7.2% **意大利 6.4%** 德国 6.0%

---

⑲　数据来自美国中央情报局(CIA):《世界概况》(the World Factbook),www. cia. gov/library/publications/the-world-factbook/(最后访问时间:2013 年 7 月)。

⑳　数据来自援助流(AidFlows):《受益人视野——官方发展援助的来源与使用》(Beneficiary view—Sources and Uses of ODA),www. aidflows. org(最后访问时间:2013 年 7 月)。

续表

样本国	出口国（2009）	进口国（2009）	前五大捐赠国（2005—2009）
肯尼亚	**英国 11.31%** 荷兰 9.81% **乌干达 9.07%** **坦桑尼亚 8.83%** 美国 5.93% 巴基斯坦 5.63%	**印度 11.67%** 中国 10.58% **阿联酋 9.32%** **南非 8.36%** 沙特阿拉伯 6.53% 美国 6.25% 日本 5.1%	美国 43.6% **英国 13.2%** **德国 8.5%** **瑞典 7.2%** 日本 6.8%
马达加斯加	**法国 28.9%** 美国 20.49% 德国 5.89% 中国 4.36%	中国 12.99% 泰国 11.93% 巴林 7.1% **法国 6.89%** 美国 4.13%	**法国 32.5%** 美国 21.4% 挪威 16.1% 日本 7.6% 德国 7.1%
马拉维	德国 11.5% 印度 8.5% **南非 7.2%** 俄罗斯 7.1% 津巴布韦 7.1% 美国 7% **荷兰 6.3%**	**南非 38.2%** 印度 7.7% 赞比亚 6.5% 中国 5.8% **法国 4.8%** 坦桑尼亚 4.6%	**英国 33.6%** 美国 19.9% **挪威 16.1%** 日本 7.6% 德国 7.1%
莫桑比克	荷兰 47.62% **南非 11.6%**	**南非 33.54%** 荷兰 8.42% 印度 5.93% 中国 4.24%	美国 18.1% 英国 12.0% 瑞典 11.6% 丹麦 10.0% 挪威 9.7%
卢旺达	**肯尼亚 33.88%** 刚果 13.56% 泰国 6.22% 中国 5.49% 美国 5.47% 斯威士兰 5.43% **比利时 5.19%**	**肯尼亚 16.53%** **乌干达 14.92%** 中国 7.92% 阿联酋 6.89% **比利时 5.54%** 德国 5.19% **坦桑尼亚 4.81%**	美国 26.0% 英国 25.0% **比利时 14.2%** 荷兰 9.9% 德国 7.3%

116

续表

样本国	出口国(2009)	进口国(2009)	前五大捐赠国 (2005—2009)
坦桑尼亚	**印度 8.51%** 中国 7.55% 日本 7.12% 荷兰 6.21% 阿联酋 5.71% 德国 5.17%	**印度 13.97%** 中国 13.71% **南非 7.8%** **肯尼亚 6.89%** 阿联酋 4.65% 日本 4.34%	英国 18.5% 日本 16.8% 美国 14.5% **瑞典 9.2%** 荷兰 8.9%
乌干达	苏丹 13.47% **肯尼亚 8.98%** 阿联酋 7.52% **卢旺达 7.5%** 瑞士 7.42% 刚果 6.85% **荷兰 5.67%** **比利时 5.66%** 德国 5.18% **意大利 4.33%**	**肯尼亚 13.9%** **印度 12.79%** 阿联酋 11.16% **中国 8.91%** **南非 5.08%** 法国 4.6% 日本 4.37% 美国 4.07%	美国 33.2% **英国 13.9%** **丹麦 10.3%** **荷兰 8.8%** **挪威 7.7%**
赞比亚	**中国 21.37%** 沙特阿拉伯 8.93% 刚果 8.55% 韩国 8.32% 埃及 8.08% **南非 6.96%** 印度 5%	**南非 51.78%** 阿联酋 7.7% **中国 5.85%** 刚果 4.22%	美国 26.6% 德国 15.4% **英国 11.9%** **挪威 9.3%** 荷兰 8.9%
津巴布韦	**刚果 14.82%** **南非 13.39%** **博茨瓦纳 13.23%** 中国 7.82% 赞比亚 7.3% 荷兰 5.39% **英国 4.93%**	**南非 62.24%** 中国 4.2%	美国 38.2% **英国 23.4%** **瑞典 6.5%** **德国 6.0%** **挪威 5.5%**

　　部分国家看上去确实根据自身的经济需要(即与它们主要的贸易伙伴国)缔结了税收协定,典型的例子是津巴布韦和乌干达。但其他国家没有

和其主要贸易伙伴国签署协定——因此缔结税收协定是出于其他原因。一种解释是由缔约伙伴国提出的缔结协定的建议,比如20世纪70年代斯堪的纳维亚国家协定实践,这些国家的政策是把税收协定作为它们"发展援助项目"的组成部分。

前面的章节探讨了税收协定对吸引外国直接投资的重要性,由于对此问题的各种研究结果分歧较大,因此没有确定的结论。但下列图表通过加入样本国家的相关数据,展示了外国直接投资与该国税收协定数量之间的关系。其中菱形对应的右轴刻度数体现了2010年外国直接投资的流入数(以百万美元为单位),[51]而竖条长方形对应的左轴刻度数体现的是该国实际有效的税收协定数。之所以只包括实际生效的协定,是因为虽已签署但未生效的协定不会对投资活动产生实质性的影响。

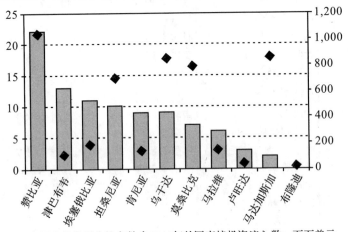

■实际有效的税收协定数 ◆2010年外国直接投资流入数,百万美元

图4.4 外国直接投资流入数与实际生效协定数

118　　　该图表明,样本国家的有效税收协定数与外国直接投资的流入数没有直接的关系。肯尼亚与乌干达拥有相似数量的协定数,但乌干达引入

　　㊿　基于世界银行的外国直接投资数据,http://databank.worldbank.org(最后访问时间:2013年7月)。

的外国直接投资比肯尼亚的多四倍。马拉维与莫桑比克之间的比较也能得出类似的结论。马达加斯加和赞比亚的外国直接投资流入数相当，但前者的有效税收协定数远低于后者。因此，税收协定数并不是影响流入一国的外国直接投资数量的唯一决定因素，这也支持了其他因素同样发生作用的观点。

四、区域性多边税收协定和税收协定范本

（一）东非共同体所得税协定

一项值得单独一提的专门税收协定是东非共同体所得税协定。该协定最早签署于1997年，之后又在2010年签署，但至今未生效。最初签字国是坦桑尼亚、肯尼亚和乌干达，卢旺达和布隆迪于2010年加入。(52) 协定的更新（renewal）与东非共同体成员国在2010年建立自由贸易区是同时的。消除双重课税对于建立共同市场至关重要，这正是"东非商界都在急切地等待东非共同体税收协定得到各国批准的原因"。(53) 建立东非共同体的条约早已强调，税收协调化是促进东非共同体区域一体化进程的重要因素。(54) 119
东非共同体所得税协定是达到这一目标的重要成就之一。

不同于经合组织范本和联合国范本，东非共同体协定是一个要求所有缔约国遵守协定条款的多边公约。其与常规双边税收协定的差异在于缔约国数量不同，多边协定的缔约国超过两个。研究文献中有许多关于多边税

(52) 卢旺达是唯一一个批准2010年协定的签字国[参阅世界财政文献局新闻：《卢旺达批准卢旺达—东非共同体条约》（*Treaty between Rwanda and East African Community Ratified by Rwanda*），2012年8月17日]。

(53) 参阅观察家（The Observer）：《东非共同体税收条约即将达成》（*EA Community Tax Treaty in the offing*），2011年7月27日，www.observer.ug/index.php?option=com_content&task=view&id=1444&Itemid=68，最后访问时间：2013年7月。

(54) 参阅建立东非共同体条约第83条（协调货币与财政政策），www.eac.int/treaty/index.php（最后访问时间：2013年7月）。

收协定执行问题的讨论,并指出了多边税收协定在这方面的优点,⑤但多边税收协定的数量却十分有限。在欧洲,唯一的多边税收协定是北欧国家协定(Nordic convention)(丹麦、挪威、瑞典、爱尔兰和芬兰之间的)。⑤ 在美洲,也只有一个多边协定:安第斯区域除了上文提及的协定范本,其成员国还缔结了一项多边税收协定。⑤ 而在非洲却存在多个多边税收协定,相比之下这是更有趣的现象。⑤

像分析样本国缔结的双边协定一样,下文将包含东非共同体税收协定,因为双边税收协定与多边税收协定除缔约国数量外,并不存在真正的差异;东非共同体协定也没有包含人们所期待的多边协定所必需的实质性调整。本文在阐述东非共同体税收协定与联合国(或经合组织)范本的差异时,所

---

⑤ 参阅:Lang/Schuch,Europe on its way to a Multilateral Tax Treaty,*EC Tax Review* 2000,39(39 et seq.);Lang et al. (eds.),*Multilateral Tax Treaties*(1997);Lang,*Multilaterales Steuerabkommen* statt bilateralem DBA-Netz?,SWI 1997,492(492 et seq.);Lang,Multilaterales Steuerabkommen-*Die Zukunft des Internationalen Steuerrechts*?,Series of the Centre for European Business Law of the Rheinische Friedrich-Wilhelms-Universität Bonn,Vol.84(1997)pp.12 et seq。

⑤ 关于北欧国家协定的详情,参阅海尔米宁(Helminen):"北欧国家多边避免双重课税条约的范围与解释"(Scope and Interpretation of the Nordic Multilateral Double Taxation Convention),载于《国际税收期刊》2007 年,第 23 页及其后诸页;海尔米宁:"北欧多边避免双重课税条约中的股息、利息和特许权使用费的规定"(Dividends,Interest and Royalties under the Nordic Multilateral Double Taxation Convention),载于《国际税收期刊》2007 年,第 49 页及其后诸页;海尔米宁:"非歧视原则与北欧多边避免双重课税条约"(None-discrimination and the Nordic Multilateral Double Taxation Convention),载于《国际税收期刊》2007 年,第 103 页及其后诸页。

⑤ 参阅阿查巴海恩,载于《国际财政协会期刊》1984 年文,第 314 页。最新版本是 2004 年的,签字方包括了玻利维亚、哥伦比亚、厄瓜多尔和秘鲁[参阅国际财政文献局税收协定数据库:《玻利维亚-哥伦比亚-厄瓜多尔-秘鲁(安第斯共同体)所得与资本税收条约》(*Bolivia-Colombia-Ecuador-Peru Income and Capital Tax Treaty*(*Andean Communnity*)),2004 年]。

⑤ 除了《东非共同体所得税协定》,还有《西非经济和货币联盟所得、资本和遗产税协定》(the West African Economic and Monetary Union—Income,Capital and Inheritance Tax Treaty(2008/2010)):贝宁、布基纳法索、几内亚比绍、象牙海岸、马里、尼日尔、塞内加尔、多哥;《西非国家经济共同体所得税、遗产税、登记注册税和印花税协定》(the Economic Community of West African States—Income,Inheritance,Registration and Stamp Tax Treaty(1984/1985)):布基纳法索、象牙海岸、马里、毛里塔尼亚、尼日尔、塞内加尔;《阿拉伯马格里布联盟所得税协定》(the Arab Maghreb Union—Income Tax Treaty(1990/1994)):阿尔及利亚、利比亚、毛里塔尼亚、摩洛哥、突尼斯;《阿拉伯经济联盟理事会所得和资本税协定》(the Arab Economic Union Council—Income and Capital Tax Treaty(1973/?)):埃及、伊朗、约旦、科威特、苏丹、叙利亚、也门。与东非共同体协定不同,所有这些多边税收协定都是有效的。

指的是 1997 年或 2010 年的东非共同体税收协定。但应当注意,当论及一国的协定政策或采取的方法时,相关多边协定将被分割成"双边成分"。以卢旺达为例,这意味着它不只签署了四个而是签署了七个税收协定——三个双边协定和四个多边协定。

(二)南部非洲发展共同体税收协定范本

在 2002 年,南部非洲发展共同体成员国根据"税收和相关事务合作的谅解备忘录",决定为实现共同体国家之间税收事务的合作和税制的协调而采取相应步骤。[59] 按照"谅解备忘录",这些步骤是必要的,因为这些国家有义务寻求发展和经济增长,制定政策来消除"资本、劳动力、货物和服务自由流动的障碍",通过区域合作改进经济绩效,减少经济的不平衡性。[60]"谅解备忘录"确认,国家和区域的战略和项目有必要相互补充,政治和经济社会的政策和计划应相互协调。"谅解备忘录"第五条涉及税收协定。成员国应当在这方面共同努力以建立一个全面的税收协定网络——特别是在信息交换和相互协商程序(MPAs)上。进一步而言,为能够优化南部非洲发展共同体成员国税收协定谈判的方式,将起草一个协定范本。

起草南部非洲发展共同体协定范本时,首先审查了所有成员国适用的协定范本,并把多数成员国所使用的条款作为"标准"条款编入第一稿草案中,而少数成员国在有关条款上的立场则作为"保留"条款。[61] 这些准备工作是由来自于博茨瓦纳、马拉维、纳米比亚、南非和赞比亚等国代表组成的一个工作组来完成的。在研讨会上,草案得到进一步改进,但仍然保留了多数国家与少数国家的立场区别。[62] 这一做法类似于经合组织范本及其评

---

[59]　参阅南部非洲发展共同体:《税收及相关问题合作备忘录》,2002 年版,www. sadc. int/tifi/browse/page/167(最后访问时间:2013 年 7 月)。

[60]　参阅上注,序言。

[61]　参阅非洲、加勒比和太平洋国家:《东南非共同市场开创者论坛——程序概要》,第 23 页[陈述 7:容·范·德·莫维(Ron Van Der Merwe)介绍了南部非洲发展共同体协定范本],www. acp-businessclimate. org/PSEEF/Documents/Final/006_DTAA_proceedings_en. doc(最后访问时间:2013 年 7 月)。

[62]　同上。

注,经合组织成员国可以对它们在缔结协定中所使用的不同于范本的条款作出保留。

　　南部非洲发展共同体协定范本及其评注的制订工作于 2007 年完成,最近的一次更新是在 2011 年。[63] 南部非洲发展共同体协定范本的评注引言指出,"关于所得避免双重课税和防止偷逃税的南部非洲发展共同体税收协定范本"总体上参照了经合组织范本,但也吸收了联合国范本的部分条款。诚然该协定范本仿效了经合组织范本,但也吸收了联合国范本中与经合组织范本的主要差异条款,比如常设机构条款的主要规则,消极所得条款不规定预提税率,第 18 条关于社会保障支付的来源地课税权以及其他所得来源地课税权。不仅如此,通过更详细的考察可以发现,南部非洲发展共同体协定范本中引入了经合组织和联合国范本都没有的附加条款。该协定范本删去了第 14 条,但在第 5 条加入了"个人劳务常设机构"条款,为技术费和访问教授与教师设立专门条款,第 17 条规定了文化交流项目的免税待遇,以及最后在方法条款中加入税收饶让规则。因此可以说,南部非洲发展共同体协定范本采用了经合组织范本的框架,使用了与经合组织范本存在主要差异的联合国范本条款,并加入了对成员国十分重要的其他规则。当然,重要的是,当经合组织范本与联合国范本规定相同时,南部非洲发展共同体范本会指向经合组织范本及评注而非联合国范本及评注作为参考,这表明该协定范本起草者对于经合组织范本而非联合国范本更有信心。

(三) 东南非共同市场避免双重课税协定

　　在 2012 年年初,对于多数样本国家十分重要的另一个协定范本发布,即东南非共同市场避免双重课税协定范本。[64] 在卢萨卡(赞比亚)召开的为

---

　　[63] 协定范本和评论是南部非洲发展共同体下属税收委员会和税收协议工作组的成果。为本书写作,位于哈博罗内(博茨瓦纳首都)的秘书处向本书作者提供了 2011 年版文本。

　　[64] 会议所探讨的包括协定范本和简短评注在内的资料,可以在以下网址下载:www. acpbusinessclimate/PSEEF/Documents/Final/006_Model_Commentary_en. doc,最后访问时间:2013 年 8 月。

期三天的会议上(65),成员国负责协定谈判的高级官员及专家组同意各国间——成员国之间、成员国与第三国之间在缔结税收协定时使用该协定范本。(66) 东南非共同市场成员国部长理事会进一步决定,东南非共同市场秘书处应当为成员国谈判与签署税收协定提供援助,增加目前较少的协定数量。当时确定有 115 个协定需要进行谈判。(67) 会议强调这项行动的目标是"促进本区域内的跨境贸易与投资"。(68) 2009—2010 年度的一项调查表明,东南非共同市场成员国的私营部门对于该组织成员国之间进一步谈判与签署税收协定十分关注。在考查了实际税收协定(包括东南非共同市场成员国的税收协定)、经合组织范本、联合国范本和南部非洲发展共同体协定范本的最佳实践案例后(69),东南非共同市场协定范本基本采纳了南部非洲发 122
展共同体范本,旨在避免同为南部非洲发展共同体和东南非共同市场成员国的国家在缔结协定问题上的复杂化。

南部非洲发展共同体协定范本以及之后的东南非共同市场协定范本主要参考了经合组织范本而非联合国范本,如果协定范本只供这两个组织的成员国使用,缔约国之间资本流动相对均衡,这是可以理解的。而且不可否认的是,东南非共同市场最近的努力重心主要在于加强成员国之间的税收协定网络。但当成员国与发达国家谈签协定时,是否应当采用不同的原则,以及采用联合国范本来起草协定是否是一个更好的选择,对于这些问题,却都没有探讨过。即使在南部非洲发展共同体和东南非共同市场内部,也存

---

(65) 东南非共同市场避免双重课税的开创者论坛:"为东南非共同市场跨境投资铺路",2012 年 2 月 7 日至 9 日,www. dtaa-comesa. com(最后访问时间:2013 年 7 月)。论坛程序概要可下载于 www. acpbusinessclimate. org/PSEEF/Documents/Final/006_DTAA_proceedings_en. doc(最后访问时间:2013 年 7 月)。东南非共同市场国家进一步谈判发展蓝图可下载于 http://acpbusinessclimate. org/pseef/documents/final/006_DTAA_Roadmap_en. doc(最后访问时间:2013 年 7 月)。

(66) 参阅东南非共同市场:《成员国通过东南非共同市场避免双重课税协定范本》,www. comesa. int/index. php? option = com_content&view = article&id = 49:member-states-agree-on-the-comesa-double-taxation-model&catid = 5:latest-news&Itemid = 41(最后访问时间:2013 年 7 月)。

(67) 参阅非洲、加勒比和太平洋国家:《东南非共同市场开创者论坛——发展蓝图》2012 年版,第 4 页。

(68) 同上注。

(69) 参阅非洲、加勒比和太平洋国家:《东南非共同市场开创者论坛——程序概要》。

在一个十分突出的国家,相对于其他成员国可能是资本输出国:南非。因此,对于非洲的这两个税收协定还是应当持谨慎的态度。

由于南部非洲发展共同体和东南非共同市场协定范本是较新的范本,下文分析的多数协定不是按照这两个范本缔结的。因此,下文的分析将不涉及这两个范本。但是将来应当考虑到,这两个范本可能会在南部非洲发展共同体和东南非共同市场成员国对外谈签税收协定时取代联合国范本的地位。

第三节　协定条款的具体差异

一、介绍性评述

下文将详细介绍所分析的协定条款,以说明自 1980 年以来,样本国家在建立其协定网络方面在何种程度上使用联合国范本,以及这些国家是偏爱经合组织范本,还是其协定条款与两个范本都不同。下文也将分析在联合国范本公布之前这些样本国家所缔结的协定,以考察这些协定是根据经合组织范本缔结,还是已经采用了部分联合国范本的规则。在阅读下文时,我们应当注意双边税收协定主要是和谈判当时最新版本的联合国范本相比较的(1980 年版或 2001 年版)。如果没有使用联合国版本,那么所对比的是谈判当时最新的经合组织范本(即 1963 年版、1977 年版、1992 年版或之后活页版本)。范本版本的变化会带来样本国协定条款与多个不同版本的范本对应条款之间的比较。这种技术性概览对于在分析结果上提出观点是十分必要的,同时这也将成为本章末对样本国家协定政策分析和联合国范本对于这些国家的重要性进行总结的基础。

二、协定的标题和范围

(一)协定的标题

分析所涉的多数协定的标题与联合国范本的不同。与 1980 年版联合 [123] 国范本相比较的多数协定的标题都包含了"防范偷逃税",从而在标题中直接表明了协定的功能。1980 年之前缔结的协定也是同样情况。而晚近的与 2001 年版联合国范本相比较的协定标题多数也同时提到了避免双重课税和防范偷逃税。而且有一系列的税收协定不称为公约(convention),而称为缔约国之间的协定(agreement)。津巴布韦与瑞典,卢旺达与毛里求斯之间的避免双重课税条约没有标题。表 4.3 列示了所有与联合国范本标题不同的协定。[70]

表 4.3　标题方面存在差异的协定

增加"防范偷逃税"条款(与 1980 年版联合国范本不同)	东非共同体 1997;埃塞俄比亚—意大利,埃塞俄比亚—科威特;肯尼亚—加拿大,肯尼亚—丹麦*,肯尼亚—印度,肯尼亚—意大利,肯尼亚—挪威*,肯尼亚—瑞典*,肯尼亚—英国*;马达加斯加—法国(并且建立行政协助规则),马达加斯加—毛里求斯;马拉维—南非*,莫桑比克—意大利,莫桑比克—葡萄牙;坦桑尼亚—加拿大,坦桑尼亚—丹麦*,坦桑尼亚—芬兰*,坦桑尼亚—印度(原),坦桑尼亚—意大利*,坦桑尼亚—挪威*,坦桑尼亚—瑞典*;乌干达—挪威,乌干达—南非,乌干达—英国;赞比亚—加拿大,赞比亚—丹麦*,赞比亚—芬兰,赞比亚—印度,赞比亚—爱尔兰*,赞比亚—意大利*,赞比亚—肯尼亚*,赞比亚—荷兰*,赞比亚—挪威*,赞比亚—罗马尼亚,赞比亚—瑞典*,赞比亚—坦桑尼亚*,赞比亚—乌干达*,赞比亚—英国*;津巴布韦—保加利亚,津巴布韦—加拿大,津巴布韦—马来西亚,津巴布韦—毛里求斯,津巴布韦—荷兰,津巴布韦—挪威,津巴布韦—英国

---

[70]　带有"*"号的税收协定缔结于 1980 年之前,因此是与 1963 年版经合组织范本相比较。表中加入这些协定是因为 1980 年版联合国范本与 1963 年版经合组织范本在标题方面是相同的。

124	增加"避免双重课税与防范偷逃税"条款（与2001年版联合国范本不同）	东非共同体2010；埃塞俄比亚—中国，埃塞俄比亚—捷克，埃塞俄比亚—法国，埃塞俄比亚—印度，埃塞俄比亚—以色列，埃塞俄比亚—荷兰，埃塞俄比亚—塞舌尔，埃塞俄比亚—南非，埃塞俄比亚—坦桑尼亚，埃塞俄比亚—土耳其（只增加避免双重课税条款），埃塞俄比亚—英国；肯尼亚—法国，肯尼亚—毛里求斯（只增加避免双重课税条款），肯尼亚—南非，肯尼亚—泰国；马拉维—挪威；莫桑比克—博茨瓦纳，莫桑比克—印度，莫桑比克—澳门地区，莫桑比克—阿联酋，莫桑比克—越南；卢旺达—比利时，卢旺达—南非；坦桑尼亚—南非；乌干达—比利时，乌干达—丹麦，乌干达—印度，乌干达—意大利，乌干达—毛里求斯，乌干达—荷兰；赞比亚—中国；津巴布韦—博茨瓦纳，津巴布韦—刚果，津巴布韦—科威特，津巴布韦—塞舌尔
	冠名以"协定"而非"公约"	东非共同体条约；埃塞俄比亚与中国、印度、俄罗斯、南非、坦桑尼亚及土耳其之间的条约；肯尼亚与加拿大、德国、毛里求斯、南非及英国之间的条约；马拉维与挪威之间的条约；莫桑比克与博茨瓦纳、印度、毛里求斯、阿联酋及越南之间的条约；卢旺达与南非之间的条约；坦桑尼亚与加拿大、印度（原）、南非之间的条约；赞比亚与中国、德国*、波兰之间的条约；津巴布韦与博茨瓦纳、加拿大、刚果、德国、科威特、马来西亚、波兰及塞舌尔之间的条约

　　下文涉及的一个问题是税收协定所涵盖的税种。[71] 它们往往在协定的标题中就已经被提及。联合国范本只涵盖所得和资本方面的税收。但1980年版范本指出，是否加入资本税是缔约国"自愿"决定的。有时协定标题也明示提及资本利得税。

（二）人的范围

　　居民的定义。几乎所有分析的协定在第1条用语上都与联合国范本相

---

[71]　更多详细情况参阅第四章第三节"（二）三"部分。

同,只有部分协定没有包含类似联合国范本第 1 条的规定。[72] 不少协定包含了题为"利益限制"(limitation of benefit)的条款,据此协定只适用于"真正诚信"(Bona fide)的活动。[73] 在居民的定义方面,协定与联合国范本(第 4 条)存在较多差异。首先,不少税收协定在"居民身份"(residence)条款的第一段规定了判定构成居民身份的不同标准。有些协定只附加了一个标准,但这些标准因协定的不同而不同,没有具体的定式。相反,居民身份定义中有一个反复被忽略的标准:成立地(place of incorporation)标准,该标准是在 2001 年版联合国范本中才加入的,是与经合组织范本的差异之一。但这种变化并没有真正体现在所有被分析的协定中;相关国家似乎更喜欢使用旧版本(经合组织风格)的用语。但国家的做法并不一贯,埃塞俄比亚、坦桑尼亚和津巴布韦在旧协定中加入了成立地标准,但却在新协定中删去了这一标准。肯尼亚与法国的避免双重课税条约把实际管理地作为判断公司和实体(bodies of persons)为居民的标准,这些实体由其作为居民的缔约国课税。但津巴布韦和刚果(金)的避免双重课税条约采用了完全不同的标准:惯常居所(ordinary residence)、经营地和实际管理地。

125

表 4.4　自然人之外居民身份判断标准的差异

增加标准	公司所在地(2001 年之前):埃塞俄比亚—科威特;坦桑尼亚—加拿大;津巴布韦—塞尔维亚
	登记地:埃塞俄比亚—中国;埃塞俄比亚—荷兰;埃塞俄比亚—塞舌尔;埃塞俄比亚—俄罗斯;莫桑比克—阿联酋
	登记的办公室:马达加斯加—法国
	实际管理地:赞比亚—中国;东非共同体条约
	公司总部或主要办事机构所在地:赞比亚—日本

---

[72]　下列避免双重课税条约就存在这种情况:肯尼亚与瑞典、马拉维与南非、赞比亚与肯尼亚、赞比亚与爱尔兰、赞比亚与日本、赞比亚与坦桑尼亚、赞比亚与乌干达。所有这些协定都是在 1980 年前缔结的,几乎所有协定都是与非经合组织国家缔结的。

[73]　参阅埃塞俄比亚与印度避免双重课税条约第 28 条,莫桑比克与印度避免双重课税条约第 28 条。

续表

删除标准	**公司成立地**:埃塞俄比亚—捷克;埃塞俄比亚—印度;埃塞俄比亚—以色列;埃塞俄比亚—荷兰;埃塞俄比亚—南非;埃塞俄比亚—突尼斯;埃塞俄比亚—土耳其;肯尼亚—法国;莫桑比克—博茨瓦纳;莫桑比克—印度;莫桑比克—越南;莫桑比克—阿联酋;莫桑比克—南非;莫桑比克—澳门地区;卢旺达—南非;卢旺达—毛里求斯;坦桑尼亚—南非;乌干达—荷兰;乌干达—印度;乌干达—丹麦;乌干达—比利时;津巴布韦—博茨瓦纳;津巴布韦—保加利亚;津巴布韦—科威特;津巴布韦—塞舌尔 **管理机构所在地**:马达加斯加—法国

　　第二组差异是在2001年更新过程中,联合国范本第4(1)条法定实体(statutory bodies)和税收有限责任个人的居民身份规定的变化。许多国家之前就已经采纳了这些变化,原因可能在于经合组织范本在2001年之前就有了这个规定的改变。但也有在2001年之后缔结但没有采纳这些变动的协定。

表4.5　关于(1980年版/2001年版)联合国范本第4(1)条变化上的差异

2001年之前包含法定实体的规定	莫桑比克—葡萄牙;莫桑比克—毛里求斯;乌干达—挪威;津巴布韦—加拿大
税收有限责任的个人(2001年之前)	埃塞俄比亚—俄罗斯;马达加斯加—法国;马达加斯加—毛里求斯;莫桑比克—葡萄牙;莫桑比克—毛里求斯;莫桑比克—意大利;坦桑尼亚—瑞典;坦桑尼亚—挪威;坦桑尼亚—芬兰;坦桑尼亚—丹麦;乌干达—挪威;津巴布韦—法国;津巴布韦—毛里求斯;津巴布韦—塞尔维亚
未采纳变化后规则的协定	**两个变化都未采纳的**:埃塞俄比亚—突尼斯;津巴布韦—刚果(金) **国家及其行政区未采纳的**:乌干达—毛里求斯;乌干达—印度;津巴布韦—博茨瓦纳;津巴布韦—塞舌尔;东非共同体条约2010 **未采纳第二句话的**:莫桑比克—阿联酋

　　第一段:其他规定。部分居民身份条款包含对特定类型人的专门规定。例如,埃塞俄比亚与突尼斯的避免双重课税条约中的"合作社/人的社团"

(cooperative/persons society);埃塞俄比亚与英国避免双重课税条约中的
"退休金计划和非营利组织";坦桑尼亚与芬兰,以及赞比亚与芬兰避免双
重课税条约中的"共有遗产"(undivided estates);乌干达与荷兰避免双重
课税条约中的"养老基金";埃塞俄比亚与科威特避免双重课税条约中的"政
府与公法上的公司";乌干达与南非避免双重课税条约规定"国内税法上的
任何居民"是协定意义上的居民;肯尼亚与印度避免双重课税条约加上了
(第四段)对除个人与公司外其他人的规定,这些人构成其实际管理机构所
在国的居民。乌干达与丹麦避免双重课税条约的议定书规定,协定适用于
合伙,即使缔约国双方有一方不把合伙作为法人实体(body corporate)来对
待。有时,居民身份条款第一段往往会加入一句:"一国或另一国居民"一
词应当作相应的解释(或类似用语)。[74] 在 20 世纪 60 年代缔结的旧协定
中,居民身份定义是一般定义的组成部分而不是单独成条。[75] 在这方面,税
收协定定义所依据的原则与协定范本定义高度相同:公司依据管理或者控
制来定义居民,而对其他"人"则按照国内"居住"作为居民定义的决定性
因素。

　　人的定义。就"居民"定义而言,"人"(person)以及"公司"等用语是十
分重要的。所分析的协定呈现出一个十分明显的趋势:几乎所有的协定规
定的定义都与联合国范本不同。25 个协定中主要的差异在于,"人"一词也
包含了人合实体或税收上视为实体的一个人(a body of persons or a person 127
which is treated as an entity for tax purposes)。[76] 大概有相同数量的协定在
"人"的定义中加入了信托和/或遗产(trust and/or estates)。[77] 最常这样规

---

[74]　举例而言,肯尼亚与丹麦、肯尼亚与挪威、肯尼亚与英国、马达加斯加与毛里求斯、赞比亚
与加拿大、赞比亚与丹麦、赞比亚与德国、赞比亚与荷兰、赞比亚与罗马尼亚、赞比亚与英国的避免
双重课税条约。

[75]　参阅赞比亚与爱尔兰、肯尼亚、挪威、坦桑尼亚、乌干达的协定,马拉维与南非之间的避免
双重课税条约。

[76]　不同协定的用语不同,但含义相同。

[77]　如果信托和遗产在税法上作为法人实体来对待,那么联合国范本中的公司定义就涵盖了
这两类实体,这两类实体在协定上仍然作为"人"处理(沃格尔,载于沃格尔和莱纳编:《避免双重课
税条约》,第 3 条,旁注第 15)。所以,该附加规定是否具有规范重要性,取决于国民待遇。

定的国家是津巴布韦,其次是赞比亚和肯尼亚。有时税收协定也把合伙和
基金作为"人"来对待。还有一些关于"人"的定义方面的小差异,包括:赞
比亚与丹麦、挪威、瑞典、肯尼亚、坦桑尼亚、乌干达的协定没有使用"公司"
(company)一词,而只是提到"任何人合实体,无论是否为法人"(any body of
persons corporate or not corporate);与肯尼亚、坦桑尼亚、乌干达的协定还删
去了"个人"(individual)一词("公司"一词仍然定义在另一项中)。㊟ 在津
巴布韦与毛里求斯避免双重课税条约中,"人合实体"(body of persons)一词
后加入了"不论是否为法人"(corporate or not corporate)。德国与肯尼亚协
定,以及德国与赞比亚的协定中"其他人合实体"被删去了。乌干达与荷兰
避免双重课税条约的议定书规定,如果出现关于合伙所得问题的争议,应当
适用相互协商程序。

表 4.6 "人"一词定义的差别

人合实体或者税收上视为实体的一个人	东非共同体条约;埃塞俄比亚—印度;埃塞俄比亚—塞舌尔;埃塞俄比亚—南非;埃塞俄比亚—突尼斯;肯尼亚—印度;肯尼亚—毛里求斯;肯尼亚—挪威;肯尼亚—南非;肯尼亚—瑞典;肯尼亚—泰国;肯尼亚—英国;马拉维—挪威;莫桑比克—博茨瓦纳;莫桑比克—印度;莫桑比克—毛里求斯;莫桑比克—南非;卢旺达—毛里求斯;卢旺达—南非;坦桑尼亚—印度(原);坦桑尼亚—南非;乌干达—印度;乌干达—毛里求斯;乌干达—南非;赞比亚—印度;津巴布韦—博茨瓦纳;津巴布韦—刚果(金);津巴布韦—马来西亚;津巴布韦—塞舌尔
其他实体	**遗产**:东非共同体条约;肯尼亚—加拿大;肯尼亚—意大利;马拉维—挪威;坦桑尼亚—加拿大;赞比亚—加拿大;赞比亚—波兰;津巴布韦—保加利亚;津巴布韦—加拿大;津巴布韦—刚果(金);津巴布韦—法国;津巴布韦—德国;津巴布韦—马来西亚;津巴布韦—毛里求斯;津巴布韦—荷兰;津巴布韦—挪威;津巴布韦—波兰;津巴布韦—塞尔维亚;津巴布韦—塞舌尔;津巴布韦—瑞典;津巴布韦—英国

㊟ 所有这些协定都是在 20 世纪 60 年代缔结的,因此可能是以 1963 年版经合组织范本为基础的。然而该协定范本关于人与公司的定义与联合国范本中的是相同的。

续表

其他实体	**信托**:肯尼亚—加拿大;肯尼亚—意大利;肯尼亚—毛里求斯;马达加斯加—毛里求斯;马拉维—挪威;莫桑比克—毛里求斯;卢旺达—毛里求斯;坦桑尼亚—加拿大;赞比亚—加拿大;赞比亚—波兰;津巴布韦—保加利亚;津巴布韦—加拿大;津巴布韦—法国;津巴布韦—德国;津巴布韦—科威特;津巴布韦—马来西亚;津巴布韦—毛里求斯;津巴布韦—荷兰;津巴布韦—挪威;津巴布韦—波兰;津巴布韦—塞尔维亚;津巴布韦—塞舌尔;津巴布韦—瑞典;津巴布韦—英国;东非共同体条约 **合伙**:东非共同体条约;坦桑尼亚—加拿大;坦桑尼亚—芬兰;乌干达—丹麦 **基金**:津巴布韦—塞舌尔

在"公司"(company)一词的定义上,几乎所有协定的规定都与联合国范本的一致。只有埃塞俄比亚与以色列、埃塞俄比亚与突尼斯的协定分别使用"法人"(legal person)或"公司"(corporate)用语来取代"公司"(company)。比利时与卢旺达、比利时与乌干达的协定规定,该定义必须符合公司作为居民的缔约国的要求。在津巴布韦与塞舌尔避免双重课税条约中有类似的规定,一个"人"必须"在其组织成立的缔约国内被作为公司来对待"。赞比亚与罗马尼亚避免双重课税条约明确地在公司定义中提及罗马尼亚的合资企业。

加比规则(*tie-breaker rules*)。不少协定的加比规则与联合国范本和经合组织范本规定不同。个人居民身份认定上加比规定只存在少数特点。意大利与肯尼亚、意大利与坦桑尼亚的协定把"永久住所"(permanent home)定义为纳税人与其家庭成员共同生活的地方。莫桑比克与澳门地区的避免双重课税条约中的国籍加比规则只适用于莫桑比克的国民,因为澳门地区本身并不存在国籍的概念。南非与莫桑比克、卢旺达、坦桑尼亚的协定第4(2)条 b 项没有涉及"重要利益中心"(center of vital interest),而使用了不同的立法技术,规定如果无法通过 a 项规定来确定唯一的居民身份,b 项的惯常居所(the habitual abode)就具有决定意义。赞比亚与日本避免双重课税条约规定,通过相互协商程序对具有双重居民身份的个人加以认定。津巴布韦与保加利亚的避免双重课税条约中,"重要利益中心"是加比规则的第一层次规定,只是在第二层次才适用相互协商程序。由于这些差异规定没有出现在样本国家的多个对外协定中,而是出现在缔约伙伴国的若干协定中,因此可以认为,这些差异规定是应缔约伙伴国提出的要求而制定的。

在联合国范本和经合组织范本中,除个人以外的人的加比规则依据的是实际管理地(the place of effective management)。部分协定则采用不同于此的标准来解决双重居民身份问题,这列示在表4.7中。这些标准包括国籍、成立地、公司登记的办公室或者公司主要办公室所在地等。有时也没有具体的标准,只规定了相互协商程序。另有一些协定规定了类似于个人居民身份判定的一系列标准,经常是规定一个正式标准并结合相互协商程序。加拿大与坦桑尼亚、加拿大与津巴布韦的协定中包括了单独一项关于除个人和公司之外的人的居民身份认定的加比标准,并规定了相互协商程序——这是加拿大税收协定的一个典型特征。[79]

表4.7 除个人以外的公司和人的加比规则的差异规定

针对公司的不同加比规则	**公司成立地**:埃塞俄比亚—科威特;津巴布韦—科威特 **登记的办公室**:马达加斯加—法国、马达加斯加—毛里求斯以可选的实际管理机构所在地加比 **公司总部或主要办公室所在地**:赞比亚—日本 **通过相互协商程序确定加比规则**:埃塞俄比亚—土耳其;马拉维—挪威;乌干达—南非;赞比亚—加拿大
针对公司的多重加比规则	肯尼亚—印度:(1)国籍[80];(2)实际管理机构所在地 肯尼亚—泰国:(1)公司成立地;(2)实际管理机构所在地;(3)相互协商程序 埃塞俄比亚—印度,莫桑比克—印度,坦桑尼亚—印度:(1)实际管理机构所在地;(2)相互协商程序

---

⑦⑨ 参阅布朗、奥布莱恩(Brown/O'Brien):《加拿大国别报告》(National Report Canada),载于朗、皮斯通、舒赫和斯特林格编:《经合组织与联合国公约范本对双边税收协定之影响》2012年版,第203页起(第210页)。

⑧⑩ 在第3条第(1)款h项中,国民是指"所有由肯尼亚或印度现行法赋予法律地位的法人、合伙及社团",这意味着国籍与成立地同等重要。

续表

	加拿大与肯尼亚、坦桑尼亚及津巴布韦之间的协定:(1)国籍[80];(2)如果不构成任何一方的国民,则采用相互协商程序

赞比亚与肯尼亚、坦桑尼亚及乌干达的协定将除公司以外的居民定义为是一缔约国的居民,同时不是另一缔约国的居民。由此,加比规则就无用武之地了,因为协定不涉及双重居民身份的个人。另一方面,公司是其管理和控制所在地国的居民,协定中对此也没有加比规则——其原因可能是认为公司只可能有一个管理和控制地。赞比亚和爱尔兰避免双重课税条约中也有类似规定。赞比亚与丹麦、挪威、瑞典的协定一般适用于构成国内法上居民的人而非缔约国对方居民的人。[82]

130

(三)税种的范围

联合国范本可以被用来缔结包含所得税和资本税[83]的协定,但所分析协定中有大量的协定并不包含资本税。1980年和2001年版联合国范本第2(1)条规定相关税种可以为缔约国或其任何行政区所征收,因此范本涵盖了中央税和地方征收的税。但有些税收协定仅适用于缔约国征收税,而不适用于该国行政区征收的税。[84]

定义。联合国范本第2(2)条对于何为所得税和资本税有详细的规定,但并非所有的税收协定都采纳了联合国范本的定义。表4.8给出了这些差

---

[80]　国民指由缔约国现行法赋予其地位的公司(参阅肯尼亚与加拿大避免双重课税条约第3条第(1)款 h 项)。

[82]　参阅赞比亚与丹麦避免双重课税条约第3条第(1)款 g 项;赞比亚与挪威避免双重课税条约第3条 h 项与 g 项;赞比亚与瑞典避免双重课税条约第3条第(1)款 g 项。

[83]　只有下列税收协定包含资本税:埃塞俄比亚与科威特,埃塞俄比亚与俄罗斯,肯尼亚与加拿大,肯尼亚与丹麦,肯尼亚与德国,肯尼亚与挪威,肯尼亚与瑞典,肯尼亚与英国,莫桑比克与阿联酋,莫桑比克与越南,卢旺达与比利时,坦桑尼亚与加拿大,坦桑尼亚与丹麦,坦桑尼亚与芬兰,坦桑尼亚与挪威,坦桑尼亚与瑞典,乌干达与比利时,赞比亚与芬兰,赞比亚与德国,赞比亚与波兰,赞比亚与罗马尼亚,赞比亚与英国(标题中只提到资本税),津巴布韦与保加利亚,津巴布韦与加拿大,津巴布韦与挪威,津巴布韦与波兰,津巴布韦与塞尔维亚。

[84]　参阅肯尼亚与加拿大,肯尼亚与印度,肯尼亚与意大利,马达加斯加与法国,马达加斯加与毛里求斯,坦桑尼亚与加拿大,坦桑尼亚与意大利,赞比亚与加拿大,津巴布韦与加拿大,津巴布韦与马来西亚,津巴布韦与毛里求斯,津巴布韦与塞尔维亚的避免双重课税条约。

异的概览。样本国协定中最常见的差异是没有规定对企业支付的工资薪金总额的税,而对资本增值的课税也经常被省略。只有五个税收协定没有包含对动产或不动产转让所得的税。[65] 但也有些协定明确规定了资本利得税。有些协定没有前两段的规定,因此没有"税"的一般定义,但列举了具体的税种。考虑到将来可能加入新税种,这些协定的此种规定弹性太小。有些协定还在范本第 3 条一般定义中附加了"税"一词的定义。不同的定义包括:(1)一缔约国的税或另一缔约国的税,如上下文要求的;(2)"协议第 2 条所涵盖的任何税种";(3)在(1)的定义基础上加上:不包括因对协定适用税种的违反或疏忽而支付的税或与这些税相关的罚款;[66](4)缔约国所征收的并为第 2 条所涵盖的税。

131

表4.8 与联合国范本第2(2)条所作定义的差异

未包含工资或薪金所得税	埃塞俄比亚—中国;埃塞俄比亚—法国;埃塞俄比亚—塞舌尔;埃塞俄比亚—南非;埃塞俄比亚—英国;肯尼亚—德国;肯尼亚—毛里求斯;马达加斯加—法国;马达加斯加—毛里求斯;马拉维—挪威;莫桑比克—毛里求斯;莫桑比克—葡萄牙;莫桑比克—阿联酋;卢旺达—毛里求斯;卢旺达—南非;坦桑尼亚—加拿大;坦桑尼亚—丹麦;坦桑尼亚—芬兰;坦桑尼亚—意大利;坦桑尼亚—挪威;坦桑尼亚—南非;坦桑尼亚—瑞典;乌干达—毛里求斯;赞比亚—芬兰;赞比亚—德国;赞比亚—罗马尼亚;津巴布韦—博茨瓦纳;津巴布韦—加拿大;津巴布韦—德国;津巴布韦—荷兰;津巴布韦—塞舌尔
不包含"对资本增值的课税"	埃塞俄比亚—中国;埃塞俄比亚—印度;埃塞俄比亚—以色列;埃塞俄比亚—荷兰;埃塞俄比亚—塞舌尔;埃塞俄比亚—南非;埃塞俄比亚—土耳其;埃塞俄比亚—英国;肯尼亚—意大利;肯尼亚—毛里求斯;肯尼亚—南非;马拉维—挪威;莫桑比克—印度;卢旺达—毛里求斯;卢旺达—南非;坦桑尼亚—意大利;坦桑尼亚—南非;乌干达—印度;乌干达—毛里求斯;乌干达—挪威;乌干达—南非;津巴布韦—博茨瓦纳;津巴布韦—塞舌尔

---

[65] 参阅下列协定:肯尼亚与毛里求斯,卢旺达与毛里求斯,坦桑尼亚与意大利(只排除了不动产),乌干达与毛里求斯,津巴布韦与博茨瓦纳。

[66] 参阅肯尼亚与挪威避免双重课税条约第 3 条第(1)款 d 项。

续表

资本利得税	埃塞俄比亚—英国;肯尼亚—英国;乌干达—英国;赞比亚—波兰;津巴布韦与博茨瓦纳、保加利亚、加拿大、刚果(金)、法国、德国、毛里求斯、荷兰、挪威、波兰及英国签订的条约
无一般定义	肯尼亚—丹麦;肯尼亚—挪威;肯尼亚—瑞典;肯尼亚—英国;马拉维—南非;莫桑比克—博茨瓦纳;莫桑比克—南非;坦桑尼亚—印度(原);乌干达—英国;赞比亚—加拿大(仅删除第二项);赞比亚—丹麦;赞比亚—印度;赞比亚—爱尔兰;赞比亚—日本;赞比亚—肯尼亚;赞比亚—荷兰;赞比亚—挪威;赞比亚—瑞典;赞比亚—坦桑尼亚;赞比亚—乌干达;赞比亚—英国;津巴布韦—刚果(金);津巴布韦—马来西亚(仅删除第二项);津巴布韦—瑞典;津巴布韦—英国
第3条中的"税"	(1)埃塞俄比亚—科威特;肯尼亚—毛里求斯;马拉维—南非;莫桑比克—澳门地区;莫桑比克—毛里求斯;莫桑比克—阿联酋;卢旺达—毛里求斯;坦桑尼亚—加拿大;乌干达—毛里求斯;赞比亚—加拿大;赞比亚—丹麦;赞比亚—日本;赞比亚—肯尼亚;赞比亚—挪威;赞比亚—瑞典;赞比亚—坦桑尼亚;赞比亚—乌干达;津巴布韦—加拿大;津巴布韦—科威特;津巴布韦—马来西亚 (2)埃塞俄比亚—土耳其 (3)埃塞俄比亚—突尼斯;埃塞俄比亚—塞舌尔;埃塞俄比亚—南非;肯尼亚—加拿大;肯尼亚—丹麦;肯尼亚—德国;肯尼亚—印度;肯尼亚—挪威;肯尼亚—瑞典;肯尼亚—英国;坦桑尼亚—印度(原);赞比亚—印度;赞比亚—英国 (4)肯尼亚—英国;赞比亚—英国

132

所涵盖税种的清单。所列举的税种一般只包括所得税,其名称在各国之间有所差别。对布隆迪而言,东非共同体协定适用于其依据2008年所得税法(ITA)征收的所得税。埃塞俄比亚新协定涵盖的税种是其2002年第268号所得税公告征收的所得和利润税,或者有时更为概括地指对个人或法人所得征收的税,特别包括对采砂、石油和农业活动产生所得征收的税(由相关公告所规定征收的)。埃塞俄比亚早先的税收协定所涵盖的税种包括对受雇(及相关薪资)所课的税,或者对法人或非法人企业经营所得(包括农业经营活动和不动产租金所得)所课的税,或者对境外提供劳务所

得所课的税,以及对股息、特许权使用费、偶然所得及资本利得所课的税。肯尼亚税收协定包含的税种也有变化:协定曾经一般只涵盖所得税,有时也涉及分级个人税(graduated personal tax);[87]而新的协定具体涵盖根据所得税法(ITA,CAP470)征收的所得税。马达加斯加协定的税种清单包含法人所得税、个人非薪金所得税、对工资薪金或类似所得的课税、对动产资本所得的课税,此后,还加入了对个人的一般所得税。马拉维税收协定包含了所得税和福利(fringe benefit)税。莫桑比克缔结的所有新的税收协定包含了个人所得税和法人所得税;该国旧的协定一般涉及经营所得税、劳动所得税和补充税(supplementary tax)。卢旺达的每一个税收协定涵盖一组不同的所得税:曾经包含 2005 年第 16 号法律规定的所得税和 2005 年第 17 号法律规定的不动产租金所得税;也曾涵盖包括预提税在内的个人所得税和法人所得税,或简单地说所得税;最后还有一个协定涵盖对不同利润、专业所得的直接税及预提所得税。坦桑尼亚新近的多数协定包含依据 2004 年所得税法(ITA)征收的所得税和预提税,而早先的协定涵盖一般意义上的所得税,包括被认为是所得税、资本利得税和超额利润税的任何其他税。[88] 乌干达协定的范围包括根据所得税法(ITA,CAP340)规定的所得税,或者一般意义上的所得税,包括对公司征收的所得税。[89] 赞比亚大多数税收协定包含的税种涉及所得税、矿产税、个人税(personal levy)和选择性雇佣税(selective employment tax)。有时税收协定指向所得税、超级税(supertax)、未分配利润税和个人税。最近更多的税收协定涵盖所得和分支机构利润税,资本利得税,非居民股东税,非居民利息所得、费用所得和特许权使用费所得税。津巴布韦的税收协定涵盖所得和分支机构利润税,资本利得税,非居民股东税,非居民利息所得、费用所得和特许权使用费所得税,居民利息

---

[87]　肯尼亚与赞比亚避免双重课税条约涵盖所得税、公司税、未分配所得税和分级个人税。

[88]　坦桑尼亚与赞比亚避免双重课税条约包含了所得税、公司税、未分配所得税(undistributed income tax)和个人税。

[89]　乌干达与赞比亚避免双重课税条约包含了所得税、公司税、未分配所得税和个人分级所得税,以及发展税(development tax)。

所得税。津巴布韦和塞尔维亚避免双重课税条约包含烟草税,该税种完全可能不是一种所得税,而更可能是一种消费税(excise tax)。

联合国范本第2(4)条。本文所分析的所有协定都包含有联合国范本第2(4)条第1句的规定,这意味着协定同样适用于缔约之后征收的与协定所涵盖税种类似的税。根据第2(4)条第2句的规定,缔约国国内税法如发生变动,应通知缔约国对方。根据1980年版联合国范本,这种通知应当在每年年末进行,并应包含每一项变动内容。2001年版联合国范本中的这一规定有所变化:(只有)重大(significant)变动才须立即通知。本书所分析的税收协定与这两个标准存在差异:关于变动的类型,一方面,有些协定早在2001年版联合国范本之前就已经采用了"重大"或"实质的"(substantial)标准;另一方面,在2001年之后也有部分协定使用"实质的"一词取代"重大"一词。⑨⓪ 关于通知的时间点,部分协定没有规定"每年年末"标准,且没有规定具体的通知时间。只有一项协定在联合国范本删去"每年年末"标准后仍保留该标准。最常见的与联合国范本的差异是早在2001年版更新之前,部分协定已经使用了2001年版类似的用语,包括删去"每年年末"作为通知日期的规定,以及要求变动视具体情况必须是重大的、实质的或重要的(important)。考虑到经合组织范本也只是在2000年才作出上述变动的,因此这些最常见的差异并不是依据经合组织范本而制定的。而有些协定甚至完全删去了联合国范本第2(4)条第2句的对应规定。⑨①

表4.9 缔约国税法的变动

134

变化类型	**实质的(而非重大的)**:埃塞俄比亚—英国;埃塞俄比亚—塞舌尔;肯尼亚—法国;津巴布韦—科威特;津巴布韦—塞舌尔 **在2001年之前使用实质的/重大的**:坦桑尼亚—印度(原);赞比亚—丹麦;赞比亚—印度;赞比亚—荷兰;赞比亚—罗马尼亚;津巴布韦—挪威

---

⑨⓪ 肯尼亚与毛里求斯避免双重课税条约不要求变动是重大或实质性的。

⑨① 参阅马拉维与南非,以及赞比亚与德国避免双重课税条约。

续表

通知时间	在 **2001 年之后采用年末**:埃塞俄比亚—突尼斯 在 **2001 年之前删除"年末"**:肯尼亚—挪威;肯尼亚—英国;莫桑比克—毛里求斯;坦桑尼亚—挪威;赞比亚—加拿大;赞比亚—日本(而非变化后的合理期限);赞比亚—英国
在 2001 年之前使用 2001 年版联合国范本	埃塞俄比亚—意大利;埃塞俄比亚—科威特;埃塞俄比亚—俄罗斯;肯尼亚—加拿大;肯尼亚—丹麦;肯尼亚—印度;肯尼亚—瑞典;马达加斯加—法国;马达加斯加—毛里求斯;莫桑比克—葡萄牙;坦桑尼亚—加拿大;坦桑尼亚—丹麦;坦桑尼亚—芬兰;坦桑尼亚—瑞典;乌干达—挪威;乌干达—南非;乌干达—英国;赞比亚—芬兰;赞比亚—波兰;津巴布韦—加拿大;津巴布韦—法国;津巴布韦—马来西亚;津巴布韦—毛里求斯;津巴布韦—荷兰;津巴布韦—波兰;津巴布韦—塞尔维亚;津巴布韦—瑞典;津巴布韦—英国

其他规定。在马达加斯加(与法国和与毛里求斯)协定的第 2 条中都有一项有趣的规定,"协定不阻碍马达加斯加对于碳氢利润(hydrocarbons profits)(和矿产利润)课税。"莫桑比克与博茨瓦纳避免双重课税条约第 2 (2)条、津巴布韦与博茨瓦纳避免双重课税条约第 2(4)条规定,缔约国可以"对矿产企业利润按不同于其他企业的实际税率课税"。[92] 东非共同体协定规定,"在不影响协定包含的一般原则的前提下,可以通过换文的方式对协定任何条款加以修正。"

三、营业利润及其他独立活动

(一)营业利润(business profits)

有限引力规则(*Limited force of attraction*)。联合国范本第 7 条的一个重要特点是其第 1 段的有限引力规则,据此来源地国可以扩展归属于常设机构的利润。[93] 但本书所分析的大多数协定没有包含这个有限引力规

135

---

[92]　矿产企业进一步定义为在矿产行业中开展积极经营活动的企业。
[93]　详见上文第三章第三节"二"部分。

则,只有在肯尼亚和坦桑尼亚两国对外订立的税收协定中,有限引力规则才被反复采用。值得强调的是,即使在 1980 年之前,肯尼亚和坦桑尼亚对外缔结的税收协定就已经包含了这个规则,尽管当时这一规则的用语与 1980 年版联合国范本规则用语略有差异。[94] 这可能是因为类似的引力规则已经成为部分国家的协定实践。同时,相关条款的初步草案也由临时专家组在联合国范本正式版本发布前公布。[95] 赞比亚的和马拉维的协定一般没有有限引力规则,但这些协定大多数都缔结在第一版联合国范本发布之前,因此无法使用该范本作为谈判的基础——很明显也没有使用临时专家组的初步草案。[96] 其中的例外是赞比亚与芬兰、赞比亚与印度的避免双重课税条约,这两个条约缔结于 20 世纪 70 年代末,包含了类似于肯尼亚的和坦桑尼亚的税收协定中的有限引力规则。津巴布韦只有在三个税收协定(与加拿大、挪威和瑞典)中加入了有限引力规则,莫桑比克只在与越南的协定中,埃塞俄比亚只在与捷克、塞舌尔、南非的协定中加入了有限引力规则。[97] 马达加斯加、卢旺达、乌干达所缔结的协定都没有参照联合国范本第 7(1)条,东非共同体协定也没有规定任何引力规则。

---

[94]　"若一个缔约国企业在另一个缔约国设有常设机构,且该企业销售与该常设机构相同或类似的货物或商品,或提供与该常设机构相同或类似的服务,则这些销售或服务所获得的利润可以归属于常设机构,除非它们与常设机构的活动无关"[肯尼亚与加拿大避免双重课税条约第 7 条第(2)款]或"除非该企业能证明这些销售或服务不可归属于该常设机构的活动"[肯尼亚与丹麦避免双重课税条约第 7 条第(2)款]。

[95]　关于有限引力原则的第一份草案是在 1970 年临时专家组第二次会议上公布的(参阅联合国:《临时专家组第二次报告》,1970 年,第 76 段)。

[96]　然而,马拉维与挪威之间的条约虽然缔结于 2009 年,但也没有遵循联合国范本第 7 条第(1)款的内容。

[97]　然而埃塞俄比亚与土耳其避免双重课税条约的议定书规定,"如果能证明进行该交易是为了逃避常设机构所在国的课税",则将适用有限引力规则,这意味着在条约滥用的情形中可适用有限引力规则。

表 4.10　有限引力规则

没有包含有限引力规则的协定	埃塞俄比亚—中国;埃塞俄比亚—法国;埃塞俄比亚—印度;埃塞俄比亚—以色列;埃塞俄比亚—意大利;埃塞俄比亚—科威特;埃塞俄比亚—荷兰;埃塞俄比亚—俄罗斯;埃塞俄比亚—突尼斯;埃塞俄比亚—英国;肯尼亚—英国;马达加斯加签订的所有条约;马拉维—挪威;莫桑比克—博茨瓦纳;莫桑比克—印度;莫桑比克—意大利;莫桑比克—澳门地区;莫桑比克—毛里求斯;莫桑比克—葡萄牙;莫桑比克—南非;莫桑比克—阿联酋;卢旺达签订的所有条约;坦桑尼亚—南非;乌干达签订的所有条约;赞比亚—中国;赞比亚—波兰;赞比亚—罗马尼亚;津巴布韦—博茨瓦纳;津巴布韦—保加利亚;津巴布韦—刚果(金);津巴布韦—法国;津巴布韦—德国;津巴布韦—科威特;津巴布韦—马来西亚;津巴布韦—毛里求斯;津巴布韦—荷兰;津巴布韦—波兰;津巴布韦—塞尔维亚;津巴布韦—塞舌尔;津巴布韦—英国;东非共同体条约
1980 年之前包含有限引力规则的协定	肯尼亚—加拿大*;肯尼亚—丹麦;肯尼亚—意大利;肯尼亚—挪威;肯尼亚—瑞典;坦桑尼亚—丹麦;坦桑尼亚—芬兰;坦桑尼亚—印度(原);坦桑尼亚—挪威;坦桑尼亚—瑞典;赞比亚—芬兰;赞比亚—印度(*表示 1980 年后签订的但使用了 1980 年之前协定用语风格的条约)

136

　　有三项协定对于有限引力规则进行了调整,分别删去了两种可成立有限引力情况中的一种(坦桑尼亚与加拿大避免双重课税条约删去了 b 项,而埃塞俄比亚与捷克、坦桑尼亚与挪威的避免双重课税条约删去了 c 项)。坦桑尼亚与加拿大避免双重课税条约虽然没有 b 项,但没有缩小规则的适用范围,因为"经营活动"这一用语同样包含了销售货物。但另外两个避免双重课税条约的规定确实缩小了有限引力规则的适用范围,因为只有货物或商品销售所得才能归属于常设机构。其他所有包含有限引力规则的协定都遵循了联合国范本较为广泛的概念,允许将销售和其他经营活动的所得归属于常设机构。但 26 个协定中有 16 个协定包含另一种不同方式的限制:这种所得的归属只有在上述活动与常设机构活动相关(are related to)时才可进行。关于这种限制的用语因协定的不同而有所不同,但核心内容却是相同的。举例而言,坦桑尼亚与加拿大避免双重课税条约的用语是"除非它们(这些活动)与常设机构的活动是不相关的";津巴布韦与瑞典、肯尼亚与泰国的协定规定,"非常设机构"(non-PE)活动产生的利润不能归属于常设机构,只要"企业能证明这些销售或活动不能归属于常设机构"。这种限制性规则同样存在于 1980 年之前缔结的包含有限引力规则的协定中(表4.10)。在肯尼亚与南非避免双重课税条约中也有类似条款规定,如果有合理的理由(除获得利益外)表明可以不通过常设机构销售或提供服务,则第 7(1)条 b 项和 c 项不适用。

利润归属(第2 段)。本书所分析的协定关于利润归属规定的差异很小。赞比亚与肯尼亚、坦桑尼亚、乌干达的协定,以及马拉维与南非的避免双重课税条约规定,"来源于常设机构所在国之外的利润不得归属于常设机构。"[98]在马达加斯加与法国的避免双重课税条约中,"在相同或类似条件下从事相同或类似活动"这一用语在第 7(2)条中被省略了。在乌干达与比利时、乌干达与荷兰,以及津巴布韦与法国、津巴布韦与荷兰的协定议定书中有一个明显的特点,即这些议定书规定,常设机构的利润必须"根据可以归属于常设机构实际活动的报酬",而不是整个企业的报酬来计算。协定议定书专门提到,该原则特别适用于"与工业、商业或科学设备,经营场地,或者公共工程的研究、供应、安装或建造有关的合同"。这里,常设机构的利润"只能以常设机构在其所在国实际执行的合同为基础决定"。津巴布韦与德国避免双重课税条约的议定书规定,建筑工地有关利润,如产生于常设机构所在国之外的特定货物或服务的交付,则该利润不应归属于该常设机构。部分协定加入了一段规定,据此,没有足够信息按照通常方式来确定归属于常设机构的利润时,主管税务机关可以用评估方法确定这部分利润。[99] 乌干达与荷兰的避免双重课税条约第 5 条和第 7 条规定,不能仅因

> [98]　如肯尼亚与赞比亚避免双重课税条约第 4 条第(2)款 b 项。
>
> [99]　参阅:埃塞俄比亚与科威特避免双重课税条约,赞比亚与丹麦避免双重课税条约,赞比亚与法国避免双重课税条约(议定书),赞比亚与印度避免双重课税条约,赞比亚与意大利避免双重课税条约,赞比亚与挪威避免双重课税条约,赞比亚与瑞典避免双重课税条约,津巴布韦与科威特避免双重课税条约,津巴布韦与马来西亚避免双重课税条约。根据肯尼亚与泰国避免双重课税条约,在这种情况下,主管税务当局可根据国内法来确定利润。

出于交付目的而使用设施,就将利润归属于常设机构。

可扣除的费用。1998 年和2001 年版联合国范本第7(3)条是关于确定常设机构利润和可扣除费用的条款。如上文所述,[100]联合国范本在这方面的规定与经合组织范本存在差异。而本书所分析的大多数协定,即使是在1980 年之后缔结的,也都是依照经合组织范本,而不是联合国范本。当然有些段落规定没有完全复制经合组织范本而是加入了其他条款(见下文斜体部分)。有些协定加入了一项附加条件,只有符合发生在独立企业之间的费用才允许被扣除,因此独立交易的原则得以适用。另一个与协定范本的不同之处在于,部分协定规定,只有那些(依据国内法)通常可以扣除的费用才能被扣除。尽管用语不同,但本项关于费用扣除须受国内法限制的规则都具有相同的效果。[101]

138

表 4.11 可扣除的费用

依据经合组织范本规定的协定(以斜体标出的是有附加规则的税收协定)	埃塞俄比亚—中国;埃塞俄比亚—捷克;埃塞俄比亚—法国;埃塞俄比亚—以色列;*埃塞俄比亚—意大利;埃塞俄比亚—荷兰*;埃塞俄比亚—俄罗斯;*埃塞俄比亚—塞舌尔*;埃塞俄比亚—南非;埃塞俄比亚—突尼斯(表达上有轻微差异);埃塞俄比亚—土耳其;埃塞俄比亚—英国;肯尼亚—加拿大;*肯尼亚—法国*;肯尼亚—印度;*马达加斯加—法国;马达加斯加—毛里求斯*;马拉维—挪威;马拉维—南非(新);*莫桑比克—意大利*;莫桑比克—澳门地区;莫桑比克—葡萄牙;莫桑比克—南非;莫桑比克—阿联酋;卢旺达—比利时(只有与所得有关的支出才可扣除);坦桑尼亚—加拿大;乌干达—印度;*乌干达—意大利*;乌干达—英国;赞比亚—加拿大;赞比亚—中国;赞比亚—波兰;赞比亚—罗马尼亚;津巴布韦—加拿大;*津巴布韦—刚果(金)*;津巴布韦—法国;津巴布韦—德国;津巴布韦—马来西亚;津巴布韦—荷兰;津巴布韦—波兰;津巴布韦—塞尔维亚;津巴布韦—塞舌尔;津巴布韦—英国

---

[100] 参阅第三章第三节"二"部分。

[101] 莫桑比克与阿联酋避免双重课税条约的规定是"一个与众不同的奇怪规定"(odd one out),因为该规定正好相反,即无论国内法是否有限制,本条款(第3段)都应得到适用。

续表

规定了只有符合独立交易原则的费用才能被扣除的税收协定	肯尼亚与丹麦、德国、意大利、挪威、瑞典、英国签订的条约;坦桑尼亚与丹麦、芬兰、挪威、瑞典签订的条约;赞比亚与加拿大、肯尼亚、荷兰、坦桑尼亚、乌干达、英国签订的条约;津巴布韦—马来西亚避免双重课税条约
可扣除的限制	**国内法规定可扣除**:印度与坦桑尼亚(原)及赞比亚签订的条约;东非共同体条约;坦桑尼亚—加拿大 **国内法加以限制**:埃塞俄比亚—中国;埃塞俄比亚—法国;埃塞俄比亚—印度;埃塞俄比亚—荷兰;埃塞俄比亚—塞舌尔;埃塞俄比亚—英国;莫桑比克—印度;莫桑比克—澳门地区;乌干达—印度

在分析过程中发现的其他与联合国范本或者经合组织范本的差异如下:法国与肯尼亚协定、法国与马达加斯加协定规定,行政管理费和总部费用可以按照营业额或销售额比例由常设机构负担。意大利与埃塞俄比亚、肯尼亚、莫桑比克、乌干达的协定把"常设机构承担的费用"界定为直接与常设机构活动相关的费用。莫桑比克和印度避免双重课税条约也提到,使用专有技术(know-how)而支付的费用不得扣除。马达加斯加与毛里求斯的避免双重课税条约第 3 段不适用于银行企业。东非共同体协定没有包含第 3 段的第 3 句话。津巴布韦与刚果(金)避免双重课税条约第 7(3)条第 2 句规定,常设机构在其所在国外发生的费用只有符合特定条件才能扣除。所有这些差异都没有重复发生,似乎表明主要是协定缔约伙伴国的立场所造成的。

与范本第7(4)—(6)条规定的差异。联合国范本第 7 条没有类似于 2008 年版经合组织范本第 7(5)条的规定。但本书所分析的以及 1980 年后缔结的大多数协定还是加入了一个对应条款,据此,常设机构单纯的采购活动不能将相关利润归属于常设机构。而所有在 1980 年之前缔结的协定也仿效经合组织范本而加入了这一规定。根据联合国范本第 7(4)条规定,缔约国可以按分配法来确定利润,但部分协定中没有这一规定。有少数协定没有包含联合国范本第 7(5)条的规定。最后,也有协定规定与联合国范本第 7(6)条不同:印度与坦桑尼亚(旧)以及和赞比亚的协定没有"辅助条款"(subsidarity),但规定了一个不属于第7条利润的所得的清单。在赞比亚与英国避免双重课税条约中也没有类似规定。

表4.12　包含不同于联合国范本第7(4)—(6)条规定的协定

规定了单纯采购活动不能将利润归属于常设机构的协定	东非共同体条约;埃塞俄比亚—中国;埃塞俄比亚—捷克;埃塞俄比亚—法国;埃塞俄比亚—印度;埃塞俄比亚—以色列;埃塞俄比亚—意大利;埃塞俄比亚—科威特;埃塞俄比亚—荷兰;埃塞俄比亚—俄罗斯;埃塞俄比亚—塞舌尔;埃塞俄比亚—南非;埃塞俄比亚—突尼斯;埃塞俄比亚—土耳其;埃塞俄比亚—英国;肯尼亚—加拿大;肯尼亚—法国;肯尼亚—印度;肯尼亚—毛里求斯;肯尼亚—南非;肯尼亚—泰国;马达加斯加—法国;马达加斯加—毛里求斯;马拉维—挪威;莫桑比克—博茨瓦纳;莫桑比克—印度;莫桑比克—意大利;莫桑比克—澳门地区;莫桑比克—毛里求斯;莫桑比克—葡萄牙;莫桑比克—南非;莫桑比克—阿联酋;卢旺达—比利时;卢旺达—毛里求斯;卢旺达—南非;坦桑尼亚—加拿大;坦桑尼亚—南非;乌干达—比利时;乌干达—丹麦;乌干达—印度;乌干达—意大利;乌干达—毛里求斯;乌干达—荷兰;乌干达—挪威;乌干达—英国;赞比亚—加拿大;赞比亚—中国;赞比亚—波兰;赞比亚—罗马尼亚;津巴布韦—博茨瓦纳;津巴布韦—保加利亚;津巴布韦—加拿大;津巴布韦—刚果(金);津巴布韦—法国;津巴布韦—德国;津巴布韦—科威特;津巴布韦—马来西亚;津巴布韦—毛里求斯;津巴布韦—荷兰;津巴布韦—波兰;津巴布韦—塞尔维亚;津巴布韦—塞舌尔;津巴布韦—英国
没有规定按分配法来确定利润的协定	埃塞俄比亚—法国;埃塞俄比亚—土耳其;肯尼亚—瑞典;马拉维—挪威;莫桑比克—博茨瓦纳;莫桑比克—葡萄牙;乌干达—印度;赞比亚—英国;津巴布韦—博茨瓦纳;津巴布韦—刚果(金);津巴布韦—马来西亚
没有第5段(与确定利润的方法相同)的协定	埃塞俄比亚—土耳其;赞比亚—肯尼亚;赞比亚—坦桑尼亚;赞比亚—乌干达

140

　　其他。样本国家的部分税收协定第7条包括了特定类型的所得。在科威特与埃塞俄比亚、科威特与津巴布韦的税收协定中,营业利润明确包含了使用设备而支付的报酬;坦桑尼亚与挪威避免双重课税条约的第7条包含了合伙所得。乌干达与荷兰避免双重课税条约第7条的议定书将技术服务

所得作为营业利润的一种。一些协定中的营业利润条款对解决双重不课税问题作出了规定。马拉维与南非的避免双重课税条约,以及赞比亚与肯尼亚、坦桑尼亚、乌干达协定中规定,如果产生双重不课税,协定第 7 条将不适用。

(二)常设机构

一般定义。联合国范本第 5 条规定了"常设机构"一词的定义。该条第 1 段是一般定义,所有被分析的协定都包括了该一般定义。该条第 2 段列举了构成"常设机构"的不同设施(facilities)。该列举是"说明性"(illustrative)的。这意味着即使一个地方或者设施列举在第 2 段中,也必须满足第 5(1)条常设机构的一般标准。许多协定所包含的列举清单都是经过修正的,加入了具体的设施。这种加入具体设施的做法并不具有规范意义上的重要性,因为清单是说明性的。只要缔约国认为有必要,就可以对清单进行修改。而缔约国在协定中加入其认为重要的设施作为常设机构的做法也是常见的。[102] 如表 4.13 所示,所分析协定中加入的设施包括:(1)销售店(outlet)或商店;(2)提供存储设施的(商业性)仓库;(3)开展农业、林业、种植业和相关活动的农场、种植园或其他场所(有时简称为"农场或种植园")。赞比亚与印度避免双重课税条约的该条第 2 段列举了为完成订单而提供存储的设施。就该第(1)项和第(2)项而言,重要的是,为了构成常设机构,这些设施不能仅仅是满足范本第 5(4)条所规定的用途,那些用途中有些不构成常设机构。比如,一个仓库只有在不仅用于贮藏和展示货物或者商品时才构成常设机构。上述第(3)项出现在大约 30 个协定中,而农业活动所得一般规定在联合国范本第 6 条中。[103] 如果缔约国双方都同意将该所得作为经营所得,常设机构的概念也可以进行相应调整。只是,倘若协定在第 5(2)条中列举农业及类似活动场所,第 6(1)条和第 6(2)条却没有

141

---

[102]　参阅贝克:《避免双重课税条约》,修订第三版,2002 年 9 月,5B. 14。

[103]　2010 年版经合组织范本第 6 条的评注,同样为 2011 年版联合国范本第 6 条评注(第 6 段)所吸收,规定"缔约国在双边条约中得自主决定在第 7 条中规定这类(从农业或林业)的所得"。

删去农业或者林业的所得,这两项规定就存在矛盾。[104]

联合国范本第5(2)条 f 项涉及有关自然资源采掘(extraction)的设施构成常设机构的问题。本书所分析协定与联合国范本规定的差异体现在:首先,1980 年之后缔结的部分协定省略了"气井"或"气井或油井"。油井或气井没有包含在 1963 年版经合组织范本第5(2)条中,而只是在 1977 年版经合组织范本和 1980 年版联合国范本中才有规定。但也有部分 1980 年前缔结的协定确实在第5(2)条 f 项包含了油井。自然资源的勘探开发(exploration and exploitation)在协定范本中不构成常设机构,除非其满足第5(1)条固定营业场所的要求。也有部分协定通过在其第5(2)条中加入专门条款来解决这一问题。有些协定的第5(2)条 f 项包含了自然资源开发活动,有些协定在第5(2)条加入专门条款,将自然资源开发或勘探或两者同时加入常设机构的范围。津巴布韦与科威特避免双重课税条约中,"采掘"一词为"勘探或开发"所代替;在津巴布韦与马来西亚、津巴布韦与塞尔维亚的协定中,自然资源也包括了木材和其他森林产品;津巴布韦与刚果(金)避免双重课税条约的第5(2)条的 f 项被完全删去。这里需要再次指出的是,对"说明性"清单的偏离不具有规范意义上的重要性,因为如果满足第5(1)条的一般定义,这些列举的活动总是会构成常设机构。那些希望这些活动构成常设机构的国家必须在协定中加入合适的用语。[105] 联合国范本和经合组织范本评注已经包含了相关条款供缔约国采用。[106]

---

[104] 下列协定中存在这样的情况:埃塞俄比亚与中国,埃塞俄比亚与捷克,埃塞俄比亚与法国,埃塞俄比亚与印度,埃塞俄比亚与以色列,埃塞俄比亚与意大利,埃塞俄比亚与俄罗斯,埃塞俄比亚与英国,肯尼亚与加拿大,莫桑比克与阿联酋,乌干达与印度避免双重课税条约。

[105] 这只存在于下列三个协定中:乌干达与丹麦避免双重课税条约第 22 条规定,如果与对碳氢化合物初步调查、开发或采掘相关的活动超过 30 天,那么就认定该活动是通过常设机构或固定基地进行的。乌干达与荷兰的避免双重课税条约第 23 条规定,如果离岸(offshore)活动(包括海床底土和自然资源的勘探和开发活动)依据"传统定义"不构成常设机构,但活动时间超过 30 天,则构成常设机构。埃塞俄比亚与荷兰避免双重课税条约第 5 条第(4)—(6)款有几乎相同的规定。

[106] 2000 年版经合组织范本第 5 条评注第 15 段(2011 年版联合国范本第 5 条评注第 5 段)。

表 4.13　偏离联合国范本第 5(2)条设施列举规定的情况

销售店或商铺	埃塞俄比亚—中国;埃塞俄比亚—捷克;埃塞俄比亚—法国;埃塞俄比亚—印度;埃塞俄比亚—英国;肯尼亚—加拿大;莫桑比克—印度;乌干达—比利时;乌干达—丹麦(必须具有足够的永久性);乌干达—印度;乌干达—荷兰及挪威(作为销售店或接受订单的场所);乌干达—南非及英国(寻求订单)
(商业性)仓库或提供储藏设施的个人	东非共同体条约;埃塞俄比亚—中国;埃塞俄比亚—捷克;埃塞俄比亚—法国;埃塞俄比亚—印度;埃塞俄比亚—以色列;埃塞俄比亚—意大利;埃塞俄比亚—荷兰;埃塞俄比亚—俄罗斯(用于出租或销售货物的情况);埃塞俄比亚—塞舌尔;埃塞俄比亚—南非;埃塞俄比亚—突尼斯;埃塞俄比亚—英国;肯尼亚—毛里求斯;肯尼亚—泰国;马达加斯加—毛里求斯;莫桑比克—印度;莫桑比克—毛里求斯;莫桑比克—南非;莫桑比克—越南;卢旺达—毛里求斯;乌干达—比利时;乌干达—丹麦;乌干达—印度;乌干达—意大利;乌干达—毛里求斯;乌干达—荷兰;乌干达—挪威;乌干达—南非;乌干达—英国;津巴布韦—毛里求斯;津巴布韦—塞舌尔
从事农业或与其相类似活动的场所,农场或种植园	埃塞俄比亚—中国;埃塞俄比亚—捷克;埃塞俄比亚—法国;埃塞俄比亚—印度;埃塞俄比亚—以色列;埃塞俄比亚—意大利;埃塞俄比亚—俄罗斯;埃塞俄比亚—南非;埃塞俄比亚—突尼斯;埃塞俄比亚—英国;肯尼亚—加拿大;肯尼亚—丹麦;肯尼亚—德国;肯尼亚—印度;肯尼亚—意大利;肯尼亚—挪威;肯尼亚—瑞典;肯尼亚—英国;马达加斯加—毛里求斯[*];莫桑比克—印度;莫桑比克—阿联酋;坦桑尼亚—印度(旧);坦桑尼亚—意大利;乌干达—印度;赞比亚—加拿大;赞比亚—印度;赞比亚—肯尼亚;赞比亚—坦桑尼亚;赞比亚—罗马尼亚;赞比亚—乌干达;津巴布韦—马来西亚;津巴布韦—毛里求斯

142

续表

气井或油井[第 5 条第(2)款 f 项]	**1980 年后删除(气/油或气)**:埃塞俄比亚—突尼斯(气);肯尼亚—加拿大(气);肯尼亚—印度(气);马达加斯加—法国(油或气);莫桑比克—意大利(油或气);赞比亚—加拿大(气);赞比亚—印度(气);赞比亚—罗马尼亚(油或气)
	1980 年之前包含(油/油或气):肯尼亚—丹麦(油井);肯尼亚—德国(油井);肯尼亚—意大利(油井);肯尼亚—挪威(油井);赞比亚—肯尼亚/坦桑尼亚/乌干达(油井);坦桑尼亚—丹麦(油井或气井);坦桑尼亚—芬兰(油井);原坦桑尼亚—印度(油井);坦桑尼亚—瑞典(油井);赞比亚—芬兰(油井或气井);赞比亚—德国(油井);赞比亚—爱尔兰(油井);赞比亚—荷兰(油井)
勘探或开采自然资源	**在 f 项中增加开采项**:马拉维—挪威;卢旺达—南非;赞比亚—中国;津巴布韦—博茨瓦纳
	安装开发设备:马达加斯加—毛里求斯;卢旺达—南非;乌干达—比利时;乌干达—丹麦;乌干达—挪威;乌干达—南非;乌干达—英国;津巴布韦—德国;津巴布韦—塞舌尔(另增:钻机或工作船);津巴布韦—英国
	安装勘探设备:东非共同体条约;肯尼亚—毛里求斯;马拉维—挪威;莫桑比克—博茨瓦纳(大于 183 天);莫桑比克—毛里求斯;莫桑比克—南非;卢旺达—毛里求斯;乌干达—毛里求斯;乌干达—荷兰;乌干达—南非;乌干达—英国;津巴布韦与博茨瓦纳(如果不少于六个月)、津巴布韦—德国;津巴布韦—毛里求斯;津巴布韦—塞舌尔

建筑工地和建设项目(*building sites and construction projects*)。根据联合国范本第 5(3)条 a 项的规定,常设机构包括建筑工地和建设、装配(assembly)或安装(installation)项目,以及有关的监理(supervisory)活动。针对这一规则,本书所分析的协定也同样包含了与协定范本不同的规定。首先,建筑工地有关的监理活动是否构成常设机构,存在不同规定。一方面,尽管早先的经合组织范本没有规定,但在联合国范本发布之前缔结的部分协定包含了这一规定;另一方面,1980 年之后缔结的部分协定在这方面没有采用

联合国范本的规定。其次,关于建筑工地和建设项目构成常设机构的时间标准,不同的协定有不同的规定。一方面,1980 年之前的不少协定已经加入了后来联合国范本规定的六个月标准;另一方面,部分在 1980 年之后缔结的协定没有采用联合国范本的规定(设置了或是更低的,或是更高的,类似于经合组织范本的标准)。

表 4.14 建筑工地和建设项目

与建筑工地相关的监理活动	**缔结于 1980 年后的协定但未包含此项**:埃塞俄比亚—中国;埃塞俄比亚—法国;埃塞俄比亚—以色列;埃塞俄比亚—荷兰;埃塞俄比亚—土耳其;埃塞俄比亚—英国;肯尼亚—法国;马达加斯加—法国;莫桑比克—意大利;莫桑比克—葡萄牙(协议签订前);乌干达—意大利;乌干达—英国;赞比亚—罗马尼亚;津巴布韦—法国;津巴布韦—德国;津巴布韦—荷兰;津巴布韦—英国 **1980 年之前包含此项**:肯尼亚—丹麦;肯尼亚—德国;肯尼亚—意大利;肯尼亚—挪威;肯尼亚—瑞典;肯尼亚—英国;肯尼亚—赞比亚;坦桑尼亚—印度(原);坦桑尼亚—意大利;赞比亚—丹麦;赞比亚—芬兰;赞比亚—德国;赞比亚—爱尔兰;赞比亚—意大利;赞比亚—荷兰;赞比亚—挪威;赞比亚—瑞典;赞比亚—坦桑尼亚;赞比亚—乌干达;赞比亚—英国
不同的时间标准要求	埃塞俄比亚—印度(183 天);埃塞俄比亚—以色列(9 个月);埃塞俄比亚—科威特(3 个月);埃塞俄比亚—俄罗斯(9 个月)[⑩];埃塞俄比亚—塞舌尔(183 天);埃塞俄比亚—突尼斯(9 个月);埃塞俄比亚—土耳其(12 个月);肯尼亚—毛里求斯(12 个月);马达加斯加—法国(无要求);马拉维—南非(无要求);莫桑比克—博茨瓦纳(183 天);莫桑比克—印度(12 个月);莫桑比克—阿联酋(12 个月);卢旺达—毛里求斯(12 个月);乌干达—英国(183 天);赞比亚—加拿大(9 个月);赞比亚—印度(9 个月);赞比亚—波兰(9 个月);赞比亚—罗马尼亚(12 个月);津巴布韦—刚果(金)(无要求);津巴布韦—科威特(3 个月);津巴布韦—马来西亚(9 个月);津巴布韦—波兰(9 个月);津巴布韦—塞尔维亚(12 个月);津巴布韦—塞舌尔(183 天)

144

[⑩] 主管当局可能会延长 9 个月的时限[埃塞俄比亚与俄罗斯避免双重课税条约第 5(3)条]。

续表

1980 年之前:肯尼亚—丹麦(6 个月);肯尼亚—德国(6 个月);肯尼亚—意大利(6 个月);肯尼亚—挪威(6 个月);肯尼亚—瑞典(6 个月);肯尼亚—英国(6 个月);肯尼亚—赞比亚(6 个月);马拉维—南非(无要求);坦桑尼亚—丹麦(6 个月);坦桑尼亚—芬兰(6 个月);坦桑尼亚—印度(原)(6 个月);坦桑尼亚—挪威(6 个月);坦桑尼亚—瑞典(6 个月);坦桑尼亚—赞比亚(6 个月);乌干达—赞比亚(6 个月);赞比亚—丹麦(6 个月);赞比亚—芬兰(6 个月);赞比亚—德国(9 个月);赞比亚—意大利(9 个月);赞比亚—荷兰(6 个月);赞比亚—挪威(6 个月);赞比亚—瑞典(6 个月);赞比亚—英国(6 个月)

联合国范本与经合组织范本的另一个差异在于装配项目的规定。联合国范本第5(3)条 a 项包括了"建设、装配或安装项目"。不少协定只包括"建设或装配项目"[108],或只包括"建设或安装项目"[109]。这些对应的是经合组织不同版本范本的规定(1963 年版范本规定了"装配项目",而此后版本规定了"安装项目")。前一组只包含"装配"但不包含"安装项目"的协定主要是在 1980 年之前或之后不久缔结的,这表明协定缔约国仍然采用1963 年版经合组织范本。如上文所述,[110]这个差异并不重大,但表明了经合组织范本的主导地位。

协定中关于建筑工地和建设项目规定的其他差异如下:在有些协定中(主要是 1980 年之前缔结的),第5(3)条 a 项分为两个条款:首先,建筑工地或建设项目超过六个月的,其本身构成常设机构;其次,如果与建筑工地

---

[108] 参阅下列协定:埃塞俄比亚与意大利,埃塞俄比亚与突尼斯,肯尼亚与丹麦,肯尼亚与德国,肯尼亚与意大利,肯尼亚与挪威,肯尼亚与瑞典,肯尼亚与英国,马拉维与南非,莫桑比克与意大利,坦桑尼亚与丹麦,坦桑尼亚与芬兰,坦桑尼亚与印度(旧),坦桑尼亚与意大利,坦桑尼亚与挪威,坦桑尼亚与瑞典,乌干达与印度,乌干达与意大利,赞比亚与肯尼亚,赞比亚与印度,赞比亚与坦桑尼亚,赞比亚与乌干达。

[109] 参阅下列税收协定:埃塞俄比亚与法国,埃塞俄比亚与荷兰,埃塞俄比亚与土耳其,埃塞俄比亚与英国,马达加斯加与毛里求斯,卢旺达与比利时,乌干达与英国,赞比亚与罗马尼亚,津巴布韦与法国,津巴布韦与德国,津巴布韦与荷兰,津巴布韦与英国;1980 年之前:赞比亚与丹麦,赞比亚与德国。

[110] 参阅第三章第三节"二"部分。

或项目相关的监理活动超过六个月的,监理活动构成常设机构。⑪ 但这并不是真正的差异,只是规则的结构不同。在 2010 年版东非共同体协定范本中,该 a 项加入了"除为自然资源勘探的安装项目"的用语。马达加斯加与法国避免双重课税条约只包含建筑工地,不包括任何建设项目。马拉维与南非避免双重课税条约第 2(1)条 k 项规定,"建造(erecting)厂房或安装机器设备……本身不构成常设机构,……如果这种建造或安装是提供厂房或机器设备合同的必要组成部分。"津巴布韦与刚果(金)避免双重课税条约规定,"任何其他具有生产性质的固定或者永久机构(establishment)"也构成常设机构。在津巴布韦与科威特避免双重课税条约中,建造(erection)项目也属于本条款范围,另外,使用设备超过三个月的构成常设机构。

联合国范本的另一个重要特征是第 5(3)条 b 项的"服务型常设机构"(service PE)。尽管重要,但 1980 年后缔结的近半数协定没有加入对应条款;在采用这一条款的协定中,不少协定对于服务构成常设机构的时间要求规定不同。而在 1980 年之前缔结的协定没有服务型常设机构的规定。

表 4. 15 服务型常设机构条款的差异规定

没有包含服务型常设机构规定的协定	埃塞俄比亚—中国;埃塞俄比亚—法国;埃塞俄比亚—以色列;埃塞俄比亚—意大利;埃塞俄比亚—荷兰;埃塞俄比亚—俄罗斯;埃塞俄比亚—塞舌尔;埃塞俄比亚—突尼斯;埃塞俄比亚—土耳其;肯尼亚—加拿大;肯尼亚—法国;肯尼亚—印度;马达加斯加—法国;马达加斯加—毛里求斯;莫桑比克—意大利;莫桑比克—葡萄牙(协议签订前);乌干达—比利时;乌干达—丹麦;乌干达—印度;乌干达—挪威;乌干达—南非;乌干达—英国;赞比亚—印度;赞比亚—波兰;赞比亚—罗马尼亚;津巴布韦—保加利亚;津巴布韦—刚果(金);津巴布韦—法国;津巴布韦—德国;津巴布韦—马来西亚;津巴布韦—毛里求斯;津巴布韦—荷兰;津巴布韦—波兰;津巴布韦—英国

⑪ 参阅下列税收协定:埃塞俄比亚与意大利,肯尼亚与加拿大,肯尼亚与丹麦,肯尼亚与印度,肯尼亚与意大利,肯尼亚与挪威,肯尼亚与瑞典,肯尼亚与英国,坦桑尼亚与意大利,赞比亚与丹麦,赞比亚与德国,赞比亚与肯尼亚,赞比亚与荷兰,赞比亚与挪威,赞比亚与坦桑尼亚,赞比亚与乌干达。

续表

| 146 | 不同的时间要求 | 埃塞俄比亚—科威特（3 个月）；埃塞俄比亚—英国（183 天）；肯尼亚—南非（183 天）；莫桑比克—博茨瓦纳（183 天）；莫桑比克—印度（9 个月）；莫桑比克—南非（180 天）；莫桑比克—阿联酋（9 个月）；卢旺达—比利时（3 个月）；卢旺达—毛里求斯（12 个月）；卢旺达—南非（183 天）；坦桑尼亚—南非（183 天）；乌干达—毛里求斯（4 个月）；乌干达—荷兰（4 个月）；赞比亚—加拿大（3 个月）；赞比亚—中国（183 天）；赞比亚—芬兰（3 个月）；津巴布韦—科威特（3 个月）；津巴布韦—塞尔维亚（12 个月）；津巴布韦—塞舌尔（183 天） |

在少数协定中,服务型常设机构所包括的具体活动类型与联合国范本的规定不同,如管理服务[112]和咨询活动[113]。南非与埃塞俄比亚协定（超过 6 个月）、南非与莫桑比克协定（12 个月内超过 183 天）、莫桑比克与博茨瓦纳避免双重课税条约,以及津巴布韦与博茨瓦纳避免双重课税条约（12 个月内超过 183 天）包括了一项个人提供专业服务构成服务型常设机构的规定;[114]关于一项活动（不是指停留）构成常设机构的时间要求也是不同的（参阅括号里的活动持续时间要求）。马拉维与挪威避免双重课税条约包含了类似规定,但时间要求不同:个人必须（1）在另一个缔约国超过 183 天,并且（2）其 50% 的毛收入必须归属于这些活动,或者一个或多个人进行的活动是为相同或者相关的项目。津巴布韦与挪威、津巴布韦与瑞典的协定中,只有与建筑工地或建设项目相关的服务才能构成常设机构。少数协定规定,艺术家或者运动员提供服务将视同（deemed）构成提供这些人员的企业的常设机构。[115]肯尼亚与泰国的避免双重课税条约规定,服务必须由居民

---

[112] 参阅埃塞俄比亚与捷克,赞比亚与芬兰,津巴布韦与科威特的避免双重课税条约。

[113] 参阅马拉维与挪威避免双重课税条约,乌干达与比利时、丹麦、挪威之间的避免双重课税条约（只有那些与建筑工地或项目相关的咨询服务）。

[114] 莫桑比克与博茨瓦纳避免双重课税条约第 3 条包含了"专业服务"的定义,该定义内容与联合国范本第 14(2)条相同。

[115] 参阅赞比亚与肯尼亚、印度、英国、坦桑尼亚、乌干达的协定,坦桑尼亚与印度（旧）,津巴布韦与南非的避免双重课税条约。

(而不是联合国范本中的企业)来提供。在赞比亚与加拿大的避免双重课税条约中,"企业为此目的而提供"这一用语被删除了。津巴布韦与刚果(金)避免双重课税条约中关于服务型常设机构的规则也与联合国范本的规定不同:

> 在没有实质性安装的情况下,"常设机构"一词同样包括了任何在缔约国内开展的、除任何技术支持之外的活动,如果活动的时间段从相关评定开始或结束当年的任何十二个月内总计超过六个月。

哪些不构成常设机构(常设机构例外)。联合国范本第5(4)条包含了 147 不构成常设机构设施的清单。本书所分析的双边税收协定中包括了一些与范本不同的规定。首先,大量协定采用了经合组织范本第5(4)条 a 项的规定,而不是联合国范本的规定,从而把"货物或商品的交付"列为构成常设机构的例外。不同于其他缔结于1980年之前的协定,肯尼亚与丹麦、挪威、瑞典的协定尽管也缔结于1980年之前,但采用了具有联合国范本风格的规定用语。其次,部分协定中关于辅助性或准备性活动(auxiliary or preparatory activities)条款是根据1963年版经合组织范本而订立的,该范本将广告、信息提供以及科学研究也作为辅助性或准备性活动。[⑩] 很明显的是,1977年或者1980年之前缔结的协定也采用了这一条款。最后,f 项(针对提到的活动的组合)早在其加入到2001年联合国范本之前,就已经为相当数量的协定所采用。最可能的原因是,1977年版经合组织范本就已经有了这一规则。然而莫桑比克与越南的协定虽缔结于2001年之后,却没有对应的条款。

---

⑩　埃塞俄比亚与捷克避免双重课税条约将这些典型的活动列举在括号中,而埃塞俄比亚与荷兰、埃塞俄比亚与塞舌尔、津巴布韦与塞舌尔避免双重课税条约则为这些活动单列规定一项。

表 4.16 不被视为常设机构的设施

与经合组织范本 a 项及 b 项类似,不包含货物的交付的协定	埃塞俄比亚—中国;埃塞俄比亚—捷克;埃塞俄比亚—法国;埃塞俄比亚—以色列;埃塞俄比亚—意大利;埃塞俄比亚—科威特;埃塞俄比亚—荷兰;埃塞俄比亚—俄罗斯;埃塞俄比亚—塞舌尔;埃塞俄比亚—突尼斯;埃塞俄比亚—土耳其;埃塞俄比亚—英国;肯尼亚—加拿大;肯尼亚—法国;肯尼亚—印度;肯尼亚—毛里求斯;马达加斯加—毛里求斯;莫桑比克—意大利;莫桑比克—澳门地区;莫桑比克—葡萄牙;莫桑比克—南非;莫桑比克—阿联酋;莫桑比克—越南;卢旺达—比利时;卢旺达—毛里求斯;卢旺达—南非;坦桑尼亚—加拿大;坦桑尼亚—南非;赞比亚—加拿大;赞比亚—中国;赞比亚—波兰;赞比亚—罗马尼亚;津巴布韦—刚果(金);津巴布韦—法国;津巴布韦—德国;津巴布韦—科威特;津巴布韦—马来西亚;津巴布韦—毛里求斯;津巴布韦—荷兰;津巴布韦—波兰;津巴布韦—塞尔维亚;津巴布韦—塞舌尔;津巴布韦—英国
广告、信息提供及科学研究(＊表示不同于 1963 年版经合组织范本)	埃塞俄比亚—捷克＊;埃塞俄比亚—以色列;埃塞俄比亚—意大利;埃塞俄比亚—荷兰＊;埃塞俄比亚—俄罗斯;埃塞俄比亚—塞舌尔＊;埃塞俄比亚—南非;埃塞俄比亚—突尼斯;埃塞俄比亚—英国;肯尼亚—加拿大;肯尼亚—印度;肯尼亚—毛里求斯;马达加斯加—毛里求斯;莫桑比克—意大利;莫桑比克—毛里求斯;卢旺达—毛里求斯;坦桑尼亚—印度;乌干达—意大利;乌干达—毛里求斯;赞比亚—加拿大;赞比亚—印度;津巴布韦—毛里求斯;津巴布韦—塞尔维亚;津巴布韦—塞舌尔＊
2001 年之前就已包含 f 项(与 1977 年版经合组织范本相同)的协定	埃塞俄比亚—科威特;埃塞俄比亚—俄罗斯;马达加斯加—毛里求斯;莫桑比克—毛里求斯;莫桑比克—葡萄牙;坦桑尼亚—加拿大;乌干达—挪威;乌干达—南非;乌干达—英国;赞比亚—芬兰;赞比亚—波兰;赞比亚—罗马尼亚;津巴布韦—保加利亚;津巴布韦—加拿大;津巴布韦—法国;津巴布韦—德国;津巴布韦—马来西亚;津巴布韦—毛里求斯;津巴布韦—荷兰;津巴布韦—挪威;津巴布韦—波兰;津巴布韦—塞尔维亚;津巴布韦—瑞典;津巴布韦—英国

148

本书所分析协定中有六个协定(主要是埃塞俄比亚缔结的)规定,与展览会或展示有关的存货或者商品不构成常设机构。[117] 法国与马达加斯加的避免双重课税条约的规定与联合国范本或经合组织范本在若干方面都有所不同:用语不同;不是辅助性或准备性活动,而是广告不被认为构成常设机构;同时也未提到所列活动的组合。莫桑比克与越南避免双重课税条约的该条 d 项删去了"购买货物或者商品"一词;津巴布韦与刚果(金)的避免双重课税条约中,没有与协定 b 和 c 项对应的规定。

代理人常设机构。联合国范本中关于代理人常设机构的规定与经合组织范本不同。大量的协定依据经合组织范本缔结,而没有遵循联合国范本第 5(5)条 b 项的规定(交付构成常设机构)。有时,1963 年旧版的经合组织范本规定也得到了使用(即使有关协定是在 1977 年之后缔约的)。还有一些协定——包括那些在 1980 年前缔结的(用 ＊ 号标记)——采用了 1963 年版经合组织范本 a 项,以及规定略有不同的 b 项,规定经常性地为企业完成订单的代理人构成常设机构。为企业完成订单或为企业交付货物实质上是一回事,协定采用这两种不同用语最可能的原因在于,大多数包含"完成订单代理人"(fulfill order agent)的协定缔结时间早于第一版联合国范本发布的时间。少数协定采用了 1963 年版经合组织范本的 a 项规定,而 b 项规定则采用联合国范本的规定。如果一个协定的第 5(4)条把交付存货列为常设机构的例外,同时又在该条第 5 段规定了交付代理人型常设机构,[118]就可以得出结论,纯粹的交付代理人不构成常设机构,毕竟,基于交付目的的存货也不构成常设机构。[119] 其他的差异在于,有些协定把代理人的其他活动也列入与联合国范本第 5(5)条对应的规则中,由此,为企业获取及维持订单或者制造货物构成代理人常设机构。

149

---

　　[117]　参阅埃塞俄比亚与法国,埃塞俄比亚与荷兰,埃塞俄比亚与塞舌尔,埃塞俄比亚与英国,莫桑比克与阿联酋,津巴布韦与保加利亚的避免双重课税条约。

　　[118]　参阅如埃塞俄比亚与意大利,埃塞俄比亚与科威特,埃塞俄比亚与俄罗斯,埃塞俄比亚与突尼斯,肯尼亚与加拿大,肯尼亚与德国,肯尼亚与意大利,肯尼亚与英国,莫桑比克与阿联酋,莫桑比克与越南,乌干达与印度,赞比亚与加拿大,赞比亚与肯尼亚,赞比亚与坦桑尼亚,赞比亚与乌干达,津巴布韦与科威特,津巴布韦与马来西亚,以及津巴布韦与毛里求斯避免双重课税条约。

　　[119]　参阅戈尔,载于沃格尔与莱纳编:《避免双重课税条约》,第 5 条,旁注第 132。

表4.17 代理人型常设机构的差异规定

与经合组织范本相同（无 b 项）	埃塞俄比亚—中国；埃塞俄比亚—捷克；埃塞俄比亚—法国；埃塞俄比亚—以色列；埃塞俄比亚—荷兰；埃塞俄比亚—土耳其；埃塞俄比亚—塞舌尔；埃塞俄比亚—英国；肯尼亚—法国；肯尼亚—毛里求斯；马达加斯加—毛里求斯；马拉维—挪威；莫桑比克—澳门地区；莫桑比克—葡萄牙；莫桑比克—南非；卢旺达—比利时；卢旺达—南非；坦桑尼亚—加拿大；坦桑尼亚—南非；乌干达—比利时；乌干达—丹麦；乌干达—荷兰；乌干达—挪威；乌干达—南非；乌干达—英国；赞比亚—中国；津巴布韦—保加利亚；津巴布韦—刚果（金）；津巴布韦—法国；津巴布韦—德国；津巴布韦—荷兰；津巴布韦—塞尔维亚；津巴布韦—塞舌尔；津巴布韦—英国 **1963 年版经合组织范本**：莫桑比克—意大利；卢旺达—毛里求斯；乌干达—意大利；赞比亚—波兰；赞比亚—罗马尼亚；津巴布韦—波兰
部分采用 1963 年经合组织范本（＊表示于 1980 年之前签订）	**a 项与 1963 年版经合组织范本相同，b 项为"完成订单"**：肯尼亚与加拿大、丹麦＊、德国＊、印度、意大利＊、挪威＊、瑞典＊、英国＊签订的条约；坦桑尼亚—印度（旧）；赞比亚—加拿大（a 项只包含前半句）；赞比亚—肯尼亚＊；赞比亚—坦桑尼亚＊；赞比亚—乌干达＊；赞比亚—印度；津巴布韦—马来西亚 **a 项与 1963 年版经合组织范本相同，b 项与联合国范本相同**：东非共同体条约；肯尼亚—泰国；莫桑比克—毛里求斯；乌干达—毛里求斯；赞比亚—芬兰
增加的其他活动	**获得订单**：埃塞俄比亚—印度；埃塞俄比亚—科威特；埃塞俄比亚—突尼斯；肯尼亚—泰国；莫桑比克—印度；乌干达—印度；津巴布韦—科威特 **维持订单**：莫桑比克—阿联酋 **制造产品**：埃塞俄比亚—科威特；津巴布韦—科威特；津巴布韦—马来西亚

150

最后，代理人型常设机构方面规则的差异还在于：埃塞俄比亚与俄罗斯、乌干达与毛里求斯、津巴布韦与博茨瓦纳的避免双重课税条约及东非共同体协定在该条 b 项中加入了一个标准，规定所交付货物的存货必须属于相关企业。马达加斯加与法国的避免双重课税条约在代理人型常设机构段落中使用了不同用语:"经常性地完成订单"(regularly filling orders)说明,代理人的确具有订立合同的权限。东非共同体协定第5(5)条澄清,代理人并不需要在东道国有固定的经营场所才能构成常设机构。

保险型常设机构。联合国范本第5(6)条规定了保险企业可以拥有常设机构的情形。在1980年之后签署的半数协定并没有采用联合国范本的这一规定,比如乌干达、津巴布韦对外缔结的税收协定中很少规定保险型常设机构。但在肯尼亚1980年之前缔结的协定中有不少加入了保险型常设机构的规定。这些1980年之前的协定条款用语与1970年发布的临时专家组第二份报告的用语类似。[⑳] 同样地,1977年经合组织范本评注也提到了保险公司的问题,但其中所提供的文本(用语与临时专家组报告中的规则十分近似)也没有被样本国家于1980年之前所缔结协定中的保险常设机构条款所采纳。[㉑]

表4.18　保险型常设机构

| 没有规定保险型常设机构的协定 | 埃塞俄比亚—中国;埃塞俄比亚—印度;埃塞俄比亚—以色列;埃塞俄比亚—荷兰;埃塞俄比亚—土耳其;莫桑比克—意大利;莫桑比克—澳门地区;莫桑比克—葡萄牙;莫桑比克—南非;莫桑比克—阿联酋;卢旺达—毛里求斯;卢旺达—南非;坦桑尼亚—印度;乌干达—丹麦;乌干达—意大利;乌干达—毛里求斯;乌干达—荷兰;乌干达—挪威;乌干达—南非;乌干达—英国;赞比亚—中国;赞比亚—波兰;赞比亚—罗马尼亚;津巴布韦—保加利亚;津巴布韦—加拿大;津巴布韦—刚果(金);津巴布韦—法国;津巴布韦—德国;津巴布韦—科威特;津巴布韦—马来西亚;津巴布韦—毛里求斯;津巴布韦—荷兰;津巴布韦—波兰;津巴布韦—塞尔维亚;津巴布韦—塞舌尔;津巴布韦—英国 |

151

---

⑳　"缔约国的保险企业应当被认为在另一缔约国拥有常设机构,如果除再保险外,它通过雇员或者不具有第5段意义上独立地位的代理人作为代表,在另一缔约国领土内收取保费或者承保风险。"参阅联合国:《临时专家组第二次报告》,1970年,第48段。

㉑　"缔约国保险公司被认为在另一缔约国内拥有常设机构,如果该公司通过设立在另一缔约国境内的代理人——除了根据第5段已经构成常设机构的代理人之外——来收取保费或者承保该另一缔约国境内的风险。"参阅1977年版经合组织协定范本评注第5条第38段。

续表

1980 年之前缔结的包含有保险型常设机构的协定	肯尼亚—丹麦;肯尼亚—德国;肯尼亚—印度;肯尼亚—挪威;肯尼亚—瑞典;肯尼亚—英国;赞比亚—芬兰

独立代理人与附属机构。根据联合国范本第 5(7) 条,独立代理人不构成利用它开展活动的企业的常设机构。尽管联合国范本该条第一款规定与经合组织范本相同,但前者的第二款却有其特点,并在 2001 年范本的更新中加以调整。但是,在 1980 年之后缔结的半数以上协定只包含第一句话,而也有缔结于 1980 年之前的半数协定采用了联合国范本的规定。不少协定也没有采用 2001 年更新后联合国范本的条款。

表 4.19 独立代理人作为常设机构

只有第一款(与经合组织范本相同)	东非共同体条约;埃塞俄比亚—以色列;埃塞俄比亚—意大利;埃塞俄比亚—俄罗斯;埃塞俄比亚—南非;肯尼亚—法国;肯尼亚—毛里求斯;马达加斯加—法国;马拉维—挪威;莫桑比克—博茨瓦纳;莫桑比克—意大利;莫桑比克—毛里求斯;莫桑比克—葡萄牙;莫桑比克—南非;莫桑比克—阿联酋;卢旺达—比利时;卢旺达—毛里求斯;卢旺达—南非;坦桑尼亚—南非;乌干达—比利时;乌干达—丹麦;乌干达—意大利;乌干达—毛里求斯;乌干达—荷兰;乌干达—挪威;乌干达—英国;赞比亚—中国;赞比亚—波兰;赞比亚—罗马尼亚;津巴布韦—保加利亚;津巴布韦—加拿大;津巴布韦—刚果(金);津巴布韦—法国;津巴布韦—德国;津巴布韦—荷兰;津巴布韦—波兰;津巴布韦—塞尔维亚;津巴布韦—塞舌尔;津巴布韦—英国
缔结于 1980 年之前采用第二款的协定	肯尼亚—丹麦;肯尼亚—意大利;肯尼亚—挪威;肯尼亚—瑞典;肯尼亚—英国;坦桑尼亚—印度;赞比亚—芬兰
没有采用 2001 年范本更新后变化部分的协定	埃塞俄比亚—印度;埃塞俄比亚—塞舌尔;埃塞俄比亚—突尼斯;埃塞俄比亚—英国(协议:临时作为某一企业代理机构,也将其视为独立机构);肯尼亚—泰国;莫桑比克—印度;乌干达—印度;津巴布韦—博茨瓦纳;津巴布韦—科威特

152

埃塞俄比亚与以色列避免双重课税条约的议定书中有个有趣的条款,它规定经合组织范本评注对于条约中关于独立代理人规定的解释具有约束力。根据马达加斯加与法国的避免双重课税条约,具有存货职能的独立代

理人构成常设机构。本书所分析的所有税收协定都包含了与联合国范本第
5(8)条相同的对应条款,具体内容是,为另一公司所控制的公司并不自动
地构成前者的常设机构。

(三)独立个人劳务

本书所分析的税收协定中,在独立个人劳务方面包含了若干与联合国
范本不同的规定。首先,一方面,有一些在1980年之后缔结的协定采用了
之前经合组织范本第12条规定,而不是联合国范本的规定。因此,这些协
定采用的是固定基地的概念,纳税人仅仅是在来源地国的存在(mere pres-
ence)并不会给该国带来任何的课税权。其中有些协定甚至采纳了经合组
织范本的变化,彻底删去了该对应条款。另一方面,肯尼亚、坦桑尼亚、赞比
亚等各自于1980年之前缔结的部分协定已经包含了类似于1980年版联合
国范本规定的独立个人劳务条款,但都没有包含该版范本第14(1)条c项
规定。其次,只有三个协定包含了1980年版联合国范本第14条c项规定
(该规定在2001年范本更新时被删去);所有该三个协定都是在1980年至
2001年之间缔结的。第三,有些协定没有与第14条(无论是经合组织范本
还是联合国范本)对应的条款,但在常设机构条款中加入了服务型常设机
构条款["专业服务型常设机构"(professional service PE)]。这些条款规
定,一个常设机构还包括:

> 一个个人开展的具有独立性质的专业服务或其他活动,但只有那
> 些服务或活动在一缔约国境内的持续时间在开始或结束的相关财政年
> 度的任何十二个月内连续或累计超过183天。⑫

最后,一些协定的独立劳务条款只适用于个人,与此相类似,专业服务
型常设机构条款也仅适用于个人。

---

⑫　参阅卢旺达与南非避免双重课税条约第5(3)条c项。

153

表 4.20 独立个人劳务

1980 年后采用经合组织范本规定的协定	**原范本第 14 条**:埃塞俄比亚—捷克;埃塞俄比亚—以色列;埃塞俄比亚—科威特;埃塞俄比亚—荷兰;埃塞俄比亚—塞舌尔;埃塞俄比亚—土耳其;马达加斯加—毛里求斯;莫桑比克—阿联酋;卢旺达—毛里求斯;乌干达—比利时;赞比亚—罗马尼亚;津巴布韦—保加利亚;津巴布韦—刚果(金);津巴布韦—法国;津巴布韦—德国;津巴布韦—科威特;津巴布韦—毛里求斯;津巴布韦—荷兰;津巴布韦—英国 **无第 14 条**:卢旺达—比利时;肯尼亚—毛里求斯;乌干达—荷兰;赞比亚—中国
1980 年之前缔结的,内容与联合国范本相似的协定	肯尼亚—丹麦;肯尼亚—德国;肯尼亚—意大利;肯尼亚—挪威;肯尼亚—英国;坦桑尼亚—芬兰;坦桑尼亚—挪威;赞比亚—芬兰;赞比亚—德国
包含 1980 年版联合国范本第 14 条 c 项的协定	赞比亚—加拿大(CAD10000);赞比亚—印度(ZMK10000)[123];津巴布韦—马来西亚(USD5000)[括号中为起征点]
专业服务型常设机构	埃塞俄比亚—南非;马拉维—挪威;莫桑比克—博茨瓦纳;莫桑比克—南非;卢旺达—南非;坦桑尼亚—南非;津巴布韦—博茨瓦纳
只适用于个人	埃塞俄比亚—印度;埃塞俄比亚—科威特;埃塞俄比亚—俄罗斯;肯尼亚—南非;莫桑比克—印度;莫桑比克—葡萄牙;乌干达—意大利;赞比亚—加拿大;赞比亚—芬兰;津巴布韦—科威特

定义。联合国范本第 14(2)条对"专业服务"一词加以定义。有些协定通过加入或删去某些类型的专业活动对本条款加以修改。比如肯尼亚与德国避免双重课税条约只列举了独立的科学、文学、艺术、教育或教学活动。有些协定加入了外科医生[124]、经济学家和统计学家[125]。乌干达与英国避免双重课税条约的本条款没有包含工程师。

---

[123] ZMK = 赞比亚克瓦查(Kwacha)(2012 年 7 月 15 日汇率:10000ZMK = 1.68EUR)。

[124] 参阅埃塞俄比亚与印度,莫桑比克与越南,乌干达与印度避免双重课税条约。

[125] 只包含经济学家的协定:乌干达与比利时、乌干达与丹麦、乌干达与挪威的避免双重课税协定,东非共同体条约;包含统计学家与经济学家的协定:乌干达与意大利避免双重课税条约。

其他差异。不少旧协定的个人劳务条款外延比较广泛,包含了独立和非独立活动。[126] 这些协定的条款与协定范本不同,根据第 15 条的 183 天规则对独立劳务与非独立劳务适用相同标准。同一个条款来规定独立劳务与非独立劳务,其原因很可能是采用了国际联盟起草的早先协定范本作为模板。[127] 乌干达与毛里求斯、津巴布韦与加拿大、赞比亚与塞舌尔避免双重课税条约则用另一种用语来规定 b 项,规定在来源地国停留超过 183 天的被视为构成固定基地,相关活动产生的利润应归属于该固定基地。乌干达与南非的避免双重课税条约,以及东非共同体协定在采纳联合国范本第 14 (1)条 b 项的基础上,附加规定了在 3 个连续年度中提供劳务超过 122 天的,也构成了在来源地国内的固定基地。肯尼亚与泰国避免双重课税条约第 14(1)条 a 项"经常性地"(regularly)一词[在"他可获得的"(available to him)一词之前]被删去;马达加斯加与法国避免双重课税条约基本遵循了经合组织范本的规定,但附加规定,如果活动实际是在来源地国内开展的,将征收税率为 15% 的预提税;乌干达与挪威避免双重课税条约规定,只有可归属于服务(而非固定基地)的独立个人劳务利润才可成为课税对象;津巴布韦与马来西亚避免双重课税条约对于独立个人劳务不适用固定基地原则,而只适用 183 天规则(不存在第二款后半句的限制)。同样地,莫桑比克与意大利、莫桑比克与葡萄牙避免双重课税条约也没有联合国范本第 14 (1)条 b 项第二款后半句的规定。

(四)国际运输

选择A 或选择B　。国际运输中的飞机和船舶经营以及内河运输的规定,是本书所分析协定与联合国协定范本以及经合组织协定范本存在差异较大的条款之一。由于联合国范本第 8 条有两个版本,表 4.21 给出了双边协定采用何种选择的概览。大多数协定没有赋予来源地国以课税权。这些协定的规定被称为"选择 A",即使这些协定的具体规定有所不同,有些甚

---

[126]　参阅肯尼亚与瑞典,马拉维与南非,赞比亚与肯尼亚,赞比亚与坦桑尼亚,赞比亚与乌干达,津巴布韦与南非避免双重课税条约。

[127]　参阅黑默雷茨,载于沃格尔和莱纳编:《避免双重课税协定》,第 14 条,旁注第 4。

至与联合国范本以及经合组织范本存在实质性差异。采用"选择 B"的协定赋予来源地国课税权,但其中的条款与联合国范本也多有不同。[129]

表 4.21　来源地国对国际运输中船舶运营利润的课税权

选择 A	东非共同体条约;埃塞俄比亚缔结的所有避免双重课税条约;肯尼亚与德国、肯尼亚与毛里求斯及肯尼亚与英国之间的避免双重课税条约;卢旺达缔结的所有避免双重课税条约;乌干达缔结的所有避免双重课税条约(赞比亚除外);马达加斯加缔结的所有避免双重课税条约;马拉维缔结的所有避免双重课税条约;莫桑比克缔结的所有避免双重课税条约(澳门地区除外);津巴布韦缔结的所有避免双重课税条约(加拿大除外);赞比亚缔结的大多数避免双重课税条约
选择 B	肯尼亚缔结的几乎所有的避免双重课税条约(德国、毛里求斯及英国除外);莫桑比克—澳门地区的避免双重课税条约;坦桑尼亚缔结的所有避免双重课税条约;赞比亚与加拿大、肯尼亚、坦桑尼亚及乌干达缔结的避免双重课税条约;津巴布韦—加拿大的避免双重课税条约

155

　　正如刚才提到的,协定的条款用语及在缔约国之间分配课税权的"技术"可能与联合国范本及经合组织范本有很大差别。肯尼亚与英国的避免双重课税条约规定,缔约国居民经营船舶或飞机所获得的利润在另一缔约国免税。马拉维与南非之间的避免双重课税条约只规定,一领土上的政府或居民在另一领土内从事运输服务所获得的利润在该另一领土免税,非政府性利润并没有被特别提及。赞比亚与肯尼亚、坦桑尼亚及乌干达的协定一方面规定,政府通过经营船舶、飞机和火车所获得的利润在另一缔约国免税;另一方面规定,其他利润在另一缔约国免税的条件是,产生这些利润的活动主要不是在该另一缔约国内开展的。莫桑比克与澳门地区、赞比亚与加拿大、津巴布韦与加拿大之间的避免双重课税条约也包含了一项将课税

---

　　[129]　坦桑尼亚与加拿大、丹麦、芬兰、挪威、南非、瑞典签订的避免双重课税条约的有关款项,本文将详细分析肯尼亚与加拿大、挪威、法国、印度签订的避免双重课税条约(参阅第五章第二节)。

权赋予来源地国的类似规则。⑫

与第8(1)条不同的规定。联合国范本第8(1)条(选择 A 与选择 B)采用了"实际管理机构所在地"(place of effective management)标准来决定哪个缔约国对国际运输活动具有课税权。但本书所分析的一些协定采用了不同的办法:规定企业的利润只能由该企业被视为居民的缔约国课税,这意味着由该企业经营者的居民国课税。联合国协定范本第 8 条评注承认了这种差异(第 5 段)。⑬ 在有些协定中,企业登记地或者其登记的办公地是个决定性的标准。

表 4. 22　没有按照实际管理机构所在地为基础进行课税权分配的情形

没有采用实际管理机构所在地标准(而是以居住地为标准)	埃塞俄比亚—印度;埃塞俄比亚—科威特;埃塞俄比亚—俄罗斯;埃塞俄比亚—南非;肯尼亚—德国;肯尼亚—南非;肯尼亚—赞比亚;马拉维—挪威;莫桑比克—博茨瓦纳;莫桑比克—印度;莫桑比克—南非;莫桑比克—阿联酋;卢旺达—南非;坦桑尼亚—加拿大;坦桑尼亚—南非;坦桑尼亚—赞比亚;赞比亚—日本;赞比亚—英国;津巴布韦—加拿大;津巴布韦—科威特;津巴布韦—马来西亚;津巴布韦—塞舌尔;津巴布韦—南非;津巴布韦—瑞典
登记地	马达加斯加与法国及毛里求斯签订的条约(如果与实际管理机构所在地不一致,则以后者为准);莫桑比克—越南(公司登记地)

156

所涵盖的活动。联合国范本区分国际运输中飞机经营与船舶经营,以及内河船舶运输。与该体系的第一个不同点是,几乎所有被分析的协定都没有明示包含内河船舶运输所产生的利润;只有 10 个协定包含了与联合国

---

⑫　津巴布韦与加拿大避免双重课税条约第 8 条第(2)款提到"仅在一个缔约国各地间运输乘客或货物的船舶或航空器所取得的利润可在该国课税"(赞比亚与加拿大避免双重课税条约有相同规定,莫桑比克与澳门地区避免双重课税条约有相似规定)。

⑬　由于实际管理地可能与居民国不同(尤其是在国内法规定中管理地不采用居住标准的情况),有些国家更愿意把税收权分配给居民国从而确保其课税权。这些国家可能会采用联合国范本评注(第 8 条第 10 段)提供的条款范本。

范本第8A(2)条或第8B(3)条相同的对应条款。[130] 第二个不同点是相当多的协定第8条也涵盖了"光船租赁"产生的利润或者一般"船舶或飞机租赁"产生的利润和(或)"集装箱使用、维护或租赁"产生的利润;在部分协定中,这类所得只是船舶经营或飞机经营的附属性(incidental)所得,但其他协定则包括了非附属性的所得。[132] 有些基于联合国范本第8条所缔结的协定条款包含了国际运输活动所附带产生的利息所得。[133] 埃塞俄比亚与荷兰、塞舌尔,以及莫桑比克与阿联酋的避免双重课税条约也涵盖了为其他企业售票所产生的所得。

表4.23　第8条包含的附属性活动

(附属性)光船租赁	埃塞俄比亚—中国;埃塞俄比亚—捷克;埃塞俄比亚—以色列;埃塞俄比亚—意大利;埃塞俄比亚—科威特;埃塞俄比亚—荷兰(非附属);埃塞俄比亚—塞舌尔;埃塞俄比亚—南非;肯尼亚—南非;马拉维—挪威;莫桑比克—博茨瓦纳;莫桑比克—南非;卢旺达—比利时;卢旺达—南非;坦桑尼亚—南非;乌干达—比利时;乌干达—意大利;乌干达—荷兰;乌干达—挪威;乌干达—南非;赞比亚—中国;津巴布韦—科威特;津巴布韦—荷兰;津巴布韦—塞舌尔
(附属性)使用、维护或出租集装箱(标有*的条约将其包含于第3条中)	东非共同体条约;埃塞俄比亚—中国;埃塞俄比亚—捷克;埃塞俄比亚—印度;埃塞俄比亚—以色列;埃塞俄比亚—意大利;埃塞俄比亚—科威特;埃塞俄比亚—荷兰;埃塞俄比亚—俄罗斯;埃塞俄比亚—塞舌尔;埃塞俄比亚—南非(非附属);埃塞俄比亚—土耳其;肯尼亚—毛里求斯;肯尼亚—南非(非附属);马拉维—挪威(非附属);莫桑比克—博茨瓦纳;莫桑比克—印度;莫桑比克—毛里求斯(附属);莫桑比克—南非;莫桑比克—阿联酋;卢旺达—比利时(出租);

157

[130] 参阅下列条约:埃塞俄比亚与科威特避免双重课税条约,东非共同体条约(2010),肯尼亚与挪威、莫桑比克与澳门地区、莫桑比克与越南、赞比亚与波兰、津巴布韦与保加利亚、津巴布韦与挪威、津巴布韦与波兰、津巴布韦与南非的避免双重课税协定。

[132] 莫桑比克与博茨瓦纳避免双重课税条约中包含收入附属于国际运输利润的公路及铁路运输工具。

[133] 取决于该活动是否必须具有附属性,各条约的措辞偏离了联合国范本。这是因为范本条款中已包含特定附属活动(参阅下文第五章第二节)。

续表

	卢旺达—毛里求斯(出租);卢旺达—南非(非附属);坦桑尼亚—加拿大;坦桑尼亚—南非;比利时—乌干达(出租);乌干达—丹麦;乌干达—印度;乌干达—意大利;乌干达—毛里求斯;乌干达—荷兰;乌干达—挪威;乌干达—南非;赞比亚—中国;赞比亚—波兰*;津巴布韦—博茨瓦纳;津巴布韦—加拿大;津巴布韦—刚果(金);津巴布韦—法国;津巴布韦—德国*;津巴布韦—科威特;津巴布韦—荷兰*;津巴布韦—挪威*;津巴布韦—波兰*;津巴布韦—塞舌尔;津巴布韦—英国*
出租船舶或飞机(标有*的条约包括转让)	东非共同体条约;埃塞俄比亚—俄罗斯;肯尼亚—毛里求斯;莫桑比克—毛里求斯;莫桑比克—阿联酋*(附属);卢旺达—毛里求斯;坦桑尼亚—加拿大*;乌干达—毛里求斯;津巴布韦—博茨瓦纳;津巴布韦—加拿大*;津巴布韦—刚果(金)
附属性利息	埃塞俄比亚—印度;埃塞俄比亚—以色列;肯尼亚—印度(仅限于空运);埃塞俄比亚—荷兰;埃塞俄比亚—塞舌尔;莫桑比克—印度;莫桑比克—阿联酋;坦桑尼亚—加拿大;乌干达—印度;赞比亚—印度

陆地运输(overland transport)。少数协定根据联合国范本第 8 条所订立的条款也涵盖了陆地运输。赞比亚与肯尼亚、坦桑尼亚、乌干达等的协定规定,陆地运输产生的利润应由各来源地国(the state of origin)按比例课税;马拉维与挪威、莫桑比克与博茨瓦纳、莫桑比克与南非、坦桑尼亚与南非、津巴布韦与博茨瓦纳、津巴布韦与刚果(金),以及津巴布韦与科威特的避免双重课税条约涵盖了国际运输中的铁路与公路运输工具。[134] 南非与坦桑尼亚的协定将公路运输所得按照空运所得处理,铁路运输所得按海运处理,同时相关利润也包括了公路或者铁路运输工具租赁所产生的利润。158
2010 年东非共同体协定第 3 条的国际运输定义包含铁路运输,而其第 8 条包括了由"国际运输中船舶、飞机和火车经营或租赁,以及附属于国际运输

---

[134]　这通过将第 3 条国际运输的定义扩展包含铁路及公路运输工具而达成。

中船舶、火车或飞机经营的集装箱、货车、卡车、邮轮及相关设备的租赁"所产生的利润。旧的坦桑尼亚与印度避免双重课税条约把海运和空运所得分为两个独立条款，"海运"一词明示地包括客运、邮件运输、家畜运输和货运；这些条款不包括沿海运输。

其他与联合国范本第8 条不同的规定。本书所分析的部分协定没有包含与联合国范本第8A(3)条或第8B(4)条相同的对应条款，这些条款涉及实际管理地在船舶上的情形。当实际管理地对课税权分配不具有决定性作用时，这些条款就成了多余。不过，仍有一些协定采用了实际管理地原则，但删除了联合国范本第8A(3)条或第8B(4)条的规定，这些协定是赞比亚与德国、印度、爱尔兰、挪威、瑞典的协定，以及津巴布韦与博茨瓦纳、塞舌尔的协定。联合国范本第8A(4)条或第8B(5)条涉及由联营、合资或国际经营机构产生的利润。肯尼亚与泰国避免双重课税条约没有类似的规定。卢旺达与南非避免双重课税条约适用于这些利润，但其仅适用于可归属的部分。与此相类似，津巴布韦和马来西亚的避免双重课税条约也规定，它仅仅适用于这些利润的相应份额。最后，坦桑尼亚与意大利避免双重课税条约有一条有趣的规定，即第 8 条所包含的"最惠国(Most-favored-Nation)条款"，这意味着坦桑尼亚应当将其所有对外税收协定中最优惠的待遇授予意大利的税收居民。

国际运输的定义。联合国范本第 8 条利用了范本第 3 条中"国际运输"的定义。但有些协定的第 3 条没有规定国际运输的定义。这可能是由于双边协定中没有使用该用语，[133]或者这些协定可能是在经合组织范本首次引入该概念的 1977 年之前缔结的。[134] 同样，这些协定没有采用第 8 条的实际管理地标准，也必须对国际运输定义加以修正，从而避免实际管理地这一用语。有些协定把在第 3 条中的定义转移至第 8 条中。[135] 不少协定还扩

---

[133]　参阅赞比亚与肯尼亚、坦桑尼亚、乌干达缔结的协定。

[134]　参阅肯尼亚与英国，肯尼亚与加拿大，坦桑尼亚与印度(原)，坦桑尼亚与意大利，及赞比亚与印度的避免双重课税条约。

[135]　参阅埃塞俄比亚与突尼斯，肯尼亚与丹麦，及肯尼亚与挪威避免双重课税条约。

展了该定义,使其包含铁路、公路运输或集装箱运输。最后,主要是赞比亚缔结的旧协定(那些使用"＊"号的协定缔结于 1980 年之前)已经采纳了一个定义,该定义虽然在用语上与协定范本不同,但内容却相同。这些定义或是规定国际运输是指除只在一缔约国境内开展的航行之外的所有航行(voyage),或是指涉及一个国家以上的任何行程(journey)。肯尼亚与德国避免双重课税条约规定,国际运输"包括涉及一国以上国家间航行过程中一国境内若干地点之间的运输"。

159

表 4. 24　"国际运输"的定义

没有规定实际管理机构所在地的	**居住地**:埃塞俄比亚—印度;埃塞俄比亚—科威特;埃塞俄比亚—俄罗斯;埃塞俄比亚—南非;肯尼亚—德国;肯尼亚—南非;肯尼亚—泰国;马拉维—挪威;莫桑比克—博茨瓦纳;莫桑比克—印度;莫桑比克—阿联酋;坦桑尼亚—加拿大;坦桑尼亚—南非;乌干达—丹麦;乌干达—印度;乌干达—挪威;乌干达—南非;赞比亚—加拿大;赞比亚—中国;津巴布韦—加拿大;津巴布韦—刚果(金);津巴布韦—马来西亚;津巴布韦—塞舌尔;津巴布韦—瑞典 **附加登记的办事处**:马达加斯加—毛里求斯 **登记地**:莫桑比克—越南
与此定义不同的	**包括铁路及公路运输工具**:马拉维—挪威;莫桑比克—博茨瓦纳;莫桑比克—南非;津巴布韦—博茨瓦纳;津巴布韦—刚果(金);津巴布韦—科威特;坦桑尼亚—南非;东非共同体条约(仅为铁路运输) **包括集装箱运输**:马达加斯加—法国(集装箱仅作为辅助运输方式);赞比亚—波兰;津巴布韦—德国;津巴布韦—荷兰;津巴布韦—挪威;津巴布韦—波兰;津巴布韦—英国 **赞比亚缔结的旧的协定**:赞比亚—加拿大;赞比亚—丹麦＊(海运仅在一个缔约国中排除适用);赞比亚—爱尔兰＊;赞比亚—荷兰＊;赞比亚—挪威＊;赞比亚—瑞典＊(航程跨越一个以上国家)

(五)关联企业与转让定价

二次调整(*secondary adjustment*)。联合国范本第 9 条允许对关联企业之间不符合独立交易原则的交易利润进行调整。这一规则涉及两个缔约

国——如果一国调整利润,另一国不得不进行二次调整。但本书所分析的
部分协定没有规定二次调整。一方面,一些1980年之前缔结的协定采用的
是1963年版经合组织范本的规定,该范本没有规定二次调整;[138]另一方面,
有些协定是有意地删去了与联合国范本第9(2)条相同的对应条款。有些
协定对于二次调整设置了前提条件:必须经过相互协商程序或者经过主管
税务机关磋商;[139]或者规定,只有当对方缔约国认为合理或者同意的情况下
才可进行二次调整。

表 4. 25　二次调整

没有规定二次调整(1980年之后)	马达加斯加—法国;莫桑比克—意大利;莫桑比克—越南;乌干达—英国;赞比亚—印度;赞比亚—罗马尼亚;津巴布韦—法国;津巴布韦—德国;津巴布韦—马来西亚;津巴布韦—毛里求斯
二次调整的先决条件	**相互协商程序或磋商**:埃塞俄比亚—以色列;埃塞俄比亚—突尼斯;乌干达—意大利;津巴布韦—挪威 **被认为是合理的**:埃塞俄比亚—荷兰;埃塞俄比亚—俄罗斯;埃塞俄比亚—土耳其;肯尼亚—法国;乌干达—比利时;乌干达—挪威;乌干达—南非 **双方同意**:莫桑比克—葡萄牙

2001年版联合国范本第9(3)条与时间限制。2001年,联合国范本更
新时加入了经合组织范本所没有的第9(3)条,但在1980年之后缔结的约
半数协定都采纳了该条款。有三个协定(都缔结于1980年之前)规定,在
存在欺诈、故意不履行(故意不作为)或过失[fraud,willful default(deliberate
omission),neglect(negligence)]的情况下,不适用二次调整规则。[140] 从这个
意义上说,类似于联合范本这一规定的规则早已存在。最后,有些协定(多
数是加拿大所缔结的)对利润调整规定了时限,这一时限也不适用于欺诈、

---

⑬　一份于1980年之前签订的条约——坦桑尼亚与芬兰避免双重课税条约(1976)——已经
遵循了联合国范本。

⑭　联合国范本第9条第(2)款只规定了主管当局在必要时应相互协商。所以,相互协商程序
或者磋商并非强制性的。

⑭　参阅马达加斯加与毛里求斯,坦桑尼亚与加拿大,及津巴布韦与加拿大的避免双重课税条
约。

故意不履行(故意不作为)或过失情形。

表 4.26 与联合国范本第 9(3)条不同的规定及时间限制

未采纳联合国范本 2001 年更新部分的	埃塞俄比亚—中国;埃塞俄比亚—捷克(缩短第 3 款,无最终裁决之必要规定);埃塞俄比亚—法国;埃塞俄比亚—印度;埃塞俄比亚—以色列;埃塞俄比亚—荷兰;埃塞俄比亚—塞舌尔;埃塞俄比亚—南非;埃塞俄比亚—突尼斯;埃塞俄比亚—土耳其;埃塞俄比亚—英国;肯尼亚—法国;肯尼亚—泰国;马拉维—挪威;莫桑比克—博茨瓦纳;莫桑比克—印度;莫桑比克—澳门地区;莫桑比克—南非;莫桑比克—阿联酋;莫桑比克—越南;卢旺达—比利时;卢旺达—毛里求斯;卢旺达—南非;坦桑尼亚—南非;乌干达—比利时;乌干达—丹麦;乌干达—印度;乌干达—意大利;乌干达—毛里求斯;乌干达—荷兰;赞比亚—中国;津巴布韦—博茨瓦纳;津巴布韦—刚果(金);津巴布韦—科威特;津巴布韦—塞舌尔
进行调整的时间限制	肯尼亚—加拿大(五年,欺诈、故意不履行及过失除外);马达加斯加—毛里求斯(五年,欺诈、故意不作为或过失除外);坦桑尼亚—加拿大(五年,欺诈、故意不履行及过失除外);赞比亚—加拿大(六年,欺诈、故意不履行及过失除外);津巴布韦—加拿大(国内法规定期限,欺诈、故意不履行及过失除外);东非共同体条约(国内法规定期限,欺诈、故意不履行及过失除外)

其他规定。在单个协定中可以找到一些与联合国范本不同的规定。在肯尼亚与印度的避免双重课税条约中,二次调整规定的用语不同,但结果相同。乌干达与荷兰的避免双重课税条约的第 9(1)条 b 项附加规定,成本分摊与一般服务协定本身并不是一种非独立交易条件。津巴布韦与保加利亚的避免双重课税条约没有联合国范本第 9 条的对应条款。

四、投资所得、特许权使用费及资本利得

(一)不动产

坐落地原则(*situs principle*)。根据联合国范本第 6(1)条,关于不动产所得的课税权分配依据是坐落地原则。本书所有被分析的协定都采纳了这

一原则。[141] 但各个协定所使用的用语有时与联合国范本不同,而是采用了1963 年版经合组织范本,即使这些协定是在 1980 年之后缔结的。根据旧的经合组织范本规则,不动产所得可以在不动产的坐落地课税。[142] 也有一些协定没有明示提到第 1 段是否涵盖农业或者林业所得。[143] 这种差异是否具有规范意义上的重要性尚不清楚。括号中的短语"包括林业和农业所得"最早在 1977 年版经合组织范本中被引入,该短语被认为只具有澄清的作用,因此,早先的经合组织版本同样涵盖了农业与林业活动。[144] 同样的论据可以适用于刚才提到的协定。当然,协定缔约者也有可能有意地将这类所得排除在第 6 条外,转而由第 7 条来规范。对该第二种观点的支持表现在:所有具有这种不同规定的协定都在其常设机构条款中加入了农业或类似活动的场所的内容。[145] 只有部分协定明确规定,农业、林业或种植企业的利润必须按照营业利润来处理。[146]

表 4. 27 与联合国范本第 6(1)条不同的规定

采用 1963 年版经合组织范本第 6(1)条的措辞	东非共同体条约;肯尼亚—法国;肯尼亚—印度;莫桑比克—毛里求斯;卢旺达—毛里求斯;赞比亚—加拿大;赞比亚—印度;赞比亚—罗马尼亚;津巴布韦—毛里求斯
没有农业及林业所得	埃塞俄比亚—印度;埃塞俄比亚—南非;埃塞俄比亚—突尼斯;马达加斯加—毛里求斯;莫桑比克—印度;津巴布韦—马来西亚(但在第二款中包含林木产品)

定义与涵盖的所得。"不动产"一词应当根据各国国内法来解释,但联

---

[141] 然而埃塞俄比亚与科威特的避免双重课税条约规定,来源地国基于收入来源而征收的税不能超过 50%。

[142] 肯尼亚与毛里求斯避免双重课税条约混合了旧措辞和新措辞,其借用了 1963 年版经合组织范本中的措辞"于财产所在地缔约国课税"。

[143] 只有埃塞俄比亚与南非的避免双重课税条约对第 2 款的定义进行了相应修改,即删除了"用于农业与林业的牲畜及设备"。

[144] 参阅赖默尔,载于沃格尔和莱纳编:《避免双重课税协定》,第 5 条,旁注第 35。

[145] 参阅上文第四章第三节"三(二)"部分。

[146] 参阅肯尼亚与英国,马达加斯加与毛里求斯,赞比亚与英国,津巴布韦与毛里求斯避免双重课税条约。除赞比亚与英国避免双重课税条约外,这些条约还修改了包含农业活动场所的常设机构条款。

合国范本第6(2)条列举了在任何情况下都应当被认为是"不动产"的项目。本文分析得出的主要规则差异在于，一方面，第2段"不动产"一词的定义存在差异；另一方面，存在关于将某些所得视为是不动产所得的附加规则。就定义而言，有些协定与联合国范本不同，其清单列举了比联合国范本清单更多的内容。举例而言，有些协定中的不动产明确包含了渔业场所，[147]这实际上扩展了第6条的范围。[148] 有些协定列举了"作为在矿藏、油井、采石场以及其他自然资源采掘场所实际工作或工作权利对价的固定支付"[149]，这一列举是个小的差异，因为协定范本所使用的更具一般意义的"资源"（resources）一词被删去了，由于"资源"包括了水资源等，而不仅仅是列举的油气资源，因此涵盖的范围缩小了。其他协定还包含了不动产的选择权（option）或其他类似权利。[150] 联合国范本未将船舶、飞机视为是不动产，而旧的坦桑尼亚与印度避免双重课税条约将机动车列入"不动产"范围，津巴布韦与博茨瓦纳避免双重课税条约将铁路与公路运输工具列入"不动产"范围。

　　本文分析发现的第二个与联合国范本第6(2)条不同之处在于，有些协定在协定意义上将某些类型所得按不动产所得来对待。首先是所有者可以直接享用不动产的股份［例如，依分时共享安排（time-sharing arrangement）］所产生的所得，因此这类所得就不适用股息条款。其次是不动产转让所得，所有受分析的协定规定，这类所得同样受资本利得条款的规范。为何这一课税权分配规则会重复规定，并出现在两个条款中，尚不清楚。最后，一些协定规定，依国内法等同于不动产所得的所得也按不动产所得来处理。

---

[147]　埃塞俄比亚与俄罗斯的避免双重课税条约（包括渔场）；埃塞俄比亚与土耳其的避免双重课税条约（农业包括繁殖与培育鱼类）；肯尼亚与泰国的避免双重课税条约（包括渔业）。

[148]　根据主流观点，渔业不属于农业或林业，因为渔业缺乏与土地或土地使用之联系，而此点正是农业与林业的主要特征（参阅赖默尔，载于沃格尔和莱纳编：《避免双重课税协定》，第5条，旁注第38）。

[149]　参阅赞比亚与印度、津巴布韦，以及与马来西亚避免双重课税条约（偏离用斜体部分表示）。后者定义中还包含"木材或其他林产品"。

[150]　参阅坦桑尼亚与加拿大，津巴布韦与加拿大，及津巴布韦与刚果（金）的避免双重课税条约。

表 4.28　定义与所涵盖的所得

其他为不动产所得"所吸收的"所得	**允许直接享用不动产的股份**:埃塞俄比亚—法国;肯尼亚—法国;坦桑尼亚—芬兰;赞比亚—芬兰;津巴布韦—法国 **不动产转让**:东非共同体条约;肯尼亚—加拿大;坦桑尼亚—加拿大;赞比亚—加拿大;津巴布韦—加拿大;津巴布韦—刚果(金);津巴布韦—塞舌尔 **国内法下的不动产**:马达加斯加—法国;莫桑比克—葡萄牙(若国内法有规定,则该法同样适用于与不动产有关的服务)

其他差异。本文的分析发现了不少与联合国范本的不同之处,其中一个以上的双边协定包含了两个相关的差异。其一,有些协定规定,与不动产所得相关的费用允许扣除,就像居民费用扣除一样。[150] 其二,与联合国范本第 6(4) 条相关的协定规则差异很小。在那些与联合国范本第 14 条没有相同对应条款的协定中,第 4 段个人劳务的参考规定被删去了。[152] 有三个条约完全删去了与联合国范本第 6(4) 条相同的对应条款。[153]

164

最后,还有若干有关不动产所得的差异规定。乌干达与荷兰避免双重课税条约的议定书规定,勘探与开发权属于不动产(由此产生的所得不受特许权使用费条款或者经营所得条款的规范)。赞比亚与加拿大避免双重课税条约规定,纳税人可以选择对不动产所得按居民所得对待(resident treatment of immovable property)。津巴布韦与科威特避免双重课税条约第 6(2) 条规定,政府实体拥有的不动产所产生的所得在缔约国双方免税。赞比亚与肯尼亚、坦桑尼亚、乌干达的协定中没有与范本相同的对应条款,但这些协定的第 15(4) 条规定,不动产和自然资源特许权被认为来源于其坐落地;当这些所得来源于一缔约国时,另一缔约国有义务对已缴税款给予抵免。马拉维与南非避免双重课税条约中没有第 6 条及来源地规则。肯尼亚与瑞典避免双重课税条约第 12 条(题为"不动产")与联合国范本的对应条

---

[150]　参阅下列(均为北欧国家)条约:肯尼亚与挪威,坦桑尼亚与挪威,赞比亚与丹麦,赞比亚与芬兰,及赞比亚与挪威避免双重课税条约。

[152]　例如埃塞俄比亚与南非,卢旺达与比利时,及卢旺达与南非的避免双重课税条约。

[153]　参阅埃塞俄比亚与突尼斯,赞比亚与日本,及肯尼亚与瑞典的避免双重课税条约。

款规定不同。该条第 1 段增加了"除以不动产作为抵押"这一短语;同时增加了第 2 段,规定与自然资源开采有关的特许权使用费或其他支付由自然资源所在地国课税;但该条约没有与联合国范本第 6(3)条和第 6(4)条相同的对应条款。

(二)股息、利息和特许权使用费

1. 消极所得条款的共同特征

预提税率。对于股息、利息和特许权使用费所得,联合国范本赋予来源地国有限的课税权。为此,范本首先规定居民国可以对源自来源地国的所得课税;其次,范本允许来源地国也可以对所得课税,但限于一定比例。[154] 范本没有规定来源地国预提税的限额,预提税率由缔约双方谈判确定。表 4.29 给出了所分析协定确定的预提税率的概览。马拉维与南非的避免双重课税条约中没有股息和利息条款,特许权使用费与租金所得仅由来源地国课税。

---

[154]　所分析的表格中除马达加斯加与法国的避免双重课税条约外都使用了这一结构。马达加斯加与法国的避免双重课税条约中规定来源国有权课税,这暗示了来源国本来没有课税权。其他偏离消极所得条款第 1 款的措辞情况如下:马拉维与挪威的避免双重课税条约第 10 条使用"在一个缔约国中产生"而不是"由缔约国居民公司支付"(附注:没有增加股息的来源地规则)。乌干达与英国的避免双重课税条约第 10 条使用"来自"而不是"由"某公司"支付",第 11 条与第 12 条采用"来自某居民"而不是"支付给某居民"。赞比亚与德国避免双重课税条约第 11 条使用"来自"而非"在……产生"。津巴布韦与德国的避免双重课税条约第 10 条使用"来自"而不是"支付给"。

表 4.29　对股息所得的预提税率

股息		注册(Reg)	缔约时间	证券投资	非证券投资	所有权要求	备注
东非共同体1997年条约		A	1997	15	15	无	
东非共同体2010年条约		A	2010	5	5	无	
埃塞俄比亚	中国	N	2009	5	5	无	
	捷克	O	2007	10	10	无	
	埃及	A	2011	N/A(没有获得相关信息——译者注,下同)	N/A	N/A	
	法国	o	2006	10	10	无	
	印度	n	2011	7.5	7.5	无	
	伊朗	n	2005	N/A	N/A	N/A	
	以色列	o	2004	5	5	10	1)
	意大利	o	1997	10	10	无	
	科威特	n	1996	5	0	49%或政府所有	
	荷兰	o	2012	10(埃塞俄比亚为来源地国) 15(荷兰为来源地国)	5	10	2)

166

续表

股息		注册(Reg)	缔约时间	证券投资	非证券投资	所有权要求	备注
罗马尼亚		n	2003	N/A	N/A	N/A	
俄罗斯		n	1999	5	5	无	
塞舌尔		a	2012	5	5	无	
南非		a	2004	10	10	无	
突尼斯		a	2003	5	5	无	
土耳其		o	2005	10	10	无	
英国		o	2011	10	10	无	3)
加拿大		o	1983	25	15	无	
丹麦		o	1972	30	20	连续六个月持有25%以上股份	
法国		o	2007	10	10	无	
德国		o	1977	15	15	无	4)
印度		n	1985	15	15	无	
意大利		o	1979	20	15	连续六个月持有25%以上股份	5)
毛里求斯		a	2012	10	5	10	

(肯尼亚)

续表

股息		注册（Reg）	缔约时间	证券投资	非证券投资	所有权要求	备注
	挪威	o	1972	25	15	连续六个月持有25%以上股份	6)
	南非	a	2010	10	10	无	
	瑞典	o	1973	25	15	连续六个月持有25%以上股份	
	泰国	n	2006	10	10	无	
	英国	o	1973	肯尼亚居民15（0）；英国居民：均为15		15	7)
	赞比亚	a	1968	如课税则为0			
马达加斯加	法国	o	1983	25	15	25	
	毛里求斯	a	1994	10	10	无	8)
马拉维	挪威	o	2009	15	5	10	9)
	南非	a	1971	无股息条款			
莫桑比克	博茨瓦纳	a	2009	12	0	25	
	印度	n	2010	7.5	7.5	无	
	意大利	o	1998	15	15	无	
	澳门地区	n	2007	10	10	无	

167

续表

股息		注册(Reg)	缔约时间	证券投资	非证券投资	所有权要求	备注
卢旺达	毛里求斯	a	1997	15	10(<25%)	10(<25%),8(>25%)	
	葡萄牙	o	1991	10	10	无	10)
	南非	a	2007	15	8	25	
	阿联酋	n	2003	0	0	无	
	越南	n	2010	10	10	无	
	比利时	o	2007	15	0	连续十二个月持有25%以上股份*	11)
坦桑尼亚	毛里求斯	a	2001	0	0	无	
	南非	a	2002	20	10	25	
	加拿大	o	1995	25	20	15	
	丹麦	o	1976	15	15	无	
	芬兰	o	1976	20	20	无	
	印度	n	1979	15	10	10	
	意大利	o	1973	10	10	无	
	挪威	o	1976	20	20	无	
	南非	a	2005	20	10	15	'
	瑞典	o	1976	25	15	25	

续表

股息		注册（Reg）	缔约时间	证券投资	非证券投资	所有权要求	备注
乌干达	赞比亚	a	1968	如课税则为 0		10	
	比利时	o	2007	15	5	25	12）
	丹麦	o	2000	15	10	25	
	印度	n	2004	10	10	无	
	意大利	o	2000	15	15	无	
	毛里求斯	a	2003	10	10	无	
	荷兰	o	2004	15	0（>50%），*5（<50%）	无	13）
	挪威	o	1999	15	10	25	
	南非	a	1997	15	10	25	
	英国	o	1992	15	15	无	
赞比亚	赞比亚	a	1968	如课税则为 0		无	
	加拿大	o	1984	15	15	无	
	中国	n	2010	5	5	无	
	丹麦	o	1973	15	15	无	
	芬兰	o	1978	15	5	10	
	德国	o	1973	15	5	25	14）
	印度	n	1981	15	5	25	
	爱尔兰	o	1971	0	0	无	

168

169

续表

股息	注册（Reg）	缔约时间	证券投资	非证券投资	所有权要求	备注
意大利	o	1972	15	5	25	
日本	o	1970	0	0	无	
肯尼亚	a	1968	如课税则为0			
毛里求斯	a	2011	N/A	N/A	N/A	
荷兰	o	1977	15	5	25	
挪威	o	1971	15	15	无	15)
波兰	o	1995	15	5	25	
罗马尼亚	n	1983	10	10	无	
坦桑尼亚	a	1968	如课税则为0			
塞舌尔	a	2010	N/A	N/A	N/A	
瑞典	o	1974	15	5	25	
乌干达	a	1968	如课税则为0			
英国	o	1972	15	5	25	16)
津巴布韦 博茨瓦纳	a	2004	10	5	25	
保加利亚	n	1988	20	10	25	
加拿大	o	1992	15（加拿大），20（津巴布韦）	10	25	
刚果（金）	a	2002	0	0	无	

续表

股息	注册(Reg)	缔约时间	证券投资	非证券投资	所有权要求	备注
法国	o	1993	15（法国），20（津巴布韦）	10	25	
德国	o	1988	20	10	25	
科威特	n	2006	10	5	10	17）
马来西亚	n	1994	20（津巴布韦），0（马来西亚）	10(15%津巴布韦），0（马来西亚）		
毛里求斯	a	1992	20	10	25	
荷兰	o	1989	20	10	25	
挪威	o	1989	20	15	25	
波兰	o	1993	15	10	25	
塞尔维亚	n	1996	15	5	25	
塞舌尔	a	2001	10	10	无	
瑞典	o	1989	20	15	25	
英国	o	1982	20	5(25%,津巴布韦,英国），0(10%)	25	

备注:

1) 以色列特殊预提税为 10%

2) 合伙 + 养老基金预提税为 5%

3) 投资工具预提税为 15%

4) 德国特殊预提税为 25%,德国的股息豁免(为 25% 股权)

5) 股息:协定签订后均为 10

6) 挪威的股息豁免

7) 股息豁免条件为:连续 12 个月以上持有 10% 以上股份

8) 5(风险投资公司)

9) 若受益所有人为政府则适用 0% 预提税

10) 协定签订前为 15% 预提税

11) * 支付公司不得享受优惠政策

12) 若受益所有人为政府则适用 0% 预提税

13) 若受益所有人为养老基金则适用 0% 预提税;* 只要股息豁免在荷兰有效即可适用

14) 27%(德国的关联公司预提税)

15) 挪威适用国内股息豁免

16) 与经合组织相同,但对英国居民适用更为复杂的版本

17) 只要受益所有人为第 4 条第(2)款规定的实体则适用 0% 预提税

表 4.30 对利息和特许权使用费的预提税率

	签约时间	缔约国	注册	利息			特许权使用费	技术费
				常规利率	豁免	特殊利率		
布隆迪	2010	肯尼亚	a	10	是		10	10
	2010	卢旺达	a	10	是		10	10
	2010	坦桑尼亚	a	10	是		10	10
	2010	乌干达	a	10	是		10	无
埃塞俄比亚	2009	中国	n	7	是		5	无
	2007	捷克	o	10	是		10	无
	2011	埃及	a	N/A	N/A		N/A	N/A
	2006	法国	o	5	是		7.5	无
	2011	印度	n	10	是		10	与特许权使用费相同
	2005	伊朗	n	N/A	N/A		N/A	N/A
	2004	以色列	o	10	是	5(银行利息)	5	无
	1997	意大利	o	10	是		20	无
	2012	荷兰	o	5	是		5	
	1996	科威特	n	5	是		30	无
	2003	罗马尼亚	n	N/A	N/A		N/A	N/A
	1999	俄罗斯	n	5	是		15	无

172

续表

	签约时间	缔约国	注册	常规利率	利息		特殊利率	特许权使用费	技术费
					豁免				
肯尼亚	2012	塞舌尔	a	5	是			5	7.5
	2004	南非	a	8	是			20	无
	2003	突尼斯	a	无限制	是		如果收款人是公司则为10	5	无
	2005	土耳其	o	10	是			10	无
	2011	英国	o	5	是			7.5	无
	2010	布隆迪	a	10	是			10	10
	1983	加拿大	o	15	是			15	15
	1972	丹麦	o	20	是			20	20
	2007	法国	o	12	是			10	无
	1977	德国	o	15	是			15	与特许权使用费相同
	1985	印度	n	15	是			20	17
	1979	意大利	o	15	否			15	无
	1997	意大利（协定）	o	12.5	否			0	
	2012	毛里求斯	a	10	是			10	无

续表

	签约时间	缔约国	注册	利息			特许权使用费	技术费
				常规利率	豁免	特殊利率		
	1972	挪威	o	20	是		20	无
	2010	卢旺达	a	10	是	须课税	10	10
	2010	南非	a	10	否		10	无
	1973	瑞典	o	15	是		20	20
	1997	坦桑尼亚	a	20	是		20	20
	2010	坦桑尼亚	a	10	是		10	10
	2006	泰国	n	15	是	若收款人为金融机构则为10	15	无
	1997	乌干达	a	20	是		20	20
	2010	乌干达	a	10	是		10	10
	1973	英国	o	15	是		15	12.5
	1968	赞比亚	a	100	否	若由来源国课税则在居民国免税	无限制	无
马达加斯加	1983	法国	o	15	是		10(文化)15(商业)	10
	1994	毛里求斯	a	10	是		5	无

173

续表

174

	签约时间	缔约国	注册	利息		特殊利率	特许权使用费	技术费
				常规利率	豁免			
马拉维	2009	挪威	o	10	是		5	无
	1971	南非	a	无	是		仅在来源国课税	无
莫桑比克	2009	博茨瓦纳	a	10	是		10	10
	2010	印度	n	10	是		10	与特许权使用费相同
	1998	意大利	o	10	是		10	无
	2007	澳门地区	n	10	否		10	与特许权使用费相同
	1997	毛里求斯	a	8	是		5	无
	1991	葡萄牙	o	10	是		10	无
	2007	南非	a	8	是		5	无
	2003	阿联酋	n	0	是		5（文化）0（商业）	无
	2010	越南	n	10	否		10	10
卢旺达	2007	比利时	o	10	是		10	10
	2010	布隆迪	a	10	是		10	10

续表

	签约时间	缔约国	注册	利息 常规利率	利息 豁免	利息 特殊利率	特许权使用费	技术费
坦桑尼亚	2010	肯尼亚	a	10	是		10	10
	2001	毛里求斯	a	0	是		0	无
	2002	南非	a	10	是		10	10
	2010	坦桑尼亚	a	10	是		10	10
	2010	乌干达	a	10	是		10	10
	2010	布隆迪	a	10	是		10	10
	1995	加拿大	o	15	否		20	20
	1976	丹麦	o	12.5	是		20	20
	1976	芬兰	o	15	是		20	20
	1979	印度	n	12.5	否		20	20
	1973	意大利	o	12.5	是		15	无
	1997	肯尼亚	a	20	是		20	20
	2010	肯尼亚	a	10	否		10	10
	1976	挪威	o	15	是		20	20
	2010	卢旺达	a	10	是		10	10
	2005	南非	a	10	是		10	无
	1976	瑞典	o	15	否		20	20

续表

	签约时间	缔约国	注册	利息			特许权使用费	技术费
				常规利率	豁免	特殊利率		
	1997	乌干达	a	20	是		20	20
	2010	乌干达	a	10	是		10	10
	1968	赞比亚	a	100	否	若由来源国课税则在居民国免税	无限制	无
	2007	比利时	o	10	是		10	10
	2010	布隆迪	a	10	是		10	10
	2000	丹麦	o	10	是		10	10
乌干达	2004	印度	n	10	是		10	与特许权使用费相同
	2000	意大利	o	15	是		10	10
	1997	肯尼亚	a	20	是		20	20
	2010	肯尼亚	a	10	是		10	10
	2003	毛里求斯	a	10	是		10	10
	2004	荷兰	o	10	是		10	无
	1999	挪威	o	10	是		10	10
	2010	卢旺达	a	10	是		10	10

续表

	签约时间	缔约国	注册	常规利率	利息		特许权使用费	技术费
					豁免	特殊利率		
赞比亚	1997	南非	a	10	是		10	10
	1997	坦桑尼亚	a	20	是		20	20
	2010	坦桑尼亚	a	10	是		10	10
	1992	英国	o	15	是		15	15
	1968	赞比亚	a	100	否	若由来源国课税则在居民国免税	无限制	无
	1984	加拿大	o	15	否		15	无
	2010	中国	n	10	是		5	无
	1973	丹麦	o	10	是		15	无
	1978	芬兰	o	15	是		0（文化），5（电视、广播），15（商业）	无
	1973	德国	o	10	是		10	无
	1981	印度	n	10	是		10	10
	1971	爱尔兰	o	0	否		0	无
	1972	意大利	o	10	是		10	无

续表

177

	签约时间	缔约国	注册	常规利率	利息		特许权使用费	技术费
					豁免	特殊利率		
	1970	日本	o	10	是		10	无
	1968	肯尼亚	a	100	否	同上	无限制	无
	2011	毛里求斯	a	N/A	N/A		N/A	N/A
	1977	荷兰	o	10	是		10	10
	1971	挪威	o	10	是		15	15
	1995	波兰	o	10	否		10	无
	1983	罗马尼亚	n	10	是		15	无
	2010	塞舌尔	a	N/A	N/A		N/A	N/A
	1974	瑞典	o	10	是		15	无
	1968	坦桑尼亚	a	100	否	同上	无限制	无
	1968	乌干达	a	100	否	同上	无限制	无
	1972	英国	o	10	否		10	无
津巴布韦	2004	博茨瓦纳	a	10	是		10	10
	1988	保加利亚	n	10	是		10	10
	1992	加拿大	o	15	是		10	10
	2002	刚果(金)	a	0	否		0	0

续表

签约时间	缔约国	注册	常规利率	豁免	特殊利率	特许权使用费	技术费
				利息			
1993	法国	o	10	是		10	与特许权使用费相同
1988	德国	o	10	是		7.5	与特许权使用费相同
2006	科威特	n	0	否		10	与特许权使用费相同
1994	马来西亚	n	10	是		10	10
1992	毛里求斯	a	10	是		15	无
1989	荷兰	o	10	是		10	与特许权使用费相同
1989	挪威	o	10	是		10	10
1993	波兰	o	10	否		10	无
1996	塞尔维亚	n	10	否		10	10
2001	塞舌尔	a	10	否		10	10
1989	瑞典	o	10	是		10	10
1982	英国	o	10	是		10	10

从上述数据可以看出,预提税率一般因协定的不同而不同,没有一个独特的模式可循,因为这些所得的预提税率往往是协定谈判中的重要事项,其确定取决于谈判的成功与否,以及各个缔约方之间的相互妥协。关于股息条款,有些国家倾向于对各种类型的股息所得适用统一的税率(比如埃塞俄比亚和莫桑比克)。但其他国家则规定,对公司之间分配股息适用低预提税率,对其他所有股息适用高税率。这里的低税率往往只适用于获得股息的公司持有分配股息的公司最小比例以上股份的情形——同样地,各国对最低比例的规定也是不同的。部分协定采用了联合国范本中10%的比例,更多的协定采用了经合组织范本25%的规定,而有些协定规定的比例与联合国范本或经合组织范本的都不同。进一步而言,部分协定对政府实体、风险投资公司、投资工具(investment vehicle)或养老基金等获得的股息规定了专门的预提税率。最后,有些协定规定,如果缔约国国内法对于国内股息分配给予免税待遇,则缔约国公司之间的股息分配也享受免税待遇(股息免税制度)。[155]

利息的预提税率在5%到20%之间。大约有十个税收协定规定来源地国对利息所得免税;几乎所有的协定对特定利息免税,比如政府实体和中央银行取得或者支付的利息,或者与促进出口活动相关的利息。[156] 与经合组织范本不同,联合国范本第12条允许来源地国对特许权使用费所得课税,几乎所有被分析的协定都采用了联合国范本的规定。但同样地,预提税率因协定不同而有所不同,从5%到20%不等。联合国范本(和经合组织范本)关于消极所得的条款都进一步规定,主管税务当局应通过相互协商确

179

---

[155] 例如肯尼亚与德国,肯尼亚与挪威,肯尼亚与瑞典,肯尼亚与英国,坦桑尼亚与瑞典,赞比亚与挪威,津巴布韦与瑞典的避免双重课税条约。

[156] 详见下文第五章第三节以及附件一。

定限制预提税适用的方式。本书所分析的不少协定都删去了这一规定,[157]多数覆盖所有的消极所得条款,有些则仅限于一到两个条款。[158]

180 　　**受益所有人**(*beneficial ownership*)。如前文所述,消极所得条款仅适用于所得的受益所有人。[159] 但受益所有人的概念只是在 1977 年版的经合组织范本中才引入的,因此,在所分析协定中,早于 1977 年缔结的都没有包含这一概念。而有五个在 1977 年之后缔结的协定也没有受益所有人的概念。2001 年版联合国范本更新了受益所有人规则,但 2001 年之后缔结的协定都没有采用该规则,2001 年之前缔结的协定却有采用该概念的。其原因可能是,经合组织范本 1995 年就已经更新了这个概念。受益所有人概念见于各消极所得条款的第 2 段,与预提税款限制规定在一起。但有些协定的第 12(1)条中还附加了受益所有人规则;这种差异很可能是采用了经合组织范本的对应规定,因为该范本第 12 条没有赋予来源地国课税权,受益所有人的概念因此被置于第 12(1)条中。最后,在一些协定中存在着新旧受益所有人概念混合的情况。

表 4.31　消极所得条款中的受益所有人概念

无 受 益 所 有 人 规 则 (1977 年以后)	**三条均如此**:肯尼亚—加拿大;肯尼亚—印度;坦桑尼亚—印度(1979);赞比亚—印度(1981) **单条规定**:埃塞俄比亚—突尼斯(第 12 条)

---

　　[157]　参阅下列条约:埃塞俄比亚与印度,埃塞俄比亚与塞舌尔,埃塞俄比亚与突尼斯,肯尼亚与加拿大,肯尼亚与丹麦,肯尼亚与德国,肯尼亚与印度,肯尼亚与挪威,肯尼亚与瑞典,肯尼亚与泰国,马达加斯加与法国,马达加斯加与毛里求斯,马拉维与挪威,莫桑比克与博茨瓦纳,莫桑比克与印度,莫桑比克与澳门地区,莫桑比克与越南,坦桑尼亚与丹麦,坦桑尼亚与印度,乌干达与丹麦,乌干达与挪威,赞比亚与加拿大,赞比亚与德国,赞比亚与印度,赞比亚与英国,津巴布韦与博茨瓦纳,津巴布韦与加拿大,津巴布韦与法国,津巴布韦与科威特,津巴布韦与马来西亚,津巴布韦与塞舌尔。

　　[158]　参阅下列条约(括号中是没有规定该规则的条款):肯尼亚与意大利(第 12 条),肯尼亚与毛里求斯(第 11 条与第 12 条),莫桑比克与毛里求斯(第 11 条),坦桑尼亚与意大利(第 10 条与第 12 条),乌干达与印度(第 10 条与第 12 条),赞比亚与波兰(第 10 条与第 11 条),赞比亚与罗马尼亚(第 10 条与第 11 条),东非共同体条约(第 10 条与第 12 条)。

　　[159]　参阅上文第三章第三节"三"。

续表

旧的受益所有人规则 (同 1980 年联合国范本)	**三条均如此**:埃塞俄比亚—以色列;乌干达—印度;乌干达—毛里求斯 **单条规定**:埃塞俄比亚—突尼斯(第 10、11 条);莫桑比克—澳门地区(第 10、12 条);东非共同体条约(第 10、11 条)
新的受益所有人规则 (2001 年之前)	埃塞俄比亚—科威特(三条);埃塞俄比亚—俄罗斯(三条);莫桑比克—毛里求斯(三条);乌干达—英国(三条)
第 12 条第(1)款规定的受益所有人	埃塞俄比亚—以色列;肯尼亚—法国;乌干达—丹麦;乌干达—意大利;赞比亚—中国;赞比亚—爱尔兰
混合	马拉维—挪威(第 10 条为新受益所有人,第 11 条为原受益所有人,第 12 条有差异);乌干达—意大利(第 10、11 条为原受益所有人,第 12 条有差异);赞比亚—加拿大(第 10、11 条为原受益所有人,第 12 条无受益所有人);赞比亚—罗马尼亚(第 10 条为原受益所有人,第 11、12 条无受益所有人)

　　另一个关于消极所得条款的共同特征是"常设机构但书规定"。与联合国范本的最大不同是,协定中没有与独立个人劳务相关的固定基地的规定。由于该但书规定只是在 1977 年版经合组织范本中引入的,所有在此之前缔结的协定都没有该规定。而对于没有采用联合国范本第 14 条规定的协定,没有该规定也很容易得到解释。[⑥] 赞比亚与印度、赞比亚与罗马尼亚(固定基地只出现在第 11 条)、肯尼亚与印度的避免双重课税条约,都是在 1980 年之后不久缔结的,然而这些条约关于常设机构的但书似乎都采用了 1963 年版经合组织范本的规定。进一步而言,这些避免双重课税条约也没有范本第 7(1)条 c 项的规定。[⑥] 另一个被发现的差异是,意大利与埃塞俄比亚、莫桑比克、坦桑尼亚、乌干达、赞比亚的协定,以及赞比亚与爱尔兰避免双重课税条约(对于所有消极所得条款)没有在第 7 条或者第 14 条提及常设机构但书规定,而是规定了国内法适用于常设机构但书规定的情形。[⑥]

181

[⑭]　例如埃塞俄比亚与南非、卢旺达与比利时,以及卢旺达与南非的避免双重课税条约。

[⑪]　参阅上文第四章第三节"三"部分。

[⑫]　乌干达与意大利的避免双重课税条约第 3 款规定适用国内法必须"解释国内法与协定第 7 条(商业利润)及第 15 条(独立个人劳务)的规则相一致"。

津巴布韦与刚果（金）避免双重课税条约中没有常设机构但书规定。常设机构但书的差异规定有时只存在于单一消极所得条款中，例如，莫桑比克与阿联酋避免双重课税条约[163]和津巴布韦与英国避免双重课税条约[164]就是如此。

其他规定。埃塞俄比亚与法国、埃塞俄比亚与英国以及肯尼亚与法国等三个避免双重课税条约的消极所得条款中加入了反滥用规则，据此，如果纳税人缔结具体合同的唯一目的是享受避免双重课税条约的利益［"主要目的测试"（main purpose test）］，则不得享受减免预提税的优惠。部分协定在消极所得条款中加入了"课税条款"（subject to tax clause），这一条款规定，只有在居民国对所得税课税的情况下才能享受来源地国预提税的减免，从而防止双重不课税的问题。[165]坦桑尼亚与挪威避免双重课税条约规定，缔约国在本国关于消极所得项目的税制发生变化时，应与对方缔约国进行协商。津巴布韦与法国、津巴布韦与荷兰避免双重课税条约的议定书规定，向来源地国提出退还预提税的申请期限为三年。

2. 股息所得

股息的定义。联合国范本第 10(3) 条规定了"股息"一词的定义。所分析协定中存在若干与范本定义的差异之处。一是协定的"股息"不包括享受"合股"股份或权利（jouissance shares or rights）产生的所得、矿业股份（mining shares）产生的所得和/或创立者股份（founder' shares）产生的所得。二是有些协定关于"股息"的定义明示包括了特定类型的所得，包括推定股息（deemed dividends）、源于利润分配参与权的所得、特定主体［如投资基金、隐名合伙（sleeping partnerships）等］产生的所得。最后，有些协定中的股息定义排除了协定其他条款项下的所得，如利息和特许权使用费所得或

182

---

[163]　莫桑比克与阿联酋避免双重课税条约第 11 条第(6)款规定"若一个缔约国政府通过代理机构或其他方式直接参与借贷，则应按该政府参与借贷的比例适用第 3 款（常设机构条款）"。

[164]　津巴布韦与英国避免双重课税条约中利息与特许权使用费条款的常设机构但书规定中没有包含受益所有人的概念。

[165]　参阅肯尼亚与加拿大避免双重课税条约第 11 条与第 12 条，肯尼亚与英国避免双重课税条约第 10—12 条，赞比亚与英国避免双重课税条约第 11—13 条（联合国范本第 10—12 条）。

董事费。

表 4.32 "股息"的定义

无"合股"股份或权利、无矿业股份及创立者股份(除非有不同规定,否则三者均被删去)	埃塞俄比亚与中国、捷克、法国、印度、塞舌尔、英国签订的条约(后三个协定无"合股"股份或权利),与俄罗斯、土耳其签订的条约(无矿业股份);肯尼亚与加拿大、丹麦、德国、印度、毛里求斯、挪威、南非、瑞典、泰国、英国签订的条约;马拉维—挪威;莫桑比克—印度(无"合股"股份或权利,无创立者股份);毛里求斯—南非;卢旺达与毛里求斯、南非签订的条约;坦桑尼亚与加拿大签订的条约(无"合股"股份或权利),与丹麦、芬兰、印度(原)、挪威、南非、瑞典签订的条约;乌干达与印度、毛里求斯、挪威、南非、英国签订的条约;赞比亚与加拿大、中国、丹麦、芬兰、德国、签订的条约(无"合股"股份或权利),与印度、日本、荷兰签订的条约(无"合股"股份或权利,无矿业股份),与挪威、波兰签订的条约(无"合股"股份或权利),与瑞典、英国签订的条约;津巴布韦与博茨瓦纳签订的条约(无"合股"股份或权利),与保加利亚签订的条约(无"合股"股份或权利,无矿业股份),与加拿大签订的条约(无"合股"股份或权利),与马来西亚、荷兰、挪威签订的条约(无"合股"股份或权利),与波兰签订的条约(无"合股"股份或权利),与塞尔维亚、塞舌尔签订的条约(无"合股"股份或权利),与瑞典签订的条约(无"合股"股份或权利),与英国签订的条约;东非共同体条约
推定股息	肯尼亚—德国;肯尼亚—印度(以及其他被同化的所得项目);肯尼亚—意大利;肯尼亚—挪威;肯尼亚—瑞典;肯尼亚—英国(把此类所得作为股息对待);坦桑尼亚—印度(原);乌干达—英国(国内法中将这种所得作为股息对待);赞比亚—加拿大;赞比亚—印度;赞比亚—英国(把这种所得作为股息对待);津巴布韦—荷兰(来源地国把这种所得作为股息);津巴布韦—英国
由其他权利产生的所得或来源于特定人的所得	**其他权利**:马拉维—挪威及莫桑比克—葡萄牙(附有利益参与分配权的协议);赞比亚—荷兰(利润共享凭证) **特定人**:德国与肯尼亚、赞比亚、津巴布韦签订的条约(投资信托,隐名合伙);埃塞俄比亚—土耳其(议定书:投资基金,信托);莫桑比克—澳门地区[参与联合会(association in participation)];赞比亚—罗马尼亚(罗马尼亚合资企业);津巴布韦—保加利亚[保加利亚混合型(mixed)企业]

183

续表

未包含所得	**无第 11、12 条规定之所得**:肯尼亚—丹麦;肯尼亚—挪威;肯尼亚—瑞典;肯尼亚—英国 **无第 16 条规定之所得**:肯尼亚—法国 **非债权的、参与利润分配的其他权利**:赞比亚—罗马尼亚

赞比亚与肯尼亚、坦桑尼亚、乌干达、爱尔兰之间的协定,津巴布韦与法国避免双重课税条约中没有"股息"一词的定义。卢旺达与比利时,以及乌干达与比利时避免双重课税条约在"股息"定义中加入了"即使是以利息形式支付的"这一短语。埃塞俄比亚与突尼斯避免双重课税条约中股息定义的用语虽与联合国范本不同,但实质意义类似。在津巴布韦与刚果(金)避免双重课税条约中,"股息"一词是指股份所得、创立者股份所得或者其他权利产生的所得,而不是债权请求权,所以该定义要比联合国范本的更窄。

与联合国范本第10(2)条和第10(5)条的差异。联合国范本第 10(2)条最后一句规定,对支付利润公司的课税不受第 10 条规定的影响。有些协定中没有包含该句规定。[166] 在埃塞俄比亚与突尼斯、埃塞俄比亚与土耳其、马达加斯加与法国以及赞比亚与刚果(金)避免双重课税条约中,没有与联合国范本第 10(5)条相对应的规定。1980 年之前缔结的协定没有采用联合国范本第 10(5)条的短语,而是使用了与 1963 年版经合组织范本相同的用语。[167] 赞比亚与印度、赞比亚与罗马尼亚、津巴布韦与马来西亚避免双重课税条约虽然缔结于 1980 年之后,但仍使用旧经合组织范本的规定用语,因此没有固定基地的概念。当然,在没有与联合国范本第 14 条相同对应条款的协定中,这一差异同样存在。

其他差异。埃塞俄比亚与土耳其之间的避免双重课税条约规定,常设

---

[166] 参阅下列条约:埃塞俄比亚与突尼斯,肯尼亚与加拿大,肯尼亚与丹麦,肯尼亚与德国,肯尼亚与印度,肯尼亚与意大利,肯尼亚与挪威,肯尼亚与瑞典,坦桑尼亚与印度,坦桑尼亚与意大利,赞比亚与印度。

[167] 例如肯尼亚与丹麦,肯尼亚与德国,肯尼亚与挪威,肯尼亚与瑞典,肯尼亚与英国,坦桑尼亚与芬兰,坦桑尼亚与印度的避免双重课税条约。

机构利润根据第 7 条课税之后,还可以根据第 10(2)条课税。[168] 按照肯尼亚 184
与法国避免双重课税条约第 10(3)条,肯尼亚居民从法国分回股息后,有权
申请退还预缴税款,该退款可以抵缴在法国应缴纳的来源地税。乌干达与
丹麦的避免双重课税条约规定,预提税退还应当在三年内提出;主管税务当
局有六个月的期限来办理退款。埃塞俄比亚与荷兰避免双重课税条约第
10(8)条,以及乌干达与荷兰避免双重课税条约第 10(9)条规定了股息汇
出税(exit taxation)。[169] 赞比亚与肯尼亚、坦桑尼亚、乌干达的协定中的股息
条款措辞与两个范本规定都有很大不同。赞比亚与英国之间的避免双重课
税条约规定,只有从前十二个月内挣得的利润中所支付的股息,才能享受预
提税减免。[170]

3. 利息所得

"利息"的定义。联合国范本第 11(3)条给出了"利息"的定义。除了
马达加斯加与法国之间的避免双重课税条约外,所有协定都包含了界定利
息定义的规则。但双边协定中包含的利息定义与联合国范本的规定存在若
干差异。第一个差异在于,1980 年之后缔结的若干协定中整个利息定义用
语不同于联合国范本,而与 1963 年版的经合组织范本的相近(尽管有两个
协定确实包含了联合国范本该条的第二句规定)。由于这些协定采用了经
合组织范本的定义,其"利息"定义包含了"所得产生国税法规定的,等同于
资金出借所得的任何所得",这意味着"利息"的范围——除了包括协定本
身列举的所得外——还应当考虑缔约国国内法的规定。后来的经合组织范
本以及联合国范本就不再采用协定自主规定与国内法相混合的所得定义方

---

[168]　"一个缔约国的公司通过位于另一个缔约国的常设机构在该国从事商业活动所获得的利
润,在按照第 7 条规定课税后,还应根据该条第 2 款之规定于常设机构所在国课税。"[埃塞俄比亚
与土耳其的避免双重课税条约第 10 条第(4)款]

[169]　详见下文第四章第三节"四(四)"部分。

[170]　免除预提税"不应适用于下列股息,即企业支付该股息所依据的利润或其他所得是在相关
日期的 12 个月前所挣得或者所取得的"。

式了。⑰ 有些协定虽然没有在整体上采用 1963 年版经合组织范本的用语，但在所采用的联合国范本定义中加入了参考国内法的规定。不过，有三个在 1980 年之前缔结的协定，坦桑尼亚与丹麦（1976）、坦桑尼亚与芬兰（1976），以及赞比亚与芬兰的避免双重课税条约已经按照 1977 年版经合组织范本或 1980 年版联合国范本的规定界定了"利息"。之后，不少协定采用了缩略的联合国范本定义。有的删去了最后一句关于迟延支付收取的罚金不属于利息所得的规定，由此这类罚金受利息条款的规范；⑰ 有的规定，附属于证券、国债或者公司债券的溢价或价款不属于利息所得，从而限缩了"利息"的外延；也有的上述两项内容都被省略了。有些协定没有采用"是否有权参与借款人利润分配"的用语。双边协定在采用联合国范本定义的基础上存在一个比较常见的附加规定，明确股息以及依协定股息条款视为股息的所得不被认为是利息。

185

表 4.33　"利息"的定义

同 1963 年版经合组织范本	**完全相同**：埃塞俄比亚—意大利；肯尼亚—印度；莫桑比克—葡萄牙；乌干达—意大利；赞比亚—印度；赞比亚—罗马尼亚 **第二句与联合国范本相同**：埃塞俄比亚—突尼斯；坦桑尼亚—加拿大 **参照国内法**：埃塞俄比亚—科威特；津巴布韦—科威特；肯尼亚—加拿大；赞比亚—加拿大；津巴布韦—加拿大；津巴布韦—塞舌尔
联合国范本定义的缩略版	**无罚金**：埃塞俄比亚—科威特；埃塞俄比亚—俄罗斯；埃塞俄比亚—土耳其；肯尼亚—加拿大；乌干达—英国；赞比亚—加拿大；赞比亚—波兰；津巴布韦—加拿大；津巴布韦—科威特；津巴布韦—马来西亚；津巴布韦—波兰；津巴布韦—英国；东非共同体条约

---

⑰　进一步参阅保尔斯和罗贝克（Pöllath/Lohbeck），载于沃格尔和莱纳编：《避免双重课税条约》，第 11 条，旁注第 58 及其后各注。

⑰　联合国范本评注引用了经合组织范本评注，规定由谈判各国自主决定是否删除本句（参阅 2011 年版联合国范本评注第 19.5 段）。

续表

	无溢价及价款:埃塞俄比亚—土耳其;乌干达—英国;赞比亚—加拿大;津巴布韦—马来西亚;津巴布韦—英国 **无参与利润分配权**:埃塞俄比亚—俄罗斯(同时删除"是否有抵押担保");马拉维—挪威;坦桑尼亚—加拿大;乌干达—挪威;津巴布韦—加拿大
不包含股息或第 10 条意义上的所得	东非共同体条约;埃塞俄比亚—捷克;埃塞俄比亚—英国;肯尼亚—加拿大;肯尼亚—毛里求斯;莫桑比克—毛里求斯;卢旺达—毛里求斯;坦桑尼亚—加拿大;乌干达—比利时;乌干达—毛里求斯;乌干达—英国;赞比亚—加拿大;津巴布韦—加拿大;津巴布韦—德国;津巴布韦—毛里求斯;津巴布韦—荷兰;津巴布韦—英国

其他的差异如,坦桑尼亚与加拿大避免双重课税条约规定,第 8 条中的利息不属于第 11 条意义上的利息;[173]赞比亚与加拿大避免双重课税条约中的利息定义包含延迟付款产生的利息;根据赞比亚与意大利之间的避免双重课税条约,与借款有关的超额支付也被认为是利息。

对政府利息的免税待遇。上文提及,几乎所有被分析的协定都包含了一项任何范本都没有的规则,即来源地国对于特定类型的利息支付给予免税待遇。整体而言,这些不同的免税规则所包含的用语不同,有些详细,有些简略。附录 1 的表格给出了所涉协定规定的利息免税项目和免除来源地国税收的主体。这些规则的共同特点是,由一缔约国政府获得的或者向该国政府支付的利息,另一缔约国(来源地国)不应当对此课税——这是几乎所有免税规则的共同内容。[174]在很多情况下,该免税规则同样适用于与一缔约国政府担保或保险的贷款或信贷相关的利息支付。常见的是不仅是政府,也包括地方当局、政府全资所有的政府性实体、中央银行、促进出口或者实施发展援助的专门机构,其所获得的源自来源地国的利息,也可享受来源

186

---

[173] 与国际运输所得相关的利息参阅第四章第三节"三"部分。

[174] 该规则通常是双向适用而无论哪个缔约国是来源国。只有津巴布韦与加拿大避免双重课税条约规定,对在加拿大产生的(与加拿大政府债券相关的支出)利息实行单边豁免,但是津巴布韦无须对等地免除来源地税。

地国免税待遇。一些协定规定,主管税务当局可以决定对其他(政府性)实体免税。有些协定规定,促进出口的贷款利息也享受来源地国免税待遇。有些协定还规定,由政府支付的利息同样免除来源地国税。

其他利息免税规定。除了刚才提到的"政府利息"免税外,若干协定还规定对其他利息所得,如银行利息所得和养老基金利息所得,给予更为优惠的免税待遇。这些免税规定具体如:埃塞俄比亚与以色列避免双重课税条约第11条规定,因贷款购买而支付给商品销售者或者给任何工业、商业或科学设备销售者的利息,在来源地国免税。莫桑比克与毛里求斯,以及与南非的协定规定,一缔约国的居民银行所获得且作为受益所有人的利息,对方缔约国免除来源地国税收。根据卢旺达与比利时之间的避免双重课税条约,对"企业提供货物、商品或服务时,由于迟延支付而产生的商业性债权的利息,包括商业票据包含的债权的利息",以及公司间的利息支付(如果母公司拥有子公司35%以上资本),免除来源地国税收。坦桑尼亚与加拿大、津巴布韦与加拿大之间的避免双重课税条约对于退休金机构或者类似实体获得的利息所得免除来源地国税。乌干达与比利时之间的避免双重课税条约规定,"企业向银行支付的任何性质的债权或贷款利息,不包括无记名票据所代表的",免税。根据乌干达与荷兰之间避免双重课税条约,由一银行或公共金融机构提供的期限不少于三年的贷款利息免征来源地国税。津巴布韦与毛里求斯之间的避免双重课税条约规定,对诚信展业的银行所获利息免除来源地国税;但在津巴布韦,"只有基于财政部长批准的债务而支付的利息"才能适用该协定待遇。

187 　　*来源地规则*(source rule)。联合国范本第11(5)条规定了利息所得的来源地规则。但在马达加斯加与法国、赞比亚与爱尔兰以及津巴布韦与刚果(金)之间的避免双重课税条约中,这一规则缺失。其中,后两个协定没有赋予来源地国课税权,因此不需要这个规则。进一步而言,各双边协定中关于这一规则的差异很小。值得一提的是,赞比亚与印度以及与罗马尼亚的协定虽然缔结于1980年之后,但仍采用了1963年版经合组织范本第11

(5)条的用语。⑯ 赞比亚与意大利之间避免双重课税条约规定,只有当利息支付方为一缔约国本身时,才认定利息来源于该缔约国,支付方是否是来源地国的普通居民(regular residents)不作为判断利息支付来源的依据,这一规定与联合国(和经合组织)范本的规定都不同。在马达加斯加与法国之间的避免双重课税条约中,来源地规则的第一句规定中加入了"由一公共实体支付"的用语。

其他规定。肯尼亚与英国之间的避免双重课税条约第12(7)条规定,公司之间支付的利息只有在该两公司不存在50%控股关联时才可以扣除。赞比亚与英国之间的避免双重课税条约第12(6)条规定,向非居民支付的利息不得税前扣除的国内法规定,不适于该条约中的情形。津巴布韦与保加利亚之间的避免双重课税条约没有与联合国范本第11(6)条相同的对应规定。津巴布韦与英国避免双重课税条约的有关规则没有包含受益所有人的概念。⑰

4. 特许权使用费

定义。双边协定中关于特许权使用费定义的主要差异在于没有包含使用或者有权使用工业、商业或者科学设备。多数协定(下面带有"＊"号的)是在1992年之后缔结的,这表明它们采用了经合组织范本的规定而不是联合国范本的规定。1980年之前缔结的协定没有包含为广播或电视使用胶片或者磁带而进行的支付,将这种支付认定为特许权使用费是联合国范本所特有的。乌干达与荷兰之间的避免双重课税条约虽然是在1980年之后的2004年缔结的,但也没有这一规定,表明该条约采用的是经合组织范本。在不少协定中,因使用范本列举之外的物品、权利或者无形资产而进行的支付也被认为是特许权使用费。软件和计算机程序出现在若干协定定义中;其他权利或无形资产只出现在一个协定定义中。坦桑尼亚、赞比亚的部分

---

⑯　区别在于没有提到"固定基地"——仅在经合组织范本1977年更新时引用过。在第14条被从范本中删除时,该短语也被删除了;所以,卢旺达与比利时以及卢旺达与南非避免双重课税条约均没有与联合国范本第14条相对应的条款,即没有提到第11条第(5)款中的固定基地。

⑰　这两份条约中的特许权使用费条款也包含相同的差异。

税收协定缔结在 1980 年之前,但已经采用了联合国范本的定义。

表 4.34　关于特许权使用费定义的差异规定

定义不包含工业、商业或科学设备的协定	埃塞俄比亚—以色列*;埃塞俄比亚—科威特*;埃塞俄比亚—荷兰*;埃塞俄比亚—南非*;埃塞俄比亚—土耳其*;肯尼亚—毛里求斯*;肯尼亚—南非*;肯尼亚—瑞典;马达加斯加—法国;马达加斯加—毛里求斯*;马拉维—挪威*;莫桑比克—毛里求斯*;莫桑比克—南非*;卢旺达—毛里求斯*;卢旺达—南非*;坦桑尼亚—南非*;乌干达—比利时*;乌干达—印度*;乌干达—荷兰*;乌干达—挪威*;乌干达—南非*;赞比亚—中国*;津巴布韦—科威特*;津巴布韦—塞舌尔*
定义增加了所得项目的协定	**软件及计算机程序**:埃塞俄比亚—以色列;埃塞俄比亚—荷兰;埃塞俄比亚—俄罗斯;埃塞俄比亚—塞舌尔;埃塞俄比亚—英国;肯尼亚—意大利(协议签订后);肯尼亚—毛里求斯;肯尼亚—泰国;莫桑比克—毛里求斯;莫桑比克—葡萄牙;莫桑比克—越南;卢旺达—比利时;卢旺达—毛里求斯;乌干达—毛里求斯;东非共同体条约 **其他无形资产或事物**:专有技术(埃塞俄比亚—俄罗斯);用于任何形式公共传播的胶片或磁带(埃塞俄比亚—英国);用于播放电视或收音的磁盘或其他物品,只有包含专有技术的设备转让(津巴布韦—博茨瓦纳);其他无形资产(津巴布韦—加拿大)
缔结于 1980 年之前但已采用联合国范本的协定	坦桑尼亚与芬兰、印度(原)签订的协定;赞比亚与丹麦、芬兰、德国、爱尔兰签订的协定(但不包含影片),与意大利、荷兰、挪威、瑞典及英国签订的协定

有些协定区分工业与文化特许权使用费。[177] 其中,除了津巴布韦与马来西亚之间的避免双重课税条约规定了单一的预提税率外,其他协定根据不同类型的特许权规定了不同的预提税率。有趣的是,有两个协定对文化特许权使用费免除来源地国税收,或在来源地国适用较低税率;而莫桑比克与阿联酋之间的避免双重课税条约规定,对工业特许权使用费免除来源地

---

[177] 参阅马达加斯加与法国,莫桑比克与阿联酋,赞比亚与芬兰(进一步区分电影、电视与广播)及津巴布韦与马来西亚的避免双重课税条约。

国税收。这些差异规定体现了协定的不同目的。[178] 有时特许权使用费条款
还涵盖了除使用无形资产之外的其他所得，比如协定所列举的权利转让所
得（科威特与埃塞俄比亚，以及与津巴布韦的协定）和动产租赁所得（赞比 189
亚与加拿大之间的避免双重课税条约）。其他协定明确规定，特许权使用
费条款不适用于自然资源开采有关的支付。[179] 坦桑尼亚与加拿大的避免双
重课税条约[180]，以及乌干达与英国避免双重课税条约[181]的有关规定也与范本
规定存在很大差异。

　　来源地规则。联合国范本第 12(5) 条规定了特许权使用费所得的来源
地规则。马达加斯加与法国之间、坦桑尼亚与意大利之间的避免双重课税
条约以及那些没有赋予来源地国课税权的协定都没有包含来源地规则。[182]
分析过程中发现的主要差异是，许多协定使用了与范本不同的用语。联合
国范本规定，如果支付者在来源地国拥有常设机构或固定基地，而支付特许
权使用费的责任又是由该常设机构或固定基地承担，则特许权使用费所得
来源于该国，不论支付者是否是该国的税收居民。双边协定所采用的不同
用语如：如果支付者拥有"与特许权使用费支付相关的权利或财产存在实
际联系（effectively connected）"的常设机构或固定基地，则特许权使用费所
得的来源地即为常设机构所在国。[183] "实际联系"一词同样出现在消极所得
的常设机构但书条款中。上述用语表明，特许权使用费支付所依据的权利
应当是常设机构（或固定基地）资产的组成部分，或是以其他方式归属于常

---

　　[178]　关于临时专家组对文化特许权使用费免除来源地课税的讨论，可参阅联合国：《临时专家
组第四次报告》，1972 年，第 30 段及其后诸段落。

　　[179]　例如肯尼亚与瑞典，马拉维与南非，坦桑尼亚与加拿大，津巴布韦与南非避免双重课税条
约，以及赞比亚与肯尼亚，坦桑尼亚与乌干达签订的条约。

　　[180]　该条约删除了"文学（……）播送"，并包含了在坦桑尼亚产生的广播与电视版权及权利销
售所带来的特许权使用费。

　　[181]　该条约删除了"涉及工业、商业或科学实验的信息"。

　　[182]　例如津巴布韦与刚果（金）避免双重课税条约。

　　[183]　下列条约中使用了该措辞：肯尼亚与毛里求斯，莫桑比克与毛里求斯，莫桑比克与南非，卢
旺达与毛里求斯，卢旺达与南非，坦桑尼亚与南非，乌干达与比利时，乌干达与丹麦，乌干达与挪威，
乌干达与南非，津巴布韦与法国，津巴布韦与塞舌尔的避免双重课税条约，以及东非共同体条约。

设机构(或固定基地)。[184] 如果支付责任由常设机构承担,这也表明该所得与常设机构存在实际联系。就实质而言,这些协定的不同用语不具有规范意义上的重要性。与联合国范本的另一个差异在于,有些协定没有固定基地的规定。[185] 这可能是由于这些协定的缔结时间早于1980年,协定不得不采用经合组织协定范本的规定,而经合组织范本关于利息支付(与特许权使用费支付十分类似)的来源地规则没有包含固定基地的概念。其他差异包括:马达加斯加与毛里求斯之间的避免双重课税条约中加入了公共实体(public body)作为支付者的规定;埃塞俄比亚与印度之间、莫桑比克与印度之间的避免双重课税条约规定,如果相关特许权是在一缔约国内使用的,特许权使用费所得即来源于该国,即使依据"传统定义"不认为该所得来源于该缔约国。[186] 而赞比亚与意大利之间的避免双重课税条约中没有"由该国居民支付"的用语。

(三)技术和管理费

190　　除了马达加斯加和马拉维两国,本书所分析的所有国家都在其缔结的协定中加入了作为对特定性质(技术、专业或管理等)服务回报的收费或支付的专门条款。[187] 有些协定把技术和管理费置于特许权使用费条款中,而更多的协定为此单独设立了一个条款,并置于消极所得和资本利得条款之间。[188] 表4.35 也展示了这些条款的名称。

---

[184] 参阅沃格尔,载于沃格尔与莱纳编:《避免双重课税条约》,第10—12条,旁注第40。

[185] 参阅下列条约:肯尼亚与挪威,肯尼亚与瑞典,肯尼亚与英国,坦桑尼亚与丹麦,坦桑尼亚与印度(原),坦桑尼亚与挪威,坦桑尼亚与瑞典,赞比亚与印度的避免双重课税条约。

[186] 措辞如下:"在(a)小段中,特许权使用费或技术服务费并非产生于其中一个缔约国,并且特许权使用费与使用一个缔约国内的权利或财产或其使用权相关,或者技术服务费与在一个缔约国内所提供的服务相关,则应视为该特许权使用费或技术服务费产生于该缔约国。"[埃塞俄比亚与印度避免双重课税条约第12条第(5)款b项]

[187] 虽然各国以及各条约的表达方式各有差异,为简化之目的将该支出称为"技术费"。

[188] 肯尼亚与意大利的避免双重课税条约就是一个特例,其议定书关于其他所得的条款规定,在管理与专业费(professional fees)上所征收的来源地税不得超过20%。

表 4.35　技术和管理费

包含在特许权使用费条款中	埃塞俄比亚—印度(技术费);肯尼亚—德国(管理费);莫桑比克—印度[*];莫桑比克—澳门地区;莫桑比克—葡萄牙[*];乌干达—印度;津巴布韦—法国;津巴布韦—德国;津巴布韦—科威特;津巴布韦—荷兰 *范围有限(见下文)*
单列条款	**管理或专业服务费**:东非共同体条约;肯尼亚—加拿大;肯尼亚—丹麦;肯尼亚—印度;肯尼亚—瑞典;肯尼亚—英国;坦桑尼亚—加拿大;坦桑尼亚—丹麦;坦桑尼亚—芬兰;坦桑尼亚—瑞典;坦桑尼亚—挪威;坦桑尼亚—印度;赞比亚—印度(管理及咨询费) **技术费**:埃塞俄比亚—塞舌尔;莫桑比克—博茨瓦纳;莫桑比克—越南;卢旺达—比利时;卢旺达—南非;乌干达—意大利;乌干达—毛里求斯;乌干达—南非;乌干达—英国;津巴布韦—博茨瓦纳;津巴布韦—保加利亚;津巴布韦—加拿大;津巴布韦—刚果(金);津巴布韦—马来西亚;津巴布韦—挪威;津巴布韦—塞尔维亚与黑山共和国;津巴布韦—塞舌尔;津巴布韦—瑞典;津巴布韦—英国 **行政与管理费**:乌干达—比利时;乌干达—丹麦;乌干达—挪威

那些包含技术费的特许权使用费条款遵循相同的模式。比如肯尼亚与德国的协定第 12(1)条规定,"在一缔约国境内产生的并向另一缔约国支付的特许权使用费或管理费可以由该另一缔约国课税。"[189]而该协定的第 12(4)条给出了管理费的定义。在其他税收协定中,该条体系也是类似的:条款的范围扩展至技术费,技术费的含义在特许权使用费定义的同段中规定或者自成一段。对技术费的预提税率因此与特许权使用费的相同,区间在 10% 至 20%。[190]但津巴布韦与科威特、津巴布韦与荷兰的协定采用了另一种方式,即把对技术服务的报酬列入特许权使用费的定义中。莫桑比克与印度、莫桑比克与葡萄牙的协定在这方面也有一个特点,即并不是所有的技

[191]

---

[189]　津巴布韦与刚果(金)的避免双重课税条约是唯一一份对技术费单独规定但又没有赋予来源国课税权的条约。

[190]　参阅上文表 4.30。

术费都被特许权使用费条款所涵盖,只有使用与那些特许权使用费支付相关的权利时,所提供的服务才被包含在内。[191]

在另一组将技术费单列一条的协定中,该条款的结构与特许权使用费条款的结构相同。[192] 第 1 段提出产生于一国(来源地国)的技术费可以在另一国(居民国)课税;第 2 段规定了来源地国预提税的限制。在本书所分析的协定中,该预提税率限制在 7.5% 至 20% 之间。[193] 而"技术费"(或者类似术语)的定义被放在第 3 段。第 4 段规定,如果技术费的收取方在来源地国拥有与技术费实际相关的常设机构或固定基地,则适用营业利润或者独立劳务条款(常设机构但书规定)。最后,第 5 段规定技术费被认为来源于支付者为居民的缔约国(包括国家或行政区)或者承担费用支付的常设机构所在国(来源地规则)。不是所有的协定都包含有与联合国范本第 12(6)条相同的对应规定,该条款规定,关联企业(因存在特殊的关系)之间的支付应当遵循独立交易原则。[194]

(四)资本利得

转让不动产。除赞比亚与英国之间的避免双重课税条约外,本书分析所有的协定都包含了与联合国范本第 13(1)条中的坐落地原则相同的对应规定。在 1980 年之前缔结的协定都采用了 1963 年经合组织范本的用语,该范本用语与之后版本的联合国范本以及经合组织范本略有不同。不少在范本更新之后缔结的协定仍使用旧的范本用语。[195] 埃塞俄比亚与科威特之间的避免双重课税条约规定,来源地对不动产转让所得课税减免 50%,这与联合国范本第 6 条规定不同。肯尼亚与加拿大之间的避免双重课税条约

192

---

[191]　参阅各协定。

[192]　详见下文第五章第四节。

[193]　预提税率的详细综述参阅上文表 4.30。

[194]　坦桑尼亚与加拿大、丹麦、芬兰、挪威及瑞典签订的条约,以及津巴布韦与保加利亚的避免双重课税条约则没有这样的规定。

[195]　参阅埃塞俄比亚与意大利,肯尼亚与印度,乌干达与意大利,赞比亚与加拿大,赞比亚与罗马尼亚,津巴布韦与法国,津巴布韦与马来西亚,以及津巴布韦与毛里求斯避免双重课税条约(以及 1980 年之前签订的条约)。

在第 6 条中没有关于不动产定义的内容。

　　转让常设机构的动产或者转让船舶、飞机。本书所分析的协定与联合国范本第 13(2)条规定不存在实质差异。但值得注意的是,不少缔结于 1980 年之前的协定早已为转让船舶、飞机单列一款规定,而 1963 年经合组织范本没有单独规定。[196] 但一些晚近缔结的协定将联合国范本第 13(2)条和第 13(3)条合并成一款。[197] 与联合国范本第 13(3)条的多数差异体现在协定的第 8 条规定上,相关用语的变化是为了适应国际运输中经营船舶、飞机或其他交通工具所得的规定。[198] 比如,如果第 8 条不适用于经营内河运输船舶的利润,那么第 13 条也不适用转让这类船舶的所得;如果第 8 条涵盖了集装箱的使用与租赁,那么第 13 条有时会规定转让集装箱所得的问题;[199]如果第 8 条规定了经营铁路或者公路运输工具,那么同一协定的第 13 条有时会规定转让这些运输工具所得的问题。[200] 进一步而言,如果第 8 条规定了企业的居民国课税权,那么第 13 条也会遵循这一课税权分配规则。但在有些协定中,企业实际管理地在第 8 条课税权分配中具有决定性作用,但第 13 条却将课税权赋予企业(转让方)的居民国,或者也存在将这两条中的课税权分配作相反规定的。[201] 乌拉圭与荷兰之间的、津巴布韦与荷兰之间的避免双重课税条约中,实际管理地设在船舶上的相关规则也适用第

---

　　[196]　参阅肯尼亚与丹麦、德国、挪威及英国签订的条约;坦桑尼亚与印度(原)的避免双重课税条约;赞比亚与丹麦、荷兰、挪威及瑞典签订的条约。

　　[197]　肯尼亚与加拿大的避免双重课税条约(该条约资本税条款规定的财产处置方式与 1963 年版经合组织范本规定的处置方式相同);津巴布韦与马来西亚的避免双重课税条约(只有该企业为居民时方可对其所得课税)。

　　[198]　例如埃塞俄比亚与印度,埃塞俄比亚与科威特,埃塞俄比亚与南非,肯尼亚与德国,肯尼亚与南非,肯尼亚与英国,马达加斯加与法国,马达加斯加与毛里求斯,马拉维与挪威,莫桑比克与博茨瓦纳,莫桑比克与印度,莫桑比克与南非,莫桑比克与阿联酋,莫桑比克与越南,卢旺达与南非,坦桑尼亚与加拿大,乌干达与印度,乌干达与挪威,乌干达与南非,津巴布韦与加拿大,津巴布韦与马来西亚,津巴布韦与塞舌尔,津巴布韦与瑞典的避免双重课税条约。

　　[199]　参阅乌干达与比利时、丹麦、荷兰及挪威缔结的协定。

　　[200]　参阅埃塞俄比亚与俄罗斯,坦桑尼亚与南非,津巴布韦与刚果(金),津巴布韦与科威特的避免双重课税条约。

　　[201]　参阅肯尼亚与印度,肯尼亚与英国,赞比亚与中国,赞比亚与印度,津巴布韦与博茨瓦纳避免双重课税条约。肯尼亚与泰国避免双重课税条约的做法则恰好相反。

13 条。肯尼亚与德国、肯尼亚与泰国的协定明确提到,资本利得必须"由企业获得"。赞比亚与意大利之间的避免双重课税条约没有与联合国范本第13(3)条相同的对应条款。

转让地产型公司股份。联合国范本第 13 条区分了两类公司的股份:地产型公司股份和其他公司股份。范本第13(4)条针对的是第一类公司股份的转让,本书所分析的协定与范本的该条款规定存在不少差异。1980 年是地产型公司股份转让规则的引入之年,1980 年之后缔结的协定大约有一半没有相应的规定。[202] 部分缔结于 2001 年或之后的协定没有采用 2001 年版联合国范本的最新规定,而是采用了 2003 年版经合组织范本的规定或者1980 年版联合国范本的旧规定。最后,一些在 2001 年之前缔结的协定却已经包含了类似于 2001 年版联合国范本第 13(4)条的规则,规定不动产合伙、信托或者遗产(estate)的权益转让所得可由来源地国课税。1980 年之前,只有肯尼亚与意大利之间的避免双重课税条约(缔结于 1979 年)专门规定了关于地产型公司股份转让的条款,其用语与联合国范本的类似。[203]

193

表 4.36 地产型公司股份转让

没有对应条款的(自 1980 年以来) *指有关于股权转让的一般性规定	东非共同体条约;埃塞俄比亚—捷克*;埃塞俄比亚—意大利;埃塞俄比亚—科威特;埃塞俄比亚—俄罗斯;埃塞俄比亚—塞舌尔;埃塞俄比亚—突尼斯*;埃塞俄比亚—土耳其*;肯尼亚—毛里求斯;肯尼亚—泰国*;马拉维—挪威;莫桑比克—博茨瓦纳;莫桑比克—意大利;莫桑比克—澳门地区;莫桑比克—毛里求斯;卢旺达—毛里求斯;乌干达—比利时;乌干达—丹麦;乌干达—意大利;乌干达—毛里求斯;乌干达—荷兰;乌干达—挪威;乌干达—南非;乌干达—英国;赞比亚—印度;赞比亚—罗马尼亚;津巴布韦—科威特;津巴布韦—德国*;津巴布韦—马来西亚;津巴布韦—挪威*;津巴布韦—塞尔维亚;津巴布韦—塞舌尔;津巴布韦—瑞典*

[202] 附注:但是可能会适用股权转让的一般规则(参阅标有*的协定以及下文表4.37)。根据一般规则,课税权也分配给来源国,但该规则下的来源国并非不动产所在国,而是被转让股权的公司的居民国。

[203] 该条约部分采用了联合国范本的措辞,该范本首次出现于联合国:《临时专家组第七次报告》,1978 年,第 8 页。

续表

| 与 2001 年版联合国范本规定不同的 | 与 2003 年版经合组织范本相同:埃塞俄比亚—中国;埃塞俄比亚—英国;肯尼亚—南非;莫桑比克—葡萄牙;
⑳埃塞俄比亚—荷兰及卢旺达—比利时(两个协定均对特定公司有更多限制);㉕坦桑尼亚—南非;赞比亚—中国
与 1980 年版联合国范本相同:埃塞俄比亚—印度;埃塞俄比亚—以色列;⑳埃塞俄比亚—南非;莫桑比克—印度;莫桑比克—南非;卢旺达—南非;乌干达—印度 |
| 合伙、信托或遗产的权益(2001 年之前) | 埃塞俄比亚—意大利和肯尼亚—印度(合伙及信托权益);坦桑尼亚—加拿大;赞比亚—加拿大和津巴布韦—加拿大(合伙、信托或遗产的权益) |

194

　　即使有些协定在不动产股份转让方面没有遵循联合国范本的规定,它们所包含的条款也具有类似的效果:肯尼亚与法国、马达加斯加与法国、马达加斯加与毛里求斯、莫桑比克与博茨瓦纳、津巴布韦与博茨瓦纳、津巴布韦与英国之间的避免双重课税条约,在各自条款的第 1 段中都包含了有关不动产股份转让的情形;埃塞俄比亚与法国之间的避免双重课税条约也采用了相同的立法技术,不动产股份转让所得在第 1 段中加以规定,如果该所得归属于常设机构,则在第 2 段中加以规定;莫桑比克与阿联酋之间的避免双重课税条约规定,转让不动产股份所得以及转让合伙中的不动产出资所得应由坐落地国课税;根据津巴布韦与刚果(金)、津巴布韦与法国的协定,如果转让股份在国内法上是视同转让不动产处理的,那么该转让股份所得只由坐落地国课税。莫桑比克与越南之间的避免双重课税条约存在与联合国范本第 13(4) 条的另一个差异,即删去了第 13 条第(1)段的规定,并规定"主要"的所有权界定为 30% 的持股比例。最后,有些协定规定,在计算公

㉔　在 2008 年条约协议达成之前,来源国可对任何形式的股权转让课税。

㉕　卢旺达与比利时的避免双重课税条约第 14(4) 条"不适用于下列股权转让收益:a)经其中一国认证的证券交易所报价;b)在公司重组、合并、分立或类似结构变化时转让或交易股权;c)股权价值 50% 以上来自公司进行营业活动的不动产;d)由一个持有股权转让公司不到 50% 资产的人所转让的股权"。埃塞俄比亚与荷兰的避免双重课税条约第 13(3) 条也有相应限制。

㉖　措辞与联合国范本稍有不同,但并没有规范意义上的重要性。

司拥有的不动产价值时,不计入为经营所需而拥有或使用的财产,[207]并规定公司的不动产应包括其所持有的不动产公司的股份。[208]

转让其他股份。联合国范本规定,对于转让公司实质性股份(substantial shareholding)产生的所得,来源地国(即被转让公司的居民国)拥有课税权。但是,自联合国范本第一次发布以来,大约有三分之二的协定没有采用这一规定。而那些对此情形规定了来源地国课税权的协定,也往往没有遵循联合国范本的规定。首先,只有三个协定规定了必要的股份参与门槛:埃塞俄比亚与以色列之间避免双重课税条约规定的是超过(十二个月内公司投票权的)10%,津巴布韦与塞尔维亚之间避免双重课税条约规定的是超过51%,坦桑尼亚与加拿大之间避免双重课税条约规定的是少于25%的股本。其他采用联合国范本第13(5)条规定的协定没有最低持股要求和/或适用专门的规则。值得强调的是肯尼亚与德国之间的避免双重课税条约,该条约缔结于1980年之前但已经包含了赋予来源地国对股份转让所得的课税权。也有四个缔结于1980年之前的协定没有资本利得的条款,因此对来源地国课税权没有限制。[209]

表 4.37 (实质性)持股的转让

| 无对应条款(1980年后缔结) | 东非共同体条约;埃塞俄比亚—中国;埃塞俄比亚—法国;埃塞俄比亚—意大利;埃塞俄比亚—科威特;埃塞俄比亚—荷兰;埃塞俄比亚—俄罗斯;埃塞俄比亚—塞舌尔;肯尼亚—加拿大;肯尼亚—法国;肯尼亚—印度;肯尼亚—意大利;肯尼亚—毛里求斯;肯尼亚—南非;马达加斯加—法国;马达加斯加—毛里求斯;马拉维—挪威;莫桑比克—博茨瓦纳;莫桑比克—意大利;莫桑比克—澳门地区;莫桑比克—毛里求斯;莫桑比克—葡萄牙;莫桑比克—南非;莫桑比克—阿联酋;卢旺达—比利时;卢旺达—毛里求斯;卢旺达—南非;坦桑尼亚—南非;乌干达—比利时;乌干达—丹麦;乌干达—意大利; |

---

[207] 例如埃塞俄比亚与英国,肯尼亚与法国的避免双重课税条约。

[208] 例如肯尼亚与印度避免双重课税条约。

[209] 参阅肯尼亚与赞比亚,马拉维与南非,赞比亚与坦桑尼亚,赞比亚与乌干达的避免双重课税条约(也没有其他赋予居民国课税权的所得条款)。

续表

	乌干达—毛里求斯;乌干达—荷兰;乌干达—挪威;乌干达—南非;乌干达—英国;赞比亚—加拿大;赞比亚—中国;赞比亚—印度;赞比亚—波兰;赞比亚—罗马尼亚;津巴布韦—博茨瓦纳;津巴布韦—保加利亚;津巴布韦—刚果(金);津巴布韦—法国;津巴布韦—科威特;津巴布韦—马来西亚;津巴布韦—毛里求斯;津巴布韦—波兰;津巴布韦—英国
与联合国范本的差异	**无最低比例要求**:埃塞俄比亚—印度;埃塞俄比亚—南非;肯尼亚—德国;莫桑比克—印度;莫桑比克—越南(仅在来源国课税);乌干达—印度;津巴布韦—加拿大;津巴布韦—德国;津巴布韦—荷兰;津巴布韦—挪威;津巴布韦—塞舌尔;津巴布韦—瑞典 **特殊之处**:埃塞俄比亚—捷克(由来自其他缔约国的居民公司获得);埃塞俄比亚—以色列(来源地课税仅限于10%);埃塞俄比亚—突尼斯(任何股票的转让均由第2款规定,无论其是否为常设机构的财产);埃塞俄比亚—土耳其(在取得后一年内转让股票或债券可以由来源地国课税);埃塞俄比亚—英国(若转让的股票属于常设机构财产,则仅须在来源国课税);肯尼亚—泰国(最后一款增加了:来源国可对出售或转让股票或其他有价证券取得的利得或所得课税);坦桑尼亚—加拿大(仅适用于坦桑尼亚是来源地国的情况)

其他差异。赞比亚与肯尼亚、坦桑尼亚、乌干达的协定,马拉维与南非之间的避免双重课税条约没有与联合国范本第13条的对应条款。由于这些协定或条约中其他关于所得的条款对此都没有不同的课税权分配规定,这意味着对来源地国课税权没有限制。有些协定在本条中还加入了一款新规定,针对的是纳税人从一缔约国迁移到另一缔约国之后的股份转让所得的课税问题["离境税收条款"(exit tax provisions)]。[20] 其他的差异规定还

---

[20]　参阅下列条约(括号中的年限是指从一国迁移到另一国多长时间内离境税收条款仍然适用):埃塞俄比亚与意大利(10年),埃塞俄比亚与荷兰(无限制),肯尼亚与加拿大(10年),肯尼亚与丹麦(10年),肯尼亚与意大利(7年),肯尼亚与挪威(10年),肯尼亚与瑞典(10年),肯尼亚与英国(10年),莫桑比克与博茨瓦纳(10年),坦桑尼亚与加拿大(6年),坦桑尼亚与挪威(7年),坦桑尼亚与瑞典(7年),乌干达与丹麦、乌干达与荷兰(10年,议定书中有进一步的解释),乌干达与挪威(5年),赞比亚与加拿大(6年),赞比亚与荷兰(5年),赞比亚与罗马尼亚(5年),赞比亚与英国(5年),津巴布韦与博茨瓦纳(10年),津巴布韦与加拿大(6年)。

包括：本条第 6 款包含执行受益所有人原则的要求（埃塞俄比亚与以色列之间的避免双重课税条约）；包含针对公司重组的规定（坦桑尼亚与加拿大之间、津巴布韦与加拿大之间的避免双重课税条约，津巴布韦与荷兰之间避免双重课税条约的议定书）；[211]把"转让"一词界定为权利的出售、交换、转移、放弃和灭失（赞比亚与印度之间的避免双重课税条约）。而肯尼亚与瑞典之间，赞比亚与爱尔兰之间的避免双重课税条约根本没有采用联合国范本该条的结构。[212]

五、受雇和其他非独立劳务

（一）非独立个人劳务（受雇所得）

基本规则。根据联合国范本第 15(1) 条，对受雇所得，只有雇员的居民国才有课税权，除非受雇活动发生在来源地国境内。联合国范本第 16、18 和 19 条优先于第 15 条适用。许多协定还附加了一些条款，这些条款也优先于第 15 条适用。这些条款通过对联合国范本第 20 条的修订或者增加教授、教师所得的规定，从而包括学生所得以及教授、教师所得。有些条款规定，运动员和艺术家条款也优于第 15 条适用。其他也有条款规定，董事费条款不优先于第 15 条。[213]马拉维与南非之间的避免双重课税条约，赞比亚与肯尼亚，坦桑尼亚、乌干达的税收协定没有这方面的规定。

表 4.38　优先于第 15 条适用的附加条款

学生	埃塞俄比亚—中国；埃塞俄比亚—捷克；埃塞俄比亚—法国；埃塞俄比亚—印度；埃塞俄比亚—以色列；埃塞俄比亚—意大利；埃塞俄比亚—科威特；埃塞俄比亚—俄罗斯；埃塞俄比亚—突尼斯；埃塞俄比亚—土耳其；马达加斯加—法国；莫桑比克—印度；莫桑比克—葡萄牙；莫桑比克—阿联酋；

---

⑪　在加拿大与坦桑尼亚及与津巴布韦签订的条约中，对公司成立、重组、合并、分立或类似交易活动所产生的利润或利得可递延课税。

⑫　肯尼亚与瑞典避免双重课税条约中，不动产转让所得于不动产所在地课税，其他转让所得只能由居民国课税，除非在来源国设有常设机构；根据赞比亚与爱尔兰避免双重课税条约，所有转让所得均只能由居民国课税，除非该所得可归因于来源地国的常设机构。

⑬　参阅埃塞俄比亚与俄罗斯，赞比亚与英国的避免双重课税条约。

续表

	坦桑尼亚—丹麦;坦桑尼亚—芬兰;坦桑尼亚—印度;坦桑尼亚—挪威;坦桑尼亚—瑞典;乌干达—荷兰;赞比亚—丹麦;赞比亚—芬兰;赞比亚—印度;赞比亚—荷兰;赞比亚—挪威;赞比亚—波兰;赞比亚—罗马尼亚;赞比亚—瑞典;赞比亚—英国;津巴布韦—刚果(金);津巴布韦—马来西亚
教授	埃塞俄比亚—中国;埃塞俄比亚—法国;埃塞俄比亚—印度;埃塞俄比亚—以色列;埃塞俄比亚—科威特;埃塞俄比亚—俄罗斯;埃塞俄比亚—南非;埃塞俄比亚—突尼斯;埃塞俄比亚—土耳其;莫桑比克—印度;莫桑比克—澳门地区;莫桑比克—毛里求斯;莫桑比克—葡萄牙;莫桑比克—南非;莫桑比克—阿联酋;卢旺达—毛里求斯;坦桑尼亚—印度;乌干达—意大利;乌干达—毛里求斯;㉔乌干达—荷兰;赞比亚—印度;赞比亚—波兰;赞比亚—罗马尼亚
运动员和艺术家	埃塞俄比亚—俄罗斯;莫桑比克—阿联酋;卢旺达—比利时;坦桑尼亚—印度;赞比亚—印度

分析中没有发现协定与联合国范本第15(1)条之间的进一步差异。只有卢旺达与比利时之间的,以及乌干达与比利时之间的避免双重课税条约的议定书很特别,它们将"受雇活动在一国境内"明确为"受雇人员身处该国境内"。

在来源地国的短期活动。如果在来源地国内的活动是短期的,也不是用来源地国的资金支付报酬,那么上述活动原则(activity principle)就不再适用,雇员的居民国独享课税权。几乎所有的协定都采用这一原则,但也存在一些差异:一方面是关于具有决定性意义的来源地国活动期限的规定;另一方面是关于劳动力租赁(hiring out of labor)的规定。关于183天期限的计算,有些协定没有采用十二个月这一更新后的措辞;其他协定(都在1992年之后签订)则都在2001年之前加入了这一新措辞,多数是以1992年经合组织范本作为基础。有些协定确定相关时间框架的不是财政年度,而是日

㉔　第16条第(1)款(独立个人劳务)规定"第16、18、19、20条之规定优先适用……"这很像是打印上的错误。

历年或评税年(year of assessment)。有两个协定采用了不同的触发来源地国课税权最低期间的规定:莫桑比克与南非之间避免双重课税条约采纳十二个月内 180 天的标准;而乌干达与南非之间避免双重课税条约采用了两个可以相互替代的标准,即常规的 183 天规则或连续三年内 122 天标准。有五个协定涉及劳动力租赁问题,其中有四个协定明文将劳动力租赁排除在第 15 条之外。

表 4.39   与联合国范本第 15(2)条的差异

183 天计算规则	**2001 年以后缔结但没有十二个月期间规定的**:埃塞俄比亚—以色列;埃塞俄比亚—突尼斯;埃塞俄比亚—土耳其;莫桑比克—阿联酋 **2001 年以前缔结但规定十二个月期间的**:埃塞俄比亚—意大利;埃塞俄比亚—科威特;莫桑比克—毛里求斯;坦桑尼亚—加拿大 **不采用财政年度的**:埃塞俄比亚—以色列;埃塞俄比亚—塞舌尔;埃塞俄比亚—突尼斯;埃塞俄比亚—土耳其及肯尼亚—德国(日历年度);津巴布韦—马来西亚(评税年度)
租赁劳动力	**未包括的**:马拉维—挪威;乌干达—丹麦;乌干达—挪威;津巴布韦—挪威 **其他**:乌干达—比利时避免双重课税条约协议(在劳动力租赁中,如果雇佣人对劳动成果享有权利并为此承担风险,则该雇佣人即为雇主)

其他与联合国范本第 15(2)条存在差异的协定包括:津巴布韦与刚果(金)之间的避免双重课税条约,其对于相关规定加以修改,使来源地国仍可能保有对本条所得的课税权。[213] 津巴布韦与法国之间的避免双重课税条约加入了"如果所有条件都同时得到满足"这一用语;津巴布韦与马来西亚之间的避免双重课税条约第 15(2)条 c 项规定,所支付的报酬必须也不是由来源地国居民负担的。

在船舶或飞机上受雇。根据联合国范本第 15(3)条,协定第 8 条的原

---

[213]   第 2 款没有使用"只能由居民国课税"的语句规定,而是规定居民国"可就所得课税",这暗示了来源地国也有课税权。

则适用于在船舶或飞机上受雇所得的情形,即企业(雇主)实际管理地所在国拥有课税权。如果协定中与联合国范本第 8 条的对应条款采用的是不同的标准(由企业居民国课税),那么该协定中与联合国范本第 15 条的对应条款也作相应的调整。[216] 但是,肯尼亚与加拿大、肯尼亚与法国税收协定的第 8 条采用了实际管理地标准,但在第 15 条采用的却是企业的居民国标准。尽管联合国范本没有涉及来源地国是否享有课税权,但不少协定把本项所得的课税权排他性地授予了企业所在的缔约国(企业的居民国或者企业实际管理地所在国)。有些协定则把课税权排他性地授予雇员的居民国。多数与斯堪的纳维亚国家缔结的协定包含了关于斯堪的纳维亚航空公司(SAS)雇员所得的专门条款。有些协定还涵盖了在铁路或者公路运输工具上的雇员(与第 8 条一样)。有些协定还为国家航空运输公司地勤人员的受雇所得专设新的一款规定。

表 4.40　在船舶或航空器上的受雇所得

不同的课税权分配情况	**企业所在地缔约国享有排他性税收权**:埃塞俄比亚—中国;埃塞俄比亚—荷兰;埃塞俄比亚—塞舌尔;肯尼亚—加拿大;肯尼亚—法国;津巴布韦—科威特;津巴布韦—马来西亚;津巴布韦—塞舌尔 **雇员的居民国享有排他性税收权**:马达加斯加—法国;赞比亚—挪威;津巴布韦—法国;津巴布韦—塞尔维亚
其他	**斯堪的纳维亚航空公司的雇员**:坦桑尼亚—丹麦;乌干达—挪威(对挪威国际船舶登记雇佣也有特殊规则);赞比亚—挪威(协议约定);赞比亚—瑞典;津巴布韦—挪威;津巴布韦—瑞典 **增加铁路或公路运输工具**:莫桑比克—南非;津巴布韦—博茨瓦纳 **地勤人员条款**:埃塞俄比亚—科威特;津巴布韦—科威特

---

[216]　例如下列条约:埃塞俄比亚与印度,埃塞俄比亚与科威特,埃塞俄比亚与俄罗斯,埃塞俄比亚与南非,肯尼亚与德国,肯尼亚与南非,肯尼亚与英国,马达加斯加与毛里求斯,马拉维与挪威,莫桑比克与博茨瓦纳,莫桑比克与印度,莫桑比克与南非,莫桑比克与越南,卢旺达与南非,坦桑尼亚与加拿大,坦桑尼亚与南非,乌干达与丹麦,乌干达与印度,乌干达与南非,赞比亚与日本,赞比亚与英国(国际运输所得者的居民国),津巴布韦与加拿大,津巴布韦与刚果(金),津巴布韦与科威特,津巴布韦与马来西亚,津巴布韦与塞舌尔,津巴布韦与瑞典。

本书所分析协定与联合国范本第15(3)条的其他差别还包括:埃塞俄比亚与捷克之间的避免双重课税条约规定了"雇主"的定义;埃塞俄比亚与英国的避免双重课税条约规定,报酬必须由一缔约国的居民获得;莫桑比克与阿联酋的避免双重课税条约只适用于飞机上的雇员和航空公司的地勤人员,这些人员应当不是另一缔约国的国民,在满足这些条件下,该条约把课税权排他性地赋予居民国;赞比亚与爱尔兰之间的避免双重课税条约涵盖了一般意义上的个人劳务,而不只是受雇活动。津巴布韦与塞尔维亚之间的避免双重课税条约在这方面的规定与联合国范本完全不同:如果(1)雇员是在另一缔约国内不构成常设机构的建筑工地上工作,(2)雇员在船舶或飞机上工作,则(雇员的)居民国对受雇报酬拥有课税权。

其他差异。在所分析的协定中,有些协定只用一个条款规范不同类型的劳务。肯尼亚与瑞典之间的避免双重课税条约用一个条款涵盖了非独立和独立个人劳务,包括专业服务;赞比亚与肯尼亚、坦桑尼亚、乌干达的协定也用一个条款来规范独立、非独立劳务以及董事费;在马拉维与南非之间的避免双重课税条约中,个人劳务,包括专业服务都归并在一条中。所有这些条款有一个共同点,即无论对于何种劳务,课税权分配采用同一方式。虽然这些规则与联合国范本第15条高度相似,但具体内容上却有所差异。用一个条款来涵盖非独立和独立劳务,其原因很可能是这些协定采用了早期国际联盟发布的协定范本作为模板。[217] 同时,用一个条款来规范两大类劳务的做法,也基于非独立劳务应当与独立劳务同样对待的观点,早在临时专家组第一次会议上就有一些成员国代表提出了这一观点。[218]

(二)退休金与社会保障支付

来源地课税与居住地课税。联合国范本第18条包含两个可选择的条款,这两个选择性条款关于是否将课税权授予来源地国的规定存在差异。[219] 缔结于1980年之后的协定中,有半数以上协定采用了A项条款,该条款将

---

[217] 参阅黑默雷茨,载于沃格尔和莱纳主编:《避免双重课税条约》,第14条,旁注第4。

[218] 参阅联合国:《临时专家组第一次报告》,1969年,第75段。

[219] 详见上文第三章第三节"四"。

退休金和类似支付(payments)的课税权排他地授予居民国。而几乎所有缔结于 1980 年之前的协定都采用了这一选择,因此仿效了经合组织范本的模式。但是肯尼亚缔结的多数协定,以及赞比亚在 1980 年之前缔结的两个协定已经把课税权赋予了来源地国,只是其中条款的用语不同,并未遵循联合国范本的规定。有趣的是,有些协定缔结于 1980 年之后,且包含了来源地国课税权,但没有采用联合国范本的用语。也存在一组协定规定,来源地国对这些支付享有课税权,即由产生这些所得的国家课税,但没有采用联合国范本的用语。而在另一组协定中,来源地国的课税权是有限的,或者只能对定期的退休金支付和年金(加拿大缔结的协定)课税,或者只是一般规定(肯尼亚与印度之间的避免双重课税条约)。最后,有一组协定规定来源地国独享课税权,居民国应当对这些支付予以免税。

表 4.41　来源地国是否拥有课税权

201

A 选择——来源地国无课税权	埃塞俄比亚—中国;埃塞俄比亚—捷克;埃塞俄比亚—法国;埃塞俄比亚—印度;埃塞俄比亚—以色列;埃塞俄比亚—意大利;埃塞俄比亚—科威特;埃塞俄比亚—突尼斯;埃塞俄比亚—土耳其;埃塞俄比亚—英国;肯尼亚—法国;肯尼亚—毛里求斯;肯尼亚—泰国;马达加斯加—法国;马达加斯加—毛里求斯;莫桑比克—印度;莫桑比克—意大利;莫桑比克—澳门地区;莫桑比克—毛里求斯;莫桑比克—葡萄牙;莫桑比克—阿联酋;莫桑比克—越南;卢旺达—毛里求斯;坦桑尼亚—意大利;乌干达—印度;乌干达—意大利;乌干达—挪威(适用于任何种类的退休金);乌干达—英国;赞比亚—中国;赞比亚—印度;赞比亚—波兰;赞比亚—罗马尼亚;津巴布韦—保加利亚;津巴布韦—刚果(金);津巴布韦—法国;津巴布韦—马来西亚;津巴布韦—挪威;津巴布韦—塞尔维亚
B 选择——1980 年之后缔结的协定中来源地国有课税权的	**措辞不同但课税权分配相同:**埃塞俄比亚—荷兰;埃塞俄比亚—南非;肯尼亚—南非;马拉维—挪威;莫桑比克—博茨瓦纳;莫桑比克—南非;卢旺达—比利时;卢旺达—南非;坦桑尼亚—南非;乌干达—比利时;乌干达—南非;津巴布韦—博茨瓦纳;津巴布韦—科威特;津巴布韦—荷兰;津巴布韦—瑞典

续表

	对来源地国课税的限制:肯尼亚—印度(一般限于5%);加拿大与肯尼亚、坦桑尼亚、赞比亚签订的条约(赞比亚政府发放的退休金只能由赞比亚课税),与津巴布韦签订的条约(定期发放的退休金及年金课税限于15%)
	来源地国享有排他性课税权:东非共同体条约(措辞不同:只能由支付发生地所在国课税,支付者的居民国及其常设机构所在国对该支付享有课税权);埃塞俄比亚—俄罗斯;埃塞俄比亚—塞舌尔(退休金及年金);乌干达—毛里求斯(退休金及年金);津巴布韦—德国(退休金及年金);津巴布韦—毛里求斯(退休金及年金);津巴布韦—英国(退休金及年金)
B 选择——1980 年之前缔结的协定中来源地国有课税权的	肯尼亚—丹麦(定期退休金可以由来源地国课税,公共退休金仅由来源地国课税);肯尼亚—德国(来源地国课税权仅限于5%);肯尼亚—意大利(定期发放的退休金及年金课税仅限于5%);肯尼亚—挪威(定期退休金可以由来源地国课税,公共退休金仅由来源地国课税);肯尼亚—瑞典(退休金及年金可由来源地国课税);肯尼亚—英国(来源地国课税权仅限于5%);马拉维—南非(没有与第18条相同的对应规定);赞比亚—芬兰(退休金及年金可以由来源地国课税);赞比亚—荷兰(退休金及年金如果由来源地国支付,则可以由来源地国课税)

与联合国范本关于退休金支付课税权分配原则的其他差异存在于乌干达与丹麦之间的避免双重课税条约[20]、乌干达与荷兰之间的避免双重课税条约[21]和津巴布韦与塞舌尔之间的避免双重课税条约[22]。赞比亚与肯尼亚、与坦桑尼亚、与乌干达的协定规定来源于一缔约国并由另一缔约国居民获得的退休金或者年金,如果由该另一缔约国课税,那么来源地国应对此免

---

[20] 该条约中,养老金支付通常可免征来源地国税,除非向养老金的缴费在来源地国可扣除或不必纳税。

[21] 该条约中,养老金支付仅能由居民国课税,但在特定情况下来源地国也可对此课税(第1款规定,养老金及其他如社会保险金、年金等类似支付,只能由居民国课税;第2款规定,下列情况中来源国亦可课税:此前的缴费已扣除且养老金的支付在居民国未纳税,金额不超过€10000)。而且,遣散费(severance payments)只能由来源地国课税[第3款,在养老金启动前支付给前雇员的非周期性付款可在产生该笔所得的缔约国课税(遣散费)]。

[22] 根据该条约,养老金支付可由居民国课税,这暗示着来源地国也有课税权。

税;这种课税权分配规则与联合国范本中的 A 选择条款一致,但其用语却有所不同,且增加了"课税条款"。尽管津巴布韦与波兰之间的避免双重课税条约没有将退休金课税权赋予来源地国,但规定由政府支付的或者提供资金支持的退休金只能由提供资金国课税。

社会保障支付。联合国范本第 18 条 A 和 B 两种选择条款都把对社会保障支付的课税权排他地赋予来源地国,这些支付并不必然只是退休金支付。尽管经合组织范本没有包含这一课税权分配规则,但早于 1980 年缔结的若干协定对此已有规定,用语却与联合国范本不同。晚于 1980 年缔结的协定中有半数没有与联合国范本类似的规定。一些协定赋予来源地国的课税权不是排他性的,居民国也保有课税权。

203

表 4.42　与社会保障支付条款的差异

无社会保障支付	埃塞俄比亚—捷克;埃塞俄比亚—意大利;埃塞俄比亚—科威特;埃塞俄比亚—印度;埃塞俄比亚—俄罗斯;埃塞俄比亚—塞舌尔;埃塞俄比亚—南非;埃塞俄比亚—突尼斯;埃塞俄比亚—土耳其;肯尼亚—加拿大;肯尼亚—法国;肯尼亚—印度;肯尼亚—南非;马达加斯加—法国;马拉维—挪威;莫桑比克—印度;莫桑比克—意大利;莫桑比克—澳门地区;莫桑比克—葡萄牙;卢旺达—比利时;乌干达—印度;乌干达—意大利;乌干达—毛里求斯;乌干达—挪威;乌干达—南非;乌干达—英国;赞比亚—印度;赞比亚—波兰;津巴布韦—德国;津巴布韦—科威特;津巴布韦—马来西亚;津巴布韦—荷兰;津巴布韦—波兰;津巴布韦—塞尔维亚;津巴布韦—英国
1980 年之前缔结的协定中包含社会保障支付的	坦桑尼亚—丹麦(一缔约国公共社会保障体系下的支付可以由该缔约国课税);坦桑尼亚—挪威及瑞典(由一个缔约国支付给另一个缔约国居民的社会保障金,可以由第一个提到的缔约国课税);赞比亚—芬兰(社会保障法律体系中的退休金及其他支付只能由来源国课税)
居民国保留课税权	埃塞俄比亚—荷兰及乌干达—丹麦(社会保障支付可以由资金提供国课税);赞比亚—罗马尼亚(可以由来源国课税);津巴布韦—法国(来源国有课税权,但并非仅由来源国课税);津巴布韦—瑞典(社会保障法律体系中的支付可以由来源国课税)

在莫桑比克与阿联酋之间的避免双重课税条约[23]、赞比亚与中国之间的避免双重课税条约[24]，以及津巴布韦与博茨瓦纳之间的避免双重课税条约中[25]还存在一个与联合国范本的差异之处：并不是所有社会保障支付，而只有公共退休金计划下的退休金和类似支付才能在被支付人的居民国免税。埃塞俄比亚与土耳其之间的避免双重课税条约没有与联合国范本第18A(2)条相同的对应条款，而是规定：

204

> 由一缔约国或其行政区之一基于个人事故保险而支付的退休金和生命年金，以及定期或偶尔的其他支付，可以只由该缔约国课税。

其他差异。本书所分析的协定中反复出现两个差异，一是"退休金"（和类似支付）的定义，二是在与联合国范本第18条对应条款中涵盖年金内容。年金支付的课税权规定与退休金支付的课税权规定相同，在很多情况下，这些条款也给出了"年金"一词的定义。

表4.43 "退休金"定义和加入年金规定的情况

"退休金"的定义	埃塞俄比亚—法国；埃塞俄比亚—科威特；埃塞俄比亚—塞舌尔；埃塞俄比亚—突尼斯；埃塞俄比亚—英国；肯尼亚—丹麦；肯尼亚—德国；肯尼亚—挪威；肯尼亚—瑞典；莫桑比克—阿联酋；坦桑尼亚—印度(原)；乌干达—丹麦(列出退休金计划的涵盖内容及退休金支付的来源规则)；乌干达—荷兰(只有来源规则)；赞比亚—芬兰；赞比亚—印度；赞比亚—罗马尼亚；津巴布韦—科威特
年金内容	**包含定义**：埃塞俄比亚—法国；埃塞俄比亚—科威特；埃塞俄比亚—荷兰；埃塞俄比亚—塞舌尔；埃塞俄比亚—南非；埃塞俄比亚—突尼斯；埃塞俄比亚—土耳其；埃塞俄比亚—英国；

---

[23] 这里，只有养老金和其他类似待遇，以及根据国家养老金计划支付的任何年金，只能在支付国课税。

[24] 该条款规定，只有养老金及依社会保险制度公共福利计划所做的类似支付，只能在资金提供国课税。

[25] 根据这条有差异的规则，养老金及社会保障立法下的类似支出只能在资金提供国课税。

续表

	肯尼亚—加拿大;肯尼亚—丹麦;肯尼亚—德国;肯尼亚—印度;肯尼亚—挪威;肯尼亚—南非;肯尼亚—瑞典;肯尼亚—英国;马达加斯加—毛里求斯;马拉维—挪威;莫桑比克—博茨瓦纳;莫桑比克—南非;莫桑比克—阿联酋;卢旺达—南非;坦桑尼亚—印度(原);坦桑尼亚—南非;乌干达—毛里求斯;乌干达—荷兰;乌干达—挪威;乌干达—南非;乌干达—英国;赞比亚—加拿大;赞比亚—芬兰;赞比亚—印度;赞比亚—波兰;赞比亚—罗马尼亚;赞比亚—英国;津巴布韦—博茨瓦纳;津巴布韦—刚果(金);津巴布韦—德国;津巴布韦—科威特;津巴布韦—马来西亚;津巴布韦—毛里求斯;津巴布韦—荷兰;津巴布韦—波兰;津巴布韦—塞舌尔;津巴布韦—瑞典;津巴布韦—英国
	没有定义:东非共同体条约;肯尼亚—意大利;坦桑尼亚—加拿大;赞比亚—肯尼亚;赞比亚—坦桑尼亚;赞比亚—乌干达;津巴布韦—加拿大

除了上述两个主要差异外,所分析协定中还包含一些小的差异。马拉维与南非之间的避免双重课税条约没有与联合国范本第18条相对应的条款;由于该条约对课税权没有统领性规定(catch-all clause),来源地国的课税权不受限制——缔约国双方都可以课税。埃塞俄比亚与意大利之间的避免双重课税条约,乌干达与意大利之间的避免双重课税条约加入了对遣散费课税的新规定。埃塞俄比亚与荷兰之间的避免双重课税条约包含了对退休金和年金的推定(deemed)来源规则。赞比亚与肯尼亚、坦桑尼亚、乌干达、意大利、日本及英国的协定中包含有"课税条款"(subject-to-tax clause),据此,只有在被支付人居民国课税的情况下,相关所得才能在来源地国免税。马拉维与挪威、乌干达与挪威之间的避免双重课税条约中,赡养费及其他维持生计的支付只能由被支付人居民国课税;如果该费用是不可扣除的,则由支付者居民国课税。加拿大与赞比亚、津巴布韦和坦桑尼亚之间的协定涉及一缔约国给予的专项战争抚恤金。坦桑尼亚与加拿大之间的避免双重课税条约对于加拿大某些年金免除加拿大的来源地税收,并为赡养费专设一款规定。乌干达与荷兰之间的避免双重课税条约规定,本条应当通过

相互协商程序加以适用。不仅如此,该条约还包含一条规定,据此,应根据以前的受雇情况判断退休金支付属于私人性质还是政府性质。

(三)(因提供)政府服务(而获得报酬和退休金)

一般规定。联合国范本第 19 条的一般规定是,因提供政府服务而获得的所得和退休金只在服务提供地和支付所在地国家课税。1963 年经合组织范本所规定的课税权分配与此不同,提供资金国被允许对(积极服务或者退休金的)支付课税,居民国也保有课税权。[29] 但坦桑尼亚与丹麦、芬兰、挪威、瑞典之间的协定,赞比亚与芬兰、德国、爱尔兰之间的协定——都是在1980 年之前签署的——已经采用了 1980 年联合国范本(或 1977 年经合组织范本相同规定)的用语。赞比亚与丹麦之间的避免双重课税条约遵循了1963 年经合组织范本第 19 条的整体结构,把退休金和政府支付置于一款之中,但不同于经合组织范本,它规定这些支付只能由资金提供国课税。赞比亚与日本之间的避免双重课税条约所包含的条款措辞不同,但体现了1980 年联合国范本所规定的课税权分配规则。赞比亚与肯尼亚、坦桑尼亚、乌干达、英国之间的协定也有相同的规定。[22] 不过我们不能说,这些协定的谈判者在起草本条政府服务规定时,将当时未完成的联合国范本或者更新后的经合组织范本作为参照。津巴布韦与荷兰之间的避免双重课税条约保留了课税权分配的最初规则,居民国对于因提供政府服务而获得的支付和相关的退休金支付享有课税权。而在津巴布韦与刚果(金)、法国、德国之间的协定中,经常性(regular)支付和退休金支付合并在一款,规定资金提供国享有排他性课税权(除非适用例外情形,见下文)。

所包含的报酬类型。根据联合国范本,只有缔约国、其政权下属单位或者地方当局进行的支付才受第 19 条规范。但有些协定第 19 条涵盖的范围得到了扩展,包含那些满足特殊待遇的实体所作出的其他支付。这一差异

---

[29]　埃塞俄比亚与荷兰避免双重课税条约(从 2012 年起)又恢复此种课税权分配方式。

[22]　该条约中,若个人不是常住居民,或仅为提供服务之目的而成为常住居民,其从事活动的国家应豁免其来自政府服务的所得;养老金仅在资金提供国课税(英国条约:如果之前的报酬也得到豁免)。

多数适用于公共或者法定机构所作的支付。有时,发展或援助项目工作人员获得的报酬也只由资金提供国课税。根据赞比亚对外缔结的和津巴布韦对外缔结的多数避免双重课税条约,中非养老基金(Central African Pension Fund)的支付也视同政府支付。有些协定则不包括行政区作出的支付。

表4.44　政府服务条款增加涵盖的报酬

由公共或法定机构支付的报酬	**法定机构**:埃塞俄比亚—法国;肯尼亚—法国;莫桑比克—毛里求斯;卢旺达—毛里求斯;乌干达—毛里求斯;东非共同体条约;津巴布韦—博茨瓦纳;津巴布韦—刚果(金);津巴布韦—法国;津巴布韦—马来西亚 **公共机构**:马达加斯加—毛里求斯 **其他**:坦桑尼亚—芬兰及挪威(公共社区或团体)
发展或援助项目的报酬	肯尼亚—德国(议定书);莫桑比克—阿联酋;卢旺达—比利时;赞比亚—德国;㉓津巴布韦—德国
由中非养老基金支付	赞比亚与肯尼亚、坦桑尼亚、乌干达、爱尔兰、波兰之间的协定;津巴布韦与保加利亚之间的协定(如果在津巴布韦课税),津巴布韦与法国、德国、马来西亚、毛里求斯、荷兰、挪威、波兰、瑞典、英国之间的协定
没有包含行政区作出的报酬支付	马达加斯加—毛里求斯;坦桑尼亚—芬兰;坦桑尼亚—挪威

莫桑比克与印度之间的避免双重课税条约,莫桑比克与南非之间的避免双重课税条约中与联合国范本第19(2)条的对应条款适用于退休金以及其他类似支付——所用的措辞与2005年经合组织范本相同。东非共同体协定以及津巴布韦与毛里求斯之间的避免双重课税条约,津巴布韦与法国之间的避免双重课税条约也涵盖了缔约国设立基金所作出的报酬[在与联合国范本第19(1)条的对应条款]。莫桑比克与意大利之间避免双重课税条约的议定书列举了若干服务的特定接受方,只有这样,相应的支付才能由资金提供国课税(比如意大利银行、莫桑比克银行,铁路和邮政管理部

207

㉓　赞比亚与德国避免双重课税条约第19条第(4)款:"本条第1款应同样适用于缔约国、地方(Land)及其行政区或地方当局的发展援助项目用专项资金支付给经其他缔约国同意的该国专家或志愿者的报酬。"

门等）。

资金提供国原则（*the state of fund principle*）*的例外*。与对应的经合组织范本规定相同，联合国范本第 19 条规定了资金提供国原则的一个例外［"当地工资水平雇员"（local wage rate employees）］。[29] 当有关前提得到满足时，工资薪金或退休金获得者的居民国对这些支付享有排他性课税权。这一例外规定只是在 1977 年经合组织范本中才引入的。但在坦桑尼亚与丹麦、芬兰、挪威之间的协定以及赞比亚与芬兰、德国、爱尔兰之间的协定——都缔结于 1977 年之前——已经包含有这一例外规定。一些协定规定了不同的前提条件，比如课税条款（subject-to-tax clause）。针对工资薪金及退休金支付，本书所分析的协定中有些没有这种例外规定，或是两种都没有，或是其中一种没有。

表 4.45 "当地工资水平雇员"例外

前提条件不同	**增加前提条件**：肯尼亚—法国（"不必为母国国民"）；坦桑尼亚—瑞典（第 2 款"ⅲ 在支付报酬的缔约国不课税"）；津巴布韦—荷兰（第 2 款"相关报酬在该国课税"）；津巴布韦—英国（第 2 款"相关报酬由居民国课税"） **东道国居民及国民，而非母国国民**：津巴布韦—刚果（金）；津巴布韦—法国；津巴布韦—德国 **第 1 款中无国籍条件**：赞比亚—加拿大；赞比亚—爱尔兰
没有例外规定	**第 1 款（工资）**：肯尼亚—印度；肯尼亚—英国 **第 2 款（退休金）**：肯尼亚—意大利；乌干达—比利时；东非共同体条约；津巴布韦—马来西亚 **第 1 款及第 2 款**：马达加斯加—法国

政府退休金（*government pension*）。联合国范本为与以往提供政府服务相关的退休金所得专设一款。[30] 有若干协定的本项内容虽是依照联合国范本第 19 条缔结的，但没有涵盖政府退休金。有些协定（主要是肯尼亚对外缔结的协定）的退休金条款中专设一段关于政府退休金的规定，其中课税

---

[29] 参阅上文第三章第三节"四"部分。

[30] 1963 年版经合组织范本第 19 条目前并没有单独规定养老金的款项，但在第一款中提到了养老金及其他报酬。所以，双方缔约国均可对养老金课税；可通过方法条款避免双重课税。

权分配遵循资金提供国原则,[20]但有些协定没有规定课税权。对于这后一组协定,政府退休金所得的课税权适用退休金条款的一般规定。[21] 本书所分析的协定与联合国范本第 19(2)条的其他差异如下:坦桑尼亚与加拿大之间避免双重课税条约中的资金提供国原则仅适于由坦桑尼亚支付退休金的情形。赞比亚与爱尔兰之间避免双重课税条约的第 14 条(联合国范本的第 19 条)中"退休金"一词指"任何退休金、年金、退职金(gratuity)、补偿金(compensation)、缴费退还(repayment of contribution)、退休津贴(retiring allowance)或类似利益","个人"一词也包括个人去世后的配偶或子女(individual's widow or child)。按照津巴布韦与波兰之间的避免双重课税条约,由一缔约国支付或出资的任何退休金只由该缔约国课税;但该规则并不局限于与政府服务相关的退休金支付。

其他差异。津巴布韦与保加利亚之间的避免双重课税条约中没有与联合国范本第 19(3)条对应的条款。赞比亚与英国之间的避免双重课税条约中的政府服务条款同样适用于现行协议不再存续的情况。有些早先的协定没有仿效任何协定范本的规定。比如,肯尼亚与瑞典之间的避免双重课税条约第 14 条规定,如果提供服务者不是瑞典国民,向肯尼亚政府提供服务的所得在肯尼亚免税;而向瑞典政府提供服务的所得在瑞典免税,如果提供服务者不经常在肯尼亚居住;该条然后规定,这一规则不适用于政府的商业活动,而且"政府"一词包含地方当局。马拉维与南非之间的避免双重课税条约第 7(1)条把政府服务所得的课税权排他地授予资金提供国,除非提供服务的个人在服务活动国内经常居住——不只是为了提供服务;该条第二款进而规定,如果相关的报酬在该另一缔约国免税,则退休金在另一缔约国

---

[20] 参阅埃塞俄比亚与突尼斯(只在资金提供国课税),肯尼亚与丹麦(只在资金提供国课税),肯尼亚与德国(只在资金提供国课税),肯尼亚与印度(只在资金提供国课税),肯尼亚与挪威(只在资金提供国课税),肯尼亚与英国(可在资金提供国课税)的避免双重税条约。

[21] 参阅下列条约:埃塞俄比亚与荷兰(可在资金提供国课税),埃塞俄比亚与俄罗斯,肯尼亚与加拿大,马拉维与挪威(可在来源地国课税),卢旺达与比利时,乌干达与比利时(只在居民国课税),赞比亚与加拿大(来源地国有限税收权),赞比亚与德国(只在居民国课税),津巴布韦与加拿大(来源地国有限税收权)。

也免税。坦桑尼亚与印度、赞比亚与印度之间的避免双重课税条约都是在1980年左右缔结的,却与协定范本内容有所不同。根据这两个条约,一缔约国公民在另一缔约国境内履行政府职能而获得的报酬只由资金提供国课税,而政府支付的退休金可以在资金提供国课税,但居民国也保有课税权;条约还规定,这些规则不适用于国家的商业活动,"政府"一词包括了法定机构,印度储备银行和坦桑尼亚银行。

(四)学生与企业学徒(Business Apprentices)

与联合国范本的差异。所有本书分析的协定中都规定,一缔约国(母国)的学生或学徒为接受教育或者培训而到另一缔约国(东道国)访问,其所获得的支付免税。只有一些协定与这一基本规则存在差异。一个差异是,部分协定规定,任何来源的付款都享受免税待遇,而联合国范本只规定来源于东道国之外的付款才在东道国免税。另一个差异是,有些协定不仅涵盖学生或企业学徒,还特别提及若干特定类型的学徒。在2001年更新之前,联合国范本第20条还包含了第2款规定,但在1980年至2001年之间缔结的三分之二的协定没有采纳该款规定。原因在于,有些协定规定对访问学生的受雇所得免税,由此第20条第2款规定的非歧视内容就不是那么重要了。[23] 其他协定则可能只是采用了经合组织范本的规定。不过,有三个缔结于2001年之后的协定却引入了与1980年版联合国范本第20(2)条对应的规则。

表4.46 与联合国范本的差异

与范本第20(1)条的差异	**适用于任何来源的报酬**:埃塞俄比亚—科威特;莫桑比克—意大利;赞比亚与肯尼亚、坦桑尼亚、乌干达签订的条约;津巴布韦—科威特 **包含其他个人**:科技、农业或林业学徒(坦桑尼亚与丹麦、芬兰、挪威签订的条约,赞比亚—芬兰);专业人士(赞比亚—罗马尼亚)

---

[23] 阅下文表4.46。

续表

1980 年版联合国范本第 20(2)条	**没有第 2 款(2001 年之前):**埃塞俄比亚—意大利;埃塞俄比亚—科威特;肯尼亚—加拿大;肯尼亚—意大利;马达加斯加—法国;马达加斯加—毛里求斯;莫桑比克—意大利;莫桑比克—毛里求斯;坦桑尼亚—加拿大;乌干达—挪威;乌干达—南非;乌干达—英国;赞比亚—加拿大;㉔赞比亚—波兰;津巴布韦—法国;津巴布韦—马来西亚;津巴布韦—毛里求斯;津巴布韦—荷兰;津巴布韦—波兰;津巴布韦—瑞典;津巴布韦—英国
	第 2 款(2001 年以后):埃塞俄比亚—捷克;莫桑比克—博茨瓦纳;津巴布韦—博茨瓦纳;津巴布韦—刚果(金)

附加条款。除了规定对学生和学徒免税,所分析的协定还包含了其他各种规则。首先,部分协定规定,本条款的适用存在时间限制,学生因此不能无限期享受免税待遇。多数规则的适用期限是学生或学徒能够完成教育或培训的合理期限,但最长不能超过三年。其次,反复出现在所分析协定中的第二个附加规则,是学生或学徒受雇所获报酬的免税待遇,联合国范本第20 条并不涵盖这类所得。该项免税规则通常包含不同的适用标准,往往因协定不同而不同。典型的规定是,这类报酬只能来源于与教育或培训相关的受雇,或作为学生或学徒生活费的补充;有时会要求,这类就业只能持续较短期间。最后,不少协定规定,东道国对(政府或者慈善组织给予的)补助(grant)对象所获得的补助本身以及在补助期所获得的支付不课税。这些规则部分与研究人员条款重合,因为"补助"一词的范围不仅包含对教育或培训的补助,也包括对研究的补助。

表 4.47 "学生"条款中的附加规定

第 20 条的适用期限	**合理时间内或三年内:**埃塞俄比亚—突尼斯;肯尼亚—德国;肯尼亚—印度;肯尼亚—意大利;肯尼亚—挪威;肯尼亚—英国;坦桑尼亚—印度(原);坦桑尼亚—瑞典;赞比亚—德国;赞比亚—瑞典;赞比亚—英国

㉔ 第 20 条在措辞上有差异,没有包括非歧视原则,而是规定了对外国学生"不应……课以任何比本国国民所应负担的税收或相关要求更重的任何税收或相关要求"。

续表

	其他:埃塞俄比亚—印度(合理时间内或六年内);肯尼亚—丹麦(三年);马达加斯加—毛里求斯(学生为七年内,实习生为三年内);莫桑比克—印度(合理时间内或六年内);莫桑比克—澳门地区(合理时间内);莫桑比克—阿联酋(合理时间内);乌干达—印度(合理时间内或五年内);赞比亚—印度(五年内);赞比亚—印度(三年)
学生、学徒及受训者的受雇所得免税	埃塞俄比亚—中国;埃塞俄比亚—法国;埃塞俄比亚—印度;埃塞俄比亚—以色列;埃塞俄比亚—科威特;埃塞俄比亚—塞舌尔;埃塞俄比亚—土耳其;肯尼亚—丹麦;肯尼亚—德国;肯尼亚—挪威;肯尼亚—瑞典;肯尼亚—泰国;肯尼亚—英国;马达加斯加—法国;马达加斯加—毛里求斯;莫桑比克—印度;莫桑比克—葡萄牙;莫桑比克—越南;坦桑尼亚—丹麦;坦桑尼亚—芬兰;坦桑尼亚—印度(原);坦桑尼亚—意大利;坦桑尼亚—挪威;坦桑尼亚—瑞典;赞比亚—丹麦;赞比亚—芬兰;赞比亚—德国;赞比亚—印度(两种不同的豁免);赞比亚—爱尔兰;赞比亚—意大利;赞比亚—日本;赞比亚—荷兰;赞比亚—挪威;赞比亚—波兰;赞比亚—罗马尼亚;赞比亚—瑞典;赞比亚—英国;津巴布韦—科威特;津巴布韦—马来西亚;津巴布韦—毛里求斯
对补助接受者的豁免	肯尼亚—德国(学习、研究、培训);肯尼亚—泰国;赞比亚与肯尼亚、泰国、乌干达签订的条约;莫桑比克—葡萄牙(议定书之前);赞比亚—德国;赞比亚—印度(最长为五年);赞比亚—英国(研究补助);津巴布韦—德国(同样适用于技术合作项目成员);津巴布韦—马来西亚;津巴布韦—毛里求斯

其他规定。在莫桑比克与印度之间的避免双重课税条约中,补助、贷款和奖学金被明确排除在学生条款之外。

(五)访问教授、教师和研究人员

一般规定。经合组织范本和联合国范本都没有为访问教授、教师所得单独设置条款。按照涉及活动的类型,这些人员获得的所得属于营业利润,或是非独立劳务所得、独立劳务所得,或者是提供政府服务所得。对于来自一缔约国(母国)的教授、教师或研究人员为教学或研究目的而访问另一缔约国(东道国)教育机构的情形,本书所分析的大部分协定都单独设置了规

则,或是对这类所得单独设置一条,或是将此包含在与联合国范本第 15 条或第 20 条对应的条款中。如果是包含在另一对应条文中,该规则仍独立于该条的其他规定。[233] 如果是适用专门规则——这意味着必须满足所有标准(见下文)——东道国必须对访问教授、教师或研究人员获得的报酬免税。

表 4.48　教授、教师和研究人员条款概览

212

单列条款	埃塞俄比亚的所有避免双重课税条约(除了与捷克、俄罗斯及英国);东非共同体协定;肯尼亚的所有避免双重课税条约(除了与加拿大及法国);马拉维—南非;莫桑比克的所有避免双重课税条约(除了与越南);卢旺达—毛里求斯;坦桑尼亚—印度;坦桑尼亚—意大利;坦桑尼亚—赞比亚;赞比亚—印度;赞比亚—日本;赞比亚—肯尼亚;赞比亚—波兰;赞比亚—罗马尼亚;赞比亚—坦桑尼亚;赞比亚—乌干达;津巴布韦—保加利亚;津巴布韦—科威特;津巴布韦—马来西亚;津巴布韦—毛里求斯;津巴布韦—荷兰;津巴布韦—波兰;津巴布韦—塞尔维亚与黑山共和国;津巴布韦—塞舌尔;津巴布韦—南非
并入另一条中	**并入第 20 条**:埃塞俄比亚—俄罗斯;赞比亚—丹麦;赞比亚—德国;赞比亚—爱尔兰;赞比亚—意大利;赞比亚—荷兰;赞比亚—挪威;赞比亚—瑞典;津巴布韦—德国 **并入第 15 条**:津巴布韦—刚果(金);津巴布韦—法国
无专门规定	埃塞俄比亚—捷克;埃塞俄比亚—英国;肯尼亚—加拿大;肯尼亚—法国;卢旺达—比利时;卢旺达—南非;坦桑尼亚的所有避免双重课税条约(与印度、意大利、赞比亚签订的除外);马达加斯加的所有避免双重课税条约;马拉维—挪威;莫桑比克—越南;赞比亚—加拿大;赞比亚—中国;赞比亚—芬兰;赞比亚—英国;津巴布韦—博茨瓦纳;津巴布韦—加拿大;津巴布韦—挪威;津巴布韦—瑞典;津巴布韦—英国

免税的前提条件。双边税收协定的规定彼此有所不同,但也有一些共同点。[234] 一般的规则是,访问人员在开始访问东道国之前是母国的居民,且

---

[233]　只有埃塞俄比亚与俄罗斯避免双重课税条约中,教师与研究人员并入与学生相同的条款中,因此适用与学生相同的标准。赞比亚与印度,以及赞比亚与罗马尼亚避免双重课税条约中,只将研究人员并入学生条款,也没有对他们适用不同规则。

[234]　综述参阅文末附表 3。

是为了教学或者科研的目的[237]而访问一个特定教育机构。[238]多数协定包含教授和教师,有时则是其中的一类人员,有时还附加研究人员或者学者。本条款的另一个共同点是规定了某种时限要求,津巴布韦与挪威之间的避免双重课税条约除外。最常采用的时间限制是关于在东道国的停留期间,最长往往规定为两年;但有时停留期没有限制但免税期是有限的(往往也是两年),由此,访问者可以在东道国停留更长时间,但过了一定期限则不能享受免税待遇。免税条款根据所涉报酬类型的不同而不同:或是免税是限于来源于东道国之外的报酬,或者免税是限于来源于东道国内的报酬,或者任何的报酬都可以免税。不管是哪一种类型,有时还会增加"课税条款",即只有在母国对报酬课税的前提下,东道国才对此免税。若干协定条款包含的另一前提条件是,这类报酬不得来源于为私人利益或非为公共利益的研究活动。另一个不太常见的前提条件是,访问人员应是由其工作的访问机构或者甚至是政府邀请的;有时,文化交流项目下的访问也可享受本条的免税待遇。

(六)外交人员

一般规则与附加规则。几乎所有样本国的协定都有关于外交使团和领事机构的条款。[239]协定中通常加入外交人员条款,旨在阐明其他国际条约或国际法确认的外交人员税收特权不受税收协定的影响——即使根据税收协定的性质,这一条款并不必要。[240]大约有五十个协定采用了联合国范本和经合组织范本的用语,而其他协定中则存在若干重复出现的特点。第一个特点是第 28 条还附加涵盖了国际组织。对于建立在一个国家的国际组织,其组织本身及其雇员往往可以享受税收特权。[241]协定第 28 条提到国际

---

[237]　只有一些条约不适用于研究活动而只适用于教学访问。

[238]　有些条约中,只有访问主管当局承认的机构才可享受免税待遇。

[239]　下列避免双重课税条约中没有外交人员条款:肯尼亚与瑞典,肯尼亚与英国,马拉维与南非,赞比亚与爱尔兰,赞比亚与肯尼亚,赞比亚与坦桑尼亚,赞比亚与乌干达,以及赞比亚与英国。

[240]　参阅上文第三章第三节"五(一)"部分。

[241]　参阅 2010 年版经合组织范本评注第 28 条第 4 段(2011 年版联合国范本评注第 28 条亦然)。

组织,旨在确保这些税收特权不受税收协定的影响。第二个特点是,不少协定(字面上或类似地)采纳了经合组织范本与联合国范本评注所建议的,关于给予国际组织、其雇员以及第三国外交使团成员税收协定权利的附加款项。[242] 根据这一规则,如果这些人员不是任何缔约国的居民,他们将无法享受协定利益,或者换言之,只就来源于接收国(receiving state)的所得在该国负纳税义务。第三个特点是,不少协定包含了类似经合组织范本和联合国范本评注中关于外交人员派遣国的居民身份的条款。[243] 许多派遣国视外派外交人员在税收协定意义上为其居民,它们可能希望在双边协定中解决这一问题。范本评注建议的用语是规定外交人员:

> 应当在协定意义上被认为是派遣国的居民,如果:(a)根据国际 214
> 法,他对于来源于接收国之外的所得或者位于接收国之外的资本在接
> 收国不负纳税义务,且(b)他在派遣国就总所得或者资本负有与该国
> 居民相同的纳税义务。

多数协定采用了省略 a 项或 b 项规定的上述类似条款;有些协定则加入了国籍标准。最后,有些与北欧国家缔结的协定还包括了一款规定:当"根据国际法一般规则或国际协议的专门条款"有关所得在接收国不纳税时,派遣国保有对该所得课税的权力。经合组织范本的和联合国范本的评注中也有这一规定,旨在避免那些不符合协定目的的税收减免。[244] 从刚才所述不难看出,协定与联合国范本第 8 条的主要差异可以通过考察范本评注得到解释。本条差异发生最多的是肯尼亚、赞比亚和津巴布韦对外缔结的协定,其他国家的协定体现了与协定范本内容一致的趋势。

---

[242] 参阅 2010 年版经合组织范本评注第 28 条第 4 段(2011 年版联合国范本评注第 28 条亦然)。

[243] 参阅 2010 年版经合组织范本评注第 28 条第 3 段(2011 年版联合国范本评注第 28 条亦然)。

[244] 参阅 2010 年版经合组织范本评注第 28 条第 2 段(2011 年版联合国范本评注第 28 条亦然)。

表 4.49　外交人员条款的附加规则

包含国际组织	埃塞俄比亚—法国;埃塞俄比亚—以色列;埃塞俄比亚—科威特;肯尼亚—法国;马达加斯加—法国;津巴布韦—刚果(金);津巴布韦—法国;津巴布韦—德国;津巴布韦—科威特
对国际组织及第三国外交人员没有规定协定权利	埃塞俄比亚—法国;埃塞俄比亚—荷兰;肯尼亚—加拿大;肯尼亚—法国;卢旺达—比利时;坦桑尼亚—加拿大;乌干达—荷兰;赞比亚—荷兰;赞比亚—加拿大;赞比亚—罗马尼亚;津巴布韦—加拿大;津巴布韦—刚果(金);津巴布韦—法国;津巴布韦—荷兰
视为派遣国居民	埃塞俄比亚—法国(只有 b 项);埃塞俄比亚—荷兰(只有 b 项);肯尼亚—丹麦(只有 a 项,非接收国国民);肯尼亚—法国(只有 b 项);卢旺达—比利时(只有 b 项,派遣国国民);坦桑尼亚—加拿大(只有 b 项,派遣国国民);乌干达—荷兰(只有 b 项,派遣国国民);赞比亚—丹麦(只有 a 项,非接收国国民);赞比亚—荷兰(只有 b 项,非接收国国民);赞比亚—挪威(只有 a 项,非接收国国民);津巴布韦—加拿大(只有 b 项);津巴布韦—刚果(金)(只有 b 项);津巴布韦—法国(只有 b 项);津巴布韦—德国(只有 b 项);津巴布韦—荷兰(只有 b 项,须为派遣国国民)
派遣国的剩余课税权(residual taxing right)	肯尼亚—丹麦;肯尼亚—挪威;马拉维—挪威;赞比亚—丹麦;赞比亚—挪威;赞比亚—瑞典

　　其他差异。乌干达与英国、津巴布韦与英国以及津巴布韦与毛里求斯之间的避免双重课税条约包含了一项规定,即外交人员在接收国只就来源于该国的所得纳税这一事实,并不能认定此人为接收国的居民。马达加斯加与法国之间避免双重课税条约的外交人员条款也包含了外交人员的服务人员。莫桑比克与中国澳门地区之间的避免双重课税条约只包含了领事机构人员,以及将来可能的经济及贸易代表团的人员。

六、其他积极所得

(一)董事费和高级管理人员的报酬

　　联合国范本第 16 条涵盖了董事费(第 1 款)和高级管理人员报酬(第 2 款),经合组织范本中没有第 2 款的规定。本书所分析的协定中很少有包含联合国范本第 16 条第 2 款的对应规定;包含该款规定的协定在下文列举。若干协定的本条名称(title)与联合国范本的不同,多数体现了有关术语的缔约国本国特色。一些双边协定不仅涵盖了董事会成员,也可能包括其他机构(organs)人员。就后者而言,协定或是简单地规定"其他类似机构",或是指明专门的机构(如监事会)

表 4.50　董事费条款的差异

包含第 16 条第(2)款的	埃塞俄比亚签订的协定都没有;肯尼亚—法国;肯尼亚—毛里求斯;肯尼亚—泰国;马拉维—挪威;莫桑比克—澳门地区;卢旺达签订的协定都没有;坦桑尼亚—加拿大;乌干达签订的协定都没有;赞比亚签订的协定都没有;津巴布韦—挪威;津巴布韦—瑞典
名称不同	埃塞俄比亚—法国(没有"*tantièmes*");莫桑比克—澳门地区("*quadros técnicos*" = 技 术 人 员);莫 桑 比 克—越 南("*Honorários de Membros de Conselhos*" = 董事会成员酬金);卢旺达—比利时(董事费);乌干达—比利时(董事及公司经理);津巴布韦—波兰(董事费及类似报酬)
增加所包含的机构	**其他类似机构:**埃塞俄比亚—捷克;埃塞俄比亚—科威特;肯尼亚—加拿大;马拉维—挪威;卢旺达—比利时;坦桑尼亚—加拿大;坦桑尼亚—芬兰;乌干达—丹麦;乌干达—挪威;赞比亚—芬兰;赞比亚—波兰;津巴布韦—科威特;津巴布韦—塞舌尔 **监事会:**马达加斯加—法国;莫桑比克—意大利;莫桑比克—葡萄牙 **其他:**坦桑尼亚—挪威("*representantskapet*" = 股东代表委员会);荷兰与乌干达、赞比亚、津巴布韦签订的协定[董事会人员(*bestuurder* and *commissaris*)]

216

其他差异。埃塞俄比亚与科威特之间的,以及津巴布韦与科威特之间的避免双重课税条约规定,董事的居民国对董事费拥有排他课税权。赞比亚与肯尼亚、坦桑尼亚、乌干达之间的协定在一般服务条文中包括了董事费条款,但采用了联合国范本第 16(1)条的规定;这些条款不包括高级管理人员的报酬。马达加斯加与法国之间,莫桑比克与葡萄牙之间的避免双重课税条约还涵盖了出场费(attendance fee)。马拉维与南非之间的避免双重课

税条约没有与联合国范本第 16 条对应的条款。比利时与卢旺达,以及与乌干达的协定没有包含高级管理人员的报酬,但规定董事会成员履行日常管理职能获得的报酬应当与非独立个人劳务作同等处理;该条也适用于公司居民国所认定的履行类似职能的报酬。乌干达与荷兰之间避免双重课税条约的议定书规定,荷兰的董事会成员(*bestuurder and commissaris*)和乌干达的管理或执行董事也被认为是董事会的成员。赞比亚与荷兰之间的避免双重课税条约第 16 条的措辞与联合国范本不同,并根据居住国把该条分为两款;该条还规定,如果活动是在常设机构中开展的,常设机构所在国也可以按比例对活动的报酬课税。赞比亚与波兰之间的、津巴布韦与荷兰之间的避免双重课税条约不仅适用于公司的董事,还适用于其他类似组织的董事。

(二)艺术家(**Artistes**)和运动员(**sportspersons**)

第17 (1)条名称和基本规则 。有一小部分协定第 17 条的名称与联合国范本第 17 条的名称存在差异。埃塞俄比亚与塞舌尔之间的、莫桑比克与意大利之间的避免双重课税条约[艺术家与运动员(sportsmen)],乌干达与英国之间的避免双重课税条约[艺术家与运动员(athletes)]采用了经合组织范本对应条款的名称。[243] 莫桑比克与毛里求斯之间的避免双重课税条约[演艺人员与运动员(entertainers and sportsmen)],乌干达与南非之间的避免双重课税条约[演艺人员与运动员(entertainers and sportspersons)]中存在不同名称混合而成的条款名称。而所分析的协定与联合国范本第 17(1)条在内容上只有一些微小的差异。首先,有些协定即使是在 1977/1980 年之后缔结的,所采用的仍是 1963 年版经合组织范本的规定。[244] 赞比亚与丹麦、挪威和瑞典的协定本条款加入了"尽管存在本协定的任何条款"(Notwithstanding anything in this Convention)为开头的短语,而不是采用"尽管存在第 14、15 条规定"。埃塞俄比亚与荷兰之间的避免双重课税条约完全没

217

㉝ 经合组织范本第 17 条的标题修改于 1992 年;修改前标题为"艺术家与运动员"(Artistes and Athletes),现标题为"艺术家与运动员"(Artistes and Sportsmen)。

㉞ 参阅肯尼亚与加拿大,肯尼亚与印度,坦桑尼亚与印度(原),乌干达与毛里求斯,赞比亚与加拿大,赞比亚与印度,津巴布韦与毛里求斯的避免双重课税条约。

有与联合国范本第 17 条对应的规定。

第17（2）条。第 17（2）条最早是在 1977 年经合组织范本中引入的，1980 年版联合国范本加以采纳。而在 1977 年之前缔结的若干协定早已有了相同或者类似条款，规定如下：

> 尽管存在本协定的任何条款，第一款提到的公共演艺人员与运动员在一缔约国内提供服务，且这些人员由另一缔约国企业所派遣，则该企业因此获得的利润可以在前一缔约国内课税。[247]

坦桑尼亚缔结的时间早于 1977 年的协定和肯尼亚与意大利之间的避免双重课税条约（1979 年缔结）早已使用了 1977 年版经合组织范本的用语。[248] 赞比亚与荷兰之间的避免双重课税条约的规定异曲同工，该条的基本规则涵盖了"由一个企业派遣这种演艺人员或运动员而获得所得"的情形。在经合组织范本和联合国范本引入第 17（2）条之后缔结的协定与协定范本之间也存在一些差异。首先，一些协定保留了 1980 年之前所使用的不同的用语。[249] 其次，部分协定中增加的一条规则规定，如果艺术家或运动员不参与分享作为中间实体的企业（interposed enterprise）获得的利润，或者没有控制作为中间实体的企业，则不适用第 17（2）条。[250] 根据肯尼亚与法国之间的避免双重课税条约，"无论（收到报酬的）那个人是否构成一个缔约国居民"，第 2 款均予适用。

被推定的常设机构（deemed PE）。根据一小部分协定（缔结于 1977 年之前），提供服务的艺术家或者运动员将被推定构成派遣这些人员的企业 218

---

[247]　参阅肯尼亚与丹麦、德国、挪威及瑞典签订的条约，赞比亚与德国及瑞典签订的条约。

[248]　参阅肯尼亚与意大利，坦桑尼亚与丹麦，坦桑尼亚与芬兰，坦桑尼亚与意大利，坦桑尼亚与挪威，及坦桑尼亚与瑞典的避免双重课税条约。

[249]　参阅埃塞俄比亚与突尼斯，肯尼亚与印度，莫桑比克与越南的避免双重课税条约。

[250]　参阅埃塞俄比亚与以色列避免双重课税条约（非控制实体）；参阅坦桑尼亚与加拿大，赞比亚与加拿大，赞比亚与罗马尼亚，津巴布韦与加拿大的避免双重课税条约以及东非共同体条约（不参与利润分配）。

的常设机构。[251] 因此,企业因这些活动所获得的利润也可以由活动所在国课税,这与联合国范本第17(2)条规定的效果相同。而旧的坦桑尼亚与印度之间的、赞比亚与印度之间的避免双重课税条约没有包含与联合国范本第17(2)条对应的条款(第1款仿效的也是1963年版经合组织范本的规定)。

文化交流条款。本书所分析的大部分协定有一个共同特点,即艺术家或运动员条文中都有一个关于文化交流或类似项目的专门条款,据此,来源地国或者活动所在地国对于艺术家或运动员的所得免税。[252] 只有大约四分之一的协定没有规定这一条款,主要是赞比亚缔结的或津巴布韦缔结的协定。[253] 联合国范本评注承认,"有些国家可能认为,将公共资金支持的演艺文体活动排除在第17条范围之外是合适的",并对如何制定对应的规则提出了建议。[254] 而样本国协定的规则也没有完全采用该范本评注的措辞。根据所采用的用语,可以将这些协定分为若干组,一组协定规定,对活动所在地国的访问只有基于缔约国之间文化交流项目的框架,活动地国才能对此免税。另一组(更多数量)的协定规定,活动地国免税的决定性因素是艺术家或运动员是否能够得到母国公共资金的支持;或者有些规定,这些人员如果得到东道国公共资金的支持,也可享受免税待遇。这些规定用语在联合国范本的评注中也可找到。[255] 有些协定的免税规则还包含了一个附加前提,即这些访问不是以营利为目的,或非营利组织也涵盖在免税范围内。而这些免税条件的具体表述也存在差异。在几乎所有被分析的协定中,这些

---

[251] 参阅赞比亚与英国、印度、肯尼亚、坦桑尼亚及乌干达签订的条约,马拉维与南非、(原)坦桑尼亚与印度的避免双重课税条约。

[252] 所有双边豁免条款综述参阅文末附表2。

[253] 参阅下列条约:埃塞俄比亚与意大利,肯尼亚与南非,马拉维与南非,卢旺达与比利时,卢旺达与南非,乌干达与印度,乌干达与意大利,乌干达与南非,赞比亚与丹麦,赞比亚与芬兰,赞比亚与爱尔兰,赞比亚与意大利,赞比亚与日本,赞比亚与荷兰,赞比亚与挪威,赞比亚与罗马尼亚,赞比亚与瑞典,赞比亚与英国,津巴布韦与德国,津巴布韦与荷兰,津巴布韦与挪威,津巴布韦与南非,津巴布韦与瑞典,津巴布韦与英国的避免双重课税条约。

[254] 参阅2011年版联合国范本评注,第17条第2段(2010年版经合组织评注第17条第14段亦然),现用措辞也用于1992年经合组织范本评注以及之后的2001年更新的联合国范本评注。

[255] 如果访问全部或主要由缔约国一方或双方公共资金所支持,则该访问也享受豁免。

免税规定适用于联合国范本第 17(1)条和第 17(2)条所规定的活动。[㉔] 许多情况下协定规定,如果有关前提条件得到满足,前面款项关于艺术家或运动员的基本规则将不适用,这意味着将适用协定关于非独立或独立劳务的通常规则。有些协定"直接地"规定这些免税规则,即如果规定的免税要求得到满足,相关活动就可以在来源地(活动地)国免税。最后,有些免税条款规定,被免税的活动所得必须只在艺术家或者运动员的居民国课税,这也是联合国范本评注所规定的。所有这三种方法一般都将导致来源地国对艺术家或运动员的活动不课税,但这种免税的前提规定有所不同。

219

七、其他课税权分配规则

(一)其他所得

来源地有课税权或无课税权。联合国范本第 21 条规定,协定其他条款均未涉及的所得只由居民国课税(第 1 款),除非所得产生于来源地国(第 3 款)。此时,来源地国对所得也可以课税。经合组织范本中没有这种来源地国课税权的规定,本书分析的协定中也有一些协定没有将这类其他所得的课税权赋予来源地国。一方面,这些协定缔结于 1980 年之前,而联合国范本第一版是在 1980 年才发布的。1980 年前所缔结协定的例外,是肯尼亚与意大利之间的、赞比亚与芬兰之间的避免双重课税条约,这些条约已经采用了之后 1980 年版联合国范本所规定的原则。另一方面,晚近的协定仍有不少采用经合组织范本的规定,而没有联合国范本第 21(3)条对应的条款,这些协定约占 1980 年之后所缔结协定的半数。[㉕] 在 1980 年之后缔结并

[㉔]　然而,莫桑比克与毛里求斯、卢旺达与毛里求斯、坦桑尼亚与意大利的避免双重课税条约只适用于第 1 款规定的活动。

[㉕]　即为下列条约:东非共同体 1997 年条约,埃塞俄比亚与中国,埃塞俄比亚与以色列,埃塞俄比亚与科威特,埃塞俄比亚与俄罗斯,埃塞俄比亚与突尼斯,埃塞俄比亚与土耳其,肯尼亚与毛里求斯,马达加斯加与法国,马达加斯加与毛里求斯,莫桑比克与意大利,莫桑比克与毛里求斯,莫桑比克与阿联酋,卢旺达与毛里求斯,乌干达与意大利,乌干达与毛里求斯,乌干达与荷兰,乌干达与英国,赞比亚与中国,赞比亚与波兰,津巴布韦与保加利亚,津巴布韦与刚果(金),津巴布韦与法国,津巴布韦与德国,津巴布韦与科威特,津巴布韦与荷兰,津巴布韦与波兰,津巴布韦与塞尔维亚,津巴布韦与英国的避免双重课税条约。

将课税权赋予来源地国的协定中,有些规则与 1963 年版经合组织范本的改编版(adapted version)规定十分类似。[23] 赞比亚与印度之间的避免双重课税条约把联合国范本第 21(1)条和第 21(3)条对应条款合并为一款。埃塞俄比亚与印度、埃塞俄比亚与荷兰、莫桑比克与印度,以及乌干达与印度之间的避免双重课税条约规定,来源地国只对任何性质的赌博(gambling or betting)所得有课税权。卢旺达与比利时之间的避免双重课税条约规定,来源地国只有在居民国对其他所得不课税时才能课税。赞比亚与加拿大、津巴布韦与加拿大之间的避免双重课税条约规定,来源地国对信托或地产所得的税率最高限为 15%。赞比亚与肯尼亚、坦桑尼亚及乌干达协定,肯尼亚与瑞典,马拉维与南非之间的避免双重课税条约没有与联合国范本第 21 条对应的条款。

常设机构但书规定。联合国范本第 21(2)条规定,如果产生所得的权利或财产与常设机构或固定基地相联系,将适用营业所得或独立劳务条款,常设机构所在国对此所得拥有课税权(常设机构但书规定)。在本书所分析的协定中存在两个反复出现的与联合国范本的差异。一是部分协定没有与联合国范本第 21(2)条对应的条款。二是一些常设机构但书规定删去了"除第 6 条第 2 段定义的不动产所产生所得之外"这一短语,因此,本但书规定同样适用于不动产。这就构成了对坐落地原则的例外,其后果是,如果有关协定的第 6(1)条采用了联合国范本的规定,坐落在居民国或者第三国的不动产所得将不由这些国家课税,而是由与不动产实际联系的常设机构所在地国课税。下表中用"﹡"标记的协定采用 1963 年版经合组织范本第 6(1)条的规定,即不动产所得只由坐落地国课税,而不论其位于何处;这一规定在此后经合组织范本中有所变化,现在第 6 条的适用前提是,不动产必须位于一缔约国境内,而所得的获得者必须是另一缔约国的居民。

220

---

[23] 参阅肯尼亚与印度,赞比亚与罗马尼亚,津巴布韦与马来西亚的避免双重课税条约。

表 4.51　与联合国范本第 21(2)条的差异规定

没有第 2 款	埃塞俄比亚—科威特;埃塞俄比亚—突尼斯;肯尼亚—加拿大;肯尼亚—印度;乌干达—英国;赞比亚—印度;赞比亚—罗马尼亚;津巴布韦—保加利亚;津巴布韦—刚果(金);津巴布韦—法国;津巴布韦—德国;津巴布韦—科威特;津巴布韦—马来西亚;津巴布韦—英国
删除"除不动产所得之外"	肯尼亚—泰国;马达加斯加—毛里求斯;莫桑比克—毛里求斯*;莫桑比克—阿联酋;卢旺达—毛里求斯*;乌干达—毛里求斯;津巴布韦—毛里求斯*

其他与联合国范本第 21(2)条的差异存在于意大利与埃塞俄比亚、莫桑比克、乌干达的协定(最后一句:按照本国法可课税的),以及津巴布韦与塞舌尔之间的避免双重课税条约(没有使用"与常设机构实际联系",而是采用了"可归属于常设机构的所得")。

附加规则。一些协定加入了若干附加条款,其中多数条款的目的在于打击逃税和防止协定滥用。肯尼亚与印度、乌干达与毛里求斯、津巴布韦与毛里求斯之间的避免双重课税条约和东非共同体协定都规定,其他所得必须在居民国课税,居民国因此具有排他性课税权。埃塞俄比亚与法国、肯尼亚与法国之间的避免双重课税条约中新增一个包含主要目的测试(main purpose test)条款,类似于消极所得的做法。[29] 埃塞俄比亚与意大利、肯尼亚与法国之间的避免双重课税条约加入了独立交易原则的新规定。根据乌干达与英国、津巴布韦与英国之间的避免双重课税条约,其他所得条款不适用于源于信托支付的所得。埃塞俄比亚与英国之间的避免双重课税条约在其他所得条款的第(1)段和第(2)段中加入了受益所有人的概念。

缔结于1980 年之前的协定与1963 年版经合组织范本规定之间的差异。如正文所述,缔结于 1980 年之前的协定一般采用 1963 年版经合组织范本的规定。但这些协定与该版范本规定也存在差异。肯尼亚与丹麦、挪威、英国的协定,坦桑尼亚与印度,赞比亚与爱尔兰之间的避免双重课税条 221

㉙　参阅上文第四章第三节"四"部分。

约加入了"课税条款"（subject-to-tax clause），因此，其他所得必须在居民国课税。肯尼亚与英国，赞比亚与英国之间的避免双重课税条约包含附加规则，确认有关规则不影响对归属于常设机构所得的课税；这实际上类似于常设机构但书规定。在坦桑尼亚与丹麦、坦桑尼亚与瑞典之间的避免双重课税条约中，该条款名称为"其他所得"，条款用语与联合国范本第21（1）条相近，但没有包含联合国范本第21（2）条和第21（3）条的对应条款。坦桑尼亚与意大利之间的避免双重课税条约在经合组织范本用语基础上加入了管理费规则和常设机构但书规定（但最后一句措辞不同）。

其他差异。有些协定中关于其他所得条款的结构与两个范本的均不同。埃塞俄比亚与南非之间的避免双重课税条约只有一款规定，即如果其他所得应当课税，则只在其产生地课税。坦桑尼亚与南非、乌干达与南非之间的避免双重课税条约包含了一款规定，即其他所得可以在来源地国课税。

（二）资本税

所分析协定中只有三分之一涵盖了资本税。[29] 赞比亚与罗马尼亚以及与英国的协定名称包含资本税，但没有关于资本税的课税权分配规则。缔结于 1980 年之前的协定主要基于经合组织范本第 22 条的规定，缔结于 1980 年之后的协定主要基于联合国范本第 22 条的规定。但也存在与这两个范本规定的若干差异，这些差异主要涉及以船舶、飞机为载体的资本税，差异主要源于一个事实，即本规则与联合国范本第 8 条的对应条款存在联系，所以与联合国范本第 8 条的差异和与联合国范本第 22 条的差异同时存在。因此，当联合国范本第 8 条对应条款没有涵盖内河船舶运输时，第 22 条对应条款同样没有涵盖内河船舶的资本税。有些协定中两个条款的课税

[29]　参阅上文第四章第三节"二"部分。这些条约是：埃塞俄比亚与科威特，埃塞俄比亚与俄罗斯，肯尼亚与加拿大，肯尼亚与丹麦，肯尼亚与德国，肯尼亚与挪威，肯尼亚与瑞典，肯尼亚与英国，莫桑比克与阿联酋，莫桑比克与越南，卢旺达与比利时，坦桑尼亚与加拿大，坦桑尼亚与丹麦，坦桑尼亚与芬兰，坦桑尼亚与挪威，坦桑尼亚与瑞典，乌干达与比利时，赞比亚与芬兰，赞比亚与德国，赞比亚与波兰，赞比亚与罗马尼亚，赞比亚与英国，津巴布韦与保加利亚，津巴布韦与加拿大，津巴布韦与法国，津巴布韦与德国，津巴布韦与科威特，津巴布韦与毛里求斯，津巴布韦与挪威，津巴布韦与波兰，津巴布韦与塞尔维亚的避免双重课税条约。

权标准不同:一条所依据的是居民国课税标准,而另一条是实际管理地所在国标准。

表 4.52 与联合国范本第 22(3)条的差异规定

222

标准与第 8 条不同	肯尼亚与加拿大、丹麦、挪威、瑞典、英国签订的条约(只有运营企业的居民国享有课税权)标准与第 8 条相似埃塞俄比亚—科威特;埃塞俄比亚—俄罗斯;肯尼亚—德国;莫桑比克—阿联酋;莫桑比克—越南;坦桑尼亚—加拿大;津巴布韦—加拿大
增加标准	津巴布韦—加拿大(增加集装箱);津巴布韦—科威特(增加铁路/公路运输工具)

联合国范本规定,是否在协定中加入与该范本第 22(4)条对应的概括性条款(catch-them-all clause)由缔约国决定。只有莫桑比克与越南之间的避免双重课税条约没有该条款规定,其他协定都规定,由居民国对其他资本要素享有排他性课税权。

其他差异。肯尼亚与加拿大之间的避免双重课税条约缔结于 1980 年之后,采用的却是 1963 年经合组织范本的规定用语。肯尼亚与挪威、坦桑尼亚与挪威之间的避免双重课税条约的资本税条款规定,与不动产有关的负债允许在计算税基时扣除。[20] 坦桑尼亚与芬兰,赞比亚与荷兰之间的避免双重课税条约中资本税条文第 1 款规定也适用于各自协定第 6 条提到的不动产有关的股份。津巴布韦与法国之间的避免双重课税条约也有类似条款,其中第 1 款也适用于第 13(2)条提及的股份;而且该条约还加入了实质性股权(即至少 25% 比例)的规定,来源地国可以对比征收资本税。

八、避免双重课税的方法

(一)抵免法与免税法

每个税收协定都包含有根据课税权分配规则,缔约国双方都有课税权

---

[20] "位于一个缔约国而由另一个缔约国居民所有的不动产所产生的债务,应允许其和第一个缔约国居民一样享受税收扣除。"参阅肯尼亚与挪威的避免双重课税条约第 24(2)条。

时如何避免双重课税的条款。缔约国可以选择采用抵免法或免税法。[262] 联合国范本和经合组织范本对这两种方法都有规定。绝大多数样本国协定都选择抵免法来消除双重课税。许多选择抵免法的协定还包含了税收饶让或匹配抵免(matching-credit)条款。[263] 在选择采用免税法时,该方法往往并不适用于所有类型所得。根据不同所得类型,或者适用常规的抵免法,或者适用免税法。在这些情形中,抵免法通常适用于消极所得,这与协定范本规定一致;抵免法还适用于特定的其他类型所得,免税法则适用于经营所得。[264] 在下表 4.53 中,抵免法还适用于消极所得(这与范本规定相符)之外所得的协定用"＊"标记。而且有些协定规定,免税法是否适用,取决于来源地国课税情况;如果没有达到最低数额,转而适用抵免法("转换"条款)。[265] 除一个协定外,所有采用免税法的协定都没有对等规定,这意味着一缔约国对其居民适用免税法,而对方缔约国适用抵免法。在下表 4.53 中,对那些作为居民国时采用免税法的国家(或地区)用下划线作出标记。

表 4.53　抵免法与免税法

免税法	埃塞俄比亚—法国避免双重课税条约第 23(2)条;埃塞俄比亚—荷兰避免双重课税条约＊第 22 条;肯尼亚—德国避免双重课税条约＊第 23(1)条;肯尼亚—挪威避免双重课税条约＊第 25(2)条;马达加斯加—法国避免双重课税条约＊第 22 条(马达加斯加:适用于任何类型的所得;法国:有限制);马达加斯加—毛里求斯避免双重课税条约(所有类型的所得)第 22 条;莫桑比克—澳门地区避免双重课税条约(所有

[262]　这些方法的介绍和概括参阅上文第三章第三节"七"部分。

[263]　参阅下文。

[264]　下列情况中抵免方法适用于括号中提到的所得(有下划线的国家为居民国):埃塞俄比亚与荷兰(消极所得、资本收益、董事费、抚恤金、其他所得),肯尼亚与德国(消极所得、资本收益、董事费、艺术家与运动员、抚恤金),肯尼亚与挪威(消极所得与国际运输),马达加斯加与法国(第10—12、16、17 条),卢旺达与比利时(消极所得),乌干达与比利时(消极所得),乌干达与荷兰(非商业所得),赞比亚与波兰(消极所得),津巴布韦与保加利亚(消极所得),津巴布韦与德国(第10、11、16、17 条),津巴布韦与荷兰(消极所得),津巴布韦与挪威,津巴布韦与波兰,津巴布韦与瑞典(非商业所得及独立劳务所得)。

[265]　参阅卢旺达与比利时(最低15%),乌干达与比利时的避免双重课税条约(最低15%)。津巴布韦与德国的避免双重课税条约规定不同,转换条款取决于是否存在实质性商业活动。

续表

	类型的所得)第23(1)条;卢旺达—<u>比利时</u>避免双重课税条约[*]第23(2)条;乌干达—<u>荷兰</u>避免双重课税条约[*]第22(1)—(4)条;赞比亚—<u>德国</u>避免双重课税条约第23(1)条a项;赞比亚—<u>挪威</u>避免双重课税条约第23(1)条a项;赞比亚—<u>波兰</u>避免双重课税条约第24(1)条a项;津巴布韦—<u>保加利亚</u>避免双重课税条约第23(2)条a项;津巴布韦—<u>德国</u>避免双重课税条约[*]第23(1)条a项;津巴布韦—<u>荷兰</u>避免双重课税条约第23(1)—(3)条;津巴布韦—<u>挪威</u>避免双重课税条约第24(2)条a项;津巴布韦—<u>波兰</u>避免双重课税条约第24(2)条a项;津巴布韦—<u>瑞典</u>避免双重课税条约[*]第23(2)条b项 (* 表示没有采用"纯粹"的免税方法)
抵免法	所有其他情况下均如此

> 224

(二)税收饶让与匹配抵免

概述。只有一小部分国家使用了通常的抵免方法,这意味着它们没有采用免税法,同时也没有对发展中国家的所得提供专门特权。[⑳] 多数采用抵免法的协定包含了拟制(fictitious)税收抵免条款:税收饶让或是匹配抵免。下表4.54展示了采用对应方法条款的协定。

表4.54　拟制的税收抵免规定

对等的税收饶让抵免	埃塞俄比亚—中国;埃塞俄比亚—捷克;埃塞俄比亚—法国(消极所得除外);埃塞俄比亚—印度;埃塞俄比亚—以色列;埃塞俄比亚—科威特;埃塞俄比亚—俄罗斯(仅限于特定活动);埃塞俄比亚—塞舌尔;埃塞俄比亚—南非;埃塞俄比亚—突尼斯(限于10年内);埃塞俄比亚—英国(限于10年内);肯尼亚—赞比亚;肯尼亚—泰国;肯尼亚—印度;莫桑比克—博茨瓦纳;莫桑比克—意大利(仅适用于经营所得);莫桑比克—毛里求斯;莫桑比克—阿联酋;莫桑比克—越南;

[⑳] 条约如下:埃塞俄比亚与印度,肯尼亚与南非,挪威与马拉维,南非与马拉维,莫桑比克与印度,卢旺达与南非,坦桑尼亚与南非,乌干达与丹麦,乌干达与意大利,乌干达与挪威,赞比亚与中国,赞比亚与芬兰(但有股息豁免),赞比亚与罗马尼亚,津巴布韦与加拿大,津巴布韦与刚果(金),津巴布韦与法国,津巴布韦与南非,津巴布韦与英国的避免双重课税条约。

		卢旺达—毛里求斯;坦桑尼亚—印度;坦桑尼亚—赞比亚;乌干达—印度;乌干达—毛里求斯;乌干达—南非;乌干达—赞比亚;赞比亚—印度;赞比亚—爱尔兰;津巴布韦—博茨瓦纳;津巴布韦—科威特;津巴布韦—塞尔维亚;津巴布韦—塞舌尔
225	单边税收饶让抵免(提供抵免的是带下划线的缔约国)	肯尼亚—<u>英国</u>;肯尼亚—<u>毛里求斯</u>;肯尼亚—挪威;肯尼亚—<u>德国</u>(适用于消极所得);肯尼亚—<u>加拿大</u>;莫桑比克—<u>葡萄牙</u>(限于5年内,自动更新);坦桑尼亚—<u>加拿大</u>;乌干达—<u>英国</u>(税收优惠最多为10年);赞比亚—加拿大(限于营业利润或股息,税收优惠最长为10年);赞比亚—<u>丹麦</u>;赞比亚—<u>意大利</u>;赞比亚—<u>日本</u>(税负水平限于条约签订时);赞比亚—荷兰(10年后应予更新);赞比亚—挪威;赞比亚—瑞典;赞比亚—英国(所得来源扣除限于10年内);<u>津巴布韦</u>—马来西亚;津巴布韦—毛里求斯 **失效:**肯尼亚—<u>丹麦</u>(限于10年内);肯尼亚—<u>瑞典</u>(限于10加14年);坦桑尼亚—<u>丹麦</u>(限于10年,可能展期);坦桑尼亚—<u>芬兰</u>(限于10年,可能展期);坦桑尼亚—<u>挪威</u>(限于10年,可能展期);坦桑尼亚—瑞典(限于10年,延展至下一个10年)
	匹配税收抵免	埃塞俄比亚—意大利(经营所得30%,股息+利息10%,特许权使用费20%);埃塞俄比亚—土耳其(营业利润:公司为30%,个人为35%);肯尼亚—<u>德国</u>(第10—12条规定的税率为预提税率,特许权使用费20%);肯尼亚—意大利(营业利润25%);莫桑比克—越南(第10—13条规定的税率为预提税率);坦桑尼亚—意大利(股息10%,利息12.5%,特许权使用费15%);津巴布韦—<u>德国</u>(特许权使用费+技术服务费10%) **失效:**津巴布韦—<u>挪威</u>(特许权使用费+科技费15%;限于10年,可能展期);津巴布韦—<u>瑞典</u>(利息+特许权使用费+科技费15%;限于10年,可能展期)

税收饶让抵免。表4.54表明所分析协定包含的最常见的是税收饶让抵免,据此,居民国对于在来源地国因特定税收优惠而未实际交纳的税款给

予抵免。下文将讨论这些规则的具体特点。[267] 表 4.54 说明了实施税收饶让抵免的两种途径:单边或是对等。对等的税收饶让抵免是缔约国双方均承诺作为居民国时对未交纳的税款给予抵免。而如果采用单边税收饶让抵免,则作出承诺的缔约国一方承担对未交纳税款给予抵免的义务。单边税收饶让抵免多出现在发展中国家与发达国家之间的税收协定中,由发达国家(如丹麦、瑞典或加拿大)给予。唯一的例外是津巴布韦与马来西亚,以及津巴布韦与毛里求斯的协定,其中津巴布韦是给予单边税收饶让抵免的国家。许多税收饶让条款包含了日落条款(sunset clause),这意味着税收饶让抵免只在预先确定的时期内适用。有些协定规定,在一定时期之后应当重新讨论,以确定税收饶让规则是否应延长适用期。本文的分析也发现,有些协定的饶让规则适用期已经届满且没有被延长。只有肯尼亚与瑞典、坦桑尼亚与瑞典避免双重课税条约中的饶让规则在最初规定的 10 年有效期届满后,经缔约国双方同意分别延长 14 年和 10 年,当然这些规则现在也已经失效。

匹配抵免(*Matching credit*)。匹配抵免规则规定,无论来源地国课税与否,居民国必须抵免预先确定的税额。有些协定的匹配抵免规则仅适用于消极所得;其他协定的匹配抵免规则也适用于经营所得。匹配抵免的税率根据协定不同而不同,甚至根据所得类型的不同而不同(如表 4.54 括号中表明的)。与税收饶让规则类似,匹配抵免规则可以是互惠的,也可以是单边的。表 4.54 中标有下划线的缔约国是单边给予匹配抵免的国家。有两个协定中的匹配饶让规则有效期为十年(日落条款)并且没有展期,因此这些规则已经失效。匹配抵免规则的具体特点也将在下文中加以探讨。[268]

(三)避免经济性双重课税

概述。若干协定包含了旨在在股息支付情形中消除经济性双重课税的条款。经济性双重课税的原因在于,分配股息的公司已经对作为股息分配

---

[267] 参阅下文第五章第七节"一"部分。

[268] 同上。

226

来源的公司利润交纳了（公司）税，在分配股息时又要缴纳另一道税，而获得股息的股东还要纳税。在多层公司架构的情形中，可能导致对利润多次过度课税，这将损害企业的经济业绩。许多国家都通过国内立法来消除公司之间股息分配的税收。对于跨境公司架构而言，这一问题与单纯国内公司之间的一样严重，这正是有些税收协定包含了相应条款的原因。欧盟曾颁布一项指令，以解决经济性双重课税问题。[⑲] 这一指令旨在确保对利润只征一次税，即来源地国对进行股息分配的公司课税。理想的状态下，这将

227 使获得股息的公司免除两道税收，一是分配股息的子公司所在国的预提税，二是获得股息的母公司所在居民国的公司税。[⑳] 但要实现这一目标，居民国和来源地国都必须采用适当的措施。居民国必须将股息排除在获得股息公司的税基之外，或者对于作出股息分配的公司在境外已纳税款（underlying tax）给予间接抵免。这些措施都可以在协定中加以规定。与此同时，来源地国必须对分配的股息免除预提税。[㉑] 表 4.55 给出了包含居民国给予各项措施的协定概览。该表表明，这些措施往往不是对等的，而是单边的，即由在表 4.55 中用下划线标明的国家对股息所得免税或给予境外已纳税款抵免。

表 4.55　避免经济性双重课税规定的情况

股息免税	埃塞俄比亚—英国（与国内法条件相同）；赞比亚—瑞典（商业测试）；津巴布韦—德国（25% 股权）；卢旺达—比利时（同国内法）；坦桑尼亚—芬兰；乌干达—比利时；赞比亚—德国（25% 股权）；赞比亚—芬兰；赞比亚—挪威；津巴布韦—德国（25% 股权）

---

⑲　1990 年 7 月 23 日的欧共体理事会指令第 90/435/EEC 号，适用于成员国母子公司的共同税收制度（第 2003/123/EC 号指令对其作了修正）。

⑳　参阅泰诺雷（Tenore）：“母子公司税收指令”（The Parent-Subsidiary Directive），载于朗、皮斯通、舒赫和斯特林格编：《关于直接税的欧盟税法介绍》（*Introduction to European Tax Law on Direct Taxation*），2010 年版，第 95 页起（第 109 页）。

㉑　参阅上文表 4.29。

续表

境外应纳税款抵免	埃塞俄比亚—中国(最低占 20% 份额);埃塞俄比亚—英国(在没有豁免的情况下);肯尼亚—毛里求斯(5% 股权);肯尼亚—英国(10% 股权);马达加斯加—毛里求斯(最低占 10% 股权);莫桑比克—毛里求斯(5% 股权);莫桑比克—南非(25% 股权);乌干达—毛里求斯;乌干达—英国;赞比亚—中国(10% 股权);赞比亚—丹麦;赞比亚—德国;赞比亚—爱尔兰;赞比亚—意大利;赞比亚—日本(日本为居民国时,最低应占 25% 股权);赞比亚—挪威;赞比亚—瑞典;赞比亚—英国(英国限于 10% 股权);津巴布韦—马来西亚;津巴布韦—毛里求斯(25% 股权);津巴布韦—英国(10% 股权)

(四)其他差异

协定中还存在与联合国范本和经合组织范本方法条款不同的规定。首先,若干协定包含了"推定来源地规则",该规则主要出现在英美国家的协定中。[222] 该规则可以通过这些国家国内法的税收抵免规则得到解释,这些规则通常规定所得或资本的来源,以及应当被抵免的税收。[223] 其次,一些方法条款规定了对补助金(grant)免税。[224] 根据这一规则,由一缔约国给予另一缔约国居民的补助金——无论出于一般目的还是特定目的,在后一缔约国免税。

很少有协定包含关于定性冲突的专门规则。肯尼亚与法国之间的避免

228

---

[222]　埃塞俄比亚与英国的避免双重课税条约第 22 条第(6)款;肯尼亚与加拿大的避免双重课税条约第 23 条第(5)款;坦桑尼亚与加拿大的避免双重课税条约第 24 条第(5)款,为第 24 条而设的来源地规则;乌干达与英国的避免双重课税条约第 23 条第(4)款;赞比亚与加拿大的避免双重课税条约第 22 条第(4)款;赞比亚与肯尼亚的避免双重课税条约第 15 条;赞比亚与荷兰的避免双重课税条约第 22 条第(6)款;赞比亚与挪威避免双重课税条约第 23 条第(4)款;赞比亚与坦桑尼亚避免双重课税条约第 15 条;赞比亚与乌干达避免双重课税条约第 15 条;赞比亚与英国避免双重课税条约第 23 条第(3)款;津巴布韦与加拿大避免双重课税条约第 24 条第(3)款;津巴布韦与马来西亚避免双重课税条约第 24 条第(5)款;津巴布韦与英国避免双重课税条约第 23 条第(3)款。

[223]　参阅沃格尔,载于沃格尔和莱纳编:《避免双重课税条约》,第 23 条,旁注第 10。

[224]　根据莫桑比克与南非避免双重课税条约第 22 条第(3)款,乌干达与南非避免双重课税条约第 23 条第(3)款,津巴布韦与塞舌尔避免双重课税条约第 23 条第(3)款,一个缔约国为促进经济发展之目的给予另一个缔约国居民的补助,该另一居民国不得课税。

双重课税条约是一个例外:如果因为缔约国双方对所得定性的分歧导致了双重不课税,则每个缔约国"都应保有根据各自国内法对其居民所得课税的权力,课税所针对的该所得可归属于另一缔约国,但没有被计入该另一缔约国的税基范围内"。⑮ 如果居民国与来源地国根据各自对协定的解释,认为都有义务对所得免税,则免税法应转换为抵免法。埃塞俄比亚与荷兰之间避免双重课税条约的议定书规定,关于透明或非透明实体(non-transparent entities)的定性冲突应当通过相互协商程序解决。

九、非歧视

(一)规则的适用范围(最后一款)

几乎所有被分析的协定都包含与联合国范本第 24 条对应的条款。⑯ 与联合国范本该条原则的一个重要差异在于,大约有三分之一的协定规定,该条仅适用于各个协定所确定的税种范围。这些协定或是明确包含这一规定,或是删去了与 2001 版联合国范本第 24(6)条[或 1980 年版联合国范本第 24(7)条]对应的条款。其他与 2001 年版联合国范本第 24(6)条或 1980 年版联合国范本第 24(7)条的细小差异在于:有两个缔结于 1980 年之后的协定采用了 1963 年版经合组织范本的用语(仍然包括具体税种及其描述);1980 年之前缔结的三个协定在 1963 年版经合组织范本措辞的基础上,加入了"非歧视规则的适用不受协定第 2 条限制"的用语。

229

表 4.56 非歧视条款的适用范围

仅适用于所涵盖的税种	**明示规定**:埃塞俄比亚—法国;埃塞俄比亚—印度;埃塞俄比亚—科威特;埃塞俄比亚—塞舌尔;埃塞俄比亚—英国;肯尼亚—加拿大;肯尼亚—印度;肯尼亚—意大利;肯尼亚—泰国;莫桑比克—印度;莫桑比克—毛里求斯;莫桑比克—阿联酋;莫桑比克—越南;卢旺达—毛里求斯;坦桑尼亚—加拿大;坦桑尼亚—丹麦;坦桑尼亚—印度;乌干达—比利时;乌干达—丹麦;乌干达—毛里求斯;乌干达—荷兰;乌干达—挪威;

---

⑮ 肯尼亚与法国避免双重课税条约之议定书也有相同规定。

⑯ 马拉维与南非避免双重课税条约无此规定。

续表

	乌干达—南非;乌干达—英国;赞比亚—加拿大;赞比亚—印度;赞比亚—爱尔兰;津巴布韦—加拿大;津巴布韦—科威特;津巴布韦—马来西亚;津巴布韦—塞舌尔;东非共同体条约 **删除对应款**:埃塞俄比亚—俄罗斯;埃塞俄比亚—南非;埃塞俄比亚—土耳其;莫桑比克—博茨瓦纳;莫桑比克—澳门地区;坦桑尼亚—挪威;乌干达—印度;津巴布韦—德国;津巴布韦—毛里求斯
其他细微差异	**1963 年经合组织范本的措辞**:马达加斯加—毛里求斯;赞比亚—罗马尼亚 **增加"不受第 2 条限制"**:肯尼亚—丹麦;肯尼亚—德国;肯尼亚—挪威

(二)对国民和无国籍人员的非歧视

对国民的非歧视。联合国范本第24(1)条规定,缔约国国民在另一缔约国所承担的纳税义务不应重于另一缔约国国民在可比情况下所承担的纳税义务。该非歧视规则同样适用于不属于缔约国一方或者双方的居民。[㊐] 缔结于 1977/1980 年之前的协定没有包含这一条款,因为 1963 年版经合组织范本也没有这一规定。但 1980 年之后缔结的协定中,仍有部分协定将非歧视规则适用的对象限定于至少是一缔约国居民的国民,这是通过在协定中删去与联合国范本第 24(1)条最后一款对应规定的方式来实现的。[㊑] 其他与联合国范本第 24(1)条的差异有:法国与埃塞俄比亚、肯尼亚、津巴布韦的协定规定,居民与非居民的法律地位不同;肯尼亚与德国之间避免双重课税条约的议定书,坦桑尼亚与意大利之间的避免双重课税条约规定,一缔

230

㊐　参阅第 24 条第(1)款最后一句,该规定最早见于 1977 年版经合组织范本。

㊑　埃塞俄比亚与以色列,埃塞俄比亚与科威特,埃塞俄比亚与突尼斯,埃塞俄比亚与土耳其,埃塞俄比亚与英国,肯尼亚与加拿大,肯尼亚与印度,肯尼亚与泰国,马达加斯加与毛里求斯,莫桑比克与越南,坦桑尼亚与加拿大,乌干达与南非,赞比亚与肯尼亚、坦桑尼亚及乌干达(只适用于居民)缔结的协定,赞比亚与印度,赞比亚与波兰,津巴布韦与加拿大,津巴布韦与科威特,津巴布韦与马来西亚,津巴布韦与毛里求斯,津巴布韦与波兰,津巴布韦与塞尔维亚(只适用于居民),津巴布韦与英国,津巴布韦与博茨瓦纳缔结的协定(同于 1963 年版经合组织范本),东非共同体条约(同于 1963 年版经合组织范本)。

约国的居民同时也是另一缔约国的国民，其应当享受与前一缔约国居民国民（residents national）相同的个人税收扣除额（personal allowance）。

"国民"一词的定义。几乎所有被分析的协定都给出了"国民"的定义。[29] 联合国范本则在其第 3 条给出了该定义。在范本 2001 年更新之前，该定义规定在 1980 年版联合国范本的第 24（2）条中。联合国范本中定义位置发生变动的原因，很可能是 1992 年版经合组织范本进行了同样的修改。而在 2001 年甚至在 1992 年之前的许多协定中，本定义的位置发生了相同的变动。

表 4.57 "国民"的定义

2001 年之前使用第 3 条之定义	东非共同体 1997 年条约；埃塞俄比亚—意大利；埃塞俄比亚—科威特；埃塞俄比亚—俄罗斯；肯尼亚—加拿大；肯尼亚—丹麦；肯尼亚—德国；肯尼亚—印度；肯尼亚—意大利；肯尼亚—挪威；肯尼亚—英国；马达加斯加—毛里求斯；莫桑比克—意大利；莫桑比克—毛里求斯；莫桑比克—葡萄牙；坦桑尼亚—加拿大；坦桑尼亚—丹麦；坦桑尼亚—芬兰；坦桑尼亚—印度；坦桑尼亚—挪威；坦桑尼亚—瑞典；乌干达—挪威；乌干达—南非；乌干达—英国；赞比亚—加拿大；赞比亚—芬兰；赞比亚—德国；赞比亚—印度；赞比亚—波兰；赞比亚—罗马尼亚；赞比亚—英国；津巴布韦—加拿大；津巴布韦—法国；津巴布韦—德国；津巴布韦—马来西亚；津巴布韦—毛里求斯；津巴布韦—荷兰；津巴布韦—挪威；津巴布韦—波兰；津巴布韦—塞尔维亚；津巴布韦—瑞典；津巴布韦—英国

除了将定义移至第 3 条这一常见差异外，若干不常见的差异包括：根据埃塞俄比亚与南非之间的避免双重课税条约，埃塞俄比亚的合伙明确地被作为国民来对待；埃塞俄比亚与英国之间的避免双重课税条约对英国国民有不同的定义；南非与肯尼亚、莫桑比克、卢旺达、坦桑尼亚的协定规定，国民不包括合伙；莫桑比克与澳门地区之间的避免双重课税条约只规定了莫桑比克国民的定义；津巴布韦与塞尔维亚之间的避免双重课税条约中的国

---

[29] 赞比亚与肯尼亚、坦桑尼亚、乌干达签订的条约，以及马拉维与南非避免双重课税条约中均无此定义。

民定义仅适用于个人。[29] 赞比亚与日本之间的避免双重课税条约规定，国 [231]
民是一个自然人、法人或者在税法意义上作为法人对待的组织。

　　无国籍人员。2001 年版联合国范本第 24(2)条[1980 年版联合国范本
第 24(3)条]涉及无国籍人员，并赋予构成一缔约国居民的无国籍人员与该
缔约国国民类似的权利。双边协定中很少包含这一对应条款，因为 1954 年
缔结的"关于无国籍人员地位的公约"[30]中包含了类似的规则。本书所分析
的协定没有例外，只有 8 个协定*的非歧视条款涵盖了无国籍人员，其他协
定没有与 2001 年版联合国范本第 24(2)条[或 1980 年版范本第 24(3)条]
对应的条款。

表 4.58　无国籍人员的非歧视待遇

包括无国籍人员	埃塞俄比亚—荷兰；马达加斯加—法国；马达加斯加—毛里求斯；马拉维—挪威；莫桑比克—葡萄牙；卢旺达—比利时；乌干达—丹麦；津巴布韦—挪威；津巴布韦—瑞典
不包括无国籍人员	东非共同体条约；埃塞俄比亚—中国；埃塞俄比亚—捷克；埃塞俄比亚—法国；埃塞俄比亚—印度；埃塞俄比亚—以色列；埃塞俄比亚—意大利；埃塞俄比亚—科威特；埃塞俄比亚—俄罗斯；埃塞俄比亚—塞舌尔；埃塞俄比亚—南非；埃塞俄比亚—突尼斯；埃塞俄比亚—土耳其；埃塞俄比亚—英国；肯尼亚—加拿大；肯尼亚—丹麦；肯尼亚—法国；肯尼亚—德国；肯尼亚—印度；肯尼亚—意大利；肯尼亚—毛里求斯；肯尼亚—挪威；肯尼亚—南非；肯尼亚—瑞典；肯尼亚—泰国；肯尼亚—英国；肯尼亚—赞比亚；坦桑尼亚—赞比亚；乌干达—赞比亚；莫桑比克—博茨瓦纳；莫桑比克—印度；莫桑比克—意大利；莫桑比克—澳门地区；莫桑比克—毛里求斯；莫桑比克—南非；莫桑比克—阿联酋；莫桑比克—越南；卢旺达—毛里求斯；卢旺达—南非；坦桑尼亚—加拿大；坦桑尼亚—丹麦；坦桑尼亚—芬兰；坦桑尼亚—印度；坦桑尼亚—意大利；坦桑尼亚—挪威；坦桑尼亚—南非；坦桑尼亚—瑞典；乌干达—比利时；乌干达—印度；乌干达—意大利；乌干达—毛里求斯； [232]

---

[29]　此处所列之定义均包含在相应条约的关于一般定义的条款中。

[30]　参阅朗：《引言》，2010 年，第 144 页。

*　从表 4.58 来看，应该为 9 个，似为作者笔误。——译者注

续表

	乌干达—荷兰;乌干达—挪威;乌干达—南非;乌干达—英国;赞比亚—加拿大;赞比亚—中国;赞比亚—丹麦;赞比亚—芬兰;赞比亚—德国;赞比亚—印度;赞比亚—爱尔兰;赞比亚—意大利;赞比亚—日本;赞比亚—荷兰;赞比亚—挪威;赞比亚—波兰;赞比亚—罗马尼亚;赞比亚—瑞典;赞比亚—英国;津巴布韦—博茨瓦纳;津巴布韦—保加利亚;津巴布韦—加拿大;津巴布韦—德国;津巴布韦—科威特;津巴布韦—马来西亚;津巴布韦—毛里求斯;津巴布韦—荷兰;津巴布韦—波兰;津巴布韦—英国

(三)对常设机构的非歧视

联合国范本(以及经合组织范本)的非歧视条款都包含针对常设机构的规定,即一缔约国企业在另一缔约国(东道国)的常设机构的税收待遇不应当低于东道国企业的。所有被分析的协定都包含了对应的规则(除了埃塞俄比亚与科威特之间的避免双重课税条约),但存在一些差异。首先,许多协定只包含2001年版联合国范本第24(3)条[或1980年版联合国范本第24(4)条]的第一句规定;几乎所有协定都把第二句单列成一款,并适用于整条规定:"本条不应被解释为要求一缔约国给予另一缔约国居民……任何前一缔约国给予居民的个人税收扣除额(personal allowances)。"在有些协定中(津巴布韦的所有协定),本条款只适用于自然人居民,而不是所有居民,因此后者在个人税收扣除方面可能受到歧视待遇。赞比亚与加拿大之间的避免双重课税条约,赞比亚与丹麦、芬兰、爱尔兰、挪威、英国的协定,以及肯尼亚与英国之间的避免双重课税条约都单设一条规定,一缔约国居民可以要求享受与不在该缔约国居住的国民相同的利益。

表4.59　常设机构的非歧视规定

只有第一句,第二句独立成款	东非共同体条约;埃塞俄比亚—俄罗斯;埃塞俄比亚—土耳其;埃塞俄比亚—英国;肯尼亚—加拿大;肯尼亚—毛里求斯;肯尼亚—印度;肯尼亚—泰国;肯尼亚—英国;肯尼亚—赞比亚;莫桑比克—博茨瓦纳;马达加斯加—毛里求斯;莫桑比克—澳门地区;莫桑比克—毛里求斯;莫桑比克—阿联酋;莫桑比克—越南;卢旺达—毛里求斯;坦桑尼亚—加拿大;

续表

	坦桑尼亚—印度;坦桑尼亚—赞比亚;乌干达—毛里求斯;乌干达—英国;乌干达—赞比亚;赞比亚—加拿大;赞比亚—丹麦;赞比亚—印度;赞比亚—爱尔兰;赞比亚—意大利;赞比亚—挪威;赞比亚—瑞典;赞比亚—英国;津巴布韦—加拿大;赞比亚—塞尔维亚 **仅适用于个人居民**:津巴布韦—博茨瓦纳;津巴布韦—法国;津巴布韦—刚果(金);津巴布韦—马来西亚;津巴布韦—毛里求斯;津巴布韦—荷兰;津巴布韦—挪威;津巴布韦—瑞典;津巴布韦—英国
只有第一句,删除第二句	坦桑尼亚—意大利;乌干达—印度;赞比亚—印度;赞比亚—罗马尼亚

　　常设机构附加税。协定条款与联合国范本之间的第二个重要差异是,许多协定包含常设机构附加税的规定。这类税在被分析的国家内十分常见,因此这些国家在对外税收协定中就加入了关于这类税的专门条款。该规则有时是专门为一缔约国量身定制的,有时则是适用于缔约国双方,并规定常设机构所在国可以在对企业"惯常"(regular)税收之外对常设机构征收附加税。然而,大多数情况下这一规则会进一步规定,常设机构所在国的这种附加税不应超过一定比例。这一比例从2%到10%不等。乌干达与比利时协定(议定书)、乌干达与丹麦协定,津巴布韦与挪威、津巴布韦与瑞典的协定包含了最惠国待遇(MFN)条款。[282]

表4.60　对常设机构的附加税

有利于样本国	**最高附加税**:肯尼亚—德国(议定书:9%);肯尼亚—印度(7.5%);肯尼亚—英国(7.5%);马拉维—挪威(5%);乌干达—丹麦(汇回所得的10%;MFN);乌干达—荷兰(5%);乌干达—挪威(汇回所得的10%);赞比亚—波兰(5%);

---

[282]　乌干达与比利时避免双重课税条约规定,如果乌干达与经合组织成员国签订的另一份税收条约中的非歧视条款中没有包含相对应的规则,乌干达将不对分支机构利润课税。乌干达与丹麦避免双重课税条约第25条第(4)款规定,如果乌干达与另一个经合组织成员国签订的条约对乌干达更为有利,则适用该更有利的规定。津巴布韦关于常设机构非歧视的最惠国待遇条款规定,如果津巴布韦与另一个经合组织成员国谈判适用更低税率,则此处也适用该低税率。

续表

234

	津巴布韦—保加利亚(5%);津巴布韦—加拿大(10%);津巴布韦—法国(5%);津巴布韦—德国(议定书:5%);津巴布韦—马来西亚(5%);津巴布韦—毛里求斯(5%);津巴布韦—荷兰(5%);津巴布韦—波兰(5%);津巴布韦—塞尔维亚(5%);津巴布韦—挪威(5%及 MFN);津巴布韦—瑞典(5%及 MFN);津巴布韦—英国(2%) **无最高附加税**:莫桑比克—印度(议定书,常设机构可能承担更重税负);乌干达—比利时(分支机构利润税并不违反第25条;MFN);乌干达—印度(常设机构可能承担更重税负)
有利于双方缔约国	坦桑尼亚—南非(南非5%;坦桑尼亚10%)
有利于对方缔约国	南非与埃塞俄比亚、肯尼亚、莫桑比克、卢旺达签订的协定㉘(南非可能对常设机构征收不高于企业所得税5%的税收);埃塞俄比亚—印度(议定书)

其他差异。肯尼亚与挪威之间避免双重课税条约的非歧视条款不妨碍常设机构所在国对另一缔约国的常设机构像本国公司那样对留存利润课税。坦桑尼亚与挪威之间避免双重课税条约的非歧视条款也适用于固定基地,它规定,该条款不妨碍常设机构所在国对常设机构课税,但不得超过对该国居民公司的税收。坦桑尼亚与瑞典之间的避免双重课税条约增设规定,缔约国可以对属于股份公司的常设机构课税,但应当与作为本国税收居民的股份公司的税收相当。津巴布韦与保加利亚之间避免双重课税条约的有关规则与范本规定不同,它规定,另一缔约国的常设机构的税收负担不得超过第三国常设机构的税收负担。

(四)2001 年版联合国范本第 24(4)条[1980 年版联合国范本第 24(5)条]

2001 年版联合国范本第 24(4)条[或 1980 年版联合国范本第 24(5)条]涉及利息、特许权使用费以及其他支付的扣除问题。该条款规定,无论获得支付的人是支付方所在缔约国的居民还是另一缔约国的居民,这些支

㉘　卢旺达与南非避免双重课税条约规定,若南非废除这种附加税,该特殊条款将不再适用。

付的可扣除性应当是相同的。1963 年版经合组织范本没有这一规定,因此,缔结日期早于 1980 年的协定都没有这一规则。此后缔结的协定中有不少也没有对应规则。而坦桑尼亚与丹麦以及坦桑尼亚与瑞典的协定(1976年)则包含有这一规定。当然,有些协定只是删去了该条款的第二句规定,而非整个条款。

表 4.61　可扣除的利息和特许权使用费支付的非歧视待遇　235

无(1980 年之后)	东非共同体条约;埃塞俄比亚—科威特;埃塞俄比亚—突尼斯;埃塞俄比亚—土耳其;肯尼亚—加拿大;肯尼亚—印度;肯尼亚—泰国;肯尼亚—法国;马达加斯加—法国;马达加斯加—毛里求斯;莫桑比克—澳门地区;莫桑比克—毛里求斯;莫桑比克—阿联酋;卢旺达—毛里求斯;坦桑尼亚—加拿大;乌干达—毛里求斯;赞比亚—加拿大;赞比亚—印度;赞比亚—罗马尼亚;津巴布韦—加拿大;津巴布韦—科威特;津巴布韦—马来西亚;津巴布韦—毛里求斯
删除第二句	埃塞俄比亚—中国;埃塞俄比亚—捷克;埃塞俄比亚—法国;埃塞俄比亚—印度;埃塞俄比亚—意大利;埃塞俄比亚—荷兰;埃塞俄比亚—塞舌尔;埃塞俄比亚—南非;埃塞俄比亚—英国;肯尼亚—毛里求斯;肯尼亚—南非;马拉维—挪威;莫桑比克—博茨瓦纳;莫桑比克—印度;莫桑比克—意大利;莫桑比克—葡萄牙;莫桑比克—南非;莫桑比克—越南;卢旺达—南非;坦桑尼亚—南非;乌干达—丹麦;乌干达—印度;乌干达—意大利;乌干达—荷兰;乌干达—挪威;乌干达—南非;乌干达—英国;津巴布韦—博茨瓦纳;津巴布韦—刚果(金);津巴布韦—塞舌尔;津巴布韦—英国

(五)对外资企业的非歧视性和其他差异

对外资企业的非歧视。所有本书分析的协定(除了埃塞俄比亚与科威特之间的避免双重课税条约)均规定,一缔约国不得对属于本国居民但为另一缔约国居民所控制的企业加以歧视。关于该条款,存在下列并非反复出现的差异:坦桑尼亚与加拿大之间的避免双重课税条约规定,东道国给予由另一缔约国居民控制的企业的待遇,不得低于给予第三国居民控制的位于东道国境内企业的待遇;类似地,津巴布韦与科威特之间避免双重课税条约规定,非歧视规则必须适用于第三国企业,但外资企业无须

与"本国"企业同等待遇。这些反映了发展中国家在临时专家组会议上所表达的观点：在发展中国家，外资企业是一个敏感的话题。[284] 津巴布韦与加拿大之间避免双重课税条约规定，本款的非歧视待遇适用于公司而不是企业。

236　　　*有关与具体国内规则的差异*。有些协定规则旨在确保国内税法上的特定减免规定不受非歧视规则的影响。挪威与肯尼亚、坦桑尼亚、赞比亚的协定中加入了新的规定，据此，挪威无须对对方缔约国居民授予仅给予挪威本国国民的特殊税收优惠。赞比亚与丹麦、德国（议定书）、荷兰、英国的协定规定，非歧视条款不要求赞比亚给予另一缔约国居民基于赞比亚 1966 年个人所得税法（ITA）第 42C 节的税收减免。赞比亚与爱尔兰之间的避免双重课税条约规定，爱尔兰不被要求对爱尔兰公司之外的实体授予协定所规定的税收减免优惠。

　　其他差异。法国与埃塞俄比亚、法国与肯尼亚的协定规定，对一国有利的减免税应适用于对方缔约国。意大利与埃塞俄比亚、意大利与乌干达的协定规定，协定第 24 条不限制国内法上反滥用规则的适用。埃塞俄比亚与科威特之间的避免双重课税条约没有与 1980 年版联合国范本第 24(3)—(6)条对应的规定，但所加入的第一条新款规定，免税可仅适用于国民；第二条新款规定，非歧视条款不要求缔约国将利益授予其他国家。肯尼亚与法国之间的避免双重课税条约规定，两国之间其他条约中的非歧视或最惠国待遇条款不适用于财税事项。莫桑比克与阿联酋、津巴布韦与科威特之间避免双重课税条约不要求缔约国将关税同盟或经济联盟的利益授予另一缔约国居民。埃塞俄比亚与荷兰之间，以及乌干达与荷兰之间避免双重课税条约加入了新的规定，要求对向退休金计划的缴费适用非歧视待遇。津巴布韦与马来西亚之间的避免双重课税条约允许缔约国仅将促进经济发展的税收优惠限于本国居民。

㉘　参阅 2011 年版联合国范本评注第 24 条第 4 段；详见上文第三章第三节"八"部分。

十、相互协商程序、信息交换和税款征收互助

(一)相互协商程序

相互协商程序(*MAPs*)。根据联合国范本第25(1)和(2)条,纳税人可以启动相互协商程序,以要求税务当局的课税符合税收协定的规定。在本书每个被分析的协定(除马拉维与南非之间的避免双重课税条约外)中,纳税人都享有这一可能性,但具体规则却经常与联合国范本的有所不同。与联合国范本第25(1)条的第一组差异可以从经合组织范本的规定,尤其是1963年版经合组织范本得到解释。因为部分被分析的协定采用了这些经合组织范本的规定,有三个协定完全照搬了1963年版经合组织范本第25(1)条,其他若干协定仅采用了该版范本的部分原始用语,包括相互协商程序仅适用于居民且不适用于涉及第24(1)条的情形。第二组差异不涉及其他范本的用语问题:有些协定对于案件必须被提交给主管当局的时间采用了不同的标准,有些相互协商程序规则规定,向主管税务当局的申请必须采用书面形式。

237

表4.62　与联合国范本第25(1)条的差异

第1款与1963年版经合组织范本的相似	**与1963年版经合组织范本完全相同**:乌干达—英国;赞比亚—罗马尼亚;津巴布韦—英国 **只适用于居民**:埃塞俄比亚—土耳其;肯尼亚—加拿大;肯尼亚—德国;肯尼亚—印度;肯尼亚—意大利;肯尼亚—泰国;马达加斯加—毛里求斯;莫桑比克—阿联酋;赞比亚—加拿大;赞比亚—芬兰;赞比亚—印度 **没有提到第24(1)条的情形**:埃塞俄比亚—俄罗斯;肯尼亚—加拿大;肯尼亚—德国;肯尼亚—意大利;马达加斯加—毛里求斯;莫桑比克—澳门地区;莫桑比克—阿联酋;赞比亚—加拿大;赞比亚—印度;津巴布韦—加拿大;津巴布韦—波兰;津巴布韦—塞尔维亚
其他差异	**时限不同**:埃塞俄比亚—意大利(2年);埃塞俄比亚—俄罗斯(2年);埃塞俄比亚—塞舌尔(2年);肯尼亚—加拿大(2年);肯尼亚—意大利(2年);坦桑尼亚—加拿大(2年);乌干达—意大利(2年);赞比亚—加拿大(2年);津巴布韦(3年)—加拿大(2年)

续表

	书面申请:肯尼亚—加拿大;莫桑比克—博茨瓦纳;莫桑比克—澳门地区;莫桑比克—阿联酋;莫桑比克—越南;坦桑尼亚—加拿大;赞比亚—加拿大;津巴布韦—加拿大

与联合国范本第25(2)条的差异同样与1963年经合组织范本的原始措辞有关。有些协定同样完全采用了该范本的规则;有些协定只是部分采纳。最后,需要指出的是,1977年之前缔结的协定一般都采用了1963年版经合组织范本的规定,但其中也有若干协定采用了之后1977年版经合组织范本和1980年版联合国范本的规定:即在相应条文的第(1)款中增加了时间标准,在第(2)款中加入了一句话,规定主管税务当局之间达成的协议必须得到执行,不受国内法时间要求的限制。

238

表4.63　相互协商程序规则的其他差异

与联合国范本第25(2)条存在差异	**与1963年版经合组织范本完全相同**:肯尼亚—加拿大;肯尼亚—德国;肯尼亚—意大利;马达加斯加—毛里求斯 **删除最后一句(同1963年版经合组织范本)**:埃塞俄比亚—意大利;埃塞俄比亚—突尼斯;埃塞俄比亚—土耳其;肯尼亚—泰国;莫桑比克—意大利;莫桑比克—葡萄牙;坦桑尼亚—加拿大;乌干达—意大利;乌干达—英国;赞比亚—加拿大;赞比亚—罗马尼亚;津巴布韦—加拿大;津巴布韦—马来西亚;津巴布韦—英国
1977年之前的差异	**第1款(时间要求)**:肯尼亚—挪威(2年);坦桑尼亚—丹麦(3年);坦桑尼亚—印度(3年);坦桑尼亚—意大利(2年);坦桑尼亚—瑞典(3年) **第2款(适用时不受国内法上时间要求的限制)**:坦桑尼亚—丹麦;坦桑尼亚—印度;坦桑尼亚—挪威;坦桑尼亚—瑞典;赞比亚—芬兰

协商(consultation)程序。范本第25(3)条是关于协商程序的规定。本书所分析的协定与范本该条款之间最常见的差异是删去了最后一句。这意味着,对协定未涵盖的情形,主管税务当局没有明确获得授权,以便与缔约国对方主管当局开展消除双重课税的协商。若干协定与范本的本条款之间还存在另一个差异,即规定了主管税务当局必须启动协商程序的特定情形。

这些特定情形涉及关联企业之间的所得分配和常设机构的利润归属,也即转让定价问题;有一个协定还包括了定性冲突问题。主管税务当局必须进行协商的其他事项包括:税款征收上的互助(马达加斯加与法国之间的避免双重课税条约),便利对权利请求的调整(facilitating the adjustment of a claim)(马达加斯加与毛里求斯、津巴布韦与毛里求斯之间的避免双重课税条约),以及协定条款的适用(津巴布韦与加拿大之间的避免双重课税条约)。

表 4.64　协商程序方面的差异

删去了最后一句规定	埃塞俄比亚—意大利;埃塞俄比亚—俄罗斯;肯尼亚—英国;马达加斯加—毛里求斯;莫桑比克—意大利;莫桑比克—葡萄牙;卢旺达—比利时;乌干达—意大利;乌干达—英国;赞比亚—意大利;赞比亚—英国;津巴布韦—加拿大;津巴布韦—刚果(金);津巴布韦—法国;津巴布韦—毛里求斯;津巴布韦—英国
存在转让定价的特别规定	肯尼亚—加拿大;肯尼亚—法国;马达加斯加—法国;赞比亚—加拿大(解决定性冲突也有特别规定);津巴布韦—刚果(金);津巴布韦—法国

程序的适用。联合国范本第25(4)条规定,主管税务当局应当相互沟通,从而达成协议。经合组织范本也有相同规定。两个范本之间的差别在于,联合国范本第25(4)条的第2句和第3句要求主管税务当局拟定程序,以便实施相互协商。1980年后缔结的协定中只有少部分协定采用了联合国范本这一特有规定,[28]其他多数协定只包含一句规定,即现今经合组织范本的规定。为了确定具体的协定是以经合组织范本还是联合国范本作为基础,需要明确的是,从1963年至1995年,经合组织范本本条款第1句与1980年版联合国范本本款第1句相同。[29]经合组织范本于1995年作了修

---

[28]　1980年签订的条约中,只有下列条约包含同样的条款:东非共同体条约,埃塞俄比亚与突尼斯,肯尼亚与南非,坦桑尼亚与加拿大,津巴布韦与保加利亚,津巴布韦与挪威,津巴布韦与瑞典的避免双重课税条约。津巴布韦与塞舌尔,卢旺达与毛里求斯的协定中至少包含了第二句。

[29]　规定如下:"为达成前款规定的协议,缔约国主管当局可直接彼此交流。"

改,联合国范本在 2001 年也作了类似修改。^㉗ 因此,最有意义的时间段是 1995 年至 2001 年,因为人们可以真正看出具体协定是遵从了联合国范本规定还是经合组织范本。在只包含一句规定的协定中,有部分是缔结于 2001 年之后的,但它们仍使用了旧的范本用语。而且有不少缔结于 1980 年之后的协定采用了 1963 年/1977 年版经合组织范本第 25(4)条的整款规定,包括第 2 句,^㉘这意味着,其中缔结于 1980 年至 1995 年之间的协定采用的是经合组织范本而不是联合国范本。1995 年经合组织范本进行了修改,缔结于此后的协定不仅与联合国范本不同,也与经合组织范本不同。最后,不少双边协定的条款并不要求主管税务当局达成协议,而只是要求通过相互沟通来适用协定。

240

表 4.65　与联合国范本第 25(4)条的差异

只有某一协定范本的第一句规定	**1995 年之前签订的:**肯尼亚—英国;马达加斯加—毛里求斯;乌干达—英国;赞比亚—丹麦;赞比亚—意大利;赞比亚—英国;赞比亚—波兰;津巴布韦—德国;津巴布韦—马来西亚;津巴布韦—毛里求斯;津巴布韦—荷兰;津巴布韦—波兰;津巴布韦—英国
	1995 年至 2001 年之间签订的:埃塞俄比亚—科威特(联合国);埃塞俄比亚—俄罗斯(联合国);莫桑比克—毛里求斯(经合组织);乌干达—丹麦(经合组织);津巴布韦—塞舌尔(联合国)
	2001 年之后签订的:埃塞俄比亚—土耳其;肯尼亚—法国;肯尼亚—毛里求斯;马拉维—挪威;卢旺达—毛里求斯;卢旺达—南非;坦桑尼亚—南非
只有第一句,2001 年之后签订的使用旧措辞	埃塞俄比亚—捷克;埃塞俄比亚—英国;肯尼亚—泰国;莫桑比克—意大利;莫桑比克—澳门地区(措辞稍有不同);莫桑比克—南非;莫桑比克—阿联酋及越南(增加"为适用此协议");乌干达—荷兰;津巴布韦—博茨瓦纳;津巴布韦—科威特

㉗　"为达成前款规定的协议,缔约国主管当局可直接彼此交流,*包括通过共同参加或由代表组成的联合委员会开展交流*。"(斜体部分为新措辞!)

㉘　1963 年与 1977 年版经合组织范本第 25 条第(4)款规定如下:"为达成前款规定的协议,缔约国主管当局可直接彼此交流。当口头交换意见以达成协议的方法更为适当时,该交流应通过缔约国双方主管当局的代表组成的委员会进行。"

续表

1980 年之后签订的,同 1963/1977 年版经合组织范本	埃塞俄比亚—中国(措辞略有不同);埃塞俄比亚—法国;埃塞俄比亚—印度;埃塞俄比亚—以色列;埃塞俄比亚—意大利;埃塞俄比亚—荷兰;埃塞俄比亚—塞舌尔(措辞略有不同);埃塞俄比亚—南非;马达加斯加—法国;莫桑比克—博茨瓦纳;莫桑比克—印度;莫桑比克—葡萄牙;乌干达—比利时;乌干达—印度;乌干达—意大利;乌干达—毛里求斯;乌干达—挪威;乌干达—南非;赞比亚—加拿大;赞比亚—中国;赞比亚—印度;赞比亚—罗马尼亚;津巴布韦—塞尔维亚
相互沟通来适用协议的	肯尼亚—丹麦及挪威(主管当局也可能同意变化任何条款内容,并通过换文方式加以批准);肯尼亚—印度;肯尼亚—德国;卢旺达—比利时;赞比亚—德国;赞比亚—荷兰;赞比亚—日本(通过沟通来使条款生效)

　　除了刚提及的在双边协定中反复出现的差异,在一至两个协定中还存在下列特点:肯尼亚与加拿大之间避免双重课税条约没有与联合国范本第25(4)条对应的条款。埃塞俄比亚与突尼斯之间避免双重课税条约规定,相互协商程序须通过双方换文才能得到批准。津巴布韦与刚果(金)以及津巴布韦与法国之间避免双重课税条约的本款规定相同,大体上采用了1963 年版经合组织范本的规定,但措辞有所不同。东非共同体协定本款没有第一句的规定,而只采用了后两句规定。

　　强制性仲裁。经合组织范本于2008 年、联合国范本于2011 年起在各自的第25 条引入了一项强制性仲裁规则。但之后缔结的协定中只有一项协定采用了这一规则:埃塞俄比亚与荷兰之间的避免双重课税条约。该条约的强制性仲裁规则基本采用了经合组织范本的规定,但略有不同。还有两项协定(都是乌干达缔结的)虽缔结于2008 年之前,但也规定了强制性仲裁程序。其中第一项是乌干达与意大利之间的避免双重课税条约(签署于2000 年但未生效),它规定仲裁组应当由缔约国双方各一名代表再加上一位主席构成;仲裁组应当在六个月内发布裁决意见;该条还专设一款,规定缔约国之间如何分担仲裁费用。第二项协定是乌干达与荷兰之间的避免双重课税条约(签署于2004 年),该条约为相互协商程序无法在两年内达

241

成一致的情形规定了仲裁程序。缔约国可以要求将案件提交仲裁，仲裁决定具有约束力。

其他差异。加拿大与肯尼亚、坦桑尼亚、赞比亚、津巴布韦之间的协定增加一款，据此在五年之后（赞比亚缔结的协定规定为 6 年，津巴布韦缔结的协定规定为 5 年或者国内法规定的更短期限），缔约国不得增加纳税人的税基（tax base）。肯尼亚与法国之间的避免双重课税条约增加一条规定，据此，相互协商程序只受该协定规则的规范，而不受肯尼亚与法国之间缔结的其他协定的影响。肯尼亚与瑞典之间的避免双重课税条约第 24 条规定的相互协商程序与 1963 年版经合组织范本的不同。基于此项规则，当纳税人认为课税与避免双重课税条约不符时可以提出申诉，主管税务当局可以对此达成协议；主管当局也可通过沟通来解决该条约没有规定的双重课税问题以及条约解释问题；主管当局也可相互沟通提出对协定的修正（amendment）建议。赞比亚与肯尼亚、坦桑尼亚、乌干达之间的协定所包含的相互协商程序规则较为简短，根据该规则，主管税务当局可以应纳税人要求进行相互协商，以避免与协定不符的课税；主管当局也可以为解释和执行条款问题相互直接协商。马达加斯加与法国之间的避免双重课税条约第 25 条加入了新款规定，要求主管当局必须解决协定的适用问题，并在各自国内法变动时与对方协商。马拉维与南非之间的避免双重课税条约没有与联合国范本第 25 条相对应的条款。卢旺达与比利时之间的避免双重课税条约规定，主管当局应就程序，特别是关于享受协定减免税待遇的证据方面的程序达成协议。坦桑尼亚与丹麦之间避免双重课税条约规定，主管当局应通过相互协商程序达成适用第 10、11、12 和 14 条中限制性规定的方式。乌干达与比利时之间的避免双重课税条约规定，主管税务当局应当就执行协定的行政措施达成协议。赞比亚与罗马尼亚之间的避免双重课税条约中本条新增的两款规则规定，其一，在国内法时限或者最长三年时限期满后，纳税人的所得不得改变；其二，缔约国国内税法发生变化时，主管当局应当相互协商。津巴布韦与刚果（金）、津巴布韦与法国之间的避免双重课税条约第 25(5) 条规定，主管当局之间通过相互协商程序决定执行协定的方式，特别是如何给纳税人提供税收减免。

(二)信息交换和税款征收互助

1. 信息交换

除了卢旺达与毛里求斯之间的避免双重课税条约外,本书分析的所有 242 协定都有关于信息交换的条款。联合国范本与经合组织范本关于本条存在一个主要差异:联合国范本明确提到通过信息交换防范欺诈和偷逃税;联合国范本还要求主管税务当局就执行信息交换制订办法。两个范本之间的其他方面差异都是细微的,一般存在于经合组织范本更新后而联合国范本在若干年之后追随更新之间的较短时期内。但这些微小差异给出了具体协定谈判所使用范本的信息。表4.66给出了严格仿效两个范本之一的协定清单,经合组织范本占主要地位:只有两项协定采用了联合国范本的规定,而缔结于1980年之后的约15项协定遵循的是经合组织范本的规定。

表4.66 分别严格遵循联合国范本或经合组织范本第26条内容签订的条约

与联合国范本完全相同	津巴布韦—挪威(联合国1980);津巴布韦—瑞典(联合国1980)
与经合组织范本完全相同	**1980年之后签订**:埃塞俄比亚—捷克(经合组织2000);埃塞俄比亚—法国(经合组织2000);埃塞俄比亚—科威特(经合组织1977);埃塞俄比亚—荷兰(经合组织2005);埃塞俄比亚—俄罗斯(经合组织1977);埃塞俄比亚—南非(经合组织2000);肯尼亚—法国(经合组织2005);肯尼亚—毛里求斯(经合组织2005);莫桑比克—意大利(经合组织1977);莫桑比克—毛里求斯(经合组织1995);莫桑比克—南非(经合组织2000);卢旺达—南非(经合组织2000);乌干达—丹麦(经合组织1995);赞比亚—中国(经合组织2005);津巴布韦—刚果(金)(经合组织1977);津巴布韦—法国(经合组织1977) **1980年之前签订**:肯尼亚—加拿大(经合组织1963);坦桑尼亚—丹麦(第1款同经合组织1977,第2款同经合组织1963);坦桑尼亚—挪威(经合组织1963);坦桑尼亚—瑞典(经合组织1963);赞比亚—丹麦(经合组织1963);赞比亚—芬兰(第1款同经合组织1977,第2款同经合组织1963);赞比亚—爱尔兰(经合组织1963);赞比亚—意大利(经合组织1963);赞比亚—挪威(经合组织1963);赞比亚—瑞典(经合组织1963)

还有一组协定混合了经合组织范本和联合国范本的内容,这意味着这些协定的信息交换条款包含了两个范本的因素。最常见的是,本条以经合组织范本的规定作为开头,且在第 1 款中加入防范欺诈、偷逃税以及法律规避(legal avoidance)的目的(下表中的"经合组织 + 防范目的")。有三项协定即使是签署于 1980 年之前,仍采用了 1965 年版经合组织范本的信息交换条款规定,并且加入了防范偷逃税的目的。除此之外,一些协定还存在与两个范本均不同的规定(下表中的"经合组织 + 防范目的 + 其他差异")。它们体现在下表 4.67 的括号中。其他差异还包括,比如以联合国范本的规定作为本条规则的出发点(starting point),但删去了防范偷逃税的目的。

表 4.67 在信息交换方面采用了经合组织范本和联合国范本内容的混合规定

经合组织 + 防范目的	埃塞俄比亚—中国(经合组织 2000 + 防范偷逃税);埃塞俄比亚—以色列(经合组织 1963 + 防范税务欺诈及偷逃税);埃塞俄比亚—意大利(经合组织 1977 + 防范偷逃税);埃塞俄比亚—英国(经合组织 2005 + 防范税务欺诈及便利应对法律规避);莫桑比克—博茨瓦纳(经合组织 2000 + 防范税务欺诈及偷逃税);乌干达—南非(经合组织 1977 + 防范税务欺诈及偷逃税);赞比亚—加拿大(经合组织 1963 + 防范税务欺诈及偷逃税) **1980 年之前签订**:肯尼亚—丹麦;肯尼亚—意大利;坦桑尼亚—意大利(均为经合组织 1963 + 防范税务欺诈及偷逃税)
经合组织 + 防范目的 + 其他差异	埃塞俄比亚—德国(经合组织 1963 + 防范税务欺诈及偷逃税,删除第一句中的"国内法",在第二句中增加"起诉犯罪");肯尼亚—印度(经合组织 1963 + 防范税务欺诈或偷逃税,删除"国内法");肯尼亚—南非(经合组织 2005,没有使用"可预计地相关"而是使用了"必要"一词 + 防范税务欺诈或偷逃税,删除"国内法",增加联合国范本第 1 款最后一句);乌干达—比利时(经合组织 1977 + 防范税务欺诈或偷逃税,用"相关"一词替代了"必要"一词);乌干达—印度(经合组织 1977 + 防范税务欺诈或偷逃税,信息包括文档);乌干达—意大利(经合组织 1977 + 防范偷逃税,议定书中增加第 1 款最后一句);乌干达—挪威(经合组织 1977 + 防范税务欺诈和偷逃税,适用于任何税种);赞比亚—印度(经合组织 1963 + 防范税务欺诈或偷逃税,从第 1 款第一句中删除

续表

	"国内法",在第 2 款第二句增加涉及"执法、调查、检控犯罪的人员");津巴布韦—保加利亚(经合组织 1977 + 防范税务欺诈及偷逃税,在法庭程序中无信息公开);津巴布韦—马来西亚(经合组织 1963 + 防范或侦测偷逃税或避税,增加与执行或检控犯罪有关的个人);津巴布韦—塞尔维亚(经合组织 1977 + 防范税务欺诈及偷逃税,受第一条限制) **1980 年之前签订:**肯尼亚—挪威,坦桑尼亚—印度(经合组织 1963 + 防范税务欺诈或偷逃税,删除"国内法");赞比亚—荷兰(经合组织 1963 + 信息必须可供使用,防范偷逃税,删除"国内法",适用于任何税种)
其他	莫桑比克—博茨瓦纳(经合组织 2000 + 防范税务欺诈及偷逃税 + 在新的第 3 款中增加联合国范本第 1 款第一句);坦桑尼亚—南非(经合组织 2000 + 联合国范本第 1 款最后一句);赞比亚—波兰,津巴布韦—波兰(联合国 1980 年范本,但没有防范税务欺诈或偷逃税,受第一条限制);津巴布韦—博茨瓦纳(经合组织 2000 + 在新第 3 款中增加联合国范本第 1 款最后一句)

244

第三组协定则是使用经合组织或联合国范本作为出发点,但在具体规定上有所不同。与第一组协定相似,第三组协定的双边规则仍以经合组织范本作为主要来源。六项协定中存在的与联合国范本之间的差异在于,范本该条第 1 款中"如果信息被视为是秘密的"这一短语被删去,同时还存在其他细微的差异。[29] 坦桑尼亚与加拿大、津巴布韦与加拿大协定偏离范本的方式更为不同。[30] 在基本遵循经合组织范本但又有所差异的协定之间,

---

㉙　参阅毛里求斯与马达加斯加、乌干达、津巴布韦缔结的协定;津巴布韦与塞舌尔的避免双重课税条约;东非共同体条约。

㉚　坦桑尼亚与加拿大避免双重课税条约包含了一项附加规则(参阅下文"附加规则")。在津巴布韦与加拿大避免双重课税条约中,所收到的信息不必与国内信息作相同处理;删除了第 1 款最后一句。

类似的差异性也可以找到，[201]其中之一是规定不得为执行国内法而启用信息交换程序。[202] 不同于协定范本，部分缔约国选择将信息交换条款的适用范围限于协定第 1 条，这意味着信息交换仅适用于缔约国一方或双方的居民。[203] 部分协定规定，本条意义上的信息不必像国内信息那样被视为秘密。[204] 有些协定则删去了信息交换只适用于课税与协定相符的情形这一限制性规定。[205]

附加规则。本书所分析的协定包含了一些附加规则：埃塞俄比亚与印度、马拉维与挪威、莫桑比克与印度、卢旺达与比利时之间的避免双重课税条约规定，如果主管税务当局授权，所交换的信息可以被用于协定允许目的之外的用途。坦桑尼亚与加拿大、津巴布韦与加拿大之间避免双重课税条约的附加条款规定，无论被请求国是否需要被请求的信息，被请求国都应当依所请求的形式如账簿、凭证、账目等提供信息。[206] 坦桑尼亚与印度、赞比亚与印度之间的避免双重课税条约包含了自动信息交换规则，双方同意将信息和文件清单以日常方式（on a routine basis）不定期（from time to time）提供给对方主管当局。埃塞俄比亚与荷兰、乌干达与荷兰之间的避免双重课税条约增加了一个新规定，如果仲裁程序确有需要，所交换的信息可以向

---

[201] 下列条约仅与经合组织范本有细微差别：埃塞俄比亚与印度（经合组织 2005），埃塞俄比亚与塞舌尔（经合组织 2005），马达加斯加与法国（经合组织 1963），莫桑比克与印度（经合组织 2005），莫桑比克与澳门地区（经合组织 2000），莫桑比克与葡萄牙（协议书签订后，经合组织 2005），卢旺达与比利时（经合组织 2000），坦桑尼亚与芬兰（经合组织 1963），乌干达与荷兰（经合组织 1995），津巴布韦与荷兰（经合组织 1977）。

[202] 如下列国家之间的条约：埃塞俄比亚与突尼斯（第 1 款与经合组织 1963 相同，第 2 款与经合组织 1977 相同），莫桑比克与阿联酋，马达加斯加与法国（经合组织 1963，经合组织 1977 第 2款），赞比亚与日本（经合组织 1963）。

[203] 埃塞俄比亚与土耳其（经合组织 2000），肯尼亚与泰国（经合组织 1977），莫桑比克与葡萄牙（议定书签订前，经合组织 1963），莫桑比克与越南（经合组织 2005），莫桑比克与阿联酋（经合组织 1977），乌干达与英国（经合组织 1977），津巴布韦与德国（经合组织 1977），津巴布韦与科威特（经合组织 1977）。

[204] 参阅乌干达与英国（经合组织 1977），赞比亚与罗马尼亚（经合组织 1977）的协定。

[205] 参阅津巴布韦与德国（经合组织 1977），赞比亚与德国（经合组织 1963）的协定。

[206] 参阅坦桑尼亚与加拿大避免双重课税条约第 27 条第 4 款以及津巴布韦与加拿大避免双重课税条约第 27 条。

仲裁庭提供。赞比亚与荷兰之间避免双重课税条约的议定书明确规定,协定条款不涉及银行秘密信息。

　　其他差异。有一组协定的规定与联合国范本或经合组织范本规定都存在很大差异,但该组协定之间的用语却十分相近。这些协定是肯尼亚与瑞典及与英国的协定,马拉维与南非之间的避免双重课税条约[297],赞比亚与肯尼亚、坦桑尼亚、乌干达、英国之间的协定,以及津巴布韦与英国之间的避免双重课税条约。这些协定的共同特点是,它们的缔结时间远早于 1980 年,其中三项是英国缔结的协定,而其他协定缔约国原来都与英国存在某种附属关系(affiliation),这可能是这些协定中的信息交换条款规定如此相近的原因。

2. 税款征收

　　只有 18 项协定包含了税款征收的互助规则,这不足为奇。经合组织范本在 2003 年才加入该规则,联合国范本则是 2006 年正式发布该规则的。[246] 2003 年之前缔结的协定没有范本可资借鉴,有些协定中包含了关于税款征收互助的一些奇怪规则,如马达加斯加与法国、莫桑比克与葡萄牙(议定书之前)[298]、乌干达与丹麦[299]、乌干达与挪威[300]、乌干达与南非[301],以及津巴布韦与刚果(金)[302]之间的避免双重课税条约。但是缔结日期晚于 2003 年的多数协定(或议定书)也没有采用经合组织范本或联合国范本的规定,如莫桑

---

　　[297]　例如马拉维与南非避免双重课税条约第 13 条规定:"缔约国税收当局应为实施当前协定条款,或防止欺诈,或为适用反避税之法定条款而交换缔约国税法中可供提供的信息。对所交换之任何信息应予保密,不得向本协定所涉税收相关的评定人员及征收人员以外的任何人透露。披露商业秘密及贸易流程的信息不得交换。"

　　[298]　第 27 条税收领域合作:"缔约国主管当局可着眼于税收领域合作,就人才、信息和技术研究以及税收管理组织与运行经验之培训与交流达成协议。"

　　[299]　税款征收;被请求国国内法允许;海外债权无优先性且适用信息交换规则;保全措施;穷尽请求国国内之救济;根据一般费用或特别费用拆分支出;只适用协定涵盖的税收。

　　[300]　和乌干达与丹麦避免双重课税条约的措辞几乎相同。

　　[301]　和坦桑尼亚与南非避免双重课税条约相同,但没有费用拆分规则。

　　[302]　协助追缴协定涵盖之税;不得优先于国内债权并且适用信息交换规则;一般费用或特别费用拆分规则。

比克与博茨瓦纳、莫桑比克与南非[303]、卢旺达与比利时[304]、坦桑尼亚与南非[305]、乌干达与比利时[306]、乌干达与印度[307]、乌干达与荷兰[308]，以及津巴布韦与博茨瓦纳[309]的避免双重课税条约。那些采用经合组织范本或者联合国范本规定的是埃塞俄比亚与印度、莫桑比克与印度之间的避免双重课税条约[310]，埃塞俄比亚与荷兰的避免双重课税条约[311]，以及肯尼亚与毛里求斯、肯尼亚与南非、马拉维与挪威、莫桑比克与葡萄牙(缔结议定书之后)之间的避免双重课税条约。

3. 关于征管互助的其他双边协议

税收信息交换协议。要找出两个国家在税款征收互助方面的关系，仅看税收协定是不够的。两国可以缔结其他形式的双边协议，较之联合国范本或经合组织范本的上述两条规则，这些协议具有相同甚至更好的效果。这一领域的最新"发明"是税收信息交换协议(TIEA)，缔约国在这类双边协议中承诺将向对方缔约国提供税收评定和税款征收所需信息。所分析的协定中已有三个国家对外缔结了税收信息交换协议:肯尼亚、马拉维和赞比

247

---

[303] 只可追缴协定涵盖之税;不得优先于被请求国"国内"税收债权;信息交换同样适用于追缴协助;规则的适用办法必须通过相互协商程序拟定。

[304] 协助告知与追缴协定所涵盖的税款;税收保全措施;外国债权不得优先于本国债权;请求须附有正式执行文书;税收债权被公开起诉时的保护措施。

[305] 只可追缴税收协定所涵盖的款项;请求不得优先于被请求国"国内"的税收债权;信息交换同样适用于追缴协助;两国间拆分支出取决于该支出是一般支出还是特别支出;相互协商制定规则适用办法。该规则和莫桑比克与博茨瓦纳，莫桑比克与南非签订的条约相似。

[306] 同乌干达与挪威避免双重课税条约。

[307] 协助课税;请求须附有该处理结果最终确定之证明;费用报销;行政措施不得违反行政惯例及公共政策。

[308] 比经合组织范本范围更广的详细规则。

[309] 同津巴布韦与刚果(金)避免双重课税条约。

[310] 在印度所缔结的这两份协定中，第6款增加了:"该条内容不得视为在其他缔约国法院或行政机关的程序中创造或提供任何权利。"这是2010年版经合组织范本第26(6)条所使用的措辞。

[311] 联合国范本中在第(1)款增加如下规定:数额在€1500以下的不得请求。

亚分别与根西岛缔结了税收信息交换协议。[312] 肯尼亚还正与泽西岛进行缔结税收信息交换协议的谈判,据说谈判已经达到了较深入的阶段。[313] 肯尼亚还与利比里亚进行了这类协议的谈判。[314] 肯尼亚积极对外缔结税收信息交换协议的姿态很可能是与其刚刚加入全球论坛,履行其作出的执行信息交换最低标准的承诺有关。[315]

征管互助协议。莫桑比克与葡萄牙缔结了征管互助协定(2011 年),该协定授权缔约国双方的主管当局应对方请求,自动地或自发地(spontaneously)向对方提供信息。该协定也规范缔约国官员在缔约国对方领土上开展的访问行为以及同步检查(simultaneous controls)(税务审计)。这些征管合作与欧盟信息交换指令允许采取的措施类似,[316]但协定中这些规则的用语与欧盟指令的不同。2012 年 8 月,南部非洲发展共同体成员国签署了关于税务事项互助的多边协议,[317]该协议的细节还未有公开的报道。

其他协议。卢旺达与比利时在缔结税收协定时还签署了一份谅解备忘录(MOU),其中规定了信息交换的细节问题。[318] 根据这份谅解备忘录,缔约

---

[312]　参阅国际财政文献局新闻:《根西岛与肯尼亚草签信息交换协议》(*Exchange of information between Guernsey and Kenya initialled*),2012 年 5 月 11 日;同上:《根西岛与马拉维草签信息交换协议》(*Exchange of information between Guernsey and Malawi initialled*),2012 年 5 月 11 日;同上:《根西岛与赞比亚草签信息交换协议》(*Exchange of information between Guernsey and Zambia initialled*),2012 年 5 月 11 日。

[313]　参阅国际财政文献局新闻:《泽西岛与肯尼亚就信息交换协议进行谈判》(*Exchange of information between Jersey and Kenya negotiations*),2012 年 1 月 10 日。

[314]　参阅国际财政文献局新闻:《利比里亚与肯尼亚就信息交换协议进行谈判》(*Exchange of information between Liberia and Kenya negotiations*),2011 年 10 月 5 日。

[315]　详见上文第二章第四节"三"部分。

[316]　欧盟理事会指令 2011/16/EU,涉及税收领域行政合作,并撤销了第 77/799/EEC 号指令。

[317]　参阅国际财政文献局新闻:《南非共同体成员国签订税务行政助协议》(*Agreement on assistance in tax matters among the Southern African Development Community Member States signed*),2012 年 8 月 20 日。

[318]　《卢旺达与比利时主管当局关于所得税与资本税信息交换的谅解备忘录》(*Memorandum of Understanding between the Competent Authorities of Rwanda and Belguim Concerning the Exchange of Information With Respect to Taxed on Income and On Capital*),2011 年版。参阅国际财政文献局新闻:《卢旺达与比利时之间谅解备忘录纪要——细节》(*MOU between Rwanda and Belgium signed—details*),2011 年 9 月 1 日。

国当局应根据对方请求提供信息,或者根据信息的可获得性(availability),在一定时限内自发地提供信息。该谅解备忘录还规范缔约国官员在境外开展的调查行为。被请求国承担提供信息的相关费用,但由请求国来承担可能产生的超常(extraordinary)费用。该谅解备忘录于 2011 年 6 月 22 日生效,并首次适用于 2011 年度有关的税收信息交换。⑲ 爱尔兰与卢旺达两国财政部门签署了一份合作备忘录,旨在"促进信息交换和在税收、海关现代化以及具体专业领域最佳实践的交流",包括"税务与海关征管与执法方面的一般事务和新发展领域的信息共享,并允许专家的短期交流"。⑳ 但卢旺达与爱尔兰没有缔结作为信息交换基础的税收协定。

十一、其他规则

(一)领域拓展(Territorial Extension)

经合组织范本第 29 条是关于税收协定适用领域范围拓展的规定。根据这一规则,协定适用领域的范围可以扩展到由缔约国负责处理国际关系的领域。联合国范本没有这一条款,也没有太多的样本国协定包含这一规则。只有下列协定适用于下划线所标记国家的其他领域:肯尼亚与<u>丹麦</u>、马达加斯加与<u>法国</u>、坦桑尼亚与<u>丹麦</u>、坦桑尼亚与<u>芬兰</u>、坦桑尼亚与<u>挪威</u>、<u>乌干达</u>与<u>丹麦</u>、乌干达与<u>荷兰</u>、赞比亚与<u>荷兰</u>、津巴布韦与<u>法国</u>,以及津巴布韦与<u>荷兰</u>之间的避免双重课税条约。

(二)反滥用规则

如上文所述,税收协定条款很容易被用于缔约国目的之外的用途。纳税人经常能利用不同协定和存在差异的条款来使自身税负最小化。为此,税收协定包含了旨在防范这些不符合协定目的行为的反滥用(anti-abuse)条款。除了协定范本中已有的规则,双边协定,包括本书所列样本国缔结的协定,有时会附加反滥用规则。对此,所分析的协定采用了不同方法。一些

---

⑲ 参阅《卢旺达与比利时的谅解备忘录》第 7 条。

⑳ 参阅国际财政文献局税收新闻:《爱尔兰与卢旺达签订合作协议》(*Cooperation agreement between Ireland and Rwanda signed*),2008 年 4 月 14 日。

协定只是简单地规定适用缔约国国内法上的反滥用规则;[⑳]其他协定包含了利益限制(LOB)条款。[㉒] 肯尼亚与法国之间的避免双重课税条约的议定书规定,缔约国双方都可以适用各自国内立法中的受控外国公司规则 249 ("CFC"legislation)。加拿大与坦桑尼亚以及与津巴布韦之间的协定包含针对导管实体(conduit entities)的规定。[㉓] 有些协定的反滥用规则包含在消极所得条款中。[㉔]

(三)程序规则

样本国协定常包含关于税收协定适用程序的规则。有些协定规定,纳税人应当出具居民身份证明才能享受协定利益。[㉕] 意大利与埃塞俄比亚、肯尼亚、莫桑比克、乌干达之间的协定详细规定了退税(refund)的程序,其中纳税人也须出具居民身份证明,并应提出退税的请求。根据莫桑比克与阿联酋之间的避免双重课税条约,纳税人的退税请求应在国内法规定的时限内作出,并提交退税权利证明。科威特与埃塞俄比亚以及与津巴布韦之间的协定规定,主管当局可以就执行协定条款而制定条例;根据加拿大与肯尼亚以及与赞比亚之间的协定,主管税务当局应相互沟通以执行协定。

㉑ 例如埃塞俄比亚与捷克协定的第 27 条(如发生协定滥用,经相互协商后不得享受税收利益),埃塞俄比亚与以色列协定的议定书(并且只有受益所有人能适用条约),津巴布韦与保加利亚协定的议定书。

㉒ 参阅埃塞俄比亚与印度(第 28 条)以及莫桑比克与印度(第 28 条)避免双重课税条约,其中利益限制条款规定:"若一个缔约国的居民安排事务的主要目的或主要目的之一是为了享受协定利益,则该居民不得享受本协定之利益。非从事真实诚信商业活动的法人也受本条规制。"切勿将本条与美国税收条约中常见的利益限制条款相混淆。

㉓ 津巴布韦与加拿大协定第 29 条第(3)款规定:"由非属本国居民的一人或多人直接、间接受益拥有或控制(beneficially owned or controlled)的一个缔约国居民公司、信托或合伙,如果该公司、信托或合伙在该国应纳所得税及资本税额实质性地低于由该国一个或多个居民实益拥有该公司全部股份或该信托、合伙全部利益份额情况下应纳税额,则不适用本协议。"

㉔ 参阅上文第四章第三节"四(二)"部分。

㉕ 参阅埃塞俄比亚与法国以及肯尼亚与法国的避免双重课税条约,其要求必须提供允许降低预提税率之证明;埃塞俄比亚与以色列的议定书要求须提供证明以及所得申报书,以享受本条约中的税收减免。

(四)最惠国待遇条款

部分样本国的协定包含了最惠国(MFN)待遇条款。[326] 这类条款规定,如果缔约国一方与另一国家缔结条约,且该条约某些条款的条件更为优惠,则这些更优惠的条款应当适用于前一缔约国。[327] 例如,埃塞俄比亚与法国、肯尼亚与法国之间的协定第29条规定,如果这些国家与经合组织其他国家谈判确定了更低的预提税率,这一税率也应适用于法国。[328] 埃塞俄比亚与俄罗斯之间的避免双重课税条约规定,如果缔约国与任何其他国家对更为优惠的条件达成协议,则对常设机构条款和消极所得条款适用最惠国待遇规则。津巴布韦与加拿大之间的避免双重课税条约中的最惠国待遇条款适用于发展援助项目中提供服务的税收减免。所有这些最惠国待遇规则都是让协定的发达国家缔约方受益的,因为这些缔约国是有条件地同意对方缔约国签约,如实施较高的预提税率。其所附条件是,只要后一缔约国与另一个国家达成更低的预提税率的协议,则这些缔约国就可以同样适用该更低的预提税率。相反,肯尼亚与加拿大之间的避免双重课税条约包含了一条"反向"(reverse)最惠国待遇条款,规定如果肯尼亚与德国、法国、意大利、日本、英国或者美国之间在实质持股(substantial holding)股息分配方面谈判确定了更高的预提税率,则该税率也适用于加拿大。

(五)其他规则

所分析的一些协定包括了一条规则,即缔约国国内法或者缔约国之间另一个专门协议所确定的减免税(exemptions and allowances)待遇不受税收

---

[326] 本章已提到部分,例如坦桑尼亚与意大利避免双重课税条约中的海运利润,乌干达与比利时及与丹麦所签条约,以及津巴布韦与挪威及与瑞典所订条约中的常设机构非歧视原则及常设机构税收。

[327] 参阅拉德勒尔(Rädler):"税收协定中的最惠国待遇概念"(Most-favoured-nation concept in tax treaties),载于朗等编:《多边税收协定》(*Multilateral Tax Treaties*),1998年版,第1—14页(第5页);霍夫鲍尔(Hofbauer):"避免双重课税条约中的最惠国待遇条款——世界范围的概况"(Most-Favoured-Nation Clause in Double Taxation Convention—A Worldwide Overview),载于《国际税收》,2005年,第445页起(第445页及其后诸页)。

[328] 肯尼亚与法国避免双重课税条约第23条第(7)款进一步规定,缔约国间其他双边协议中的最惠国待遇条款不适用于税收问题。

协定的影响。㉖ 德国与肯尼亚以及与赞比亚之间协定的议定书规定,课税权分配规则不适用不课税所得,因为这些所得来源于缔约国之外。坦桑尼亚与南非之间的避免双重课税条约第 27 条明确规定,税收协定的修正应当通过外交途径进行。

第四节 小 结

一、样本国家的税收协定政策

(一)共同的税收协定政策?

所分析的样本国家选定后,其中蕴含的基本假设是,这组国家具有同质性。主要理由在于,多数国家有相同的历史背景,都曾经是英国的殖民地,具有类似的经济特点,都是最不发达国家或低收入国家,并且都参与了区域一体化安排。这些共同的历史和经济相似性可能在某方面影响这些国家,但至少在过去没有影响这些国家的税收协定谈判政策。其他诸如一国的政治制度、贸易政策、经济开放度以及实际投资水平等因素,似乎导致了这些国家采取不同的国际税收政策。事实上,每个国家一般遵循自己确立的政策,并且随时间推移经历了不同的发展。当然,有些条款反复出现在不止一个而是若干国家的协定中。但笔者没有发现在协定政策上这些国家存在一条共同的主线。

样本国在相当数量的协定条款上持不同立场。举例而言,其中之一是 251 联合国范本第 5(3)条 b 项的服务型常设机构。卢旺达、莫桑比克在各自几乎所有的协定中都加入了该项规定,表明这两个国家在协定谈判中强调这一规则。然而只有不到半数的埃塞俄比亚、赞比亚、津巴布韦等国的协定包

㉖ 例如,埃塞俄比亚与科威特,津巴布韦与科威特,莫桑比克与葡萄牙,坦桑尼亚与加拿大,赞比亚与加拿大,津巴布韦与加拿大的避免双重课税条约。

含这一规则,表明该规则并不是这些国家协定谈判的优先目标。同样地,关于保险型常设机构也存在不同的协定政策立场:几乎所有的乌干达的和津巴布韦的协定都没有包含将保险活动认定为常设机构的规定,而几乎所有的埃塞俄比亚的和肯尼亚的协定——即使有些协定签署时间早于联合国范本首次发布的 1980 年——都包含了将保险活动认定为常设机构的规定。另一个例子是关于联合国范本的第 8 条。一方面,肯尼亚的和坦桑尼亚的协定规定,来源地国对于海运利润享有课税权;而另一方面,其他所有国家对于海运利润适用严格的居民国课税权。样本国家对于地产型公司股份转让所得的立场也不同。肯尼亚与卢旺达在其所有的税收协定中或多或少遵循了联合国范本的规定;相反,乌干达的所有协定都没有包含联合国范本的该条规定。东非共同体协定也没有与联合国范本第 13(4)条对应的规定。另一个关于样本国家协定立场不同的典型例子体现在联合国范本第 18 条上。埃塞俄比亚、莫桑比克和赞比亚对于退休金支付明确采用居民国课税的办法,而肯尼亚、卢旺达和津巴布韦似乎偏向于来源地国课税方式。协定对于社会保障支付的课税方式也存在不同立场:埃塞俄比亚、莫桑比克以及津巴布韦采用来源地国课税与居民国课税并重的立场,肯尼亚现今更多采用居民地国课税,坦桑尼亚则倾向于来源地国课税。样本国家对于联合国范本条款采取不同立场的例子还有很多,特别是在居民国课税还是来源地国课税的问题上采取的不同立场。本段列举的则是立场分歧特别醒目的例子,因此容易阐明观点。

尽管样本国在过去协定谈判的立场多有不同,但这些政策分歧在南部非洲发展共同体和东南非共同市场协定范本推出后可能得到弥合。如果南部非洲发展共同体和东南非共同市场以及这些范本的最终目标,即优化税制和协调税收政策,能够得以实现,样本国将来的税收协定可能不会有如此大的差别。但要实现这一点,样本国家需要得到支持和长期的援助才能推进它们的协定谈判。⑩

---

⑩ 参阅非洲、加勒比和太平洋国家:《东南非共同市场开创者论坛——发展蓝图》,第 16 页。

(二)样本国家税收协定谈判的趋势

1. 布隆迪

布隆迪至今只缔结了一项税收协定——2010年东非共同体协定。这 252
是因为布隆迪刚刚摆脱数十年的种族屠杀和内战,赢得了和平,并刚刚开始
走上经济发展的道路。[⑥] 因此,该国缔结新的协定可能还需假以时日。目
前,布隆迪没有自己的协定政策;但签署东非共同体协定表明了布隆迪参与
国际税收体系并按规则行事的意愿。

2. 埃塞俄比亚

埃塞俄比亚也是最近才开始缔结税收协定,第一项协定是在1996年才
缔结的,因此在缔结这类双边协定方面经验甚少。但埃塞俄比亚在税收协
定谈判过程中有自己的范本,这一范本主要以联合国范本为基础。[⑧] 即使
如此,埃塞俄比亚欢迎东南非共同市场协定范本的发布。不过,埃塞俄比亚
是否会在将来的协定谈判中采用这一范本,仍需拭目以待。埃塞俄比亚政
府专家进一步认为,在缔结协定的要约方面,埃塞俄比亚更多的是处于被动
而不是主动地位,这在将来应当有所改变。[⑨]

3. 肯尼亚

肯尼亚在协定谈判时没有自己的范本,而是同时借用联合国范本和经
合组织范本。[⑩] 半数的肯尼亚税收协定是在20世纪70年代缔结的,而谈
判进程在80年代和90年代停滞不前。只是到了最近五年,肯尼亚又开始
签署新的税收协定。肯尼亚在70年代缔结的协定表现出有利于来源地国
的倾向。肯尼亚目前主要与希望缔结协定的阿拉伯国家接洽,各方主管税
务当局正在考虑缔结税收协定事宜。[⑪] 与此同时,肯尼亚的一个优先目标

[⑥] 参阅非洲、加勒比和太平洋国家:《东南非共同市场开创者论坛——发展蓝图》,第15页。

[⑧] 同上书,第11页。

[⑨] 同上。

[⑩] 参阅尼亚莫里(Nyamori):"关于肯尼亚转让定价体系的分析"(An Analysis of Kenya's Transfer Pricing System),载于《国际转让定价期刊》(*ITPJ*),2012年,第153页起(第154页)。

[⑪] 参阅非洲、加勒比和太平洋国家:《东南非共同市场开创者论坛——发展蓝图》,第12页。

是与本地区的一些国家开始协定谈判。㊱

4. 马达加斯加

马达加斯加最近经历了政治动荡,目前刚刚回归到良性经济发展的轨道,这会对该国将来可能的税收协定谈判产生影响。㊲ 马达加斯加至今只缔结了两项协定,一项是在 20 世纪 80 年代,另一项是在 90 年代。因为这两项协定相互之间差异较大,且样本过少,因此难以揭示出马达加斯加的税收协定政策模式。

5. 马拉维

马拉维缔结的协定数量不多;一项协定缔结于 1971 年,三项协定缔结于最近五年。其他有效的协定是由英国缔结的,通过换文方式扩展适用于马拉维。在最近的协定谈判中,马拉维使用的是南部非洲发展共同体范本。㊳ 尽管在启动协定谈判方面较为被动,但是马拉维对于与本地区国家之间建立起更为广泛的协定网络表示出兴趣。㊴

6. 莫桑比克

莫桑比克缔结税收协定的历史很短,只是在 20 世纪 90 年代缔结了三项协定,在本世纪开始的十年又缔结了六项协定。作为南部非洲发展共同体的成员国,目前莫桑比克在协定谈判时主要借鉴南部非洲发展共同体协定范本。其主管税务当局没有自己的协定范本,但通过参加南部非洲发展共同体的会议,莫桑比克将尝试在协定谈判中坚持采用南部非洲发展共同体协定范本。

7. 卢旺达

卢旺达的第一项协定是在 2001 年与毛里求斯缔结的——选择毛里求斯作为第一项协定的缔约对方很有意义,因为毛里求斯是投资者进入非洲

㊱ 参阅非洲、加勒比和太平洋国家:《东南非共同市场开创者论坛——发展蓝图》,第 12 页。
㊲ 同上书,第 13 页。
㊳ 同上。
㊴ 同上。

市场的关键渠道。自 2001 年以来,卢旺达又缔结了两项协定,这表明卢旺达的协定网络较小而且历史不长。通过在 2010 年加入东非共同体协定,卢旺达表现出在国际税法领域进一步参与区域一体化的兴趣。

8. 坦桑尼亚

坦桑尼亚的大部分协定缔结于 20 世纪 70 年代。此后只增加了三项协定,最近的一项协定是 2011 年与印度缔结的。因此,坦桑尼亚近年来的协定谈判并不十分活跃。但作为南部非洲发展共同体的成员国,坦桑尼亚未来协定的内容以及是否会采用南部非洲发展共同体协定范本,是一个很有意思的问题。本书分析表明,坦桑尼亚以前缔结的协定倾向于采用联合国范本的规定。

9. 乌干达

除了在 1968 年与赞比亚缔结了税收协定,乌干达只是在 20 世纪 90 年代早期才开始协定谈判。自那时起所签署的协定数量不多,直到五年之前,新的协定才陆续缔结。由于缺少训练有素的税收官员和税收政策制定者,乌干达的协定谈判团队的能力较弱;这导致其缔结的协定更多地体现缔约国对方的立场。[540] 因此,在乌干达缔结的协定中,联合国范本和经合组织范本的规则都可以被找到。

10. 赞比亚

赞比亚的多数协定是在 20 世纪 70 年代至 80 年代中期缔结的,而最近五年只缔结了三项。与坦桑尼亚类似,赞比亚长期以来对于启动协定谈判并不积极,只是在近期才又开始了缔结新协定的努力。目前,赞比亚重点是与南部非洲发展共同体的其他成员国缔结协定,同时也有兴趣与东南非共同市场的成员国缔结税收协定以及缔结税收信息交换协议。[541] 在南部非洲发展共同体协定范本公布后,赞比亚更新了本国的协定范本从而与其保持

---

[540]　参阅阿库诺博拉(Akunobera):"乌干达国别报告"(National Report:Uganda),载于朗等编:《经合组织以及联合国公约范本对双边税收协定的影响》(*The Impact of the OECD and UN model conventions on bilateral tax treaties*),2012 年版,第 1083 页(第 1083 页及其后诸页)。

[541]　参阅非洲、加勒比和太平洋国家:《东南非共同市场开创者论坛——发展蓝图》,第 14 页。

一致。[342]

11. 津巴布韦

自 1980 年独立以来,津巴布韦已经缔结了相当数量的税收协定,其中采用了联合国范本和经合组织范本的规定,但更倾向于经合组织范本。津巴布韦积极参与南部非洲发展共同体协定范本的起草工作,[343]这意味着该国更可能在将来谈判中使用这一范本。目前,津巴布韦的重点工作在于对 20 世纪 60 年代缔结的协定(主要是与南非的协定)进行重新谈判。[344]

二、联合国范本对于所分析税收协定的重要性

(一)所分析的税收协定采用联合国范本的情况

255

自发布伊始,联合国范本便饱受争议。其中最主要的批评是认为该范本服务于发展中国家利益的力度不足,以及该范本对经合组织范本过度依赖。[345]然而,本书分析表明,联合国范本已经为东非发展中国家在其协定谈判中所采用。当然,并不是范本中的所有规则都同样地"成功",其中有些规则被经常采用,其他规则被较少地采用,甚至没有被采用。谈论范本规则的成功与否不可避免地引出规则怎样才是成功的这一问题。第一种观点认为,只有大部分发展中国家的协定采用联合国范本的某一规则时,才能说该规则是成功的。如果以此标准来衡量,那么得到的答案是,联合国范本中基本上没有一条规则是成功的。这一标准过于严苛了。事实上,如果超过一定数量的国家在其颇具数量的协定中采用某一规则,该规则就应当被认为是成功的。这一标准尽管具有一定的模糊性,但对于下文的分析却是足够的。

首先,本节通过分析得出的结论之一是,联合国范本很少在整体上被采用。协定谈判者更经常采用联合国范本和经合组织范本的混合规则作为谈

---

[342] 参阅非洲、加勒比和太平洋国家:《东南非共同市场开创者论坛——发展蓝图》,第 14 页。

[343] 同上书,第 15 页。

[344] 同上。

[345] 详见上文第三章第二节"四"部分。

判基础。一个很好的例证是被分析协定中的信息交换条款,在大多数协定中,该条款是以经合组织范本规则为出发点,同时也吸收了联合国范本对应规定的若干内容。再举一例,本书所分析协定的第五条也不是仅借鉴经合组织范本或联合国范本的规定,而往往是两个范本各自规则的混合体。从更全面的角度看,没有一个协定的所有条款是仅仿效联合国范本的所有条款或经合组织范本的所有条款的。

除了一些国家可能只是接受联合国范本的某些特点而反对采用该范本的其他规定外,上述混合规则现象的另一个原因是,经合组织范本的更新更为频繁,经合组织对于国际税收现行问题的探究更为经常和更为详细。而联合国范本的变动则可能颇费时日,而且这些变动或是非实质性的,或只是澄清已有规则而已。因此,许多国家倾向于选用最新版本的经合组织范本,然后再加入这些国家认为合适的联合国范本的规定内容。本书分析过程中可以支持这一观点的例证有:经合组织范本早在 1977 年更新时就已经在其第 4(1)条中加入了最后一句规定,而联合国范本只是在 2001 年更新时才进行同样的变动,在 1980 年至 2001 年之间缔结的不少协定采用了经合组织的这一规定(也就是后来联合国范本更新后的内容)。这一现象更常发生在第 5 条关于辅助性活动不构成常设机构的规定,经合组织范本在 1977 年加入这一规定,而联合国范本则是在 2001 年才引入这一规定。另一个例证是,经合组织范本在 1995 年改变了受益所有人概念的措辞,而联合国范本是在 2001 年才作出这一改变。此时,有些协定早已采用了新的经合组织范本的用语,而非联合国范本的。同样但较不明显的是,早在联合国范本引入这一规定之前,经合组织范本第 15(1)条关于 183 天的标准就为部分协定所采用。最后,选用经合组织最新版本的倾向还体现在第 26 条上,特别是晚于 2000 年缔结的协定更是如此。在 2000 年,经合组织范本第 26 条已经发生了实质变化,而联合国范本的相同变动则是发生在 2008 年。总而言之,在经合组织范本已更新但联合国范本还未更新的过渡阶段,选用经合组织范本的倾向尽管有时明显,有时较弱,但是客观存在于所分析的协定中。当然,这也可能是更喜爱选用经合组织范本的普遍偏好,但对此也无法完全

256

确定。这一点也能引发更深的思考：为了使范本规定能被更多地采用，联合国范本更新的步伐应当加快。

下文将一一总结具有联合国范本特点的成功规则，这些论述将成为下文提出对联合国范本及其评注进行改进建议的基础。

（二）协定的适用范围

人的范围。联合国范本第 4 条规定了居民的定义以及相应的可以享受协定利益的人的范围。对于自然人以外的"人"，2001 年版联合国范本第 4 条规定"成立"（incorporation）是确定居民身份的标准。在 1980 年版联合国范本或者经合组织范本中没有这一标准。缔结日期晚于 2001 年的协定中有大约半数协定在居民身份条款加入了成立地标准。而埃塞俄比亚、莫桑比克、津巴布韦的协定没有采用这一标准。联合国范本的本项规定应当是成功的。

（三）营业利润和独立劳务

建筑工地与建设项目。联合国范本的一个特点是建筑工地构成常设机构的标准要低于经合组织范本规定的标准。这意味着联合国范本中建筑工地构成常设机构的时间要求要短于经合组织范本的时间要求，特别是在时间要求长于六个月的情形。如图 4.5 所示，样本国缔结的大部分协定采用了联合国范本这一较低标准。只有埃塞俄比亚、赞比亚的一些协定采用了

257

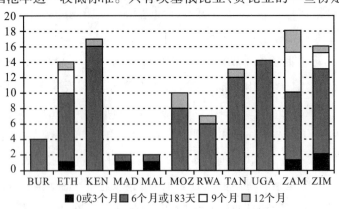

图 4.5　建筑工地构成常设机构的标准

更长时间的标准。但即使是这些协定,其中至少部分协定采用的也是九个月标准,经合组织范本规定的十二个月的标准极少被采用。

而且,联合国范本还规定,与建筑工地或建设项目有关的监理活动,如果其持续时间超过六个月,也构成常设机构。如图4.6所示,这一规则也为大多数所分析的协定所采用。埃塞俄比亚、坦桑尼亚和津巴布韦是少数例外的国家,其协定没有如其他国家的协定那样包含本项监理活动构成常设机构的规定。

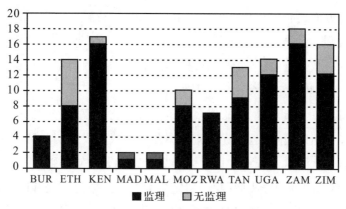

图4.6 与建筑工地或建设项目有关的监理活动

服务型常设机构。不可否认的是,服务型常设机构规则是个具有"分界线"(borderline)性质的例子。因为如下图所示,在样本国家的协定中,该条款

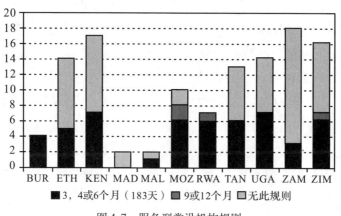

图4.7 服务型常设机构规则

并不如其他联合国范本规则那样成功。例如马达加斯加的协定中没有包含任何关于服务型常设机构的条款,赞比亚协定网络中只有三项协定包含这一规定。但与此相反,卢旺达、布隆迪等国的所有协定都包含本项规则。其他样本国则处于这两类国家的中间,这些国家的大约一半的协定采用了服务型常设机构规则。尽管服务型常设机构规则没有在每个国家的协定中取得成功,但它确实影响了部分国家的协定网络,从这个意义上说,该规则也是成功的。

常设机构定义的其他内容。与服务型常设机构类似,联合国范本常设机构定义方面还有些与经合组织范本不同,且没有较多地被所分析协定所采用的规则。一是关于货物交付是否构成常设机构的规定。协定政策在此问题上存在较大分歧。整体而言,样本国的大约半数协定采用了联合国范本的规定;这些协定的缔结时间甚至早于 1980 年。几乎所有的肯尼亚协定,莫桑比克的和坦桑尼亚的许多协定都遵循这一模式。但也有半数协定采用了经合组织范本规定,货物交付据此不构成常设机构。乌干达和津巴布韦等国采用了这一规定方式。关于保险型常设机构的规则上也存在类似分野,在缔结时间晚于 1980 年的协定中大约有半数协定没有这一规定,比如几乎所有的乌干达、津巴布韦的协定都没有包含保险型常设机构规则。但在肯尼亚的和赞比亚的协定中则可以经常地找到这一规则。

有限引力规则。联合国范本第 7(1) 条是关于有限引力原则的规定。本书所分析的协定很少采用这一规则。只有肯尼亚的和坦桑尼亚的不少协定采纳了这一规则,但该规则在多数情况下的适用更受限制。[946] 一个有趣的情况是,所有包含有限引力规则的坦桑尼亚协定,除一项外,都是早于1980 年缔结的,而 1980 年是联合国范本第一次发布的时间。

有限引力原则扩展了常设机构所在国的课税权,该规则与常设机构所在国只能对可归属于常设机构的利润课税这一严格的规则是不同的。就所分析协定而言,缔约国更愿意接受对可归属于常设机构的利润课税的规则。但这意味着放弃来源地国课税权,并使双边规则更接近于经合组织范本。

---

[946] 限制情况详见上文第四章第三节"三"部分。

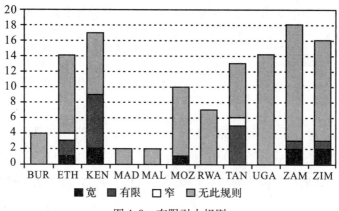

图 4.8 有限引力规则

第7 条中其他具有联合国范本风格的规则。联合国范本第 7 条还包含与经合组织范本不同的,但为样本国协定较少采用的两款规定。一是联合国范本第 7(3)条关于计算常设机构利润时费用扣除的特殊规定,大部分被分析协定的该条款没有采用联合国范本风格的规则。埃塞俄比亚的和津巴布韦的协定是最常采用经合组织范本本条规定的,但肯尼亚与坦桑尼亚倾向于采用联合国范本的规定。二是联合国范本没有包含与经合组织范本第7(5)条对应的规定,后者规定仅仅是购买活动产生的利润不可归属于常设机构。大部分协定仍含有经合组织范本的这一规定,而"抵制"该规定的国家似乎只有坦桑尼亚。

国际运输。尽管经合组织范本没有赋予来源地国关于海运企业利润的任何课税权,联合国范本第 8 条 B 选择却规定了来源地国的课税权。样本国家的多数协定遵循了经合组织范本的规定,只有肯尼亚和坦桑尼亚在各自缔结的协定中经常规定来源地国对海运企业利润的课税权。但值得强调的是,这两个国家协定的规定均没有采用联合国范本的措辞,而是采用自己的范式。⑩ 因此联合国范本将课税权更多地赋予来源地国的目的,是通过

---

⑩ 所涉条款参阅下列条约:赞比亚与加拿大、丹麦、芬兰、挪威、南非、瑞典签订的避免双重课税条约;肯尼亚与加拿大、挪威、法国(但未涉及国内法,没有明确提出来源地国的课税权)、印度、瑞典签订的避免双重课税条约。

260   在协定中加入用语不同的规则得以实现的。本书所分析协定的另一个特点是关于第 8 条涵盖的活动。协定第 8 条经常包含一个附加条款,据此,第 8 条不仅涵盖国际运输中的船舶和飞机经营,而且还包含海运企业的其他典型经营活动或类似活动,比如船舶或飞机的租赁、集装箱租赁,以及票务销售活动。

关联企业。联合国范本的第 9(3)条是在范本 2001 年更新时引入的。然而,样本国家此后缔结的大量协定都没采用该款规定。在所签署的 40 项协定中有 30 项没有该款的对应条款。因此可以认为,范本该规则并不十分成功。

独立劳务。缔结于 1980 年之后的所分析协定中只有大约三分之一(多数是埃塞俄比亚的和津巴布韦的)协定采用了之前经合组织范本第 14 条的规定或者完全删去了对应的规则。其他协定确实包含了联合国范本第 14(1)条 b 项规定的特点,据此,如果劳务提供者在来源地国停留超过 183 天,来源地国对于该劳务产生的所得即具有课税权。甚至是在第一版联合国范本发布之前,有些国家(特别是肯尼亚、坦桑尼亚和赞比亚)就已经采用了这一具有联合国范本风格的规则。因此该规则被证明是相当成功的。

专业服务型常设机构。对于那些希望在双边协定中删除第 14 条专业服务型常设机构的国家而言,2011 年联合国范本更新时其第 5 条的新评注加入了一项可供选择的服务型常设机构条款(专业服务型常设机构)。即使在新评注加入该项规定之前,样本国家所缔结的七项协定已经包含了类似的规则。[68] 但这些类似规则与联合国范本评注的条款用语不同。与 183 天停留的规定不同,这些类似规则要求的是劳务活动应当持续超过 183 天。似乎这些在双边协定中常被采用的规则最终转化成了联合国范本评注的规定。有趣的是,在这七项个人提供劳务构成服务型常设机构的协定中,有四项是南非缔结的,还有两项是博茨瓦纳缔结的,所以基本上是非洲国家之间

---

[68]   参阅埃塞俄比亚与南非,马拉维与挪威,莫桑比克与博茨瓦纳,莫桑比克与南非,卢旺达与南非,坦桑尼亚与南非,津巴布韦与博茨瓦纳的避免双重课税条约。

的协定。⑨ 即使还无法确定这体现的是南非的协定政策还是全非洲国家的政策,范本的本项规定确实很有机会获得成功。将独立劳务从第 14 条转移规定在第 7 条,并辅之以对第 5 条的修改,并不意味着对课税权分配的变动,而是对经合组织所采用方式的调整。这是因为联合国范本第 14 条与经合组织范本第 14 条之间的差异在于所增加的 183 天规则,据此规则,183天以上的停留也触发来源地国的课税权。在常设机构条款中加入个人独立劳务的 183 天规则,确保了在双边协定没有与范本第 14 条的对应规则的情况下,联合国范本的这一特点得以保留。而联合国范本这一新评注的附加规则是否会最终导致范本第 14 条被删去,也是值得关注的。

(四)消极所得

预提税率。联合国范本的一个特点是在消极所得方面赋予来源地国更多的课税权,或者至少为缔约国双方提供了谈判确定比经合组织范本更高预提税率的可能。考察样本国各个协定中预提税率的规定可以得知以下情况:对于证券投资股息所得,经合组织范本规定的最高预提税率为15%,所分析协定中很少对该所得规定更高的预提税率。只有肯尼亚的、坦桑尼亚的和津巴布韦的协定在某些情况中规定了这类较高的预提税率。有三分之一的协定按照经合组织范本对证券投资股息所得规定了 15% 的预提税率,另外三分之一协定甚至规定了更低的税率。本书所分析协定关于非证券投资(直接投资)股息所得的预提税率也呈现类似格局:肯尼亚、坦桑尼亚、津巴布韦以及莫桑比克和埃塞俄比亚倾向于在各自缔结的协定中规定比经合组织范本更高的预提税率。但也有相当多数量的协定仍然采用最高为 5%的预提税率,这主要是赞比亚的和卢旺达的协定。

关于利息所得的预提税率,联合国范本对协定的影响不及其在证券投资股息所得预提税率上对协定的影响。大量协定采用了经合组织范本规定的 10% 或者更低的税率(如埃塞俄比亚的协定)。只有肯尼亚和坦桑尼亚在各自缔结的大部分协定中规定了更高的预提税率;乌干达的和赞比亚的

261

262

---

⑨　马拉维与挪威避免双重课税条约所用措辞与非洲国家之间条约所用措辞有细微差别。

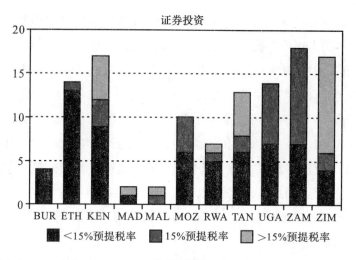

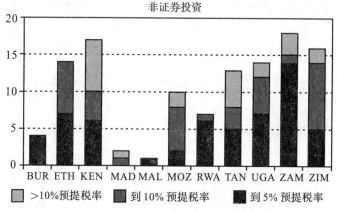

图 4.9 证券投资与非证券投资股息支付的预提税率

部分协定也采用了这一规定模式。几乎所有的协定对政府性利息支付免除来源地税收,这与联合国范本的规定不同。双边协定中为此采用了与范本不同的措辞。[59]

经合组织范本对于特许权使用费没有规定任何的预提税率;联合国范本对此有所规定,但把实际税率交由缔约双方谈判决定。只有四项协定遵循经合组织范本而没有将课税权赋予来源地国。其他协定规定的预提税率

---

[59] 综述参阅文末附表1。

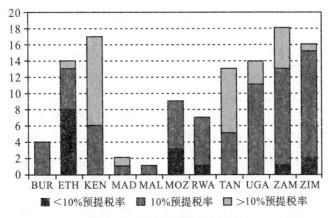

图 4.10 利息支付的预提税率

差异很大,图 4.11 展现了这一情况。

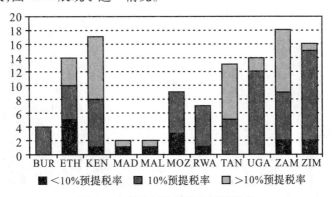

图 4.11 特许权使用费的预提税率

非对等的预提税率。在确定双边协定中的预提税率时,协定谈判者应
当清楚,采用非对称的或非对等的预提税率也是可能的。这意味着一个发
展中国家作为来源地国,比发达国家作为来源地国的情形,可以征收更高的
来源地税。这种方法已经为样本国的一小部分协定所采用。⑩ 但事实上在
多数情况下,这种非对等的预提税率相比对等的较高的预提税率,并不能使

263

---

⑩ 例如津巴布韦与加拿大,津巴布韦与法国,津巴布韦与马来西亚,津巴布韦与英国避免双
重课税条约中的股息条款。然而埃塞俄比亚与荷兰避免双重课税条约中,若来源国为埃塞俄比亚,
则股息预提税率为 10%,若来源国为荷兰,则股息预提税率为 15%,所以存在由发展中国家付出代
价的非对等情况。

发展中国家获益更多；至少，当下述假设成立时情况应当如此，即，发展中国家是资本输入国并且对发达国家不会有太多投资。

股息所有权（ownership）门槛。为区分证券投资股息与非证券投资股息，联合国范本规定的所有权比例为 10%，而经合组织范本规定的这一比例是 25%。如下图所示，大多数所分析的协定没有作这一区分，而是对任何比例投资的股息适用相同的预提税率。作出这种区分的协定多数采用了经合组织范本规定的 25% 这一标准。奇怪的是，如果认为更多的来源地税收对发展中国家有利，那么对本情形采用经合组织范本的更高比例反而更有利于发展中国家。其原因在于，如果采用低比例标准，在发展中国家的投资更易被认定为直接投资，而与直接投资相关的来源地国税率更低。

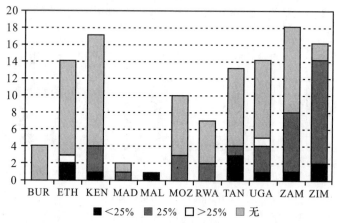

图 4.12　非证券投资股息的所有权标准

特许权使用费的定义。联合国范本中的"特许权使用费"定义要比经合组织范本的更为广泛：它还包括了作为电视和广播使用磁带和胶片，以及使用工业、商业和科研设备而进行的支付。几乎所有缔结于 1980 年之后的协定都包含了第一项内容，而超过半数的协定还包含第二项内容。埃塞俄比亚的、马达加斯加的以及乌干达的（1980 年之后缔结）协定比其他国家的协定较少地包含第二项内容。但总体而言，联合国范本关于特许权使用费的广泛定义是成功的。

技术和管理费。除了马达加斯加和马拉维，几乎所有分析的国家所缔

结的协定都包含关于作为对特定性质(技术、专业、管理等)服务回报的费用或者支付的专门条款。尽管有些协定把这类费用置于特许权使用费条款中,但更多的协定则对此独立成条,置于消极所得条款与资本利得条款之间。这是与联合国范本和经合组织范本的一个重要差别。

(五)股份转让的资本利得

地产型公司股份转让。样本国家的不少协定将地产型公司股份转让所

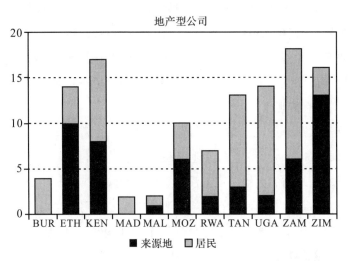

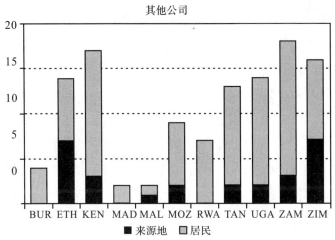

图4.13　股份转让资本利得的来源地课税权与居民课税权

得的课税权赋予不动产坐落地国。但这些协定并不一定采用联合国范本对应条款的用语,事实上只有 15 项协定采用了范本的用语。2003 年经合组织范本第 13 条引入了地产型公司条款,而在缔结于 2003 年之后的协定中有一半采用了联合国范本的用语,另一半采用了经合组织范本用语。[62] 另一种方式是,有 10 项协定将这类公司股份转让所得归入不动产所得,并通过在协定第 6 条中加入一个合适的款项对两者加以规定,或者简单地在第 13 条加入一个与范本用语不同的款项加以规定。即使是将课税权赋予坐落地国的协定,其用语也体现出与联合国范本不同的倾向。当然,这并不是指规定内容上的差异,因为所有规则都授予坐落地国以课税权,只是规则用语存在差异而已。至于经合组织范本的地产型公司条款的重要性是否在将来会上升,这有待观察。

其他公司股份转让。联合国范本第 13(5) 条规定,转让实质性持股(substantial holding)所得由来源地国课税,即由被出售股权公司的居民国课税。样本国缔结的大量协定都没有采用这种课税权分配规则。埃塞俄比亚和津巴布韦是少有的两个在所缔结协定中反复采用该规则的国家。当缔约国决定在协定中将课税权实际分配给来源地国时,也不是以联合国范本作为对应规则的基础。[63] 这些协定与联合国范本的最主要差异,在于规定持股并不要求是实质性的,很少有协定对此作出最低比例的要求。而埃塞俄比亚协定中以第 13(5) 条为基础的各种条款还采用了不同的用语。因此,联合国范本的规定并没有对所分析协定产生主要影响,尽管有部分协定采纳了将课税权分配给来源地国的理念。

(六) 其他课税权分配规则

高级管理人员。联合国范本中最不成功的条款是其第 16(2) 条。几乎所有的样本国协定都没有这一条款。该条限制了来源地国,即高级管理人员所任职公司的居民国对这些人员所得的课税。该条不受欢迎的理由在

---

[62] 两个规则间的差异参阅上文第三章第三节"三(三)"部分。

[63] 详见上文第四章第三节"四"部分。

于,它可能不符合发展中国家的利益。设想一家作为发达国家税收居民的公司准备在一发展中国家开展经营活动,为此雇佣了一个当地的经理来负责在发展中国家筹建企业。根据联合国范本第15条,该人只能由他或她的居民国(即发展中国家)课税,尽管按照第16条,课税权仅能分配给公司的居民国(即发达国家)。如果该公司从本国外派经理到发展中国家,结果也是相同的;当然,只有当联合国范本第15(2)条不适用,且对该人按照活动原则(activity principle)课税时才如此。而相反的情况很少发生。这就是要求对联合国范本第16(2)条进行重新考量的原因。可以考虑的是,在联合国范本评注中作出一个说明,说明该规则如何对发展中国家课税权带来负面影响。

退休金的来源地课税权。如图4.14所示,在样本国双边协定中加入退休金支付的来源地课税权是较为常见的。

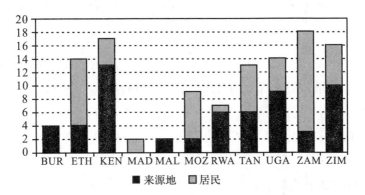

图4.14 退休金支付的来源地课税权与居民课税权

比如,布隆迪的、肯尼亚的、马拉维的、卢旺达的和津巴布韦的协定主要采用了这一方式。但特别引人注意的是,联合国范本第18B条从未被采用。这意味着在这方面,联合国范本的基本思想虽体现在范本中,但其规定用语没有为实际协定所采纳。进一步而言,近五十项所分析的协定中的退休金条款同样适用于年金。因此退休金条款几乎都包含了"年金"的定义。这是对联合国范本和经合组织范本条款的重要补充。 267

社会保障支付。另一项只存在于联合国范本而不存在于经合组织范本

的规则是联合国范本的第18A(2)条和第18B(3)条。这些规则为相当多的本书所分析协定所采用,因此可以被认为是成功的。样本国缔结的大约半数协定规定,作为一缔约国公共计划组成部分的社会保障支付只能由该缔约国课税。如下图所示,卢旺达、坦桑尼亚和津巴布韦是主要采用这一政策的样本国。相反,埃塞俄比亚、肯尼亚和赞比亚倾向于在它们的协定中不包含对社会保障支付的来源地课税权。

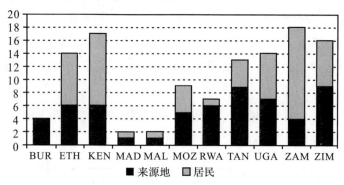

图4.15 社会保障支付的来源地课税权与居民课税权

其他所得的来源地课税。联合国范本与经合组织范本之间另一项较为成功的差异是,规定来源地国对产生于其境内的其他所得拥有课税权,对该类所得不只由居民国课税。几乎所有受分析国(除马达加斯加的)的协定都采用了这一规定。图4.16表明,有时甚至是一国(如肯尼亚、马拉维、莫桑比克、卢旺达、坦桑尼亚和乌干达)缔结的大多数协定都在其他所得条款中将课税权赋予了来源地国。

(七)学生与访问教授

非歧视。1980年版联合国范本第20(2)条包含了一项规则,规定除了依第20(1)条获得的免税待遇外,交流学生在挣取所得的课税方面也应当与当地学生享受同等待遇。该规则并不非常成功,2001年版联合国范本删去了这一规则。样本国协定也体现了这一变化。在1980年至2001年期间缔结的协定中有超过三分之二的协定没有包含与联合国范本第20(2)条对应的条款。

受雇所得的免税。本书所分析协定的学生条款中经常出现一条附加规

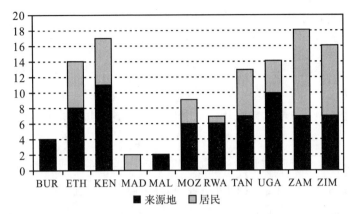

图 4.16　其他所得的来源地课税权与居民课税权

则，即规定对学生或学徒受雇报酬给予免税待遇。这类报酬一般不为联合国范本第 20 条所涵盖。大约有四十项协定包含了这一附加规则。

教授、教师和研究人员（访问教授）。大多数本书所分析的协定包含有关于来自于一缔约国并到另一缔约国访问的教授、教师和研究人员所得的专门条款。根据这一条款，这些人员的所得在东道国免税。联合国范本和经合组织范本都没有这一条款。

（八）避免双重课税

税收饶让与匹配抵免。上文分析表明，样本国协定多包含税收饶让与匹配抵免条款。很少有协定只包含常规抵免方法的规定。协定或是采用了免税法，或是采用抵免法并拟制税收抵免作为补充。税收饶让规则与匹配抵免规则更为常见；然而协定所采用的各种条款的用语差别很大，这可能是由于联合国范本和经合组织范本都没有为协定缔结提供可采用的条款用语。

避免经济性双重课税。若干税收协定中包含了在股息支付情形中消除经济性双重课税的条款。经济性双重课税可以通过股息免税规则或者境外已纳税款抵免规则（underlying tax credit）来加以缓解。在所分析的协定中，境外已纳税款抵免比股息免税更为常见。两个协定范本中都没有这两种方法的规定。

（九）专门条款

269 　　*相互协商程序*。联合国范本的相互协商程序条款的第(4)款与经合组织范本的存在差异。联合国范本的该条款规定,缔约国主管当局应当制定执行相互协商程序的程序[见联合国范本第 25(4)条]。在 1980 年之后缔结的协定中只有十项协定采用了联合国范本的这一规定,因此该规定并不成功。

　　第26 条:防范欺诈和偷逃税。联合国范本第 26 条成功与否,难有定论。一方面,对样本国协定的分析表明,许多协定的信息交换条款都包含了防范欺诈和偷逃税的目标。但另一方面,只有两项协定在字面上遵循了联合国范本第 26 条的规定,同时也包含了范本其他细小的特点。而其他多数协定倾向于采用经合组织范本(并不必然是签署协定时的最新版范本)的规定,并在其中加入防范欺诈和偷逃税的目的。这种采用两种范本混合规定的方式可能是因为,缔约国希望在尽可能地遵循经合组织范本与同时在一定程度上吸收联合国范本的内容之间实现妥协。而 2011 年版联合国范本也已经考虑到了这一现象,该版范本第 26 条采用与经合组织范本完全相同的措辞,但又在此基础上加入了防范欺诈和偷逃税这一句规定。

三、结语

　　在第四章中,样本国缔结的税收协定被"指标化"(index)了,这些协定所包含的条款被按顺序加以排列,从而确认协定之间的相似点,并分析联合国范本对这些协定谈判的重要性。本章分析表明,联合国范本中下列条款对于相当数量的税收协定产生了实际影响:常设机构条款中建筑工地构成常设机构的较低标准和监理活动构成常设机构的规定,消极所得条款中预提税率的规定,关于特许权使用费更广泛的定义,地产型公司股份转让所得的来源地课税权规定,第 18 条中包含的社会保障支付的规定,其他所得的来源地课税权规定,信息交换条款方面防范欺诈和偷逃税的规定。本章分析也揭示了样本国协定很少实际采用的联合国范本的部分条款。这一方面包括很少被采用甚至根本未被采用的范本条款,另一方面是基本原则被采

用但实际措辞不同的范本条款。第一方面的规则包括联合国范本第 7 条的
特别规定,关联企业的规则,高级管理人员条款,学生的非歧视规定,以及相
互协商程序规则。第二方面的条款包括国际运输条款,股息所有人门槛,转
让实质性持股所得的资本利得规定,以及退休金的来源地课税权规定。最
后,分析还发现了样本国协定所包含的一些在联合国范本或经合组织范本
中都不存在的附加规则:利息免税规则,技术和管理费规则,年金规则,学生
和访问教授免税规则,税收饶让和匹配抵免规则,以及避免经济性双重课税
规则。

　　通过第四章的分析,本文可以得出结论,联合国范本确实对样本国的税
收协定谈判产生了影响。协定中采用了相当多的范本规则,这表明样本国
的协定谈判者借鉴和利用了联合国专家委员会的工作成果。但也有一些联
合国范本的条款根本没有被采用或者通过不同的措辞和方式被采用。样本
国协定还包括了一些联合国范本中没有的规定。下一章将提出联合国范本
评注中可以加入的替代规则,从而考虑和体现东非发展中国家的协定实践。
这些将要探讨的规则或是对联合国范本现有条款的修改,或是增加联合国
范本目前没有的条款。

第五章 联合国范本的改进

第一节 引 言

前一章的分析表明,联合国范本并不能完全满足样本国协定谈判的需求。一方面,虽然联合国范本中一些条款的内容被双边协定所采用,但是用语却不同。另一方面,协定包含了一些联合国范本或者经合组织范本所没有的规则。这两种情况表明,联合国范本存在改进的空间:或者调整和改进现有规则,或者在联合国范本中加入附加规则。这可以通过不改变联合国范本本身,而是在范本的评注中加入体现东非国家协定实践特点的规则来实现。对现有条款采用更为统一的替代规则,以及对这些替代规则进行更为统一的解释,对那些没有或者缺乏税收协定经验的国家和协定谈判者特别有利。①

在本章中,所分析税收协定中使用的规则将构成一个可能的规则池,从中可以选出体现最佳实践的例子。考虑这些规则的优点和缺点可以确定最可行的规则,由此可以为联合国范本评注引入新规则提供最佳选择。本章并不探讨所有与范本不同的协定规则,讨论的重点将放在那些在协定中反复出现的、值得为发展中国家所考虑的规则,特别是下列问题,包括:国际运输规则,利息免税规则,技术费待遇,退休金和年金,学生、访问教授、教师和研究人员服务所得的免税待遇,税收饶让条款以及避免经济性双重课税。

---

① 参阅德·高德和迪金森(De Goede/Dickinson),载于《国际税收期刊》,2012 年,第 588 页。

第二节　国际运输

海运利润的来源地课税。经合组织范本没有将对海运企业利润的任何 272
课税权分配给来源地国;相反,联合国范本第 8 条 B 选项包含了这种来源
地课税权。样本国家税收协定多采用经合组织范本的规定。人们只能猜测
如此之多的税收协定仍然采用居民国排他性课税权的原因。一种可能是海
运和空运对这些缔约国并不具有经济上的重要性,同时海运产业对于内陆
国家也无太大的利益关系。那么为何该条款会如此引人关注? 协定的第 8
条与范本的规定存在很多差异,这意味着双边协定第 8 条的谈判占用了整
个协定谈判过程的重要部分。因此,双边税收协定中没有规定来源地课税
权的另一个可能原因,是出于简化第 8 条谈判的考虑。协定为海运和空运
单独设条的合理性在于,对在许多不同国家存在经营活动的企业适用常设
机构原则是困难的。确认在哪个国家构成常设机构,以及确定归属于每个
常设机构的利润也是困难的。因此,授予实际管理机构所在地国家排他课
税权是降低管理和控制成本的一种简化手段。最后一个更为简单的解释
是,缔约国倾向于采用经合组织范本就是因为想采用经合组织范本。

然而,至少有肯尼亚和坦桑尼亚反复在它们缔结的协定中规定了航运
企业利润的来源地国课税权。但值得强调的是,这些协定条款从未采用联
合国范本的规定,而是使用了自己的规定模式。[②] 因此,联合国范本将更多
课税权授予来源地国的目标是通过一组不同的规则来实现的。可能性之一
是,改变联合国范本第 8 条 B 项的用语,使之与前文所分析协定中的差异
一致,并将由此形成的新规则加入到联合国范本的评注中。肯尼亚的和坦
桑尼亚的协定规则一般是这样的:首先,它规定缔约国双方根据本国法对利

---

② 所涉条款参阅下列条约:坦桑尼亚与加拿大、丹麦、芬兰、挪威、南非、瑞典签订的避免双重
课税条约;肯尼亚与加拿大、挪威、法国(但未涉及国内法,未明确提及来源国税收权)、印度、瑞典
签订的避免双重课税条约。

润都有课税权。但与联合国范本不同的是,为了能够将课税权分配给来源地国,该规则不要求企业在来源地国的经营绝非偶然(more than casual),而只是要求来源地根据国内法有能力对该利润课税。其次,税收协定规定,由来源地国产生的利润限制在从来源地所获得总支付的一定比例。这意味着利润的计算被简化为在收入基础上乘以利润率后得出。收入基础是企业收取的其在另一国家内人员或者货物运输的报酬总额,利润率常设定为5%。最后,以上述计算得出的利润减半为基础,计算来源地国的税收。肯尼亚的和坦桑尼亚的其他协定规则并没有那么详细,只是规定将课税权授予来源地国并将应纳税额减半。③ 赞比亚与坦桑尼亚、肯尼亚及乌干达的避免双重课税条约将海运和空运利润的课税权仅授予居民国,但规定来源地国对陆路运输的利润拥有课税权。

　　肯尼亚的和坦桑尼亚的协定中将课税权分配给来源地国的机制很有吸引力。④ 首先,这些规定容易适用,因为海运企业利润的计算被简化为在收入基础上乘以利润率。其次,来源地国难以确定的问题通过依据国内法就可以对利润课税的规定解决了。最后,将来源地国税收减半是分享课税权的一种公平方式。然而,进一步的研究表明,该机制在很多情况下并不能避免双重课税,除非缔约国税制的相似度足够高。由于利润只是估算,来源地国的实际课税与依据协定规定的计算公式得出的税款可能存在很大差异,造成企业可能在其居民国无法抵免所有已纳税款。即使联合国第8条B项的来源地课税权规则没有被样本国所采用,这些国家的协定网络中也没

---

　　③　参阅下列条约:坦桑尼亚与印度(所得可在来源国课税,但税收应减半;来自另一缔约国的船舶运营所得指运送该另一缔约国乘客、邮件、牲畜或货物之所得,不包括沿海交通);坦桑尼亚与意大利以及肯尼亚与意大利(坦桑尼亚条约中来源地税限于利润的2%并且包含最惠国待遇条款);肯尼亚与泰国(缔约国双方均可课税,但均需减半征收);肯尼亚与丹麦第8条(缔约国双方均可依国内法课税,减半征收);肯尼亚与南非第8条(来自其他缔约国的所得可在该国课税,减半征收)。

　　④　例如肯尼亚与加拿大避免双重课税条约规定:"一个缔约国企业从船舶国际运输营业取得的所得,缔约国双方都可根据各自国内法课税。若该企业在该另一个缔约国从事该营业而获得营业利润,就课税而言:(a)利润总额应视为不超过该企业在另一缔约国客、货运输营业总额的6%;(b)在另一个缔约国应纳税额不应超过(a)项所计利润的50%。"

有出现更好的实践。因此,更容易为各国采用的规则究竟应如何,仍有待研究。

　　所涵盖的活动范围。联合国范本区分了空运、海运和内河运输,但是范本没有明确"经营"一词的准确含义。根据通行的观点,经营是指人员和货物的运输以及运输所附带的任何其他活动,后者首要的是准备性和辅助性的活动。[⑤] 经营所用的工具是否是经营者的财产(比如只是租赁)这一点并不重要。[⑥] 准备性的或辅助性的活动是指票务销售,为所要运送人员提供短途往返(shuttle)服务,为所运输的货物或商品提供临时储藏服务;票款收入临时存入银行所产生的利息也属于海运或者空运的利润。[⑦] 租赁,即船舶和飞机租赁产生的所得,如果这些船舶和飞机配备完整的设备和人员,则只由联合国范本第8条规范。单纯运输工具的租赁("光船租赁"),则适用联合国范本第12条,因为这类所得是对使用或者有权使用由特许权使用费定义所列举的工业、商业或者科研设备的支付。[⑧] 如果双边协定没有在特许权使用费定义中包括设备的使用,则适用联合国范本第7条。租赁和提供集装箱也只是附带性的活动,属于联合国范本第8条规范的范围。[⑨]

　　本书所分析的协定经常包含一个附加款项,据此,本条不仅涵盖国际运输中的海运和空运经营活动,也包含海运企业所开展的其他典型的经营活动或类似活动。[⑩] 根据对范本条款的解释规则,对任何附加活动的明确提示或具有宣告(declarative)性质,或具有构成(constitutive)性质。对于第一类活动,通过插入附加用语,澄清可能会产生解释分歧的特定活动内容,这是合法的做法。这涉及所列举的附随性集装箱使用、维护及租赁,附随利息

---

　　⑤　参阅黑默雷茨,载于沃格尔和莱纳编:《避免双重课税条约》,第8条,旁注第14。

　　⑥　参阅黑默雷茨,载于沃格尔和莱纳编:《避免双重课税条约》,第8条,旁注第18。

　　⑦　参阅黑默雷茨,载于沃格尔和莱纳编:《避免双重课税条约》,第8条,旁注第14及其后各注。

　　⑧　参阅黑默雷茨,载于沃格尔和莱纳编:《避免双重课税条约》,第8条,旁注第17。

　　⑨　参阅黑默雷茨,载于沃格尔和莱纳编:《避免双重课税条约》,第8条,旁注第19;联合国范本评注第8条,第133页(经合组织范本评注亦然)。

　　⑩　综述参阅第四章表4.23。

或者附随性陆地运输等活动。但值得注意的是,为了达到澄清目的而采用的附加用语也可能不经意地导致更多的解释问题。在这种意义上,国家应当对采用与联合国范本不同的规定持审慎态度,而且应考虑在协定的议定书中加入关于协定解释的指引。对于其他类型的不属于国际运输附随性活动的,可以考虑将它们置于联合国范本第 8 条评注中,从而确保各国在采用这些规则时保持一致。样本国协定中的这类活动首先是光船基础上的船舶租赁或者一般性的船舶和飞机租赁,其次是铁路或者公路运输工具的经营和租赁。为了能够涵盖这些活动,范本第 8 条可以增加如下规定的两款用语。对于铁路或者公路运输工具经营产生的利润,其中包括租赁这些工具产生的利润,需要视具体采用联合国范本的哪一种替代规则,以居民课税权为基础的 A 选项还是来源地课税权为基础的选项 B,来确定两个版本的内容。

275　　　　　(1)就本条而言,经营用于国际运输的船舶或飞机所产生的利润应当包括由租赁(光船租赁)用于国际运输的船舶或飞机所产生的利润。

　　　　　(2)(选项 A)经营和租赁国际运输中铁路和公路运输工具所产生的利润,应当只由企业实际管理地所在缔约国课税。

　　　　　(3)(选项 B)经营和租赁国际运输中铁路和公路运输工具所产生的利润,应当只由企业实际管理地所在缔约国课税,除非在另一缔约国内的这些经营活动不仅是偶然的(more than casual)。如果这些活动不是偶然的,由此产生的利润将在另一缔约国内课税。确定在该另一缔约国的应税利润应当以该企业从事运输经营所得全部净利润的合理份额为基础。根据这一份额计算出的税款应减少 X%(这一比例通过双边谈判来确定)。

但在双边协定采用上述建议条款之前,应当考虑到多数国家仍有采用联合国范本第 8 条 A 选项的倾向。该选项将课税权排他地赋予企业的居民国或者企业实际管理地的所在国。因此,第8条涵盖活动范围更为广泛,意味着削减另一缔约国的课税权,往往是发展中国家的课税权,而这种课税权根据第12条或第7条可能得到保留——这些条款可以替代第8条而被适用。

第三节　利息免税规定

几乎所有样本国签署的协定都在利息条款中加入了政府性利息免税的规定。⑪ 尽管所有这些规则都用一种或另一种方式对政府性利息免税,但不同条款所采用的术语不同,规则的具体或详细程度也存在差异。⑫ 所有这些规则的共同特点是,由一缔约国政府获得的或向一缔约国政府支付的利息应当在另一缔约国(来源地国)免税——这几乎可以在所有免税规则中找到。这种免税规定的理由在于,一国希望通过对另一国所获得的所得不课税来对另一国的主权表示尊重。在所分析的许多协定中,与由一缔约国政府担保或保险的贷款及信贷相关的利息支付也是免税的。除了政府,地方当局、政府全资所有的政府性实体以及中央银行,甚至是参与出口促进或发展援助的特定实体,通常也可以享受这种来源地国免税待遇。有些协定还规定,不仅是由政府获得的利息,而且由政府支付的利息也可以免除来源地税。

从2005年起,经合组织范本评注包含了供那些希望对政府性利息免税的国家采用的替代规则。⑬ 相反,联合国范本评注并没有复制经合组织范本评注的这些规定,而只是提到,在许多双边协定中缔约双方对于特定情形同意给予免税待遇,并列举了政府性利息、支付给中央银行的利息以及其他

276

---

⑪　参阅上文第四章第三节"四"部分。

⑫　综述参阅文末附表1。

⑬　参阅2010年版经合组织范本评注第11条第7.2段及其后诸段落。

种类的免税利息。⑭ 联合国范本进而指出,"占主导地位的协定实践是免除政府性利息的来源地税收,但是,这方面实践的具体细节却有很大不同。"⑮尽管专家委员会明确承认免除政府性利息是一个常见的协定实践,但不清楚为何专家委员会没有决定仿效经合组织评注而在范本规则中加入这种免税规定。在联合国范本评注中加入一个替代性的规则能够使得协定规则尽可能地统一,从而避免不同规则以及包含的不同解释。

样本国协定中的利息免税规则的规定各不相同。由于不能确定样本国协定的最佳实践办法,本文此处诉诸经合组织范本评注。⑯ 经合组织范本评注的规定涵盖了所分析协定中的大多数利息免税情形。因此,联合国范本评注中的利息免税规则可设计如下——a 项和 b 项涉及政府性利息,c 项涉及出口促进活动:

尽管存在第二款规定,第一款所指的利息只能在利息接受方的居民国课税,如果利息的受益所有人是该国的居民,而且:

a) 利息接受方是该国或其中央银行、行政区或者地方当局;

b) 如果利息是由产生利息的该国所支付,或由其行政区、地方当局或法定机构所支付;

c) 如果与利息支付相关的贷款、债权或者信贷是该国或其行政区、地方当局或出口融资机构[为促进出口目的]提供、担保或保险的。(1)

(1) 当且仅当促进出口是免税的目的时,缔约国才能在本款中加入该规定。

---

⑭ 参阅 2011 年版联合国范本评注第 11 条第 12 段。
⑮ 参阅 2011 年版联合国范本评注第 11 条第 16 段。
⑯ 参阅 2010 年版经合组织范本评注第 11 条第 7.2 段及其后诸段落。

第四节　技术和管理费

　　本书考察的样本国家缔结的许多协定都包含了技术与管理费规则,据 277
此,来源地国可以征收预提税。虽然缔约国采取的规定方式不同,采用的协
定用语不同,但是这些规则存在一些共同点,本文将在下面加以阐释。为协
调发展中国家的协定规则,在范本中加入一条技术和管理费规则十分重要,
因为在双边协定网络中已经存在这类规则——不仅仅存在于非洲国家的协
定网络中。联合国专家委员会已经意识到不能继续忽视这一问题,并决定
在 2011 年的会议上启动这类费用的范本条款起草工作。[⑰] 在联合国范本
中解决技术费问题存在若干规则选择——如果存在的话,而 2012 年专家委
员会会议决定,在联合国范本中为技术费设立一个完全单独的条款。[⑱] 本
文下面的探讨可能有助于联合国范本这一新条款的起草。

　　无论样本国采用何种技巧来起草技术和管理费条款,该条款的主要前
提条件十分类似:(1)技术、专业、行政或管理费的支付(名称不同);(2)跨
境支付(产生于一缔约国内,为另一缔约国居民所获得);(3)有时包含受益
所有人概念或者课税条款(subject to tax)。第一项条件是因获得技术或管
理服务而付费。但这些费用的名称却因国家不同而异,因协定不同而有别。
肯尼亚的、坦桑尼亚的和东非共同体协定称之为管理或专业费(management
or professional fees);津巴布韦、卢旺达称之为技术费(technical fees)。乌干
达缔结的协定中有的包含行政及管理费(administrative and management
fees)条款,也有的包含了技术费条款。[⑲]

　　第一大类型的协定涉及技术费以及管理或专业费。尽管这些费用的名
称因国家而不同,但每个协定对它们的定义基本相同。它们是指"作为对

---

⑰　参阅联合国:《专家委员会第七次会议报告》,2011 年,第 97 段。

⑱　参阅联合国:《专家委员会第八次会议报告》,2012 年,第 61 段。

⑲　综述参阅上文第四章第三节"四"部分中的表 4.35。

任何具有技术、管理、专业或咨询性质的服务的报酬,而向除支付人雇员外的任何人所作的任何支付"。据此,这种支付要满足两个条件:第一个条件是,支付对象不得是与支付者存在雇佣合同关系的人。[20] 这一要求有时也被扩展,从而排除董事和公司经理。[21] 而提供服务者是自我雇佣的、费用由该人直接收取,还是由第三方的雇员提供服务、费用由该第三方收取,则无关紧要。联合国范本第 3 条(以及所有被分析的协定)中所定义的"人"包括自然人和法人,因此,收费者可以是公司。第二个条件是,所作的支付必须是对具有技术、管理、专业或咨询性质服务的报酬。当然,一些协定条款把其中一种性质的服务排除在技术费条款之外,[22]这是否会在事实上限制条款的适用范围,或者,列举服务类型是否仅代表对应包含服务的一般描述,还不得而知。尤其是,"专业服务"一词的范围具有开放性——该词同样出现在联合国范本第 14 条中——表明这一列举是非穷尽的。

第二种类型的协定数量较少,其条款涵盖行政或管理费。这类费用的定义与之前提到的第一大类协定中的相近,但费用支付不是作为对具有管理、技术、专业或咨询性质服务的回报,而是必须作为对行政或管理服务的回报。[23] 在所分析的协定中,定义的问题在于用语缺乏清晰和明确的解释,只是规定技术费是对技术性、管理性、专业性或咨询性服务所支付的费用,但这些类型服务的确切含义仍有待明确。为有助于协定条款的解释,有必要制定一份该定义所应涵盖的服务和专业的示范性清单。该清单可以规定在双边协定的议定书中。

来源地规则。第二项条件是跨境支付。为了确定是否是跨境支付,必须确定支付的来源地。协定在这方面的来源地规则与联合国范本第 12(5)

㉑ 津巴布韦与塞尔维亚避免双重课税条约中没有该先决条件。任何行政、技术、管理或咨询服务支出均作为技术费。

㉑ 参阅乌干达与比利时避免双重课税条约第 13(3)条。

㉒ 肯尼亚与瑞典避免双重课税条约第 11 条不包括技术服务,肯尼亚与英国避免双重课税条约第 14 条及赞比亚与印度避免双重课税条约第 14 条不包括专业服务。

㉓ 参阅乌干达与比利时避免双重课税条约第 13(3)条,乌干达与丹麦避免双重课税条约第 13(3)条,乌干达与挪威避免双重课税条约第 13(3)条。

条关于特许权使用费的来源地规则相近。[24] 据此,技术或者管理费被认为来源于支付人为居民的缔约国,或者是负担该费用支付的常设机构或固定基地所在的缔约国。

特别之处。迄今为止,上述探讨的两点是多数所分析协定的共同点。在起草技术费范本条款时,还可以考虑加入其他规则。在肯尼亚与英国之间的避免双重课税条约中,利润归属问题是通过增加一款规定来解决的,即,"只有可归属于在来源地国提供的服务"时,技术费才能在该国课税。这一规定所确保的是,只有作为对在来源地国内提供服务的回报,实际支付的费用才能由来源地国(即支付者的居民国)课税。另一项为若干协定所采用的规则是,纳税人可以选择比照通过常设机构提供服务的方式纳税。[25]这意味着不是以技术费总额而是以净利润作为计税依据。特别是,当服务所涉及的费用数量巨大时,按净利润课税可以避免过重的税负。最后,有些协定的技术费条款只适用于持续超过一定时期的服务。乌干达与比利时之间的避免双重课税条约将行政与管理费定义为,对在任何十二个月内提供持续至少三个月服务的支付;乌干达与丹麦、与毛里求斯、与挪威的协定中,这一期限为六个月。这里的问题是,加入这些时间限制是否有违本条目的。与艺术家和运动员条款相似,在来源地国内的短期活动也应当由活动地国课税,因为这类活动往往涉及巨额资金,因此与活动地国之间会有足够的实质性联系,从而使活动地国课税权具有合法基础,而时限的规定可能有损这一立法目的。而且,这种规定也会导致与联合国范本第 5 条服务型常设机构规定相混同。实际上,范本第 5 条的适用范围更广,任何持续时间超过六个月的服务都可由来源地国课税。[26]

范本条款。借鉴所分析协定包含的条款,关于技术费的范本规则可以

㉔ 卢旺达与比利时避免双重课税条约中没有来源地规则。

㉕ 参阅卢旺达与比利时避免双重课税条约;乌干达与丹麦避免双重课税条约第 13(4)条、乌干达与毛里求斯避免双重课税条约第 13(5)条以及乌干达与英国避免双重课税条约第 13(5)条也采用类似条款。

㉖ 乌干达与比利时、丹麦、挪威签订的条约中没有服务型常设机构也就不足为奇了。

规定如下：

技术费

(1)来源于一缔约国的并由另一缔约国居民收取的技术费可以由该另一缔约国课税。

(2)但是,作为来源地的缔约国也可以根据本国法规定对这类技术费课税。不过,如果技术费的受益所有人为另一缔约国的居民,则前一缔约国所课税款不得超过技术费总额的 X%（该比例由双边谈判确定）。缔约国主管当局应通过相互协商确定适用本限制规定的方式。

(3)本条中的"技术费"一词是指作为对具有管理、技术、专业或者咨询性质的任何服务的报酬,向除支付方雇员之外任何人进行的任何支付,除非该支付是对提供服务所实际发生费用的补偿。

(4)如果技术费的受益所有人是一缔约国居民,并在技术费得以产生的另一缔约国通过常设机构开展经营活动,或者通过位于该另一缔约国内的固定基地开展独立个人劳务,且技术费与该常设机构或固定基地之间存在实际联系,则不适用本条第(1)款和第(2)款,而应视情况适用第7条或者第14条。

(5)技术费应当被认定为来源于支付方作为居民的缔约国。但无论技术费支付方是否为该缔约国的居民,如果其在该缔约国内拥有与负担技术费支付义务存在联系的常设机构或固定基地,且技术费由这类常设机构或固定基地所负担,则技术费应被认为来源于常设机构或固定基地所在的缔约国。

280　　(6)尽管存在本条第(2)款,一缔约国根据本条在另一缔约国负有纳税义务的居民,可以选择在任何纳税年度内,如同计算可归属于在该另一缔约国的常设机构所得那样,以支付净额作为计算税款的基础。

(7)当由于支付方与受益人之间,或者这两者与其他人之间存在特殊关系,导致技术费数额超过了支付方与受益所有人在没有这种特殊关系时双方同意的数额,本条规定仅适用于双方没有特殊关系情况下的技术费数额。对此情况,在适当考虑本协定其他条款的前提下,各缔约方可依据各自国内法对超过部分的支付课税。

与其他课税权分配规则的关系。如何区分技术服务费课税规则与其他课税权分配规则是一个重要的问题。协定其他规则也可能涵盖服务:营业利润条款,独立劳务条款,受雇所得条款,董事费条款,艺术家与运动员条款,政府服务条款。技术费与受雇所得、艺术家与运动员,以及政府服务之间的界限不难划分,因为后三个条款涵盖的情况与技术费条款的不同。技术费不属于受雇所得,因为技术费的前提条件之一是该费用不是向支付方的雇员支付的。技术费与政府服务的差别也在此。而联合国范本第 17 条(或者双边协定中的对应条款)也不能适用,因为该条所适用的情形与技术费的不同。而技术费条款与联合国范本第 7 条的营业所得以及第 14 条的独立劳务条款(或双边协定中对应条款)之间的区分更为重要。如果具体协定中没有特别说明,根据第 7(8)条的规定,技术费条款较之联合国范本第 7 条优先适用;技术费条款较之第 14 条也优先适用,因为技术费条款比独立劳务条款更为专门,特别法优于一般法。双边协定对该问题所规定的解决方法有所不同。有些协定通过在独立劳务条款中加入一个优先适用规则来实现,[27]其他协定则明确规定,只有协定其他条款没有涵盖这类服务时,才适用本规则。[28] 因此,有必要完善这一规则。通过比较技术费条款与范本第 7 条和第 14 条,发展中国家希望在它们的协定中为技术服务费设专门条款的原因是清楚的,即旨在避免适用常设机构和固定基地原则,以及独立劳务最低时限规定,从而尽可能地扩展来源地国课税权。

---

[27]　例如肯尼亚与加拿大,肯尼亚与丹麦,肯尼亚与英国,乌干达与英国,津巴布韦与加拿大避免双重课税条约。

[28]　参阅东非共同体条约第 13(3)条。

第五节　退休金与年金

一、退休金的来源地课税权

281　　如本书第四章结语所述,样本国家在协定中较为普遍地加入退休金的来源地课税权规定,但是联合国范本第18B条的措辞却从来没有被这些协定所采用。[29] 相反,样本国协定中存在三种不同的立法技术。[30] 第一种是规定,来源地国即退休金的产生地国可以对退休金支付课税,但没有提到居民国的课税权。举例而言,卢旺达与南非之间的避免双重课税条约规定:"源于一缔约国且向另一缔约国居民支付的退休金,可以由前一缔约国课税。"由于没有细化规定,该规则授予来源地国对退休金的课税权是无限制的。第二种方式是限制来源地国课税权,使居民国获得比联合国范本规定更大的剩余课税权。比如肯尼亚与加拿大之间的避免双重课税条约第19条第1款规定了来源地国课税权后,同条第2款规定:

> 　　源自一缔约国并向另一缔约国居民支付的退休金,可由其来源地缔约国根据其国内法课税。但对于定期(periodic)退休金支付,来源地缔约国的课税不得超过支付总额的15%。

　　第二种方式的措辞与第一种方式相似,但来源地国课税权被限定在一定比例,这又与消极所得条款的立法技术相似。第二种方式也可视为是联

---

　　[29]　罗尔(Law)最近的研究也注意到了这一点[罗尔:"晚近税收协定中的养老金与社会保障金条款规定"(Pensions and Social Security Payments in Recent Tax Treaties),载于《国际税收期刊》,2011年,第123页]。该文分析了2010年生效的73项税收协定,发现第18条B(1)及(2)款从未被采用过。作者以为,是时候对联合国范本作出调整了。

　　[30]　适用不同措辞的协定参阅上文第四章第三节"五(二)"部分。

合国范本中 A 选项和 B 选项的折中。第三种方式是授予来源地国排他的课税权,居民地国对该支付免税。举例而言,埃塞俄比亚与塞舌尔之间的避免双重课税条约规定:"源自于一缔约国并向另一缔约国居民支付的退休金只能由前一缔约国课税。"

上述三种立法方式的一个共同点是,没有界定退休金的产生地,即来源地规则缺失。由此可能在协定解释上产生相当大的问题,这也是本文不支持联合国范本评注采纳上述三种中任何一种立法方式的理由。要在双边协定中扩展来源地国课税权,联合国范本第 18B 条是一个更好的模板。那些希望将课税权排他地授予来源地的国家,则可以相应对联合国范本第 18B 条作出调整,或者在避免双重课税的方法条款中选择免税法。因此,没有必要再为联合国范本第 18B 条设置替代规则。但对那些希望模仿肯尼亚与加拿大避免双重课税条约中折中规定的国家,联合国范本评注可以考虑加入一个建议。它可以规定,在两个"极端"之间实现折中是可能的,并提供如下条款草案:"来源地缔约国的课税不得超过支付总额的 X%(具体比例由双边谈判确定)。"该句规定须被置于联合国范本第 18B(2)条的文末。

282

二、退休金条款中的年金

样本国家所缔结的大约 50 项协定的退休金条款明确包含了年金。这些协定条款与范本的差别只是在字面上,而非实质内容上。理由在于,无需其他任何附加文本,经合组织范本和联合国范本的退休金条款足以涵盖因以前的雇佣(past employment)而进行的任何支付。这意味着只要与以前的雇佣关系有关,[31]年金支付也应属于退休金条款的规范范围。因此,如果协定起草的退休金条款是:"与以前的雇佣关系有关的(……)向个人支付的退休金以及其他类似报酬和年金",这里所加入的"年金"只起到澄清的作

---

[31]　详见伊斯梅尔(Ismer),载于沃格尔和莱纳编:《避免双重课税协定》,第 18 条,旁注第 15 及其后各注。

用。退休金条款中包含年金的协定只有约五分之一采用了这种规定方式。[32] 大部分协定[33]删去了本条中"因以前的雇佣关系"一语,由此,其他类型的年金(经常出现在本条单列一款中)也将属于退休金条款的规范范围。

年金有不同的种类。一种特殊的年金是作为转让财产而支付的报酬。依据联合国范本评注,范本第 13 条或第 21 条适用于这类年金。适用这两条都有合适的理由:就范本第 13 条而言,该条没有区分财产是按一个固定的价格出售或是附带年金;就范本第 21 条而言,这类年金属于任何课税权规则"均未规定的所得"。[34] 联合国范本评注进而指出,如果缔约国面临适用这两条的问题,则应当通过相互协商程序解决。联合国范本评注的这一规定暗示,年金一般适用第 21 条,因为它们属于其他所得。举例而言,这类283 年金可能源于生命保险合同,或是残疾补偿金、战争赔偿金。[35] 联合国范本的一个例外是,根据联合国范本第 18A(2)条和第 18B(3)条,缔约国社会保障体系下的年金只能由来源地国课税。

几乎所有在退休金条款中包含年金的样本国协定都将"年金"一词定义为:支付人在人一生中或一段特定或可确定的期间内,在规定日期周期性

---

[32] 参阅东非共同体条约,埃塞俄比亚与法国,埃塞俄比亚与科威特,埃塞俄比亚与英国,马达加斯加与毛里求斯,莫桑比克与阿联酋,赞比亚与波兰的避免双重课税条约。

[33] 埃塞俄比亚与荷兰,埃塞俄比亚与塞舌尔,埃塞俄比亚与南非,埃塞俄比亚与突尼斯,肯尼亚与加拿大,肯尼亚与丹麦,肯尼亚与德国,肯尼亚与印度,肯尼亚与南非,肯尼亚与瑞典,肯尼亚与英国,马拉维与挪威,莫桑比克与博茨瓦纳,莫桑比克与南非,卢旺达与南非,坦桑尼亚与加拿大,坦桑尼亚与印度,坦桑尼亚与南非,乌干达与毛里求斯,乌干达与荷兰,乌干达与挪威,乌干达与南非,乌干达与英国,赞比亚与加拿大,赞比亚与芬兰,赞比亚与印度,赞比亚与肯尼亚,赞比亚与罗马尼亚,赞比亚与坦桑尼亚,赞比亚与乌干达,赞比亚与英国,津巴布韦与博茨瓦纳,津巴布韦与加拿大,津巴布韦与刚果(金),津巴布韦与德国,津巴布韦与科威特,津巴布韦与马来西亚,津巴布韦与毛里求斯,津巴布韦与荷兰,津巴布韦与波兰,津巴布韦与塞舌尔,津巴布韦与瑞典,津巴布韦与英国避免双重课税条约。

[34] 参阅 2011 年版联合国范本评注第 13 条第 4 段(2010 年版经合组织范本评注第 13 条第 18 段亦然)。

[35] 参阅德特维勒(Detweiler),"经合组织协定范本第 21 条:过去、现在与将来"(Art. 21 of the OECD Model Convention: Past, Present, and Future),载于《国际税收》,2009 年,第 235 页起(第 236 页);也可参阅罗尔,载于《国际税收期刊》2011 年文,第 125 页及其后诸页;伊斯梅尔,载于沃格尔和莱纳编:《避免双重课税协定》,第 18 条,旁注第 23 和第 33。

地支付规定金额的义务,以期获得足够并完全的现金对价或现金等值物作为回报。㊱ 美国税收协定范本可以找到类似的定义。㊲ 该定义包含了作为财产转让对价的年金,残疾补偿金,生命保险赔款和其他旨在提供类似福利的年金。㊳ 年金条款是特别法,㊴因此对于作为财产转让对价的年金,年金条款优于资本利得条款适用。鉴于范本第21条只适用于其他课税权分配规则没有涉及的所得,年金条款也较之优先适用。

　　由于大量样本国协定已经包含年金的规定,在联合国范本评注中加入年金规定的可能性是值得考虑的。希望在协定第18条中包含年金的国家应当有可用的年金定义。进一步而言,联合国范本评注应详细阐释年金的各种形式,以及在双边协定没有专门条款的情况下,具体阐释对哪类年金适用哪类条款。借鉴样本国家协定中所使用的年金定义,联合国范本评注的用语可以规定如下:

　　　　"年金"一词是指支付人在人一生中或一段特定或可确定的期间内,在规定日期周期性地支付规定金额的义务,以期获得足够并完全的现金对价或现金等值物作为回报。

　　值得注意的是,联合国范本第18条A选项将课税权排他地赋予了居民国,而样本国的双边协定又多采用该选项。因此,如果将年金归入第18条规定的退休金范围,将限缩来源地的课税权,而联合国范本中资本利得或其他所得经常是由来源地国享有课税权的。

㊱　埃塞俄比亚与科威特避免双重课税条约第18(2)条b项。

㊲　参阅美国2006年范本第17(3)条。

㊳　参阅伊斯梅梅尔,载于沃格尔和莱纳编:《避免双重课税协定》,第18条,旁注第72。

㊴　参阅伊斯梅梅尔,载于沃格尔和莱纳编:《避免双重课税协定》,第18条,旁注第82;沃格尔,《避免双重课税条约》,1998年,第18条,旁注第27。

第六节　学生、教授、教师和研究人员

一、学生

284　　样本国家税收协定中反复出现的一个与联合国范本的不同点，与联合国范本第 20 条涵盖的学生或学徒在东道国期间受雇所得的免税待遇有关。联合国临时专家组早在 1977 年第七次会议上就探讨过这一问题。[40] 一些来自发展中国家的代表解释了这种免税待遇规定的必要性，认为给予那些希望出国学习的学生税收特权很重要，这能鼓励那些学生到其他（发达）国家获得技术知识并带回发展中国家。这有助于缓解发展中国家专业人才技能不足的问题。一位来自发达国家的代表承认，在其国内这类免税待遇很常见，但他对此仍持怀疑态度，因为从其个人经验看，这些学生存在"不将此种报酬用于必要消费，而是用于无谓开支的倾向"。[41] 还有观点认为，因为外国学生可以享受免税待遇，而本国学生一般需要纳税，这种免税规定偏袒外国学生。联合国范本的第 20（2）条是对上述两种对立观点的折中方案，至少能确保外国学生在东道国享受与本国学生相同的税收优惠待遇。[42]

尽管临时专家组成员有所质疑，但外国学生的免税待遇确实是促进技术交流以及知识从发达国家向发展中国家转移的有效方法。那些希望在其协定中采用这种免税规定的国家需要方便获取的条款草案，而联合国范本评注则是统一各国采用这一规则的最佳工具。但学生受雇所得或类似所得免税的具体内容应当如何规定？根据前文所分析协定的实践，这一规则应包含下列基本原则。

---

[40]　参阅联合国：《临时专家组第七次会议报告》，1978 年，第 16 页及其后诸页；另请参阅 2011 年版联合国范本评注第 20 条第 8 段。

[41]　参阅联合国：《临时专家组第七次会议报告》，1978 年，第 17 页。

[42]　详见上文第三章第三节"四"部分。

与条约范本中的学生条款相协调,免税规则中人的范围应包括"学生、企业学徒或接受培训的人,其是另一缔约国(母国)的居民,或在紧接前往一缔约国(东道国)前(immediately before)为另一缔约国(母国)的居民"。为明确条款的宗旨,相关国家可能希望加入"这些人员访问前一缔约国的唯一目的是接受教育或者培训"。[43] 有些国家缔结的协定将学生的所有免税项目,即联合国范本第 20 条包含的维持生计和类似的支付以及受雇所得都规定在同一款中。[44] 而其他国家则是在第 20 条单设一款规定受雇所得的免税待遇,[45]这种方式的规定更为明晰,因此更为可取。在起草该免税规则时应当注意,存在两类务工的学生:第一类是在母国学习而在东道国只是工作,且该工作可能与在母国的学习有关;第二类是在东道国学习,并为弥补生活开支而在东道国工作。乍一看,将所有免税待遇集中规定在一款的协定只针对第二类学生,但只要没有要求学生必须在东道国学习并且工作,这些规则也就适用于第一类学生。

设定人的范围后,免税规则还应规定,"前一缔约国(即东道国)应对学生在该国提供服务或受雇的报酬予以免税。"这一规定明确了免税的范围,而使用"提供服务"一词使条款的适用范围比"受雇"一词的更广,因为"服务"不仅包括根据雇佣合同提供的服务,也包括独立劳务。这种更广泛范围的设定是可取的,因为没有必要对学生获得报酬的方式加以区分或限制。免税范围可以通过几种方式加以修改。有些样本国协定的免税对象仅限

285

---

[43] 参阅埃塞俄比亚与科威特,马达加斯加与法国,马达加斯加与毛里求斯避免双重课税条约。同时还反映了联合国范本第 20 条的措辞。

[44] 例如埃塞俄比亚与印度避免双重课税条约:"学生……在下列情况中不得享受另一个缔约国(如东道国)债务及奖学金税收豁免:a)由居住于该另一个缔约国之外者所支付用于该学生维持生活、教育及培训之费用;b)通过在该另一个缔约国为他人从事与自己研究直接相关的工作所获之报酬,且该报酬为维持生活所必需。"肯尼亚与英国,莫桑比克与印度的避免双重课税条约中也有类似规定。

[45] 例如埃塞俄比亚与中国,埃塞俄比亚与法国,埃塞俄比亚与以色列,埃塞俄比亚与科威特,埃塞俄比亚与塞舌尔,埃塞俄比亚与土耳其,马达加斯加与法国,马达加斯加与毛里求斯,赞比亚与丹麦,赞比亚与芬兰,赞比亚与爱尔兰,赞比亚与意大利,赞比亚与挪威,赞比亚与波兰,赞比亚与瑞典,赞比亚与英国,津巴布韦与科威特避免双重课税条约。

于：(1)与学生或学徒的学习或培训有关，且有助于获得实践经验的活动所得；(2)学生或学徒为维持生计而挣取的所得。免税对象应限于这两大类情形，因为学生为获得实践经验而工作的所得应当与为维持生计而工作的所得享受相同待遇。其他协定规定了免税的最高数额，有时还会对活动目的有进一步的要求。[46] 设定免税最高数额最早可追溯至临时专家组1977年会议上所讨论的第20条的第一版草案。[47] 最后，免税可以限于特定的期间。前文所分析的协定或是将整个第20条限于一定期间；或是规定，为享受受雇所得免税待遇，学生或者学徒在东道国的停留不超过一定期限，或者受雇不超过一定期限。这一期限最常见的是一年至六年。也有一些协定借用联合国范本第14条和第15条中的183天标准作为确定本条期限的基础。[48] 这类协定条款似乎只针对短期实习情形，不主要针对那些到国外学习超过一个学期以及为补贴学习费用而出国工作的学生。从非洲的情况看，起草规则时，设定的免税期应当更长，足以涵盖学生或学徒的整个学习期间，也只有这样，才能确保知识和技能向发展中国家转移。计算免税期间应当以学生在东道国的停留期为决定性因素，因为确定学生在东道国停留期要比确定受雇工作的时间更为容易，特别是在学生同时从事一份以上工作的情形。不仅如此，用这种方法确定的期限往往就是学生得以完成学业的期间，在此期间适用免税规则更为合适。

由于样本国协定的规则用语差异很大，笔者一方面很难找出一种普适于所有情形的规定，另一方面又要努力协调各国的相关规则。权衡这两方面，联合国范本第20条新增的规则可见下文。需要注意的是，基于访问目的的不同，该规则包含了两类学生：一类是要在东道国工作的学生，另一类是在东道国学习并在那里工作的学生。

---

[46] 例如肯尼亚与丹麦(无)，肯尼亚与德国(有)，肯尼亚与挪威(有)，肯尼亚与瑞典(无)，莫桑比克与越南(无)，坦桑尼亚与印度(无)，坦桑尼亚与瑞典(无)，赞比亚与德国(有)，赞比亚与日本(无)，赞比亚与罗马尼亚(有)，津巴布韦与马来西亚(有)避免双重课税条约。

[47] 参阅联合国：《临时专家组第七次报告》，1977年，第16页。

[48] 例如坦桑尼亚与丹麦、芬兰、意大利及挪威签订的条约；赞比亚与爱尔兰、荷兰(100天)、波兰签订的条约。

一学生、企业受训人员或者学徒,是另一缔约国的居民,或在紧接前往一缔约国前(immediately before)是另一缔约国的居民,且在前一缔约国停留的持续时间不超过……[谈判确定],其在前一缔约国内提供服务所获的报酬或者受雇所得应在该国免税,只要这种服务或受雇与其学习或者培训相关,或者所得报酬是其维持生计所需。

二、教授、教师和研究人员

一个长期形成的传统是,协定并不只是像范本那样为学生单列条款,而是对教授、教师以及(有时)研究人员也单列条款(下文称为访问教授条款)。不仅发展中国家缔约的协定如此,整体协定实践情况都是如此。但是联合国范本或经合组织范本都没有这类人员的专门条款。在协定范本中,这类人员的所得按照活动类型或来源于独立劳务、营业利润,或来源于非独立劳务、政府服务。范本对应的所得条款加上方法规则,共同构成了避免双重课税的基础。为"促进文化关系和知识交流",许多国家决定在各自协定中加入关于这类人员在东道国一定时期内所得免税的条款。[49] 虽然两个协定范本的评注都没有相关规定,但至少都承认有些国家可能希望采用访问教授条款。[50] 联合国范本评注甚至对该条款谈判的注意点提出了建议。[51] 包含这一内容的专款是在临时专家组 1995 年会议对于本条款详细讨论后、于 2001 年范本更新时加入的。[52] 在这次会议上,临时专家组决定不在联合国范本中单独规定访问教授条款,原因之一据说是对该问题没有形成共识,因此不能成为范本的组成内容;[53]原因之二是,担心加入该条可能打开"潘多拉魔盒",会导致为其他值得考虑的人群的所得给予更多免税

287

---

[49]　参阅联合国范本评注第 20 条第 12 段。

[50]　参阅联合国范本评注第 20 条第 10 段及其后诸段落;2010 年版经合组织范本评注第 15 条第 11—13 段。

[51]　参阅联合国范本评注第 20 条第 12 段。

[52]　参阅联合国:《临时专家组第七次会议报告》,1995 年,第 30 段及其后诸段落。

[53]　同上书,第 33 段。

待遇;[54]原因之三是,联合国范本已经为"避免双重课税"提供了充分的规则基础,任何进一步的优惠应当在单边层面上提供;[55]最后,临时专家组的所有成员都认为,访问教授所得在母国和东道国不应完全免税。[56]

尽管存在上述理由,样本国家相当数量的协定都单设了访问教授条款,[57]除了马达加斯加、坦桑尼亚和乌干达[58]外的所有国家都倾向于在双边协定中加入该规则。除了为促进文化交流,另一个原因是,发展中国家担心由于发展中国家与发达国家巨大的收入差异,来自于发达国家的访问教授可能会在发展中国家被按最高边际税率课税。[59]尽管临时专家组认为不存在关于在联合国范本中加入访问教授单独条款的共识,但有不少国家希望加入这一条款。[60]因此,如果联合国范本乃至经合组织范本能包含这样一条可为这些国家借鉴的条款,助益颇大。海运利润、退休金以及2011年范本更新加入的相互协商程序条款的情况都是如此:尽管无法达成共识,联合国范本还是包含了两个选择条款,无论协定实际选择哪个条款,都能保持与联合国范本规定的一致性。因此,至少应当在联合国范本评注中加入访问教授条款。

根据对样本国协定的分析,拟定访问教授条款应当考虑下列问题:首先,缔约国应考虑是为访问教授单列一条,还是将相关规则并入另一条款。如果采用后一种方式,访问教授规则一般置于学生条款(联合国范本第20条)或者较少见的是置于受雇所得条款(联合国范本第15条)。[61]其次,确

---

[54]　参阅联合国:《临时专家组第七次会议报告》,1995年,第34段。

[55]　同上书,第35段。

[56]　这正是人们所担心的,因为访问教授条款并未写入经合组织范本[参阅考克里奇和古瑟(Csoklich/Günther),"双重课税条约中的访问学者"(Visiting Academics in Double Tax Treaties),载于《国际税收》,2011年,第578页起(第587页)]。

[57]　综述参阅上文第四章第三节"五(五)"部分以及文末附表3。

[58]　这三个国家很少或是没有关于教授与教师的具体规定。

[59]　参阅联合国:《临时专家组第七次会议报告》,1995年,第32段。

[60]　该观点为通行观点,而并非本书分析税收条约所独有(参阅考克里奇和古瑟,载于《国际税收》2011年文,第587页)。

[61]　参阅文末附表3。

定该条款的适用范围,包括享受协定待遇的人的范围和活动的范围。通常包括为教学和科研目的而访问东道国的教授和教师,有时还包括研究人员。当然,条款的适用范围也可只局限于两类活动中的一类。[62] 有些协定规定,免税规则仅适用于从东道国机构获得邀请函的访问教授。[63] 举例而言,埃塞俄比亚与意大利之间的避免双重课税条约规定:"一教授或教师为在东道国的大学、学院、学校或者其他教育机构进行教学或者开展研究而进行暂时访问……"。肯尼亚与南非之间的避免双重课税条约的规定有所不同:"一个人……应得到前一缔约国(东道国)主管当局承认的任何大学、学院、学校或者其他类似教育机构的邀请,……为在这些教育机构进行教学或者研究而……访问……"。

由政府确认的教育机构发出邀请函或确认函,以此证明有关访问属于一项文化交流项目,这是确保税收协定利益只为符合一定标准且获得东道国批准的教师或者教授所享受的重要方法。最后,所分析协定规则的另一个共同点是,规定访问人员必须是母国(一缔约国)的居民或者在紧接访问前是母国居民,才能享受在东道国(另一缔约国)的免税利益。

再次,该条款有两种选择:一种是规定,不超过一定期限的访问在东道国免税;另一种则是规定,在东道国访问的教授在一定时期内免税。根据第一种选择,超过一定时期的访问完全不能享受免税待遇;而按照第二种选择,访问教授可以在一定时期内享受免税待遇,但在规定时期之后,就无法享受免税待遇了。从笔者角度看,第二种选择更为合理。理由在于,首先,东道国一般都鼓励访问教授停留尽可能长的时间,这对东道国是有利的;其次,如果停留时间超过第一种选择规定的最长时间标准,取消这种免税待遇是困难的。在多数所分析协定中,免税规定并不取决于母国的税制。尽管

289

---

[62] 这种情况存在于样本国家比较旧的条约中,例如:赞比亚与意大利及与瑞典签订的条约只豁免研究活动;肯尼亚与英国,马拉维与南非,坦桑尼亚与赞比亚避免双重课税条约的豁免只包括教学活动。

[63] 例如埃塞俄比亚与中国,埃塞俄比亚与以色列,埃塞俄比亚与荷兰,埃塞俄比亚与塞舌尔,津巴布韦与马来西亚的避免双重课税条约。

联合国范本建议只缔结不会造成双重课税的条款,但多数协定并没有遵循这一建议。在此情形下,在东道国访问期间,访问教授是否会被课税完全取决于母国的国内法。如果母国不课税(多数情况下是这样,因为访问教授已不在母国居住),免税规则导致母国和东道国对访问教授均不课税。有些国家作出这种安排的目的在于,鼓励访问教授前来进行有利于本国科学界的访问或者教学以及科研活动。然而,如果要避免这种双重不课税的情况,也许可以规定如下:"……应当对其在前一缔约国(东道国)中进行教学或科研所获报酬在该缔约国免税,假如该报酬在另一缔约国(母国)课税。"[64]

最后,访问教授条款还可加入另一限制性规定,即免税待遇只适用于公益性研究,而不适用于私人研究。在本书所分析的协定中,这一限制性规则用语遵循基本相同的模式,只存在很小的差别。许多协定规定,免税规定不适用于"研究所得,如果这种研究不是为了公共利益,而全部或主要地服务于特定个人(们)的私人利益"。[65] 有些协定的本规则规定更为简短,省略了"不是为了公共利益"的用语:"不适用于个人进行的主要服务于特定个人(们)私人利益的研究活动所得"。[66] 通过这一限制性规定,缔约国希望确保只有有利于提升国家科研地位的基础研究才享受免税待遇,并通过免税待遇鼓励和促进这类研究活动。由于单个公司是特定的人,因此为单个公司利益的研究活动不能享受免税待遇。当然,区分服务于私人利益的研究与公共利益的研究在某些情况下很困难,因为私人研究项目也可能产生有利于公共利益的结果。因此,联合国范本注释在加入本条款时,有必要对如何

290

---

[64] 埃塞俄比亚与突尼斯避免双重课税条约第21(1)条。

[65] 乌干达与毛里求斯避免双重课税条约第21条第(2)款。另请参阅埃塞俄比亚与法国,埃塞俄比亚与印度,埃塞俄比亚与以色列,埃塞俄比亚与荷兰,埃塞俄比亚与塞舌尔,埃塞俄比亚与南非,埃塞俄比亚与突尼斯,肯尼亚与德国,肯尼亚与毛里求斯,肯尼亚与挪威,肯尼亚与瑞典,莫桑比克与印度,津巴布韦与毛里求斯,津巴布韦与波兰避免双重课税条约。

[66] 肯尼亚与南非避免双重课税条约第20条第(2)款。另请参阅埃塞俄比亚与中国,肯尼亚与泰国,莫桑比克与阿联酋,坦桑尼亚与印度(原),乌干达与印度,赞比亚与印度,津巴布韦与马来西亚避免双重课税条约。

解释这一区分提供指引。

如上文所述,如果没有专门条款,访问教授所得将分别归由联合国范本第 14 条、第 15 条或者第 19 条规范,具体根据访问教授的活动内容而定:独立的,还是受雇的,还是受雇于公共机构。如果在双边税收协定中加入单独的访问教授条款,就产生了如何处理该条款与范本其他课税权分配条款之间关系的问题。主流观点认为,访问教授条款较之其他条款是更为特别的规则(特别法),应当得到优先适用。⑰ 为了能确保这一优先适用性,缔约国应在访问教授条款或者其他条款中加入明确规定访问教授条款应得到优先适用的措辞。

作为对上述探讨的总结,联合国范本或其评注中的访问教授条款的措辞宜规定如下:

> (1)尽管存在第 14 条、第 15 条和第 19 条的规定,但访问一缔约国的个人在访问期间或紧接访问前是另一缔约国居民,且其访问是应前一缔约国主管当局承认的教育机构的邀请或依据一个文化交流项目开展的,加之访问前一缔约国的时间不超过一定期限(具体时间谈判而定),则其在前一缔约国的大学、学院、学校或其他教育机构为教学、研究或二者兼具的目的所获取的报酬,在前一缔约国内免税(该所得由另一缔约国课税)[(1)]。

> (2)本条不适用于不是为了公共利益而主要是为了特定人的私人利益而开展的研究。

> (1)加入该用语旨在确保访问教授所得至少被课税一次,从而避免双重不课税。

---

⑰ 进一步研究参阅考克里奇和古瑟,载于《国际税收》2011 年文,第 600 页;也可参阅沃格尔,载沃格尔和莱纳编:《避免双重课税协定》,引言旁注第 87。

第七节　避免双重课税的方法

一、税收饶让和匹配抵免

税收饶让抵免。上文分析表明,多数协定对于在来源地国因税收优惠或者免税而未实际缴纳的税款提供税收抵免。[68] 税收饶让抵免是居民国对于因税收优惠而没有实际在来源地国交纳的税款给予抵免;而匹配抵免是居民国按照预先确定的税额给予抵免,而不论来源地国是否征收了该税款。两种规则的目标是相同的,即通过适用抵免方法,避免将因来源地国税收优惠而少纳的税款转变为居民国的税收收入;但两种规则的结构不同。如上一章所述,尽管许多发达国家同意在它们与发展中国家的协定中加入税收饶让或匹配抵免条款,联合国范本中从未形成过一个对应的条款。[69] 发达国家对于税收饶让抵免的开放态度(openness)也体现在样本国的协定中。然而,样本国与经合组织国家之间的协定中常包含日落(sunset)期限,有些抵免条款据此已经失效,[70]但在样本国与非经合组织国家或者与其他发展中国家之间的协定则没有这种日落条款。[71] 这表明发展中国家希望对税收饶让抵免不加限制,而发达国家往往持不同立场。由于存在这种分歧,联合国专家委员会内的讨论难以在短期内取得成果。来自发达国家的代表反对税收饶让,而来自发展中国家的代表支持税收饶让。对此有两个方面值得关注。一方面,发达国家对于税收优惠以及相应的税收饶让是否有效,是否

291

---

[68]　综述参阅上文表格,第四章第三节"八"部分。

[69]　详见上文第三章第三节"七"部分。

[70]　例如英国过去的实践中通常愿意给予税收饶让抵免,但现在仅在有限时段内给予该抵免(参阅贝克:《双重课税协议》,23B.14)。签订于2011年的埃塞俄比亚与英国条约中也存在税收饶让抵免日落条款,该期限为10年。

[71]　埃塞俄比亚与突尼斯避免双重课税条约则是个例外,该条约中(对等的)税收饶让抵免期限为10年。

符合发展中国家利益的问题进行了研究,这些研究的结论都是否定性的。这些国家不支持采用税收饶让,认为存在更为有效的吸引外国直接投资的方法。另一方面,反对观点认为,税收饶让事关尊重发展中国家自主决定本国税制的主权,国家既然为外国投资者提供税收优惠,就不希望其效果受到其他(发达国家)的减损。

基于本书所分析协定中的税收饶让规则,下文提出该规则应包含的若干基本特点。首先,税收饶让条款应当规定,可抵免的是未缴纳的税款,采用的用语可以是:"就本条而言,已缴纳税款(一语)应(被认为)包括原本应支付的税款……"这一规定或略有差异的规定是目前样本国协定中最常见的关于税收饶让抵免的规定。[72] 埃塞俄比亚的一些协定所用的另一规定是"被免除的所得税或者按较低税率而少交的所得税款应当被抵免……"[73]。而较少采用的规定用语是"应当被视为已交纳的税(原本应当交纳的税)"[74]或者"税收应当被认为已经足额交纳"[75]。 292

其次,应当确定税收饶让抵免是适用于一般性的促进经济发展项目下的税收优惠,还是只适用于协定列明的特定优惠税收立法。[76] 第一类协定

---

[72]　例如埃塞俄比亚与捷克,肯尼亚与泰国,莫桑比克与博茨瓦纳,莫桑比克与毛里求斯,莫桑比克与葡萄牙,莫桑比克与阿联酋,乌干达与印度,乌干达与南非,赞比亚与印度,津巴布韦与博茨瓦纳,津巴布韦与科威特,津巴布韦与塞尔维亚避免双重课税条约。

[73]　参阅埃塞俄比亚与中国避免双重课税条约:"在本条中,产生于缔约国一方的营业利润,根据该国的法律和规章,在限定期间内被免税或减税的,则该营业利润在该国被减免的税收应在该营业利润的受益所有人为其居民的缔约国一方纳税时抵免。"埃塞俄比亚与以色列,埃塞俄比亚与突尼斯签订的条约也有类似规定,但不限于营业利润。

[74]　参阅乌干达与毛里求斯,赞比亚与日本避免双重课税条约。

[75]　参阅莫桑比克与意大利避免双重课税条约:"为经济发展之目的,根据一缔约国之法律,本协议适用之税收并非于限定期限内全部或部分征收,该税收应仅在适用与第7条营业所得相关的前述第2款和第3款之规定的意义上视为已足额缴纳。"

[76]　该1998年税收饶让报告中,经合组织提出了其认为的在税收饶让条款谈判中应考虑的若干最佳实践(best-practice)规则。其中之一就是应特别界定规则所适用的税收优惠[参阅欧文斯和芬斯比(Owens/Fensby),载于《国际税收》1998年文,第277页]。

只是提到,包含有促进经济发展目标的立法(一般规则)。[77] 最简单的规定可以是:"就本条……而言,一缔约国已缴纳的税款包括原本应当缴纳,但根据该国旨在促进经济发展法律所授予的税收优惠而无须缴纳的税款。"[78] 该规定末尾的替代用语也可以是,"……但为促进本国经济发展,缔约国所减少或免除的(税款)"[79]或者"根据另一缔约国旨在促进经济发展而制定的专门投资促进法或者采取的措施"[80]。埃塞俄比亚与南非以及津巴布韦与塞舌尔之间协定的税收饶让条款在这方面的适用范围略窄,税收饶让抵免只适用于"缔约国主管当局相互同意的,符合本条款目的(促进经济发展)的项目"。一般规则的另一端则是具体项目,税收协定可以明示列举适用饶让抵免的税收优惠立法(具体规则)。[81] 举例而言,坦桑尼亚与丹麦之间的避免双重课税条约规定,税收饶让适用于原本应交纳,"但(i)根据所得税法第二表第 24 款、第 25 款或第 26 款而允许投资抵扣"的税收,以及根据"(ii)此后由缔约国双方同意制定的旨在促进经济发展的其他税收减免条款"而减免的税收。[82] 该第(ii)规则使税收饶让条款更具弹性,既能够适应国内法发生的变化,又能确保并不是所有,而只是那些由缔约国双方主管

293

⑦ 例如埃塞俄比亚与科威特,肯尼亚与泰国,莫桑比克与博茨瓦纳,莫桑比克与毛里求斯,莫桑比克与葡萄牙,莫桑比克与阿联酋,卢旺达与毛里求斯,乌干达与印度,乌干达与毛里求斯,津巴布韦与博茨瓦纳,津巴布韦与科威特避免双重课税条约。

⑦⑧ 埃塞俄比亚与捷克避免双重课税条约;类似的还有肯尼亚与泰国,莫桑比克与博茨瓦纳,莫桑比克与毛里求斯,莫桑比克与葡萄牙,莫桑比克与阿联酋,乌干达与印度,乌干达与南非,赞比亚与印度(赞比亚一方),津巴布韦与博茨瓦纳,津巴布韦与科威特,津巴布韦与塞尔维亚避免双重课税条约。

⑦⑨ 例如卢旺达与毛里求斯避免双重课税条约。

⑧⓪ 参阅埃塞俄比亚与科威特避免双重课税条约。

⑧① 例如埃塞俄比亚与英国,肯尼亚与加拿大,肯尼亚与丹麦,肯尼亚与印度,肯尼亚与英国,坦桑尼亚与加拿大,坦桑尼亚与丹麦,芬兰、印度、挪威、瑞典,乌干达与英国,赞比亚与加拿大,赞比亚与印度(印度一方),赞比亚与瑞典,赞比亚与英国的避免双重课税条约。

⑧② 类似条约有坦桑尼亚与芬兰、印度、挪威及瑞典签订的条约;乌干达与英国,赞比亚与英国,埃塞俄比亚与英国,肯尼亚与加拿大,肯尼亚与英国,坦桑尼亚与加拿大,赞比亚与加拿大的避免双重课税条约。赞比亚对外缔结条约中的条款措辞通常如下:"第 2 款中的'可在赞比亚课税',除依据 1965 年先行产业(免征所得税)法案及类似目的、效果的法律所规定的税收减免,应被视为包括任何在赞比亚应征收的税额。"参阅赞比亚与挪威避免双重课税条约以及赞比亚的其他条约。

当局相互同意的优惠措施才属于税收饶让抵免的适用范围。一些税收协定在这后一方面上是存在问题的,因为这些协定包含了"具有类似目的的其他任何法律",但没有要求经由缔约国双方相互同意这一先决条件。^⑬ 本人认为,在行文上,将特定税收优惠立法与将来可能采取的类似税收优惠措施相结合,应是最佳实践做法,因为这种规定可以保证,授予税收优惠措施的缔约国未经对方缔约国同意不能修改其立法,而只有基于双方同意的税收优惠才能在税收协定中保留。不仅如此,在税收优惠立法发生改变时,该规则也具有灵活性。只要主管当局对此相互同意,将来提供的税收优惠就可以适用税收饶让抵免规则。

最后,税收饶让抵免可以适用于所有类型的所得,也可以限制适用于部分类型的所得。尽管在多数被分析的协定中,税收饶让抵免没有局限于特定的所得,但也有部分协定是这样规定的。^⑭ 如果税收饶让抵免是有限制的,那么往往限于积极或者营业所得,或者规定不适用于消极所得。在埃塞俄比亚与法国的以及与俄罗斯之间的协定中,税收饶让抵免限于"由工业、建筑、制造或者农业活动产生的利润,只要这些活动是在缔约国境内开展"。在加拿大与肯尼亚、坦桑尼亚以及与赞比亚之间的协定中,税收饶让抵免限于"在肯尼亚/坦桑尼亚/赞比亚境内贸易或者经营所产生的、可归属于(一加拿大居民)的利润"以及限于股息(赞比亚与加拿大协定)。税收饶让抵免限于营业所得的效果与有些国家仅对营业所得适用免税法的政策效果相同。而在缔约国双方同意对特定税收优惠立法适用税收饶让抵免以及仅适用于积极营业所得的场合,此类税收饶让抵免限制可能多余。

总之,联合国范本或其评注中的税收饶让条款可以规定如下:

> 就本条而言,"已纳税款"一词应当被视为包括了原本应当缴纳,但根据旨在促进经济发展的⋯⋯[某项为促进这类发展的特定法律]

---

⑬　参阅赞比亚与丹麦、爱尔兰、意大利、肯尼亚、坦桑尼亚、乌干达签订的条约。

⑭　例如埃塞俄比亚与法国,埃塞俄比亚与俄罗斯,肯尼亚与加拿大,坦桑尼亚与加拿大,赞比亚与加拿大,以及赞比亚与挪威避免双重课税条约。

294　　　或此后制定的缔约国双方主管当局同意授予实质类似税收优惠的任何其他条款,而由任一缔约国*减少征收或放弃的税款。这类抵免仅适用于积极营业利润或者类似所得。

　　*如果缔约国希望仅采用单边税收饶让抵免,"任一缔约国"应当被旨在促进经济发展的那个国家的名称所替代。

　　匹配抵免。与税收饶让抵免类似,匹配抵免条款应首先规定被减免的税款视为已缴纳税款。但与税收饶让抵免不同的是,匹配抵免条款应当进而规定视为已纳税款的具体数额。举例而言,埃塞俄比亚与意大利之间的避免双重课税条约规定如下:

　　　　就本条第 2 款和第 3 款而言,根据一缔约国的法律或法规,对于在该缔约国境内产生的营业利润、股息、利息或者特许权使用费所应课税款在一定期限内予以免除或减少,被免除或减少的税款在不超过一定数额内应当被视为已缴纳:(a)第 7 条所指的营业利润的 30%;(b)第 10 条和第 11 条所指的股息和利息总额的 10%;(c)第 12 条所指的特许权使用费总额的 20%。⑧⑤

　　肯尼亚与德国之间的避免双重课税条约规定有所不同,第一,它仅针对肯尼亚为促进经济发展而规定免税的特定税收优惠措施;第二,该条约没有规定具体的比率,而是指向有关消极所得条款中谈判确定的预提税率。⑧⑥莫桑比克和越南之间的避免双重课税条约也规定,适用各个消极所得条款

---

　　⑧⑤　类似条款可参阅下列条约,文中画线部分也有相应差别:埃塞俄比亚与土耳其(公司营业利润 30%,个人营业利润 35%),肯尼亚与意大利(第 7 条所指营业利润 25%),坦桑尼亚与意大利(第 10、11、12 条分别为 10%、12.5%、15%)。

　　⑧⑥　"(i)根据肯尼亚促进经济发展相关法律中的特别优惠措施,当肯尼亚全部免除对股息、利息及管理费的税收,或将税率降至第 10、11、12 条规定税率以下时,应允许从德国所得税与企业税及相应附加费中抵免该股息、利息或管理费按条约相应条款所定税率确定的税款;(ii)肯尼亚对特许权使用费的课税应视为特许权使用费总额的 20%。"

规定的预提税率。

津巴布韦与德国之间的避免双重课税条约没有规定所得免税限额的先决条件,而只是规定特许权使用费和技术费总数的 10% 作为匹配抵免数额。津巴布韦与挪威之间的避免双重课税条约尽管也没有提到免税限额,但规定更为详细:

> 但是,挪威居民取得可由津巴布韦征[　]税的特许权使用费或技术费时,挪威应允许特许权使用费或技术费总额的 15% 从[　]税款中扣除。但该扣除不应超过扣除前根据特许权使用费或技术费数额分别计算得出的应纳税额。

津巴布韦和瑞典之间的避免双重课税条约包含了类似上述规则的第一句规定。[87]

然而,在样本国税收协定中,匹配抵免规则较之税收饶让规则更少见。有鉴于此,本文此处不对该规则提出具体建议。这也是因为,在确定最适方案时很少有规则可供借鉴。

二、避免经济性双重课税

股息免税。许多样本国协定包含了避免经济性双重课税的规则。[88] 消除经济性双重课税的一个办法是在税收协定中加入股息免税条款。根据该条款,来源地国公司分配的股息将从居民国接受股息公司的税基中扣除。为了能够完全实现避免经济性双重课税的目标,来源地国也不应对股息征收预提税。在本书所分析的协定中,本条款"造型"不一,但具有若干共同特点。

几乎所有条款都以国内法为参照,规定外国公司与国内公司地位平等。

---

[87]　该税"被认为是利息、特许权使用费及技术费毛收入的 15%"。

[88]　参阅上文第四章第三节"八"部分。

赞比亚与挪威之间的避免双重课税条约第23(2)条 c 项以及第10(3)条规定,"由作为赞比亚居民的公司向挪威居民支付的股息应当在挪威免税,正如该公司如为挪威居民即可根据挪威法律享受股息免税待遇一样。"但是赞比亚的预提税率最高可达15%。类似地,埃塞俄比亚与英国之间的避免双重课税条约第22(1)条规定"当英国法律规定的免税条件得以满足时",埃塞俄比亚公司向英国公司支付的股息在英国享受免税待遇。而不满足英国法律规定的条件,英国给予境外已纳税款间接抵免(underlying tax credit),埃塞俄比亚仍可对股息征收10%的预提税。[89] 卢旺达与比利时的避免双重课税条约第23(2)条 d 项也规定,比利时公司从卢旺达公司分回的股息免缴比利时公司税,即使该卢旺达公司因享受特殊税收优惠而在卢旺达被免税。此外,如果存在着最低25%的持股且"付款公司未从旨在促进经济发展的特定措施中获利",股息就无须在来源地国纳税。[90] 根据乌干达与比利时之间的避免双重课税条约第24(2)条 b 项,比利时公司从乌干达公司获得的股息免税,而该条约第10条规定的对股息的来源地课税权不受本款影响。坦桑尼亚与芬兰之间的避免双重课税条约第24(2)条 b 项规定,坦桑尼亚公司分配给芬兰公司的股息,应如该两个公司均为芬兰居民那样享受免税待遇。但是,该条约第10条授予的来源地课税权仍然适用。赞比亚与芬兰之间的避免双重课税条约第24(1)条 b 项和赞比亚与瑞典之间的避免双重课税条约第22(4)条中都有与此几乎相同的规定。

　　股息免税条款的另一个共同特点是,如果发达国家为居民国,则该规则由该发达国家单边适用。没有任何一项股息免税规则是对等适用的,这意味着,只有作为居民国的发达国家放弃课税权,而发展中国家不给予股息免税。只有比利时和卢旺达之间的避免双重课税条约对股息的来源地课税权予以限制。而在其他所有协定中,发展中国家仍可以按照协定股息条款的规定对股息征收预提税。有两个税收协定对此限制,即坦桑尼亚与芬兰、赞

---

[89] 参阅埃塞俄比亚与英国避免双重课税条约第10(2)条。

[90] 参阅卢旺达与比利时避免双重课税条约第10(2)条第2个 s 项。

比亚与瑞典之间的避免双重课税条约。据此,股息免税规则适用的前提是,支付股息的公司交纳常规所得税,或利润来自在来源国境内公司自身开展的经营活动(而不是证券管理及其他类似财产的管理)。

德国与津巴布韦、德国与赞比亚之间的协定采用另一种方式规定股息免税,且没有以国内法为参照。[91] 适用股息免税条款的前提只包括:(1)接收股息的公司必须是德国居民,(2)支付股息的公司必须是赞比亚或津巴布韦居民,并且(3)持股必须是直接所有,并且其数额至少为投票权股份的25%。该两项协定中对股息的常规预提税规则不受影响。

境外已纳税款间接抵免。避免经济性双重课税的另一个办法是对"境外已纳税款"给予抵免。税收抵免通常只是针对对居民国负有纳税义务的纳税人在来源地国已缴纳的税款。而境外已纳税款间接抵免却是给予一纳税人,即接收股息的公司抵免另一纳税人,即支付股息的公司已缴纳的税款。通过这种方式,支付公司在支付股息对应部分利润上的已纳税款可以为接收股息公司所抵免,从而消除经济性双重增税。

在本书所分析协定中,所有间接抵免条款的基本特点和核心内容通常规定如下:"抵免应当考虑……支付股息公司*利润的应纳税款*"。[92] 因此,对来源地税收给予抵免的规则要求居民国考虑支付股息公司已缴纳的税款。赞比亚缔结的协定中往往包含了这一未经细化的基本规定。[93] 有趣的是,往往是赞比亚提供这种抵免,即便缔约国对方既不提供这种间接抵免,也不采用免税办法(例如,意大利和爱尔兰)。赞比亚包含这一条款的协定都缔结于20世纪70年代初期,是在其1964年获得独立后的不久时期内。而赞

297

---

⑨ 参阅赞比亚与德国避免双重课税条约第23(1)条a项,津巴布韦与德国避免双重课税条约第23(1)条a项规定与之几乎相同。

⑨ 作者强调参阅赞比亚与瑞典避免双重课税条约第22(1)条b项。

⑨ 带下划线的国家即在本国为居民国时给予境外已纳税款税收抵免的国家:赞比亚与瑞典第22条第1款b项;赞比亚与德国避免双重课税条约第23条第2款b项;赞比亚与意大利避免双重课税条约第22条第1款b项;赞比亚与爱尔兰避免双重课税条约第19条第4款ii项;赞比亚与挪威第23条第1款b项;赞比亚与丹麦避免双重课税条约第23条(丹麦与赞比亚所用措辞相同);赞比亚与日本避免双重课税条约第22条(居民国为日本时:最低为25%;日本所用措辞无异);津巴布韦与马来西亚避免双重课税条约第24条第1款。

比亚在其后期缔结的协定中不再包含这种间接抵免的规定。[94] 这种协定政策的变化在赞比亚与中国于 2010 年缔结的税收协定中得到了印证。在该协定中,即使中国同意给予间接抵免的待遇,赞比亚方面也没有提供这种抵免。

有些协定规定的间接抵免条款是有限制的,只适用于实质性持股的情形。与英国或毛里求斯缔结的大部分税收协定都规定,对公司的持股应超过最低标准。[95] 英国和毛里求斯对外签订的协定也采用相同的规定,只是最低持股比例有所不同,其区间从 5%—25%。[96] 在中国与埃塞俄比亚、中国与赞比亚,以及莫桑比克与南非的协定中,间接抵免的适用条件也包含实质性持股要求。[97] 对非实质性持股而获得的股息,适用通常的避免双重课税办法。埃塞俄比亚与英国、赞比亚与德国的协定规定,在股息免税规则不能适用的情形下,英国和德国将给予间接抵免待遇。[98] 这意味着在这两个协定中,股息免税规则适用于实质性持股情形,境外已纳税款间接抵免则适用于非实质性持股。

小结。双边协定中的股息免税规则或者境外已纳税款间接抵免的主要目的都是消除经济性双重课税,由此促进对另一缔约国的投资。股息免税的优点在于,在维护来源地国根据其税收政策课税主权的同时,对外国投资

---

[94]　例如与印度(1981 年)、加拿大(1984 年)、波兰(1995 年)签订的条约。

[95]　参阅赞比亚与英国第 23 条(最低 10%);肯尼亚与英国避免双重课税条约第 26 条第 1 款 a 项(最低 10%);乌干达与英国避免双重课税条约第 23 条第 1 款 b 项(最低 10%);津巴布韦与英国第 23 条(最低 10%);马达加斯加与毛里求斯避免双重课税条约第 22 条第 1 款(最低 10% 股份);莫桑比克与毛里求斯避免双重课税条约第 23 条第 2 款(最低 5%);乌干达与毛里求斯避免双重课税条约第 24 条第 1 款 b 项(最低 15%);津巴布韦与毛里求斯避免双重课税条约第 24 条(最低 25%)。

[96]　英国也在本国对已纳税款给予税收抵免,条件是英国公司持有外国公司至少 10% 份额(参阅沃格尔,载沃格尔和莱纳编:《避免双重课税条约》,第 23 条,旁注第 112)。所以协定条款只确认了国内已经存在的单边条款。

[97]　参阅埃塞俄比亚与中国避免双重课税条约第 23 条第 1 款 b 项(最低 20%);赞比亚与中国避免双重课税条约第 21 条第 1 款 b 项(最低 10%);莫桑比克与南非避免双重课税条约第 22 条第 1 款 a 项(最低 25%)。

[98]　参阅埃塞俄比亚与英国避免双重课税条约第 22 条第 1 款;赞比亚与德国避免双重课税条约第 23 条第 1 款 a 项。

者给予税收优惠。但境外已纳税款间接抵免却较少能够做到这一点。然而,如果这两种方法不与来源地预提税的免除相结合,经济性双重课税仍无法完全消除,因此也可能阻碍投资者对来源地国的投资。欧洲花了数年时间才完善区域内国家消除经济性双重课税的规则,非洲国家要采用这些机制更需时日。此处没有提出规则范本的主要原因在于,在本书所分析协定中,本规则是非对等的,且在很多情况下只是由发达国家缔约方来实施。特别是在非对等的情况下,可以采用单边措施消除经济性双重课税,没必要在协定中规定间接抵免条款。

298

第八节 小 结

第四章的分析旨在检验联合国范本对最不发达国家和低收入国家特定成员(即东非发展中国家群体)税收协定谈判的影响。基于联合国范本对样本国协定对应条款的研究,笔者发现,样本国在税收协定中采用了联合国范本的许多规则,但条款的用语有所不同,也发现这些协定采用了联合国范本或经合组织范本所没有的规则。因此可以认为,东非国家在对外协定谈判中有采用其他替代规则的需求。在双边税收协定谈判时,提供方便可取的具体规则草案文本非常重要——如果这些国家希望采用与联合国范本或经合组织范本不同的用语,至少它们也会以相同的方式行事。这类替代性规则可以置于联合国范本评注中,这也是为了说明东非发展中国家税收协定的问题和特点。

就起草本章所建议的条款而言,双边协定是一个规则"池",从中可以选择最佳实践范例,将其"融入"最合适的新规则中。本章同时也提出了替代规则,例如,海运利润和退休金的替代规则都将课税权赋予来源地国。样本国协定中的这些规则基本都能在联合国范本中找到,但并不是直接照抄:基本原理相同,用语与范本不一致。为使联合国范本更加"使用者友好型"(user-friendly),有必要考虑对规则进行相应的改进。

本章还对技术费、访问教授、利息免税、学生服务所得免税以及税收饶让方面的范本规则提出了建议。对样本国协定的分析表明,这些规则在联合国范本或经合组织范本中都没有对应条款。应当考虑在联合国范本评注中加入这些规则,尤其是因为,它们已成为南部非洲发展共同体和东南非共同市场范本的组成部分,表明其对于样本国家的重要性。

第六章 结 语

在当今关于税收协定和税收协定政策的探讨中，鲜有关于税收协定及相关政策对于最不发达国家和低收入国家影响的论述。哪些论断仅适用于这些贫困国家而不是其他发展中国家，此类分析也十分缺乏。本书尝试对这方面加以探讨，主要分析了两个问题：第一，税收协定对于最不发达国家和低收入国家的重要性；第二，在最不发达国家和低收入国家对外协定谈判中，联合国范本发挥了何种作用。

本书第二章探讨了税收协定对于发展中国家的重要作用，并提出协定最重要的四项功能：消除双重课税、分配课税权、防范避税和偷逃税，以及促进外国直接投资。围绕这四项功能，该章提出了关于税收协定对于最不发达国家和低收入国家有益的支持性论据，也展示了持相反观点的部分论据。

对于消除双重课税，国家可以采取单边或者双边措施。一国可以在其国内法中规定外国税收抵免，或者对居民纳税人的境外所得予以免税，也可以缔结双边（甚至多边）协定规定这些规则。双边协定的优点在于确保两个国家相互遵守规则：如果 A 国对其居民在境外缴纳的税款提供抵免，该国也希望 B 国能够对 B 国居民在 A 国缴纳的税款提供抵免。而且，税收协定的部分规则无法通过单边措施来实施，如解决双重居民身份的加比规则，或是消除经济性双重课税的转让定价规则等。

双边税收协定的谈判颇费金钱和人力资源。为了建立广泛的协定网络，国家必须投入大量的时间和金钱。对于最不发达国家和低收入国家而言，如此密集的协定谈判可能过于昂贵，而且也缺乏谈判所需的专业能力。将所有资源投入到建立协定网络也可能使国家偏离更为重要的税制投入，例如，提升税收行政管理能力，确保执行国家法律和征收税款。其实，不仅是协定谈判层面，协定执行也颇费时间、成本和人力。因此，如果仅就消除双重课税目标而言，贫困国家限于财政实力只宜采取单边措施。

税收协定的另一功能是在缔约国之间分配课税权。分配课税权是通过抵免法或者免税法实际消除双重课税的第一步。课税权分配规则把课税权分配给来源地国或者居民国,前者是所得产生的国家,后者是纳税人作为税收居民的国家。税收协定中的课税权分配规则或是将课税权排他地授予一个缔约国,或是一缔约国享有优先课税权,另一缔约国获得剩余课税权;也可能是,来源地国享有有限课税权而居民国享受剩余的课税权。20世纪以来,关于缔约国中哪个国家应当放弃课税权的问题已经得到了广泛探讨。支持其中一国获得优先课税权的基本概念,一个是效率或中性理论,另一个是平等理论。根据效率理论,最理想的国际税收体系是企业的决策不受税收影响。理论文献据此认为,应支持资本输出中性,相应的税收制度即应确保,无论居民的投资地点在哪里,其享受的税收待遇应当相同(居民国为基础的税制)。根据平等理论,应当按照个体之间平等或者国家之间平等来衡量国际税收体系。个体之间平等也支持居民国为基础的税制,因为在此体制下,一国所有的居民获得相似的税收待遇。但国家之间平等的概念支持来源地国课税权,这意味着,要根据纳税人从所得产生国获得的利益大小,在相关国家之间分配课税权。根据受益原则,在某些情况下,来源地国不仅应首先享受课税权,甚至应比居民国课税权更大。与受益原则类似,萨卡斯(Schanz)和国际联盟经济专家提出的经济联系原则也承认,在若干类型所得上来源地国应享有主要课税权。

当今的全球协定网络体现了居民国课税权的主流趋势。原因在于,数十年来对效率的追求主导了国际税收政策。这一体系暗示,来源地国依据国内法可以对跨境所得享有无限制的课税权,而税收协定将课税权转移给了居民国,因为在许多情况下税收协定限制了来源地国的课税权。从这个意义上说,当今的国际税收体系一直在剥削最不发达国家和低收入国家,因为这些国家经常处于来源地国的地位,亟须通过征收来源地税来筹集财政收入。因此,在探讨国际税收政策时,不应仅是效率原则,而更应关注平等原则。这首先意味着来源地国对于产生于其境内的所得都可以课税,而且国家间平等应被理解为国家之间的公平(fairness)。从这个意义上说,应当考虑税收协定可以在多大程度上发挥在国家之间再分配跨境所得的作用。这里存在一个相互矛盾的现象,一方面,发达国家通过官方发展援助来支持发展中国家;另一方面,又对当今国际税收体系给发展中国家财政收入带来的负面影响视而不见。塑造能将更多课税权赋予来源地国的税收协定,因此成为"常规"发展援助的补充,为发展中国家创造更多财政收入和可动员的资源,是促进可持续发展的重要的第一步。

税收协定是不同国家税务主管当局之间开展征管协助和信息交换的法律基础。自从经合组织启动打击避税港和有害税收竞争以来,税收协定的本项功能在近年来备受关注。经合组织关于信息交换的标准如今已为全球各国,包括非经合组织国家所接受。发展中国家,即使是最不发达国家和低收入国家都应当融入这个全球透明度的新时代,理由有二:一是这些国家的资本外逃问题特别严重,许多如经合组织所称的"高净值个人"将个人资产转移至避税港。这类转移可能不只是出于税收原因,也可能是基于对政治和经济不稳定、通货膨胀以及类似风险的顾虑。与避税港达成税收协定能够帮助这些国家追踪资本外逃。其二,缔结包含信息交换内容的协定可以防止这些国家本身变成避税港。成为避税港或者进行有害的税收竞争似乎有助于最不发达国家和低收入国家吸引更多的外资,但是存在着发展中国家之间爆发恶性竞争的危险,最终只能是两败俱伤。

如果一国只是出于打击逃避税目的而缔结税收协定,就应当注意两个问题。一是执行信息交换条款下的承诺会给税务主管当局带来沉重的行政负担。最不发达国家或者低收入国家可能无法满足对方缔约国的预期,并最终违反协定义务。因此,在协定中加入一个信息请求成本负担机制可以解决这一问题。此外,通过缔结税收信息交换协定同样可以达到交换信息的目的,从这个角度看,缔结全面的税收协定并非绝对必要。

税收协定能够遏制逃避税的另一方法是,协定为转让定价规则提供法律依据。正如上文指出的,转让定价本身并不违法或者受到禁止,而且是一个能够消除经济性双重课税并决定关联企业集团哪部分利润在哪个国家纳税的重要工具。转让定价规则和独立交易原则旨在防范跨国集团的激进税收筹划，以及导致利润从最不发达国家向其他国家转移的不当转让定价行为。结合有效的信息交换，可以制止这些有害的税收行为。

302　　　国家缔结税收协定的最主要和最终极原因，在于促进贸易和吸引外国直接投资。有不少研究试图找出税收协定与外国直接投资增长之间是否存在真正关联。简而言之，对此问题没有发现实证证据，不同的研究得出的结论相反。有些研究表明，税收协定具有正面效应；但也有其他研究得出相反结论。事实上，税收协定对投资可能具有正面效应。一方面，税收协定条款能够减轻纳税人的负担，如常设机构条款和较低的预提税率；另一方面，存在税收协定本身就能够为纳税人提供税收确定性，从而营造良好的企业经营环境。从企业界的视角看，缔结税收协定是一国对外国投资开放且愿意按照符合国际标准的税收规则行事的重要信号。值得一提的是，就此而言，为了吸引更多的外国直接投资，一国也可能在其对外缔结的协定中放弃来源地课税权。其背后的假设是，更多的外国直接投资可以产生更广的税基，其正面效果最终将超过税收协定放弃来源地课税权所带来的负面影响。但正如已经指出的，这一主张的问题在于，税收协定对于外国直接投资的影响并不明确，更重要的是，存在诸如政治稳定、市场大小等其他因素，也许会抵消税收协定可能具有的正面效应。

　　外国直接投资对于最不发达国家和低收入国家尤为重要，因为它能够促进这些国家的发展。《联合国千年宣言》和《蒙特雷共识》都强调了外国直接投资在可持续发展进程中的重要性。欧盟和美国也作出了类似的宣言。理论上，对此问题则存在不同意见，有观点认为，只有当外国直接投资的外溢效应被内部化时，才能实现促进发展的目标，但是国家之间在这方面的差异很大。缔结税收协定可能使一国受益，但不一定能使另一国同等受益，这须视外国直接投资在那些国家的"运作"（processed）情况而定。

　　综合考虑所有这些因素，一个最不发达国家或低收入国家必须确定缔结税收协定是否对本国有利。如果作出缔结税收协定的决定——全球多数国家都会作出类似决定，接下去的问题就是应当缔结怎样的协定。在这方面，最不发达国家或低收入国家税收管理的能力建设十分重要，这能够帮助这些国家掌握更好地缔结税收协定的专业知识和技能。经合组织和联合国以及区域组织("南南合作")都致力于这类能力建设。

本文第三章对联合国范本进行了研究。该范本是由一组专家(今天被称为专家委员会)所起草的,旨在成为发达国家与发展中国家缔结税收协定的基础。联合国范本大体上以经合组织范本为基础,采用了相同的结构和术语。但也存在一些差异,主要体现在课税权分配规则上,依据这些规则,来源地国可以获得更多的课税权。自1980年首次发布以来,联合国范本就经受着持续的批评,尤其是认为范本没有根本性变化,不足以服务于发展中国家。还有的批评认为,联合国范本过多地依赖经合组织范本,从而"沦为"经合组织范本的一种评注。尽管经过了2001年和2011年的两次修正,这些批评依旧存在。而两个范本之间的趋同性也日益明显。

联合国范本与经合组织范本的趋同有两个效果。一是缔约国协定谈判达成的实际规定可能更类同于经合组织范本。这是因为,当发达国家与发展中国家代表开始协定谈判时,都会使用最符合各自利益的范本作为谈判出发点。于是,发达国家会采用经合组织范本,而发展中国家会采用联合国范本。谈判的结果可能是两个范本的折中——尽管联合国范本本身已经是发达国家与发展中国家妥协的结果。只有当双边税收协定完全采用联合国范本时,才能说维护了发展中国家的利益。但发展中国家缔结的税收协定往往与联合国范本存在差异,因此发展中国家和发达国家之间实际缔结的协定更接近于经合组织范本,而不是饱受争议的联合国范本。因此,需要构建一个全新的更加倾向于来源地课税权的范本,从而更有力地对应经合组织范本,由此经过权衡的来源地国课税权才更能为发展中国家实际缔结的税收协定所采用。

两个范本趋同的第二个效果是尽量维持国际税收体系的统一。联合国范本的内容尽可能地接近于经合组织范本的内容,只有在绝对必要的方面才有所差异,这就不会使国际税收体系变得过分复杂。两个范本之间差异越大,国家采用一个或者另一个范本就越困难。与此同时,还有一个发展现象值得注意:在专家委员会成员的意见不能统一的许多情形中,他们并不力主急于找到一个共同的解决方案,而是在联合国范本或者评注中保留所有不同观点,以尊重整个过程中所有参与方的意见。相关例子包括,相互协商程序的两个相互替代的条款;视独立劳务不同待遇而规定不同的常设机构定义;悬而未决的包含或者删去范本第14条的问题。因此也可以认为,发展中国家税收协定完全一致的目标是不可能实现的,所建立的税收协定网络中肯定存在着不同的条款——这可能容易引发税收协定的滥用。但某一个条款存在不同的版本也有好处,可以满足更多国家的需求。由此,这些国家都会采用联合国范本或其评注的表述,实际协定之间的差异就会减少。因此,即使不能实现协定间的完全一致,也至少能实现"多数条款的一致"(harmonization in plurality)。进一步而言,联合国范本将成为一个"百家齐鸣"过程的结晶,专家委员会的工作更是一个所有国家都参与的,而不只是少数大国统治的平台。

使用联合国范本的国家形形色色,从最不发达国家到金砖国家再到新兴经济体。在专家委员会的讨论中应当考虑这种国家间利益的多样性和异质性。联合国大会设立最不发达国家这个国家群体类别,"旨在为这些联合国大家庭中最脆弱和最贫困的国家赢得特殊的国际支持。"[①]这一主旨应当体现在专家委员会的工作中,目前专家委员会中只有两位来自于最不发达国家的代表,专家委员会还应当考虑对这些国家的特殊税收协定政策。

第四章的研究揭示了联合国范本对于东非最不发达国家和低收入国家的税收协定网络已经产生的影响。该研究表明,联合国范本中的部分规则比其他规则更多地为协定缔约国所采用,同时协定还反复采用了范本所未包含的一些附加规则。由此可以得出两个结论:其一,这些附加规则对于多数目标国而言十分重要,但在联合国范本及其评注中没有这些规则,这颇令人费解。为使联合国范本对最不发达国家和低收入国家协定缔结更具现实价值,应当考虑在范本中加入这些附加规则。进一步而言,南部非洲发展共

①　参阅联合国代表办公室:《关于最不发达国家》,www.unohrlls.org/en/ldc/25/(最后访问时间:2013年7月)。

同体和东南非共同市场已经分别发布了各自的协定范本,这也说明这些组织的成员国认为联合国范本对它们税收协定的缔结作用有限,因此需要推出服务于每个组织各自成员国利益的协定范本。耐人寻味的是,这些组织发布的协定并不只是构成该组织成员国之间缔结税收协定的基础,这可以解决缔约国对方不为联合国范本所涵盖的问题;也成为组织成员国与第三国,包括发达国家之间缔结协定的基础,因此,这些范本具有替代联合国范本的效果。

其二,联合国范本中的许多规则是比较成功的,这表明联合国专家委员会在联合国范本上的工作并没有白费,这些规则为最不发达国家和低收入国家所采用。但是协定实践表明,本书所分析国家最为常见的实践是,结合采用经合组织范本和联合国范本的规则。由于联合国开展工作的(人力和资金方面)资源有限,对整个范本进行调整似不必要。为何不对那些已被实际采用且与发展中国家的需要紧密相关(特别是与经合组织范本不同)的规则加以研究?这将减轻专家委员会的工作负担,特别是考虑到,近些年来委员会的主要工作是跟上经合组织范本的变化和发展。每一次经合组织范本或其评注发生变化,专家委员都要对此加以研究和评估,以确定联合国范本是否需要吸收这些变化。联合国范本对于经合组织范本过度依赖,是最主要的一个缺点。

本书末尾提出了这样的问题:联合国范本该何去何从?最近的发展表明,联合国范本的起草者正试图一定程度上摆脱经合组织范本的影响,这体现在范本保留了经合组织范本第 7 条旧版本的规定。同时,联合国范本专家委员会开始提升工作强度,并投入了更多的资源。未来最主要的挑战在于创立一个论坛,每个发展中国家在该论坛中都有发言权,都能在争论中充分发表意见,从而营造民主氛围。联合国范本对最不发达国家和低收入国家的协定谈判具有重要意义,但如果这些国家今后更加依赖各自的协定范本,联合国范本的重要作用将会逐渐消失。

文末附表

附表 1　利息豁免

		豁免	向政府支付	政府担保	由政府支付	出口鼓励	政府	地方当局	所有/受控实体	其他由协议约定	中央银行
东非共同体	东非共同体 1997 年条约	是	X				X	X	X		
	东非共同体 2010 年条约	是	X				X	X	X		
埃塞俄比亚	中国	是	X	X			X	X			X
	捷克	是	X	X		X	X	X	X*		X
	法国	是	X	X			X	X			X
	印度	是	X				X	X		X	X
	以色列	是	X	X			X	X		X	X
	意大利	是	X		X		X	X	X	X	
	科威特	是	X	X			X	X	X		
	荷兰	是	X	X			X	X			X
	俄罗斯	是	X		X		X	X	X	X	
	塞舌尔	是	X	X			X	X			X
	南非	是	X		X		X	X		X	X
	突尼斯	是	X		X		X	X	X	X	
	土耳其	是	X				X				X
	英国	是	X	X	X		X	X			X

续表

		豁免	向政府支付	政府担保	由政府支付	出口奖励	政府	地方当局	所有/受控实体	其他由协议约定	中央银行
肯尼亚	加拿大	是	X				X	X	X#		X
	丹麦	是	X				X	X	X	X	X
	法国	是	X	X	X		X	X	X		X
	德国	是	X				X				X
	印度	是	X				X	X		X	X
	意大利	否									
	毛里求斯	是	X				X	X	X		
	挪威	是	X				X	X		X	X
	南非	否									
	瑞典	是	X				X	X		X	X
	泰国	是	X				X	X	X		
	英国	是	X				X	X	X	X	X
	赞比亚	否	（因为来源税为0）								
马达加斯加	法国	是	X			X	X	X			X
	毛里求斯	是	X				X				X

309

310

续表

		豁免	向政府支付	政府担保	由政府支付	出口鼓励	政府	地方当局	所有/受控实体	其他由协议约定	中央银行
马拉维	挪威	是	X				X	X	X	X	X
	南非	否	（因为没有利息条款）								
莫桑比克	博茨瓦纳	是	X				X	X	X		
	印度	是	X				X	X		X	X
	意大利	是	X		X		X	X	X	X	
	澳门地区	否									
	毛里求斯	是	X				X	X	X		
	葡萄牙	是	X		X		X	X		X	
	南非	是	X				X	X	X		
	阿联酋	否	（因为来源税为 0）								
	越南	否									
卢旺达	比利时	是	X			X	X	X			
	毛里求斯	否	（因为来源税为 0）								
	南非	是	X				X	X	X		
坦桑尼亚	加拿大	是	(X)	(X)	X				X		

续表

	豁免	向政府支付	政府担保	由政府支付	出口鼓励	政府	地方当局	所有/受控实体	其他由协议约定	中央银行
丹麦	否									
芬兰	是	X				X	X	X	X	
印度	是	X				X	X	X	X	X
意大利	否									
挪威	否									
南非	是	X		X		X	X			X
瑞典	否									
赞比亚	否（因为来源税为0）									
乌干达 比利时	是	X	X		X	X	X	X	X	X
丹麦	是	X				X	X	X	X	X
印度	是	X				X	X	X	X	X
意大利	是	X		X		X	X	X	X	
毛里求斯	是	X				X	X	X		
荷兰	是	X	X			X	X			
挪威	是	X	(X)			X	X	X	X	X
南非	是	X	(X)			X	X	X	X	
英国	是	X	(X)			X	X	X	X	X

311

续表

	国家	豁免	向政府支付	政府担保	由政府支付	出口鼓励	政府	地方当局	所有/受控实体	其他由协议约定	中央银行
	赞比亚	否	（因为来源税为0）								
赞比亚	加拿大	否									
	中国	是	X	X			X	X	X		X
	丹麦	是	X				X	X	X		
	芬兰	是	X				X	X	X		
	德国	是	X			X	X		X		
	印度	是	X				X	X		X	X
	爱尔兰	否	（因为来源税为0）							X	X
	意大利	是	X				X	X	X		
	日本	是	X				X	X	X		
	肯尼亚	否	（因为来源税为0）								
	荷兰	是	X				X	X	X		
	挪威	是	X				X	X	X		
	波兰	否									
	罗马尼亚	是	X				X	X			
	坦桑尼亚	否	（因为来源税为0）								
	瑞典	是	X				X	X	X		

续表

	豁免	向政府支付	政府担保	由政府支付	出口鼓励	政府	地方当局	所有/受控实体	其他由协议约定	中央银行
乌干达	否	（因为来源税为0）								
英国	否									
津巴布韦										
博茨瓦纳	是	X	X		X	X	X			X
保加利亚	是	X				X	X	X		X
加拿大	是			X		X	X			
刚果（金）	否	（因为来源税为0）								
法国	是	X	（X）在津巴布韦同意的情况下			X	X	X		
德国	是	X				X				
科威特	否	（因为来源税为0）								
马来西亚	是	X				X	X	X	X	X
毛里求斯	是	X				X	X		X	
荷兰	是	X				X	X	X		
挪威	是	X	（X）在财政部（MOF）接受的情况下			X	X	X#		
波兰	否									

312

续表

	豁免	向政府支付	政府担保	由政府支付	出口鼓励	政府	地方当局	所有/受控实体	其他由协议约定	中央银行
塞尔维亚	否									
塞舌尔	否									
南非	否	（因为没有利息条款）								
瑞典	是	X	（X）在财政部接受的情况下			X	X	X#		
英国	是	X			X	X	X	X		

注：* 表示以出口为目的的实体。

　　# 表示在实体于居民国享受税收豁免的情况下。

附表 2　文化交流条款

文化交流条款		豁免	文化/体育交流项目	受母国公共资金支持	受东道国公共资金支持	非营利目的	来源国豁免	仅于居民国课税	不适用前款
东非共同体	东非共同体 1997 年条约	是	X	X	X		X		
	东非共同体 2010 年条约	是	X	X	X		X		
埃塞俄比亚	中国	是	X	X		X	X		
	捷克	是	X			X	X		
	法国	是		X				X	
	印度	是		X	X			X	X
	以色列	是		X					
	意大利	否							X
	科威特	是		X		X (NPOs)			
	荷兰	否							
	俄罗斯	是		X				X	
	塞舌尔	是	X			X	X		
	南非	是	X	X			X		
	突尼斯	是		X			X		X
	土耳其	是		X			X		
	英国	是	X				X		

续表

315

		豁免	文化/体育交流项目	受母国公共资金支持	受东道国公共资金支持	非营利目的	来源国豁免	仅于居民国课税	不适用前款
肯尼亚	加拿大	是		X		X(NPO)			X
	丹麦	是		X					X
	法国	是		X					X
	德国	是		X					X
	印度	是		X					X
	意大利	是		X					X
	毛里求斯	是	X	X	X		X		
	挪威	是		X					X
	南非	否							
	瑞典	是		X					X
	泰国	是		X				X	X
	英国	是		X					X
	赞比亚	是		X					X
马达加斯加	法国	是		X		X(NPO)	X		
	毛里求斯	是		X					X

续表

		豁免	文化/体育交流项目	受母国公共资金支持	受东道国公共资金支持	非营利目的	来源国豁免	仅于居民国课税	不适用前款
马拉维	挪威	是		X			X		
	南非	否							
莫桑比克	博茨瓦纳	是	X	X			X		
	印度	是	X	X			X		
	意大利	否							
	澳门地区	是	X	X	X	X	X		
	毛里求斯	是	X	X	X		X(1)		
	葡萄牙	是	X					X	
	南非	是	X	X		X	X		
	阿联酋	是	X	X	X	X	X		
	越南	是	X				X		
卢旺达	比利时	否							
	毛里求斯	是	X	X	X		X(1)		
	南非	否							
坦桑尼亚	加拿大	是		X	X(?)	X＋NPO			X

续表

		豁免	文化/体育交流项目	受母国公共资金支持	受东道国公共资金支持	非营利目的	来源国豁免税	仅于居民国课税	不适用前款
	丹麦	是		X					X
	芬兰	是		X					X
	印度	是		X					X
	意大利	是		X					X(1)
	挪威	是		X					X
	南非	是		X			X		
	瑞典	是		X					X
	赞比亚	是		X					X
乌干达	比利时	是		X				X	X
	丹麦	是		X	X			X	X
	印度	否							
	意大利	否							
	毛里求斯	是	X	X	X		X		
	荷兰	是	X	X	X			X	X
	挪威	是		X				X	X
	南非	否					X		
	英国	是		X					

317

续表

	国家	蓄免	文化/体育交流项目	受母国公共资金支持	受东道国公共资金支持	非营利目的	来源国豁免	仅于居民国课税	不适用前款
赞比亚	赞比亚	是		X					X
	加拿大	否							
	中国	是	X	X			X		
	丹麦	否							
	芬兰	否							
	德国	是		X					X
	印度	是		X			X		
	爱尔兰	否							
	意大利	否							
	日本	否							
	肯尼亚	是		X					X
	荷兰	否							
	挪威	否							
	波兰	是	X	X			X		
	罗马尼亚	否							
	坦桑尼亚	是		X					X
	瑞典	否							
	乌干达	是		X					X

318

续表

	豁免	文化/体育交流项目	受母国公共资金支持	受东道国公共资金支持	非营利目的	来源国豁免课税	仅于居民国课税	不适用前款
英国	否							
津巴布韦								
博茨瓦纳	是		X					X
保加利亚	是	X				X		
加拿大	是		X		X +（NPO）			X
刚果（金）	是		X					X
法国	是		X					X
德国	否							
科威特	是		X		X（NPO）			X
马来西亚	是		X					X
毛里求斯	是		X					X
荷兰	否							
挪威	否							
波兰	是	X				X		
塞尔维亚	是	X					X	
塞舌尔	是	X	X			X		
南非	否							
瑞典	否							
英国	否							

注:（1）仅为第一款豁免之活动。

附表 3　教授、教师及研究人员

	第几条	教授	教师	研究人员	最长停留期	最长豁免期	邀请	教师及研究人员出行目的	来源	在本国有纳税义务	符合公共利益的研究	非出于私人利益的研究
东非共同体 1997 年条约	21	X	X		2 年			X	国外	X		X
东非共同体 2010 年条约	21	X	X		2 年			X	国外	X		X
埃塞俄比亚　中国	20	X	X	X		3 年	X	X	任何			X
捷克	无	X	X									
法国	21	X	X	X		24 个月		X	任何		X	X
印度#	20	X	X	X		2 年		X	任何		X	X
以色列	21	X	X	X	2 年		X	X	任何		X	X
意大利	20	X	X	X	2 年			X	任何		X	X
科威特	20		X	X	2 年		X 或文化*	X	任何			
荷兰	20	X	X	X	2 年		X	X	国外		X	X
俄罗斯	学生条款	X	X	X	与学生标准相同				本国			
塞舌尔	22	X	X	X	2 年		X	X	任何		X	X
南非	20	X	X	X	2 年			X	国外	X	X	X
突尼斯	21	X	X	X	2 年			X	任何	X	X	X

320

续表

	第几条	教授	教师	研究人员	最长停留期	最长豁免期	邀请	教师及研究人员出行目的	来源	在本国有纳税义务	符合公共利益的研究	非出于私人利益的研究
土耳其	21	X	X		2 年			X	国外	X		
英国	无											
肯尼亚 加拿大	无											
丹麦	22	X	X		2 年			X	任何	X	X	X
法国	无											
德国	学生条款	X	X		2 年			X~	国外		X	X
印度	23	X	X		1 年			X	国外	X		X
意大利	21	X	X		2 年			X	任何	X	·	X
毛里求斯	19	X	X		2 年			X	国外		X	X
挪威	22	X	X		2 年			X	任何		X	X
南非	20	X	X	X	2 年		X˅	X	国外			X
瑞典	XX	X	X		2 年			X	任何	X	X	X
泰国	21	X	X	X	2 年		X˅	X	任何		X	X
英国	23	X	X		2 年			教学	任何	X		
赞比亚	XII	X	X		2 年			教学	任何	X		

续表

		第几条	教授	教师	研究人员	最长停留期	最长豁免期	邀请	教师及研究人员出行目的	来源	在本国有纳税义务	符合公共利益的研究	非出于私人利益的研究
马达加斯加	法国	无											
	毛里求斯	无											
马拉维	挪威	无											
	南非	X	X	X		2年			教学	任何	X		
莫桑比克	博茨瓦纳#	19	X	X	X				X	国外			
	印度#	20	X	X	X	2年	2年		X	任何		X	X
	意大利	20	X	X		2年			X	任何			
	澳门地区	20	X	X	X	2年			X	任何		X	
	毛里求斯	20	X	X		2年			X	任何			
	葡萄牙	20	X	X		2年			X	任何		X	
	南非	19	X	X	X	2年			X	国外	X	X	
	阿联酋	16			X		2年		X	任何			X
	越南	无											
卢旺达	比利时	无											

321

322

续表

	第几条	教授	教师	研究人员	最长停留期	最长豁免期	邀请	教师及研究人员出行目的	来源	在本国有纳税义务	符合公共利益的研究	非出于私人利益的研究
坦桑尼亚　毛里求斯	20	X	X		2 年			X	国外		X	
南非	无											
加拿大	无											
丹麦	无											
芬兰	无											
印度#	23	X	X	X		24 个月		X	任何			X
意大利	学生条款	X	X		2 年			X	任何			
挪威	无											
南非	无											
瑞典	无											
赞比亚	XⅡ	X	X		2 年			教学	任何	X		
乌干达　比利时	无											
丹麦	无											
印度#	21	X	X			2 年		X	任何			X
意大利	21	X	X		2 年			X	任何			

续表

国家		第几条	教授	教师	研究人员	最长停留期	最长豁免期	邀请	教师及研究人员出行目的	来源	在本国有纳税义务	符合公共利益的研究	非出于私人利益的研究
	毛里求斯	21	X	X		2年			X	国外	X	X	X
	荷兰	19	X	X		2年			X	国外		X	X
	挪威	无											
	南非	无											
	英国	无											
	赞比亚	XII	X	X		2年			教学	任何	X		
赞比亚	加拿大	无	X	X									
	中国	无	X										
	丹麦	学生条款			X	2年			学习/研究	任何			
	芬兰	无											
	德国	学生条款	X	X	学生条款	2年			X	国外			
	印度	22	X	X	X	2年			X	国外			X
	爱尔兰	学生条款	X		X	2年			X~	任何			
	意大利	学生条款			X	2年			研究	任何			
	日本	19	X	X		2年			X	任何			
	肯尼亚	XII	X	X		2年			教学	任何	X		

续表

	第几条	教授	教师	研究人员	最长停留期	最长豁免期	邀请	教师及研究人员出行目的	来源	在本国有纳税义务	符合公共利益的研究	非出于私人利益的研究
荷兰	学生条款				与学生标准相同							
挪威	学生条款			X	2年			学习/研究	任何			
波兰	21	X	X	X	无			X	国外		X	X
罗马尼亚	20	X	X	学生条款	2年			X	国外			
坦桑尼亚	XⅡ	X	X		2年			教学	国外	X		
瑞典	学生条款			X	2年			学习/研究	任何			
乌干达	XⅡ	X	X		1年			教学	任何	X		
英国	学生条款			X	2年			研究	授权或附带			
津巴布韦 博茨瓦纳	无											
保加利亚	20	X	X	X	2年	24个月		X	国外		X	X
加拿大	无											
刚果（金）	外交人员条款		X	X		24个月			国内			
法国	外交人员条款		X	X					国内			
德国	学生条款	X	X	X			X 或 文化*	X	国外			

续表

第几条	教授	教师	研究人员	最长停留期	最长豁免期	邀请	教师及研究人员出行目的	来源	在本国有纳税义务	符合公共利益的研究	非出于私人利益的研究
科威特	20		X	X	2年		X或文化*	X	任何			
马来西亚	22	X	X	X	2年		X	X	任何	X		X
毛里求斯	21	X	X			2年	X	X	国外		X	X
荷兰	20	X	X		2年			X	国外		X	X
挪威	无											
波兰	21	X	X	X	2年				国外		X	X
塞尔维亚	22	X	X			12个月		X	国外		X	X
塞舌尔	20	X	X		2年			X	国外	X		
南非	XI	X	X		2年				任何	X		
瑞典	无											
英国	无											

注：* 表示在文化交流项目中。
^ 表示该机构须为主管当局所承认。
~ 表示先进学习或研究，高层次研究。
# 表示包含被推定居民身份的规定。

参考文献

1 书和评注

Baker, *Double taxation conventions* (looseleaf status: October 2008) London: Sweet & Maxwell.

Brähler, *Internationales Steuerrecht*[5] (2009) Wiesbaden: Gabler.

Brewer Richman, P. (later Musgrave), *Taxation of Foreign Investment Income* (1963) Baltimore: The Johns Hopkins Press.

Easson, *Tax Incentives for Foreign Direct Investments* (2004) The Hague (et al.): Kluwer Law International.

Feenstra/Taylor, *International Economics*, 2nd ed. (2011) New York: Worth Publ.

Hammond, *Fiscal Harmonization in the East African Community* (1975) Amsterdam: IBFD.

Hendricks, *Internationale Informationshilfe im Steuerverfahren* (2004) Köln: Schmidt.

IFA (ed.), *UN Draft Model Taxation Convention: trends in income tax treaties involving developing countries, with special reference to the UN Group of Experts on Tax Treaties between Developed and Developing Countries*, IFA Congress Seminar Series Vol. 4 (1979) Deventer: Kluwer.

IFA (ed.), *Double taxation treaties between industrialized and developing countries, the OECD and UN Models – A comparison*, IFA Congress Seminar Series Vol. 15 (1992) Deventer: Kluwer.

Jacobs, *Internationale Unternehmensbesteuerung* (2007) Munich: C.H. Beck.

Kemmeren, *Principle of Origin in Tax Conventions – A rethinking of Models* (2001) Dongen: Pijnenburg.

Kimbugwe/Perdikis/Yeung/Kerr, *Economic Development through Regional Trade: A Role for the New East African Community?* (2012) Basingstoke: Palgrave Macmillan.

Krugman/Obstfeld, *International Economics – Theory & Policy*, 8th ed. (2009) Boston et al.: Pearson, Addison-Wesley.

Lang, *Introduction to the Law of Double Taxation Conventions* (2010) Vienna: Linde, Amsterdam: IBFD.

Lang et al. (eds.), *Multilateral Tax Treaties* (1997) Vienna: Linde.

Lang/Pistone/Schuch/Staringer (eds.) *Source versus Residence* (2008) New Delhi: Taxmann Publications.

Lang/Pistone/Schuch/Staringer (eds.), *The impact of the OECD and UN model conventions on bilateral tax treaties* (2012) Cambridge: Cambridge University Press.

Lang/Pistone/Schuch/Staringer/Storck (eds.), *Beneficial Ownership: Recent Trends*, forthcoming.

Lohr, *Der internationale Auskunftsverkehr im Steuerverfahren* (1993) Vienna: Orac.

Musgrave, R., *The Theory of Public Finance* (1959) New York (et al.): McGraw-Hill.

Musgrave, R. *The Future of Fiscal Policy – A Reassessment* (1978) Leuven: Leuven University Press.

Nohlen/Nuscheler (eds.) *Handbuch der Dritten Welt, Vol. 1, Grundprobleme, Theorien, Strategien* (1992) Bonn: Dietz.

Nuscheler, *Lern- und Arbeitsbuch Entwicklungspolitik*, 7th edition (2012) Bonn: Dietz.

Pires, *International Juridical Double Taxation of Income* (1989) Deventer: Kluwer.

Plansky, *Die Gewinnzurechnung zu Betriebsstätten im Recht der Doppelbesteuerungsabkommen* (2010) Vienna: Linde.

Rohatgi, *Basic International Taxation 1: Principles of International Taxation* (2005) London: BNA International.

Rohatgi, *Basic International Taxation 2: Practice of International Taxation* (2007) London: BNA International.

Schaumburg, *Internationales Steuerrecht*[3]; (2011) Köln: Schmidt.

Schicho, *Handbuch Afrika Vol. 1, Zentralafrika, Südliches Afrika und die Staaten im Indischen Ozean* (1999) Frankfurt/Main, Vienna: Brandes & Apsel.

Schicho, *Handbuch Afrika Vol. 3, Nord- und Ostafrika* (2004) Frankfurt/Main, Vienna: Brandes & Apsel.

Schilcher, *Die Grenzen der Mitwirkungspflichten im Lichte des Gemeinschaftsrechts* (2010) Vienna: Linde.

Surrey, *United Nations model convention for tax treaties between developed and developing countries: a description and analysis* (1980) Amsterdam: IBFD.

Todaro/Smith, *Economic Development*[10] (2009) Harlow (et al.): Addison-Wesley.

Verdross/Simma, *Universelles Völkerrecht: Theorie und Praxis* (1976) Berlin: Duncker & Humblot.

Van den Tempel, *Beseitigung der Doppelbesteuerung* (1967).

Vogel, *Klaus Vogel on Double taxation conventions*[3] (1996) Kluwer Law International.

Vogel/Lehner, *Doppelbesteuerungsabkommen*[5] (2008) Munich: C.H. Beck.

Wassermeyer, in: Debatin/Wassermeyer (eds.), *Doppelbesteuerung: Kommentar zu allen deutschen Doppelbesteuerungsabkommen*, Band I: Kommentierung des OECD-MA (looseleaf status: December 2002) Munich: C.H. Beck.

2　书和期刊中的文章

Abdulai, Attracting Foreign Direct Investment or Growth and Development in Sub-Saharan Africa: Policy Options and Strategic Alternatives, 27 *Africa Development* 2007, 1-23.

Adams, Can foreign direct investment (FDI) help to promote growth in Africa?, 3 *African Journal of Business Management* 2009, 178-183.

Akunobera, 'National Report Uganda', in Lang/Pistone/Schuch/Staringer (eds.) *The impact of the OECD and UN model conventions on bilateral tax treaties* (2012) pp. 1083-1100.

Alor, Trends in Tax Treaty Policy of Emerging Countries, in Stefaner/Züger (eds.) *Tax Treaty Policy and Development* (2005) 221-235.

Amico, Developing and Implementing Tax Treaty Policy: The Tax Sparing Clause, *Bulletin for International Taxation* 1989, 408-411.

Arnold, Tax Treaty News: An Overview of the UN Model (2011), *Bulletin for International Taxation* 2012, 523-529.

Ashiabor, Tax Sparing: A Timeworn Mechanism in Australia's Bilateral Treaties with its Trading Partners in Southeast Asia? 24 *International Tax Journal* 1998, 67-98.

Ashiabor, The Taxation of Foreign Investments in Developing Countries under the Treaty Regime: The African Experience, 22 *International Tax Journal* 1996, 69-98.

Asiedu, On the Determinants of Foreign Direct Investment to Developing Countries: Is Africa Different?, *World Development* 2002, 107-119.

Atchabahian, Argentina's Tax Treaty Network and the Distinctive Features of its Treaties, *Bulletin – Tax Treaty Monitor* 2001, 225-232.

Atchabahian, The Andean Subregion and its Approach to Avoidance or Alleviation of International Double Taxation, *IFA-Bulletin* 1974, 308-337.

Ault, Corporate Integration, Tax Treaties, and the Division of the International Tax Base: Principles and Practices. *Tax Law Review* 1992, 565-608.

Avery Jones, Are Tax Treaties Necessary?, 53 *Tax L. Rev.* 1999-2000, 1-38.

Avi-Yonah, The Structure of International Taxation: A Proposal for Simplification, 74 *Texas Law Review* 1996, 1301-1359.

Avi-Yonah/Clausing, 'Business Profits (Article 7 OECD Model Convention)', in Lang/Pistone/Schuch/Staringer (eds.) *Source versus Residence* (2008) pp. 9-20.

Bain/Krever/O'Connor, 'Australia', in Lang/Pistone/Schuch/Staringer (eds.), *The impact of the OECD and UN model conventions on bilateral tax treaties* (2012) pp. 68-109.

Baistrocchi, The Use and Interpretation of Tax Treaties in the Emerging World: Theory and Implications, *British Tax Review* 2008, 352-391.

Baker/Liao, Improper Use of Tax Treaties: The New Commentary on Article 1 and the Amended Article 13(5), *Bulletin for International Taxation* 2012, 598-602.

Barthel/Busse/Krever/Neumayer, 'The Relationship between Double Taxation Treaties and Foreign Direct Investment', in Lang/Pistone/Schuch/Staringer/Zagler (eds.) *Tax Treaties from a Legal and Economic Perspective* (2010) pp. 3-20.

Bayer, Das neue Update zum UN-Musterabkommen, *Steuer und Wirtschaft International* 2011, 539-542.

Benshalom, The New Poor at our Gates: Global Justice Implications for International Trade and Tax Law, 85 *NYU Law Rev.* 2010, 1-82.

Berglund, 'National Report Sweden', in Lang/Pistone/Schuch/Staringer (eds.) *The Impact of the OECD and UN Model Conventions on Bilateral Tax Treaties* (2012) pp. 1056-1082.

Berglund/Bexelius, 'National Report Sweden', in IFA (eds.), *Key practical issues to eliminate double taxation of business income*, Cahier de Droit Fiscal International Vol. 96b (2011) pp. 625-644.

Bethel, The Text of and the Commentaries on Articles 26 and 27 – Round-Up of the Changes and Their Significance, *Bulletin for International Taxation* 2012, 618-623.

Bloningen/Davies, 'Do Bilateral Tax Treaties Promote Foreign Direct Investment?', in Sauvant/Sachs (eds.) *The Effect of Treaties on Foreign Direct Investment* (2009) pp. 461-484.

Brauner, 'The Future of Tax Incentives in Developing Countries', in Brauner/Stewart (eds.) *Tax, law and development*, forthcoming.

Brauner, A Framework for an Informed Study of the Realistic Role of Tax in a Development Agenda, *U.B.C. Law Review* 2010, 275-329.

Brooks, 'Inter-Nation Equity: The Development of an Important but Underappreciated International Tax Policy Objective', in Head/Krever (eds.), *Tax Reform in the 21st Century – A Volume in Memory of Richard Musgrave* (2009), pp. 471-498.

Brooks, Tax Sparing – A needed Incentive for Foreign Investment in Low-Income Countries or an Unnecessary Revenue Sacrifice? 34 *Queen's Law Journal* 2008-2009, 505-564.

Brooks, Tax Treaty Treatment of Royalty Payments from Low-Income Countries: A Comparison of Canada and Australia's Policies, *eJournal of Tax Research* 2007, 169-198.

Brown/O'Brien, 'National Report Canada', in Lang/Pistone/Schuch/Staringer (eds.) *The Impact of the OECD and UN Model Conventions on Bilateral Tax Treaties* (2012) pp. 203-231.

Burns, Commentary, *Tax Law Review* 1999, 39-49.

Byrne, 'Tax Treaties in Latin America: Issues and Models', in Tanzi/Barreix/Villela (eds.) *Taxation and Latin American Integration* (2008) pp. 231-261.

Cai, Trends in Tax Treaty Policy of Developing Countries, in Stefaner/Züger (eds.) *Tax Treaty Policy and Development* (2005) 237-256.

Caney, Review Article: International Distributive Justice, *Political Studies* 2001, 974-997.

Carroll, International Tax Law – Benefits for American Investors and Enterprises Abroad (Part I), 2 *International Lawyer* 1967-68, 692-728.

Carroll, Mitchell B. Development of International Tax Law in the Americas, *Law & Contemp. Probs.* 1941, 793-801.

Christians, Tax Treaties for Investment and Aid to Sub-Saharan Africa – A case study, 71 *Brooklyn Law Review* 2005, 639-713.

Clark, Tax Policy for Investment, *eJournal of Tax Research* 2007, 244-265.

Cockfield, Purism and Contextualism within International Tax Law Analysis: How Traditional Analysis Fails Developing Countries, *eJournal of Tax Research* 2007, 199-224.

Collins, 'Brief survey of the development and main features of the United Kingdom's double taxation agreements with developing countries', in IFA (ed.), *Double taxation treaties between industrialised and developing countries, the OECD and*

UN Models – A comparison, IFA Congress Seminar Series Vol. 15 (1992) pp. 27-37.

Court, 'Some Reflections on the Experience of the UN Model in Tax Treaties between Developed and Developing Countries', in IFA (ed.), *Double taxation treaties between industrialized and developing countries, the OECD and UN Models – A comparison*, IFA Congress Seminar Series Vol. 15 (1992) pp. 15-19.

Csoklich/Günther, Visiting Academics in Double Tax Treaties, *Intertax* 2011, 578-602.

Dagan, Just Harmonization (2010), http://ssrn.com/abstract=1681444.

Dagan, The Tax Treaties Myth, 32 *N.Y.U. Journal of International Law and Politics* 1999-2000, 939-996.

Davies, Tax Treaties and Foreign Direct Investment: Potential versus Performance, 11 *International Tax and Public Finance* 2004, 775–802.

Daxkobler/Seiler, 'Austria', in Lang/Schuch/Staringer (eds.) *Tax Rules in Non-Tax Agreements* (2012), pp. 51-113.

De Goude/Fraser, The UN Model (2011) Special Issue – The Context and Contents, *Bulletin for International Taxation* 2012, 587-589.

Debatin, Handbuch der Vereinten Nationen für Verhandlungen über Doppelbesteuerungsabkommen zwischen Industriestaaten und Entwicklungsländern, *Der Betrieb* 1980, Annex 15/80, 1.

Desai/Hines, Evaluating International Tax Reform, 56 *National Tax Journal* 2003, 487-502.

Detweiler, Article 21 of the OECD Model Convention: Past, Present, and Future, *Intertax* 2009, 235-249.

Devillet, The Text of and the Commentary on Article 25 – Round-Up of the Changes and Their Significance, *Bulletin for International Taxation* 2012, 612-617.

Dornelles, 'The Tax Treaty Needs of Developing Countries with Special Reference to the UN Draft Model', in IFA (ed.), *UN Draft Model Taxation Convention*, IFA Congress Seminar Series Vol. 4 (1979) pp. 27-30.

Dornelles, The Relevance of Double Taxation Treaties for Developing Countries, *Bulletin for International Taxation* 1989, 383-388.

Drevet/Thuronyi, The Tax Treaty Network of the U.N. Member States, *Tax Notes International* 2009, 783-787.

Dupasquier/Osakwe, *Foreign Direct Investment in Africa: Performance, Challenges and Responsibilities*, ATPC Work in Progress No. 21, African Trade Policy Center: Economic Commission for Africa.

Durst, Making Transfer Pricing Work for Developing Countries, *Tax Analysts* 2010, 851-854.

Easson, Do we still need tax treaties? *Bulletin for International Taxation* 2000, 619-625.

Easson, Tax incentives for foreign direct investments – Part I: Recent Trends and Countertrends, *Bulletin for International Taxation* 2001, 266-274.

Easson, Tax incentives for foreign direct investments – Part II: Design Considerations, *Bulletin for International Taxation* 2001, 365-375.

Egger et al., 'The Impact of Endogeneous Tax Treaties on Foreign Direct Investment: Theory and Empirical Evidence', in Sauvant/Sachs (eds.) *The Effect of Treaties on Foreign Direct Investment* (2009) pp. 513-540.

Falcão, Contributing a Developing Country's Perspective to International Taxation: United Nations Tender for Development of a Transfer Pricing Manual, *Intertax* 2010, 502-508.

Falcão, Exchanging Information with the Developing World: A Digression on the Global Forum Exchange of Information's Interaction with Developing Economies, *Intertax* 2011, 603-612.

Feinberg, 'United States Views on Selected Aspects of Developing Country Tax Treaty Issues', in IFA (ed.), *Double taxation treaties between industrialised and developing countries, the OECD and UN Models – A comparison*, IFA Congress Seminar Series Vol. 15 (1992) pp. 39-46.

Figueroa, 'Comprehensive Tax Treaties', in IFA (ed.), *Double taxation treaties between industrialized and developing countries, the OECD and UN Models – A comparison*, IFA Congress Seminar Series Vol. 15 (1992) pp. 9-13.

Figueroa, International Double Taxation: General Reflections on Jurisdictional Principles, Model Tax Conventions and Argentina's Experience, *Bulletin for International Taxation* 2005, 379-386.

Fischer/Hödl/Parnreiter, '50 Jahre "Entwicklung": Ein uneingelöstes Versprechen', in Fischer/Hanak/Parnreiter (eds.) *Internationale Entwicklung. Eine Einführung in Probleme, Mechanismen und Theorien* (2003) pp. 16-41.

Fischer/Hödl/Parnreiter, 'Entwicklung – eine Karotte, viele Esel?', in Fischer/Hödl/Maral-Hanak/Parnreiter (eds.) *Entwicklung und Unterentwicklung. Eine Einführung in Probleme, Theorien und Strategien* (2010) pp. 13-54.

Gild, Tax Treaty Shopping: Changes in the U.S. Approach to Limitation on Benefits Provisions in Developing Country Treaties, 30 *Va. J. Int'l L.* 1989-1990, 553-596.

Gohou/Soumaré, Does Foreign Direct Investment Reduce Poverty in Africa and are there Regional Differences?, 40 *World Development* 2012, 75-95.

Goldberg, Conventions for the elimination of international double taxation: Toward a Developing Country Model, 15 *Law & Pol'y Int'l Bus.* 1983, 834-910.

Graetz, The David R. Tillinghast Lecture: Taxing International Income – Inadequate Principles, Outdated Concepts, and Unsatisfactory Policies, *Tax Law Review* 2000-2001, 261-336.

Graetz/O'Hear, The "Original Intent" of U.S. International Taxation, *Duke Law Journal* 1997, 1021-1109.

Grau Ruiz, 'Taxes as a Tool for Development: Improving Social, Economic and Territorial Cohesion', in Hinnekens/Hinnekens (eds.), *A Vision of Taxes within and outside European Borders – Festschrift in Honor of Prof. Dr. Frans Vanistendael* (2008) 449-464.

Helminen, Scope and Interpretation of the Nordic Multilateral Double Taxation Convention, *Bulletin for International Taxation* 2007, 23-38.

Helminen, Dividends, Interest and Royalties under the Nordic Multilateral Double Taxation Convention, *Bulletin for International Taxation* 2007, 49-64.

Helminen, Non-discrimination and the Nordic Multilateral Double Taxation Convention, *Bulletin for International Taxation* 2007, 103-108.

Hofbauer, Most-Favoured-Nation Clauses in Double Taxation Conventions – A Worldwide Overview, *Intertax* 2005, 445-453.

Hundt, UN-Musterabkommen zur Vermeidung der Doppelbesteuerung zwischen Industriestaaten und Entwicklungsländern, *Recht Internationaler Wirtschaft/ Außenwirtschaftsdienst* 1981, 306-327.

Hurtado, *Is Latin American Taxation Policy Appropriate For Promoting Foreign Direct Investment In The Region?*, http://works.bepress.com/hugo_hurtado/ (last accessed July 2013).

Kana/van der Merwe, The Commentary on Article 5 – The Changes and Their Significance, *Bulletin for International Taxation* 2012, 603-607.

Kaufman, Fairness and the Taxation of International Income, *Law & Policy in International Business* 1998, 145-203.

Kemmeren, Source of Income in Globalizing Economies: Overview of the Issues and a Plea for an Origin-Based Approach, *Bulletin for International Taxation* 2006, 430-452.

Kofler/Tumpel, 'Tax Information Exchange Agreements', in Lang/Schuch/Staringer (eds.) *Internationale Amtshilfe in Steuersachen* (2011) pp. 181-202.

Kosters, The UN Model Tax Convention and its recent developments, *APTB* 2004, 4-11.

Krabbe, UN-Musterabkommen 2000, *Internationales Steuerrecht* 2000, 618-620.

Kuschnik, Fiscal Impacts of Tax Havens on Non-Haven African Countries, *Intertax* 2008, 168-171.

Lang, 'Doppelbelastung und Doppelbefreiung im grenzüberschreitenden Steuerrecht', in Becker/ Schön (eds.) *Steuer- und Sozialstaat im europäischen Systemwettbewerb* (2005) pp. 215-238.

Lang, 'Double Non-Taxation – General Report', in IFA (ed.), *Double Non-Taxation*, Cahiers de Droit Fiscal International, Vol. 89a (2004) pp. 73-119.

Lang, 'Einkünfteermittlung im Internationalen Steuerrecht', in Hey (ed.), *Einkünfteermittlung* (2011) pp. 353-368.

Lang, "Aggressive Steuerplanung" – eine Analyse der Empfehlung der Europäischen Kommission, *Steuer und Wirtschaft International* 2013, 62-68.

Lang, Die Einwirkungen der Doppelbesteuerungsabkommen auf das innerstaatliche Recht, *Finanzjournal* 1988, 72-77.

Lang, *Multilaterales Steuerabkommen - Die Zukunft des Internationalen Steuerrechts?*, Series of the Centre for European Business Law of the Rheinische Friedrich-Wilhelms-Universität Bonn, Vol. 84 (1997).

Lang, Multilaterales Steuerabkommen statt bilateralem DBA-Netz?, *Steuer und Wirtschaft International* 1997, 492-498.

Lang/Schuch, Europe on Its Way to a Multilateral Tax Treaty, *EC Tax Review* 2000, 39-43.

Law, Pensions and Social Security Payments in Recent Tax Treaties, *Bulletin for International Taxation* 2011, 123-126.

Lennard, The Purpose and Current Status of the United Nations Tax Work, *Asia-Pacific Tax Bulletin* 2008, 23-30.

Lennard, The UN Model Tax Convention as Compared with the OECD Model Tax Convention – Current Points of Difference and Recent Developments, *Asia-Pacific Tax Bulletin* 2009, 4-11.

Lennard, Update on the United Nations Tax Work, *Asia-Pacific Tax Bulletin* 2010, 9-13.

Loukota, 'Multilateral Tax Treaty versus Bilateral Treaty Network', in Lang (ed.), *Multilateral Tax Treaties: New developments in international tax law* (1997) 83-103.

Mc Kerchar/Evans, Sustaining Growth in Developing Economies through Improved Taxpayer Compliance: Challenges for Policy Makers and Revenue Authorities, *eJournal of Tax Research* 2010, 171-201.

McIntyre, *Developing Countries and International Cooperation on Income Tax Matters: An Historical Review* (2005), www.michielse.com/files/mcintyre_intl_cooperation. pdf (last accessed July 2013).

McIntyre, *United Nations Code of Conduct for Cooperation in Combating International Tax Evasion*, Wayne State University Law School Legal Studies Research Paper Series, No. 08-12 (2008).

Meirelles, Tax Sparing Credits in Tax Treaties: The Future and the Effect on EC Law, *European Taxation* 2009, 263-273.

Moshammer/Kofler/Tumpel, 'Zurechnungs- und Qualifikationskonflikte im DBA-Recht – Behandlung in der österreichischen Verwaltungspraxis', in Lang/ Schuch/Staringer (eds.), *Einkünftezurechnung im Internationalen Steuerrecht* (2012) pp. 261-289.

Mutén, 'Double Taxation Conventions between Industrialised and Developing Countries', in IFA (ed.), *Double taxation treaties between industrialized and developing countries, the OECD and UN Models – A comparison*, IFA Congress Seminar Series Vol. 15 (1992) pp. 3-8.

Mutén/Lüdicke, European Tax Law, quo vadis? – Lecture in Honour of Klaus Vogel, *Bulletin for International Taxation* 2008, 1-12.

Neumayer, Do Double Taxation Treaties Increase Foreign Direct Investment to Developing Countries?, 43 *Journal of Development Studies* 2007, 1501-1519.

Nouel, The New Article 7 of the OECD Model Tax Convention: The End of the Road?, *Bulletin for International Taxation* 2011, 5-12.

Nunnenkamp, To what Extent can Foreign Direct Investment help Achieve International Development Goals?, *World Economy* 2004, 657-677.

Nyamori, An Analysis of Kenya's Transfer Pricing System, *International Transfer Pricing Journal* 2012, 153-160.

Oliver, Tax Sparing, *Intertax* 1998, 190-191.

Owens, The Taxation of Multinational Enterprises: An Elusive Balance, *Bulletin for International Taxation* 2013, published online 3 July 2013.

Owens/Fensby, Is There a Need to Re-evaluate Tax Sparing?, *Intertax* 1998, 274-279.

Owens/Lang, *The role of tax treaties in facilitating development and protecting the tax base*, BNA Report (2013).

Paolini/Pistone/Pulina/Zagler, *Tax treaties and the allocation of taxing rights with developing countries*, CORE-DP 2011/42, www.uclouvain.be/en-357992.html (last accessed July 2013).

Pinto, Exclusive Source or Residence-Based Taxation – Is a New and Simpler World Tax Order Possible?, *Bulletin for International Taxation* 2007, 277-291.

Pistone, 'General Report', in Lang/Pistone/Schuch/Staringer (eds.), *The impact of the OECD and UN model conventions on bilateral tax treaties* (2012) pp. 1-36.

Pistone, 'Tax Treaties with Developing Countries: A Plea for New Allocation Rules and a Combined Legal and Economic Approach', in Lang/Pistone/Schuch/Staringer/ Zagler (eds.) *Tax Treaties from a Legal and Economic Perspective* (2010) pp. 413-440.

Pistone/Goodspeed, 'Rethinking tax jurisdictions and relief from international double taxation with regard to developing countries', in Zagler (ed.), *International Tax Coordination* (2010) pp. 13-36.

Qureshi, 'Tax Treaty Needs of Developing Countries', in IFA (ed.), *UN Draft Model Taxation Convention*, IFA Congress Seminar Series Vol. 4 (1979) pp. 31-41.

Rädler, 'Most-favoured-nation concept in tax treaties', in Lang et al. (eds.), *Multilateral Tax Treaties* (1998) pp. 1-14.

Reimer, Unbewegliches Vermögen und DBA, *Internationales Steuerrecht* 2011, 677-683.

Report on promoting good governance in tax matters. European Parliament (Comments by da Silva), *Highlights & Insights* 2010, 12-22.

Ritter, 'Requirements of Developed Countries from Double Tax Treaties with Developing Countries', in IFA (ed.), *UN Draft Model Taxation Convention*, IFA Congress Seminar Series Vol. 4 (1979) pp. 42-48.

Ritter, Steuerbeziehungen mit der Dritten Welt, *DStZ/A* 1979, 419-429.

Romstorfer, 'Capital Export- and Capital Import Neutrality in Tax Treaties', in Stefaner/Züger (eds.) *Tax Treaty Policy and Development* (2005) 63-82.

Rosenbloom, 'Trends in Tax Treaties between the US and Developing Countries', in IFA (ed.), *UN Draft Model Taxation Convention*, IFA Congress Seminar Series Vol. 4 (1979) pp. 18-21.

Sadiq, Unitary Taxation – The Case for Global Formulary Apportionment, *Bulletin for International Taxation* 2001, 275-286.

Schanz, Die Doppelbesteuerung und der Völkerbund, *Finanzarchiv* 1923, 353-370.

Schindel/Atchabahian, General report, in IFA (eds.) *Source and residence: new configuration of their principles*, Cahier de Droit Fiscal International, Vol. 90a (2005) pp. 21-99.

Schön, International Tax Coordination for a Second-Best World (Part I), *World Tax Journal* 2009, 67-114; (Part II), *World Tax Journal* 2010, 65-94; (Part III), forthcoming.

Schön, Zur Zukunft des Internationalen Steuerrechts, *Steuer und Wirtschaft* 2012, 213-224.

Schoueri/Silva, 'National Report Brazil', in Lang/Pistone/Schuch/Staringer (eds.), *The impact of the OECD and UN model conventions on bilateral tax treaties* (2012) pp. 171-202.

Septriadi, Tax Treaty Negotiation, in Stefaner/Züger (eds.) *Tax Treaty Policy and Development* (2005) 83-104.

Sirabella, Treaty Analysis of Articles 10, 11 and 12 OECD MC in Brazil and China, *Intertax* 2010, 430-461.

Sollund/Valadão, The Commentary on Article 9 – The Changes and Their Significance and the Ongoing Work on the UN Transfer Pricing Manual, *Bulletin for International Taxation* 2012, 608-611.

Stewart, Global Trajectories of Tax Reform: The Discourse of Tax Reform in Developing and Transition Countries, 44 *Harv Int'l L J* 2003, 139-190.

Tadmore, 'Royalties (Article 12 OECD Model Convention)', in Lang/Pistone/Schuch/ Staringer (eds.), *Source versus Residence* (2008) pp. 115-128.

Tenore, 'The Parent-Subsidiary Directive', in Lang/Pistone/Schuch/Staringer (eds.) *Introduction to European Tax Law on Direct Taxation*[2] (2010) pp. 95-110.

Thuronyi, International Tax Cooperation and a Multilateral Treaty, 26 *Brook J Int'l Law* 2000-2001, 1641-1681.

Thuronyi, 'Tax Treaties and Developing Countries', in Lang/Pistone/Schuch/ Staringer/Zagler (eds.) *Tax Treaties from a Legal and Economic Perspective* (2010) pp. 441-458.

Urtz, '§ 48 BAO und die Methoden zur Vermeidung der Doppelbesteuerung', in Gassner/Lang/Lechner (eds.), *Methoden zur Vermeidung der Doppelbesteuerung* (1995) pp. 359-386.

Vaish, 'Double tax conventions between industrialized and developing countries: India's experience', in IFA (eds.), *Double taxation treaties between industrialised and developing countries, the OECD and UN Models – A comparison*, IFA Congress Seminar Series Vol. 15 (1992) pp. 21-26.

Vaissière/Raingeard de la Blétière, 'National Report France', in Lang/Pistone/Schuch/ Staringer (eds.), *The impact of the OECD and UN model conventions on bilateral tax treaties* (2012) pp. 421-465.

Van der Bruggen, A preliminary look at the new UN Model Tax Convention, *British Tax Review* 2002, 2, 119-134.

Van der Bruggen, Developing Countries and the Removal of Article 14 from the OECD Model, *Bulletin for International Taxation* 2001, 601-607.

Van der Bruggen, Tax Treaty Renegotiations by Developing Countries: A Case Study Using Comparative Analysis to Assess the Feasibility of Achieving Policy Objectives, *Asia-Pacific Tax Bulletin* 2002, 255-272.

Vann, 'International Aspects of Income Tax', in Thuronyi (ed.), *Tax Law Design and Drafting* (2000) pp. 718-810.

Vann, A Model Tax Treaty for the Asian-Pacific Region, *Bulletin for International Taxation* 1991, 99-111 (Part I) and 151-163 (Part II).

Vogel, Internationales Steuerrecht, *Deutsche Steuer-Zeitung* 1997, 269-281.

Vogel, Which Method Should the European Community Adopt for the Avoidance of Double Taxation?, *Bulletin for International Taxation* 2002, 4-10.

Vogel, Worldwide vs. source taxation of income – A review and re-evaluation of arguments (Part I), *Intertax* 1988, 216-229.

Vogel, Worldwide vs. source taxation of income – A review and re-evaluation of arguments (Part II), *Intertax* 1988, 310-402.

Wang, International Double Taxation of Income: Relief Through International Agreement 1921-1945, *Harvard Law Review* 1945-46, 73-116.

Whittaker, An Examination of the OECD and UN Model Tax Treaties: History, Provisions and Application to US Foreign Policy, *NCJ Int'l L & Com Reg* 1982-83, 39-60.

Wijnen, Towards a New UN Model?, *Bulletin for International Taxation* 1998, 135-143.

Wijnen/Magenta, The UN Model in Practice, *Bulletin for International Taxation* 1997, 574-585.

Yaffar/Lennard, An Introduction to the Updated UN Model (2011), *Bulletin for International Taxation* 2012, 590-597.

Yang/Gupta, *Regional Trade Arrangements in Africa: Past Performance and the Way Forward*, IMF Working Paper, WP/05/36 (2005), www.iadb.org/intal/intalcdi/PE/2010/06079.pdf (last accessed July 2013).

Yesegat, Value Added Tax Administration in Ethiopia: A Reflection of Problems, *eJournal of Tax Research* 2008, 145-168.

Zolt, Alternatives to the Existing Allocation of Tax Revenues among Countries, *Bulletin for International Taxation*, 2002, 257-260.

3 科学新闻

AFRICA: Emerging Trend Towards Establishing Offshore Tax Havens, Inter Press Service 17/08/2011, http://ipsnews.net/news.asp?idnews=56885 (last accessed July 2013).

IBFD News, *Agreement on assistance in tax matters among the Southern African Development Community Member States signed*, 20 August 2012.

IBFD News, *Cooperation agreement between Ireland and Rwanda signed*, 14 April 2008.

IBFD News, *Exchange of information agreement between Guernsey and Kenya initialled*, 11 May 2012.

IBFD News, *Exchange of information agreement between Guernsey and Malawi initialled*, 11 May 2012.

IBFD News, *Exchange of information agreement between Guernsey and Zambia initialled*, 11 May 2012.

IBFD News, *Exchange of information agreement between Jersey and Kenya negotiations*, 10 January 2012.

IBFD News, *Exchange of information agreement between Liberia and Kenya – negotiations*, 5 October 2011.

IBFD News, *MOU between Rwanda and Belgium signed – details*, 1 September 2011.

IBFD News, *Treaty between Botswana and Malawi – negotiations*, 8 May 2013.

IBFD News, *Treaty between Ethiopia and Portugal initialled*, 8 May 2012.

IBFD News, *Treaty between India and Zambia initialled*, 27 February 2013.

IBFD News, *Treaty between Kenya and Korea (Rep.) initialled*, 27 June 2013.

IBFD News, *Treaty between Kenya and Seychelles initialled*, 25 July 2011.

IBFD News, *Treaty between Malawi and United Arab Emirates – negotiations*, 21 May 2013.

IBFD News, *Treaty between Malawi and United Kingdom – negotiations underway*, 13 June 2013.

IBFD News, *Treaty between Mauritius and Rwanda initialled*, 19 February 2013.

IBFD News, *Treaty between Mozambique and Korea (Rep.) – intentions to negotiate*, 14 June 2013.

IBFD News, *Treaty between Netherlands and Malawi – negotiations planned*, 2 May 2013.

IBFD News, *Treaty between Netherlands and Tanzania – negotiations planned*, 2 May 2013.

IBFD News, *Treaty between Portugal and Malawi – negotiations concluded*, 23 November 2010.

IBFD News, *Treaty between Rwanda and East African Community ratified by Rwanda*, 17 August 2012.

IBFD News, *Treaty between South Africa and Malawi – negotiations concluded*, 4 February 2011.

IBFD News, *Treaty between South Africa and Zambia – negotiations concluded*, 4 February 2011.

IBFD News, *Treaty between South Africa and Zimbabwe – third round of negotiations concluded*, 11 July 2012.

IBFD News, *Treaty between Tanzania and United Kingdom – negotiations underway*, 13 June 2013.

IBFD News, *Treaty between United Kingdom and Zambia initialled*, 27 June 2012.

IBFD News, *Treaty between Zambia and Zimbabwe initialled*, 5 December 2012.

Smith, BRIC Becomes BRICS: Changes on the Geopolitical Chessboard, *Foreign Policy Journal*, 21 January 2011, www.foreignpolicyjournal.com/2011/01/21/bric-becomes-brics-changes-on-the-geopolitical-chessboard/ (last accessed July 2013).

The Observer, *EA Community Tax treaty in the offing*, 27 July 2011, www.observer.ug/index.php?option=com_content&task=view&id=14448&Itemid=68 (last accessed July 2013).

4 专业机构出版物

ACP, *COMESA Pathfinder Forum – Roadmap*, http://acpbusinessclimate.org/pseef/documents/final/006_DTAA_Roadmap_en.doc (last accessed July 2013).

ACP, *COMESA Pathfinder Forum – Summary of Proceedings (Assist the COMESA Member States in strengthening their capacity in the area of Double Tax Avoidance Agreements (DTAA) and in negotiating DTAA among them and with countries from other regions)*, 23 April 2012, www.acpbusinessclimate.org/PSEEF/Documents/Final/006_DTAA_proceedings_en.doc (last accessed July 2013).

Council of the European Union, The Africa-EU strategic partnership, 16344/07 (Presse 291).

EAC, *Treaty Establishing the East African Community*, www.eac.int/treaty/index.php (last accessed July 2013).

European Commission, 2000/483/EC, Partnership agreement between the members of the African, Caribbean and Pacific Group of States of the one part, and the European Community and its Member States, of the other part, signed in Cotonou on 23 June 2000, O.J. L 317, 15/12/2000.

European Commission, COM (2010) 163, Communication from the Commission to the European Parliament, the Council and the European Economic and Social Committee, Tax and Development: Cooperating with Developing Countries on Promoting Good Governance in Tax Matters.

European Commission, *Commission Recommendation of 6 December 2012 on aggressive tax planning*, C(2012) 8806 final.

European Commission, *Transfer pricing and developing countries – Final report*, available at http://ec.europa.eu/taxation_customs/resources/documents/common/publications/studies/transfer_pricing_dev_countries.pdf (last accessed July 2013).

Global Forum on Transparency and Exchange of Information for Tax Purposes, *Terms of Reference* (2010), www.eoi-tax.org (last accessed July 2013).

League of Nations, Economics and Financial Commission, *Report on Double Taxation Submitted to the Financial Committee by Professors Bruins, Einaudi, Seligman and Sir Josiah Stamp*, League of Nations Document no E.F.S.73.F.19 (1923).

OECD Report by Secretary-General Gurría, *Tackling Offshore Tax Evasion – The G20/OECD Continues to Make Progress* (June 2012), www.royalgazette.com/assets/pdf/RG120127622.pdf (last accessed July 2013).

OECD, *Transfer Pricing Guidelines for Multinational Enterprises and Tax Administrations* (2010) Paris: OECD.

OECD, *Action Plan on Base Erosion and Profit Shifting* (2013) Paris: OECD.

OECD, *Addressing Base Erosion and Profit Shifting* (2013) Paris: OECD.

OECD, *Automatic Exchange of Information – What it is, how it works, benefits, what remains to be done* (2012), www.oecd.org/ctp/exchangeofinformation/automatic exchangeofinformationreport.htm (last accessed July 2013).

OECD, *Foreign Direct Investment for Development – Maximising Benefits, Minimizing Costs* (2002) Paris: OECD.

OECD, *Harmful Tax Competition – An Emerging Global Issue* (1998) Paris: OECD (available at www.oecd.org/dataoecd/25/26/44430243.pdf, last accessed July 2013).

OECD, *Model Tax Convention on Income and on Capital: Condensed Version* (2010) Paris: OECD.

OECD, *OECD Progress Report*, www.oecd.org/dataoecd/50/0/43606256.pdf (last accessed July 2013).

OECD, *Tax Sparing: Reconsideration* (1998) Paris: OECD.

OECD, *The OECD's Relations with its Key Partners* (2012), available at www.oecd.org/general/50452501.pdf, last accessed July 2013.

OECD, *The OECD's Relations with its Key Partners* (2012), www.oecd.org/general/50452501.pdf (last accessed July 2013).

SADC, *Memorandum of Understanding on Co-Operation in Taxation and Related Matters* (2002), www.sadc.int/tifi/browse/page/167 (last accessed July 2013).

UN Committee of Experts, *Report on meeting of transfer pricing issues*, E/C.18/2011/5.

UNDP, *Human Development Report 2011* (2011), http://hdr.undp.org/en/reports/global/hdr2011/ (last accessed July 2013).

UNIDO, *Africa Foreign Investor Survey 2005* (2007).

United Nations, ECOSOC Resolution 2012/33, Committee of Experts on International Cooperation in Tax Matters, UN Doc E/RES/2012/33.

United Nations, *Model Double Taxation Convention between Developed and Developing Countries* (2011).

United Nations, Monterrey Consensus of the International Conference on Financing for Development, 18-22 March 2002, A/CONF.198/11, chapter 1, resolution 1, annex; available at www.un.org/esa/ffd/monterrey/MonterreyConsensus.pdf (last accessed July 2013).

United Nations, *First Report of the Ad Hoc Group of Experts on Tax Treaties Between Developed and Developing Countries*, UN Doc ST/ECA/110 (1969).

United Nations, *Second Report of the Ad Hoc Group of Experts on Tax Treaties Between Developed and Developing Countries*, UN Doc ST/ECA/137 (1970).

United Nations, *Third Report of the Ad Hoc Group of Experts on Tax Treaties Between Developed and Developing Countries*, UN Doc ST/ECA/166 (1972).

United Nations, *Fourth Report of the Ad Hoc Group of Experts on Tax Treaties Between Developed and Developing Countries*, UN Doc ST/ECA/188 (1973).

United Nations, *Guidelines for Tax Treaties Between Developed and Developing Countries*, UN Doc ST/ESA/14 (1974).

United Nations, *Fifth Report of the Ad Hoc Group of Experts on Tax Treaties Between Developed and Developing Countries*, UN Doc ST/ESA/18 (1975).

United Nations, *Sixth Report of the Ad Hoc Group of Experts on Tax Treaties Between Developed and Developing Countries*, UN Doc ST/ESA/42 (1976).

United Nations, *Seventh Report of the Ad Hoc Group of Experts on Tax Treaties Between Developed and Developing Countries*, UN Doc ST/ESA/78 (1978).

United Nations, *Report of the Ad Hoc Group of Experts on International Co-operation in Tax Matters on the work of its First Meeting*, UN Doc ST/ESA/128 (1983).

United Nations, *Report of the Ad Hoc Group of Experts on International Cooperation in Tax Matters on the work of its seventh meeting*, UN Doc ST/ESA/250 (1997).

United Nations, *Report of the Ad Hoc Group of Experts on International Cooperation in Tax Matters on the work of its ninth meeting*, E/1999/84 (1999).

United Nations, *Report on the first session of the Committee of Experts on International Cooperation in Tax Matters*, E/2005/45 (2005).

United Nations, *Report on the second session of the Committee of Experts on International Cooperation in Tax Matters*, E/2006/45 (2006).

United Nations, *Report on the fifth session of the Committee of Experts on International Cooperation in Tax Matters*, E/2009/45 (2009).

United Nations, *Report on the sixth session of the Committee of Experts on International Cooperation in Tax Matters*, E/2010/45 (2010).

United Nations, *Report on the seventh session of the Committee of Experts on International Cooperation in Tax Matters*, E/2011/45 (2011).

United Nations, *Report on the eighth session of the Committee of Experts on International Cooperation in Tax Matters*, E/2012/45 (2012).

United Nations, *Manual for the Negotiation of Bilateral Tax Treaties between Developed and Developing Countries*, ST/ESA/PAD/SER.E/37 (2003).

United Nations, *Practical Manual on Transfer Pricing for Developing Countries* (2013).

United Nations, Resolution adopted by the General Assembly, 55/2. United Nations Millennium Declaration, 8/09/2000, A/RES/55/2.

United Nations, *Revised Article 26 (Exchange of Information) and Revised (2008) Commentary on Article 26 – for Inclusion in the Next Version of the United Nations Model Double Taxation Convention between Developed and Developing Countries*, www.un.org/esa/ffd/tax/Article%2026_Exchange%20of%20Information%20_ revised_.pdf (last accessed July 2013).

United Nations, *Tax Treaty Process for Developing Countries – Note by Mr. Victor Thuronyi*, E/C.18/2009/3 (2009).

United Nations, Appointment of 25 members to the Committee of Experts on International Cooperation in Tax Matters, E/2013/9/Add. 10.

5 网络资源

African Economic Outlook, *Economic Outlook: Financial Flows & Tax Receipts – Investment flows*, www.africaneconomicoutlook.org/en/outlook/financial_flows/ investment-flows (last accessed July 2013).

African Economic Outlook, *Public Resource Mobilisation & Aid* (2010), www.african economicoutlook.org/en/in-depth/public-resource-mobilisation-and-aid-2010/ (last accessed July 2013).

AidFlows, *Beneficiary view – Sources and Uses of ODA*, www.aidflows.org (last accessed July 2013).

Christian Aid, *False Profits: Robbing the poor to keep the rich tax-free* (2009), www.christianaid.org.uk/Images/false-profits.pdf (last accessed July 2013).

CIA, *The World Factbook*, www.cia.gov/library/publications/the-world-factbook/ (last accessed July 2013).

COMESA, *The COMESA-EAC-SADC Tripartite Free Trade Area*, http://programmes. comesa.int/index.php?option=com_content&view=article&id=77&Itemid=146 (last accessed July 2013).

COMESA, *Member States Agree on the COMESA Double Taxation Model*, www.comesa. int/index.php?option=com_content&view=article&id=49:member-states-agree-on-the-comesa-double-taxation-model&catid=5:latest-news&Itemid=41 (last accessed July 2013).

Committee of Experts on International Cooperation in Tax Matters, Current Subcommittees and Working Groups, www.un.org/esa/ffd/tax/subcomm_wg.htm (last accessed July 2013).

Common Market for Eastern and Southern Africa, www.comesa.int (last accessed July 2013).

Comunidad Andina, *Somos Comunidad Andina*, www.comunidadandina.org/Quienes. aspx, last accessed July 2013).

East African Community, *About EAC*, www.eac.int/about-eac.html (last accessed July 2013).

European Union, *Summaries of EU legislation, EU-Africa Partnership*, http://europa.eu/legislation_summaries/development/african_caribbean_pacific_states/r12106_en.htm (last accessed July 2013).

Executive summary of the ECOSOC Special Meeting on International Tax Cooperation (New York, 15 March 2012), www.un.org/esa/ffd/tax/2012ICTM/Executive Summary.pdf (last accessed July 2013).

Indian Ocean Commission, About us, http://ioconline.org/about-us.html (last accessed July 2013).

Intergovernmental Authority of Development, *About us*, http://igad.int/index.php?option=com_content&view=article&id=93&Itemid=124 (last accessed July 2013).

Kenya Revenue Authority, *Speeches: Remarks by Commissioner General of Kenya Revenue Authority*, www.revenue.go.ke/speeches/cgspeechnationaldisaster fund081004.htm (last accessed July 2013).

Mauritius Revenue Authority, *Double Taxation Agreements*, www.gov.mu/portal/sites/mra/dta.htm (last accessed July 2013).

OECD Centre for Tax Policy and Administration, *Exchange of information*, http://www.oecd.org/department/0,3355,en_2649_33767_1_1_1_1_1,00.html (last accessed July 2013).

OECD Centre for Tax Policy and Administration, *Tax: OECD welcomes multilateral efforts to improve international tax compliance and transparency*, www.oecd.org/ctp/taxoecdwelcomesmultilateraleffortstoimproveinternationaltaxcompliance andtransparency.htm (last accessed July 2013).

OECD, *Engaging with high net worth individuals on tax compliance*, www.oecd.org/ctp/ta/hnwi (last accessed July 2013).

OECD, *Members and Partners*, www.oecd.org/about/membersandpartners/ (last accessed July 2013).

Oxfam, *Tax haven crackdown could deliver $120bn a year to fight poverty*, Press release 13/03/2009, www.oxfam.org/en/pressroom/pressrelease/2009-03-13/tax-haven-could-deliver-120bn-year-fight-poverty (last accessed July 2013).

Oxford Dictionaries, "*assembly*", Oxford University Press (2010), http://oxford dictionaries.com/definition/english/assembly (last accessed July 2013).

Oxford Dictionaries, "*installation*", Oxford University Press (2010), http://oxford dictionaries.com/definition/english/installation (last accessed July 2013).

Southern African Development Community, *About SADC*, www.sadc.int/english/about-sadc/ (last accessed July 2013).

South-South Sharing of Successful Tax Practices for Development, www.s4tp.org (last accessed July 2013).

Spencer, *Guest blog on rifts between the OECD and United Nations on international tax*, http://taxjustice.blogspot.com/2012/03/guest-blog-on-rifts-between-oecd-and.html (last accessed July 2013).

Task Force on Financial Integrity and Economic Development, *Country-by-Country Reporting – Holding Multinational Corporations to Account wherever they are* (2009), www.financialtaskforce.org/wp-content/uploads/2009/06/Final_CbyC_Report_Published.pdf (last accessed July 2013).

Tax Justice Network Blog, *Oxfam produces new tax haven data*, http://taxjustice.blogspot.co.at/2009/03/oxfam-produces-new-tax-haven-data.html (last accessed July 2013).

Tax Justice Network, *Aid, tax and finance for development*, www.taxjustice.net/cms/front_content.php?idcat=104 (last accessed July 2013).

Tax Justice Network, *Transfer Pricing*, www.taxjustice.net/cms/front_content.php?idcat=139 (last accessed July 2013).

The World Bank, *Country and Lending Groups*, http://data.worldbank.org/about/country-classifications/country-and-lending-groups (last accessed July 2013).

The World Bank, *How we Classify Countries*, http://data.worldbank.org/about/country-classifications, last accessed July 2013.

U.S. Department of the Treasury, *Treasury Releases Model Intergovernmental Agreement for Implementing the Foreign Account Tax Compliance Act to Improve Offshore Tax Compliance and Reduce Burden*, www.treasury.gov/press-center/press-releases/Pages/tg1653.aspx (last accessed July 2013).

UN DESA, *Least Developed Countries: LDC Fact Sheets*, http://www.un.org/en/development/desa/policy/cdp/ldc/profile/ (last accessed July 2013).

UNCTADstat, http://unctadstat.unctad.org (last accessed July 2013).

UNDP, *The Human Development Index (HDI)*, http://hdr.undp.org/en/statistics/hdi/ (last accessed July 2013).

United Nations Statistic Division, *Composition of macro geographical (continental) regions, geographical sub-regions, and selected economic and other groupings*, http://millenniumindicators.un.org/unsd/methods/m49/m49regin.htm#africa (last accessed July 2013).

UN-OHRLLS, *Least Developed Countries: About LDCs*, http://www.unohrlls.org/en/ldc/25/ (last accessed July 2013).

UN-OHRLLS, *The Criteria for the Identification of LDCs*, www.unohrlls.org/en/ldc/164/ (last accessed July 2013).

Wikipedia, Africa-regions.png, http://en.wikipedia.org/wiki/File:Africa-regions.png (last accessed July 2013).

Wikipedia, UN Subregions of Africa, http://upload.wikimedia.org/wikipedia/commons/thumb/f/f1/Africa_map_regions.svg/2000px-Africa_map_regions.svg.png, last accessed July 2013.

图书在版编目(CIP)数据

税收协定与发展中国家 / (奥)维罗尼卡·道尔著；
熊伟,毛杰译.—北京:商务印书馆,2018
(财税法译丛)
ISBN 978 - 7 - 100 - 15929 - 6

Ⅰ.①税…　Ⅱ.①维…②熊…③毛…　Ⅲ.①国际税
收—经济协定—研究　Ⅳ.①F810.42

中国版本图书馆 CIP 数据核字(2018)第 044555 号

财税法译丛

熊　伟　主编

税收协定与发展中国家

〔奥地利〕维罗尼卡·道尔　著

熊伟　毛杰　译

商　务　印　书　馆　出　版
(北京王府井大街 36 号　邮政编码 100710)
商　务　印　书　馆　发　行
北京市艺辉印刷有限公司印刷
ISBN 978 - 7 - 100 - 15929 - 6

2018 年 9 月第 1 版　　　开本 787×960　1/16
2018 年 9 月北京第 1 次印刷　印张 26¾
定价:88.00 元